Literatur und Recht

Band 12

Reihe herausgegeben von

Klaus Stierstorfer, Münster, Deutschland

Die Reihe „Literatur und Recht“ bietet eine Publikationsplattform für Forschungen im interdisziplinären Gebiet zwischen Literatur und Recht. In Monographien und thematisch integrierten Sammelbänden erscheinen hier Arbeiten in deutscher Sprache, die dieses hoch aktuelle und sehr produktive Feld bearbeiten, erweitern oder neu vermessen wollen.

Wie bereits im Reihentitel angedeutet, liegt der Schwerpunkt nicht nur auf rechtstheoretischen, rechtssoziologischen oder rechtskulturellen Arbeiten, die die Rolle von Literatur im Rechtsdiskurs und dessen ‚Humanisierung‘ erkunden. Diese Form von Arbeiten, die v.a. im Nachgang des amerikanischen Law and Literature Movement seit den 1970er Jahren entstanden sind, wird durch eine neue Akzentsetzung weiterentwickelt. Hier treffen sich die beiden Disziplinen von Literatur- und Rechtswissenschaft auf Augenhöhe ohne monodirektionale Voreinstellung inhaltlicher, theoretischer, politischer oder ideologischer Art. Grundlagenforschung im interdisziplinären Bereich steht neben Einzelstudien zu einschlägigen Spezialthemen. Darüber hinaus soll die Reihe zwar zum einen Literatur und Recht im europäischen Kontext vertieft erkunden, zum anderen aber auch den Blick weiten auf rechtskulturelle und literarische Kontexte, die durch die traditionelle Recht- und Literatur-Forschung noch wenig erschlossen sind, namentlich in Osteuropa, Asien und Afrika.

Joy Steigler-Herms

Wie und warum zitieren Gerichte?

Intertextuelle Bezugnahmen in den Entscheidungen des Bundesverfassungsgerichts und des Supreme Court of Canada

1682
J.B. METZLER

Joy Steigler-Herms
SFB 1385 „Recht und Literatur"
Universität Münster
Münster, Deutschland

ISSN 2730-7085 ISSN 2730-7093 (electronic)
Literatur und Recht
ISBN 978-3-662-68576-1 ISBN 978-3-662-68577-8 (eBook)
https://doi.org/10.1007/978-3-662-68577-8

Die Deutsche Nationalbibliothek verzeichnet diese Publikation in der Deutschen Nationalbibliografie; detaillierte bibliografische Daten sind im Internet über http://dnb.d-nb.de abrufbar.

Planung/Lektorat: Ferdinand Poehlmann
J.B. Metzler ist ein Imprint der eingetragenen Gesellschaft Springer-Verlag GmbH, DE und ist ein Teil von Springer Nature.
Die Anschrift der Gesellschaft ist: Heidelberger Platz 3, 14197 Berlin, Germany

Das Papier dieses Produkts ist recyclebar.

Inhaltsverzeichnis

Abbildungsverzeichnis

Tabellenverzeichnis

Kapitel 1
Einleitung

Keine Gerichtsentscheidung kann ohne Bezugnahmen auf andere Texte verfasst werden. Zitate sind in Gerichtsentscheidungen omnipräsent. In jeder Entscheidung sind mindestens die einschlägigen Normtexte oder, je nach Rechtskreis, auch Präjudizien zu berücksichtigen. Die Bindung an das geltende Recht – sei es in Form der Präjudizienbindung oder in Form des Gesetzesbindungspostulats – verpflichtet Richterinnen und Richter zur Berücksichtigung von Texten und damit letztlich auch zu intertextueller Arbeit. Das Konsultieren und Zitieren von Rechtsquellen erfüllt dabei unerlässliche Funktionen, wie etwa das Schaffen und Signalisieren von Kohärenz in der Rechtsprechung. Durch den Akt des Bezugnehmens demonstrieren Gerichte, dass sie in ihren Entscheidungen auf einer etablierten Rechtsdogmatik aufbauen, und sie fügen sich im diskursspezifischen Textnetz ein. Die Integration in die bestehende Dogmatik durch die Bezugnahme auf einschlägige Texte legitimiert wiederum die Entscheidung und schafft damit nicht zuletzt Rechtssicherheit durch Rechtsvorhersagbarkeit.

In Gerichtsentscheidungen finden sich darüber hinaus allerdings auch Bezugnahmen auf Texte, denen eine derartige Funktion nicht zugeschrieben werden kann. Unter den von Gerichten zitierten Quellen finden sich nicht nur Gesetzestexte, sondern beispielsweise auch Bezüge auf ausländisches Recht, auf wissenschaftliche Quellen, oder sogar auf literarische Texte. Derartige Quellen haben keine Bindungswirkung und werfen damit die Frage nach der Funktion ihrer Berücksichtigung auf. Zitiert der Supreme Court of Canada etwa Franz Kafka (Beispiel 1), so wird ein Text konsultiert, dem im Grunde keinerlei Autorität über Rechtsfragen zugesprochen werden kann:

(1) Franz Kafka was not being entirely whimsical when he wrote, "If you have the right eye for these things, you can see that accused men are often attractive" (The Trial (1976), at p. 203). (R. v. Keegstra 1990 3 SCR 697 – 13.12.1990)

J. Steigler-Herms, *Wie und warum zitieren Gerichte?*, Literatur und Recht 12,
https://doi.org/10.1007/978-3-662-68577-8_1

Das Beispiel veranschaulicht, dass das Zitat in Gerichtsentscheidungen über das Schaffen und Demonstrieren rechtlicher Kohärenz und der Einfügung in die bestehende Rechtsdogmatik hinaus weitere Funktionen erfüllen muss. Wie und zu welchem Zweck Bezugnahmen auf Texte ohne Bindungswirkung eingesetzt werden, kann mit den Ansätzen des aktuellen Forschungsstands – obgleich viele Arbeiten die große Bedeutung von Zitaten in Gerichtsentscheidungen ausweisen (z. B. Holzleithner/Mayer-Schönberger 2000, Nußberger 2006, Jestaedt 2010) – nicht zufriedenstellend beantwortet werden. Rechtswissenschaftliche Studien kommen zwar u. a. zu dem Ergebnis, dass das Zitat generell dem Austausch von Gerichten untereinander und einer „cross-fertilization among legal systems" (Slaughter 1991: 99) dient. Nähere Betrachtung von konkreten Fallbeispielen sowie insbesondere empirische Ansätze zur Analyse von Zitatfunktionen stellen bislang jedoch ein Forschungsdesiderat dar.

Aus theoretischer Perspektive besteht Einigkeit darüber, dass das Zitat, neben der bereits erwähnten Kohärenzfunktion, beispielsweise auch autoritativ, ornamental oder zu ökonomischen Zwecken eingesetzt werden kann. Das Zitat gilt als Preziose, das sowohl den Text als auch den Zitierenden im Sinne eines „intellectual conceit" (Morawski 1970: 695) schmücken kann. In dieser Funktion kann es etwa die Autorität einer Argumentation stärken und einer Gerichtsentscheidung so zu Unanfechtbarkeit und Geltung verhelfen. Darüber hinaus erfüllt das Zitat auch eine ökonomische Funktion, denn wer zitiert, erspart sich, je nach eingesetztem Zitattypus, eigene Arbeit auf Ebene der Formulierung oder auf Ebene der inhaltlichen Argumentation (Jakobs 1999: 126). Ob in einem konkreten Fall etwa die ökonomische, die autoritative, die ornamentale, die kohärenzsignalisierende Funktion oder aber mehrere Funktionen parallel vorliegen, ist mit den Ergebnissen bisheriger Studien kaum zu entscheiden. Diese Forschungslücke überrascht insofern wenig, als die Rekonstruktion von Zitatfunktionen zahlreiche Probleme mit sich bringt. Eines der Probleme besteht darin, dass Zitatfunktionen an die Intention des Zitierenden gebunden sind; die Intentionen im Zitat selbst aber wiederum nicht encodiert sind. Das potentielle Vorhandensein mehrerer unterschiedlicher Funktionen und die mangelnde Rekonstruierbarkeit wurden in der bisherigen Zitationsanalyse als derart schwerwiegend erachtet, dass die Sinnhaftigkeit der Zitatfunktionsanalyse angezweifelt wurde: Die „implizite Bündelung ganz unterschiedlicher Zitationsmotive könnte die Grundfesten der Zitationsanalyse erschüttern und deren Sinn insgesamt infragestellen" (Hamann 2014: 510, in einer Diskussion der ursprünglich u. a. von Ayres/Vars 2010 geäußerten Zweifel).

Ein Ziel dieser Arbeit besteht in Anbetracht der dargestellten Problematik darin, Impulse zur empirisch basierten Analyse von Zitatfunktionen zu modellieren. Sie beruht dazu grundlegend auf der deskriptiven Erfassung von Zitationsmerkmalen: Während sich die Frage nach dem Warum dem Zitat nicht nachweisbar entnehmen lassen, ist demgegenüber empirisch deskriptiv fassbar, wie zitiert wird. Die Art und Weise des Zitierens stellt das Hauptaugenmerk philologischer Perspektiven auf das Zitat dar. Sie lässt sich als intentionale Gestaltung einer Text-Text-Beziehung verstehen und erlaubt deshalb – so eine fundamentale These der vorliegenden Arbeit – zumindest mittelbar Rückschlüsse auf mögliche intendierte Funktionen.

Zitiert werden kann auf unterschiedlichste Weise. Ein Prätext kann wörtlich in einen zitierenden Text integriert werden oder paraphrasiert, der Zitierende kann die Geltung zitierter Inhalte annehmen oder sie ablehnen. Alle im Akt des Zitierens seitens des Zitierenden modellierten Zitationseigenschaften können als Hinweise potentiell intendierter Funktionen herangezogen werden. Inwiefern Zitationseigenschaften zur Funktionsrekonstruktion herangezogen werden können, sei an einer kurzen, einführenden Analyse der folgenden Entscheidungspassagen demonstriert:

(2) Das begriffliche Verhältnis der Rechtssicherheit zur Gerechtigkeit ist stets unterschiedlich verstanden worden (vgl. W. Herschel, Rechtssicherheit und Rechtsklarheit, in JZ 1967 S. 727 (732); C. A. Emge, Sicherheit und Gerechtigkeit – Ihre gemeinsame metajuristische Wurzel, in Abhandlungen der Preußischen Akademie der Wissenschaften, 1940 Nr. 9; O. A. Germann, Rechtssicherheit, in ders., Methodische Grundfragen, 1946 S. 54 ff.; M. Rümelin, Die Rechtssicherheit, 1924). (BVerfGE 35, 41-65 08.05.1973, Rn. 53)

(3) As Martha Minow elegantly noted, the ability to be open-minded is enhanced by such knowledge and understanding:
None of us can know anything except by building upon, challenging, responding to what we already have known, what we see from where we stand. But we can insist on seeing what we are used to seeing, or else we can try to see something new and fresh. The latter is the open mind we hope for from those who judge, but not the mind as a sieve without prior reference points and commitments. We want judges and juries to be objective about the facts and the questions of guilt and innocence but committed to building upon what they already know about the world, human beings, and each person's own implication in the lives of others. Pretending not to know risks leaving unexamined the very assumptions that deserve reconsideration. (Yukon Francophone School Board, Education Area #23 v. Yukon, Rn. 34)

Zwei Beispiele für die in der vorliegenden Arbeit untersuchten Kriterien zur Beschreibung von Zitationspraktiken sind erstens die *Wahl der Zitattypen* und zweitens *Positionierungselemente* in der Zitateinbettung, die Rückschlüsse auf die Bewertung des zitierten Textes durch den Zitierenden zulassen. Die Wahl der Zitattypen kann in Bezug auf potentielle Funktionen insofern aufschlussreich sein, als unterschiedliche Zitattypen unterschiedliche Eigenschaften mit sich bringen. Wird etwa der Prätext in Form eines direkten Zitats wortwörtlich übernommen, so erspart sich ein Zitierender Arbeit auf Ebene der Formulierungsfindung. Produzentenseitig kommt auf Grundlage dessen das ökonomisch-motivierte Zitieren für das Beispiel 3 in Frage. Bei Paraphrasen wiederum erspart sich der Zitierende zwar Arbeit auf inhaltlicher Ebene; die Formulierungsarbeit wird ihm durch die paraphrasierende intertextuelle Bezugnahme jedoch nicht genommen. Auch rezipientenseitig unterscheiden sich die Funktionen direkten bzw. materiellen und indirekten bzw. immateriellen Zitierens grundlegend voneinander: Während das materielle Zitat (Beispiel 3) im Text präsent und somit unmittelbar rezipierbar ist, kann der Rezipient dem Verweis in Beispiel 2 keine konkrete inhaltliche Information entnehmen. Das Bundesverfassungsgericht fasst zwar zusammen, dass es unterschiedliche Auffassungen der terminologischen Relation der Rechtssicherheit zur Gerechtigkeit gibt – welche Auffassung die zitierten Quellen Herschel, Emge, Germann und Rümelin allerdings konkret vertreten, bleibt dem Rezipienten verschlossen. Für den Rezipienten sind derartige Verweise also insofern wenig ökonomisch, als er dem Verweis durch eigene Quellenarbeit selbstständig nachgehen müsste.

Darüber hinaus ist relevant, wie sich ein zitierender Text zum zitierten Text *positioniert*. Möchte man rekonstruieren, zu welchem Zweck ein Zitat verwendet wird, so ist die Analyse der zitierten Inhalte und des zitierten Wortmaterials allein wenig fruchtbar, denn Fremdinhalte werden nicht nur übernommen, sondern erfahren im Akt des Zitierens sowohl Zustimmung als auch Ablehnung. Zitierende positionieren sich nuanciert zu den Zitatinhalten. Sie ziehen Fremdinhalte heran, um sich ihrer Geltung anzuschließen, oder aber auch, um sie infrage zu stellen oder zu revidieren. Die affirmative Übernahme ist – um beim Beispiel der ökonomischen Funktion von Zitaten zu bleiben – eine notwendige Voraussetzung für den Einsatz des Zitats als entlastende Argumentationsstütze. Beschreibt ein Zitierender einen zitierten Inhalt als positiv, so ist eine weitere Auseinandersetzung mit den inhaltlichen Aspekten im Grunde nicht zwingend notwendig – er kann die Geltung des zitierten Inhalts für sich sprechen lassen und sie auf seinen eigenen Text projizieren. Distanziert ein Zitierender sich jedoch von der Geltung eines zitierten Inhalts, so verändern sich die funktionalen Grundbedingungen. Würde das Zitat in Beispiel 3 anstelle des Herausstellens der eleganten Formulierung etwa durch eine kritische Distanzierung zu den Worten Minows eingeleitet werden, so würde dies mit einem argumentativen Mehraufwand einhergehen; die Ablehnung eines Zitats kann nicht ohne weitere Begründungsarbeit stehen gelassen werden.

Die Wahl der beispielhaft angeführten Entscheidungspassagen mag bereits gezeigt haben, dass die Analyse von Zitaten in Gerichtsentscheidungen in der vorliegenden Arbeit beispielhaft an zwei Gerichten vorgenommen werden soll – dem Bundesverfassungsgericht und dem Supreme Court of Canada. Bei beiden Gerichten handelt es sich um Verfassungsgerichte. Verfassungsgerichte haben in ihrer Entscheidungsfindung grundsätzlich dieselben Methoden der Rechtsanwendung zu berücksichtigen wie jedes andere Gericht. Dabei sehen sie sich bisweilen aber größeren Problemen ausgesetzt als Gerichte anderer Rechtsgebiete, denn besonders die „Grundrechte sind in großem Umfang hochabstrakt, so dass aus ihrem Text nur mit Mühe, wenn überhaupt praxistaugliche Grundsätze gewonnen bzw. entwickelt werden können“ (Czermak 2021: 22 zur Entscheidungspraxis des BVerfG). Ein bedeutender Unterschied besteht zwischen dem BVerfG und dem SCC hinsichtlich der Zuordnung zu Rechtskreisen; das BVerfG ist ein prominenter Vertreter des kontinentaleuropäischen Rechtskreises (auch Civil Law-Rechtskreis) der SCC ein Vertreter des angloamerikanischen Rechtskreises (auch Common Law). Die beiden Rechtskreise unterscheiden sich in mehrfacher Hinsicht voneinander, sodass davon auszugehen ist das die unterschiedlichen Entscheidungspraktiken sich auch in unterschiedlichen Zitationspraktiken widerspiegeln. Während das BVerfG als kontinentaleuropäisches Gericht ausschließlich an die Verfassung gebunden ist, hat der SCC als angloamerikanisches Gericht auch Präjudizien zu berücksichtigen. Ferner gilt der Entscheidungsstil der Civil Law-Gerichte als depersonalisiert und wissenschaftsnah. Im Gegensatz dazu sind die Richterinnen und Richter in den Entscheidungen der Common Law-Gerichte als Entscheidungsträger u. a. durch die Verwendung des Personalpronomens ‚I' spürbar präsent. Inwiefern sich diese grundlegenden Differenzen in der Entscheidungspraxis der beiden Gerichte auch in ihren Zitationspraktiken widerspiegeln, gilt es in der vorliegenden Arbeit zu überprüfen.

Auf Basis der vorangegangenen Überlegungen ergeben sich für die nachfolgende Untersuchung drei Leitfragen.

1. Wie zitieren das Bundesverfassungsgericht und der Supreme Court of Canada?
2. Warum zitieren das Bundesverfassungsgericht und der Supreme Court of Canada?
3. Inwiefern unterscheiden sich die Zitationspraxis des Supreme Court of Canada und die Zitationspraxis des Bundesverfassungsgerichts voneinander?

Zur Beantwortung der drei Leitfragen ist die Studie wie folgt aufgebaut.

Kap. 2 befasst sich mit dem interdisziplinären Zitatbegriff und fokussiert dabei sowohl philologische als auch rechtswissenschaftliche Typologisierungsansätze. Ein relevantes Definiens des Zitatbegriffs ist sein intertextuelles Moment. Das Konzept der ‚Intertextualität' ist deshalb zunächst als Rahmentheorie des Zitats vorzustellen. Der Begriff der Intertextualität geht auf Julia Kristeva zurück (u. a. 1972) und bezeichnet die explizite oder implizite Bezugnahme von Texten aufeinander. Das Zitat gilt als prototypische Ausprägungsform derartiger Text-Text-Relationen; philologische Typologien analysieren vornehmlich die Ausgestaltung dieser Relation (z. B. direkte oder indirekte Übernahme). Rechtswissenschaftliche Typologien untersuchen schwerpunktmäßig, welche Art von Quellen beim Akt des Zitierens herangezogen werden. So unterscheiden quellenorientierte Typologien, wie in Kap. 2 zu vertiefen sein wird, etwa grundlegend zwischen dem Zitieren rechtlich bindender und nicht-bindender Quellen.

Kap. 3 beschäftigt sich mit Zitatfunktionen und stellt in diesem Zusammenhang die einleitend bereits erwähnten Funktionen Autorität, Ornamentalität, Ökonomie und Kohärenz eingehender vor. Da Zitatfunktionen dem Zitat selbst nicht entnommen werden können, versteht sich das Kapitel vor allem als Problematisierung der Identifikation von Zitatfunktionen und bietet Impulse zur Modellierung einer empirischen Auswertung. Ertragreiche Analysekriterien sind neben der bereits erwähnten Wahl des Zitattypus und neben den Positionierungen seitens des Zitierenden etwa quantitative Aspekte. Aus den Frequenzen des Zitierens und des Zitiert-Werdens können Aussagen über die Gewichtung eines zitierten Textes und dessen Einfluss auf den zitierenden Text oder sogar auch auf einen ganzen Diskurs getroffen werden.

Auf Grundlage der ausschlaggebenden Rolle von Relationen zwischen dem Zitatspender und dem zitierenden Text zwischen den Polen Affirmation und Dekonstruktion behandelt *Kap. 4* evaluative Positionierungshandlungen bzw.

vertieft, was unter zitatbezogenen Positionierungselementen zu verstehen ist. Besonders in – zumindest im Deutschen – objektiv-anmutenden Textsorten wie der gerichtlichen Entscheidung werden Positionierungshandlungen nur sehr subtil vorgenommen. Ein geeignetes Instrumentarium bietet die Analyse von epistemischen Modalisierungsmitteln und Evidentialitätsmarkierungen. Ein konkretes Beispiel für epistemische Modalisierungsprozeduren sind die ebenfalls in dem Kapitel eingehender vorgestellten Booster (z. B. „clearly", „definitiv"), mit denen der Geltungsanspruch eigener und fremder Proposition verstärkt werden kann.

Kap. 5 zeigt auf, warum davon auszugehen ist, dass die beiden untersuchten Gerichte – das Bundesverfassungsgericht und der Supreme Court – sich hinsichtlich ihrer Zitationspraxis unterscheiden. Es stellt beide Gerichte vor und geht dabei vor allem auf ihre Zugehörigkeit zu unterschiedlichen Rechtskreisen ein. Das Common Law und das Civil Law unterscheiden sich, wie darzulegen sein wird, in der Präferenz bestimmter Quellen, dem Vorgehen in der Entscheidungsfindung sowie auch in ihrem Entscheidungsstil.

Die empirische Analyse der vorliegenden Studie findet sich in *Kap. 6*. Zur Beantwortung der Frage ‚Wie zitieren Gerichte?' nimmt die Studie eine multikriteriale Frequenzanalyse von Zitationseigenschaften in insgesamt knapp 500 Entscheidungen des Bundesverfassungsgerichts und des Supreme Court of Canada vor und prüft anhand der Quantifizierung von Zitationseigenschaften, ob sich in den Zitationspraktiken des BVerfG und des SCC prototypische Tendenzen abzeichnen. Die quantitative Analyse erlaubt darüber hinaus komparative Perspektiven auf die Zitationspraktiken der beiden Gerichte und testet die ermittelten Frequenzen auf signifikante Unterschiede. Die Erarbeitung der Forschungsfrage ‚Warum zitieren das Bundesverfassungsgericht und der Supreme Court of Canada?' erfolgt demgegenüber im Rahmen einer qualitativen Analyse, bei der anhand ausgewählter Fallbeispiele geprüft wird, welche Zitatfunktionen sich den erfassten Zitationseigenschaften zuordnen lassen.

Kapitel 2
Interdisziplinäre Annäherungen an den Zitatbegriff

In seinem alltäglichen Gebrauch wird der Begriff ,Zitat' in der Regel als wörtliche Wiederholung eines Textes oder einer Rede verstanden. Aus diesem alltäglichen Begriffsverständnis geht ein relevantes Definiens hervor, dass literatur- und rechtswissenschaftliche Annäherungen an den Zitatbegriff teilen: Das Zitat stellt eine Bezugnahme auf bereits Vorhandenes dar; der Akt des Zitierens geht mit dem Akt des Wiederholens einher. Es ist die „Präsenz eines Textes in einem anderen" (Genette 1993: 10) und kann vor diesem Hintergrund als eine mögliche Ausgestaltungsform intertextuellen Bezugnehmens definiert werden. Die intertextuelle Bezugnahme schafft eine Verbindung zwischen zwei Texten, die unterschiedlich ausgestaltet werden kann. So ist etwa zu unterscheiden zwischen wörtlichen, bzw. materiellen Zitaten, bei denen das Material eines Prätextes unverändert in einen zitierenden Text transportiert wird und indirekte, d. h. immateriellen Zitaten bei denen der Zitierende im Akt der Wiedergabe in die Formulierung des Prätextes eingreift, sodass dem Zitat keine Wörtlichkeit mehr zugeschrieben werden kann.

Während die Ausgestaltung der Text-Text-Beziehung zwischen den Polen Direktheit und Indirektheit, sowie im Zusammenhang damit auch Fragen nach der Markiertheit von Zitaten das Hauptaugenmerk philologischer Typologisierungsansätze bilden, unterscheiden rechtswissenschaftliche Ansätze wiederum nicht zwischen materiellen und immateriellen Zitaten und fokussieren demgegenüber Kategorisierungen der Zitatspender. In rechtswissenschaftlichen Zitattypologien steht die Art der Quelle im Vordergrund und es wird unter anderem zwischen dem Zitieren inländischer und ausländischer Rechtsprechung unterschieden.

Wie der kurze Einblick zeigt, ist Zitat nicht gleich Zitat und die Typologisierungskriterien, die an Zitate herangetragen werden, unterscheiden sich je nach Disziplin (Überblick über verschiedene Definitionsansätze auch bei Steigler-Herms/Wittmann 2022). Es handelt sich um einen weiten Terminus, den es – insbesondere im Hinblick auf das Anliegen der Deskription von Zitationspraktiken im empirischen Teil dieser Arbeit – auszudifferenzieren gilt. Das vorliegende

J. Steigler-Herms, *Wie und warum zitieren Gerichte?*, Literatur und Recht 12,
https://doi.org/10.1007/978-3-662-68577-8_2

Kapitel versucht den vielfältigen Erscheinungsformen des Zitats Rechnung zu tragen und strebt eine systematische Darstellung philologischer und rechtswissenschaftlicher Perspektiven auf den Zitatbegriff an. Eine philologische Perspektive auf den Zitatbegriff nimmt Abschn. 2.1 ein, dass sich auf die Vorstellung unterschiedliche Zitattypen konzentriert. Für die rechtswissenschaftliche Perspektive zeigt Abschn. 2.2 auf, dass dem Zitat im Recht eine Doppelrolle zukommt: Einerseits ist das Zitat ein wichtiges Instrument der Rechtsprechung, andererseits ist es selbst zugleich Rechtsprechungsgegenstand, über dessen legitimen Einsatz u. a. das Urheberrecht entscheidet.

2.1 Das Zitat aus philologischer Perspektive

Der Terminus des Zitats hat viele Definitionen erfahren; die Mehrheit dieser Definitionen versteht unter dem Zitatbegriff einen Akt der Wiedergabe. So definiert Helmstetter das Zitat (2002: 896) in einem Enzyklopädie-Eintrag als „[w]örtliche Übernahme und Einfügung aus fremden Texten, meist mit Markierung und Nachweis der Quelle.“ Im Weiteren verweist er explizit auf den Rückgriff auf einen Prätext (ebda.): „Ein Zitat ist eine Stelle aus einem anderen Text, […]. Es ist eine spezifische Konkretisationsform von Text-Text-Beziehungen.“ Derartige Definitionen verknüpfen das Zitat eng mit dem Konzept der Intertextualität, das im Folgenden deshalb eingehender vorgestellt werden soll.

2.1.1 Intertextualität

Das Konzept der Intertextualität hat im einschlägigen Forschungskanon unterschiedliche Definitionen erfahren. Der Einführung in die Thematik sei daher eine vage definitorische Quintessenz vorangestellt, die Holthuis (1993: 29) aus einer Darstellung der unterschiedlichen Konzeptionen gewinnt: „Intertextualität […] bezeichnet als theoretischer Begriff zunächst nichts mehr [als] das Phänomen einer wie auch immer festzulegenden Relation zwischen Texten.“

Zu der „wie auch immer“ zu bestimmenden Relationen kommen grundlegend divergierende Auffassungen von Textualität hinzu, die sowohl die theoretische Annäherung als auch die praktische Anwendung des Konzeptes erschweren. Zusätzlich fallen, noch bevor man sich einem Vergleich der unterschiedlichen Definitionen und Ansätze nähern kann, terminologische Uneinheitlichkeiten auf, denn für den Terminus ‚Intertextualität‘ kursiert ein breites Spektrum vermeintlicher Synonyme (etwa ‚Intersemantizität‘ nach Schmid/Stempel (1983), ‚Interdiskursivität‘ nach Angenot (1983) u. a.). Aus dem Präfix ‚inter-‘ lässt sich in solchen Fällen das *tertium comparationis* der teils sehr unterschiedlichen Konzeptionen ableiten; die Gemeinsamkeit besteht in dem Bestimmungsversuch einer Relation zwischen A und B. Worauf sich die Platzhalter A und B allerdings beziehen können, variiert je nach Auffassung des Konzepts wiederum stark. Für einen weiten und umfassenden Blick scheint es im Anschluss an Pletts „intertextualities“ (so der Titel eines Aufsatzes von 1991) also sinnvoll, zunächst die Pluralität des Terminus auszuweisen.

Dem ursprünglich literatur- und kulturwissenschaftlichen Konzept ‚Intertextualität‘ liegt ein sehr weites Begriffsverständnis zugrunde, das von einer textuellen und intertextuellen Omnipräsenz ausgeht: Folgt man den Theorien der Intertextualitätspionierin Julia Kristeva sind *alle* gesellschaftlichen Produkte intertextuell. Kristeva führt den Terminus ‚Intertextualität‘ 1967 ein und definiert ihn wie folgt:

> Nous appellerons INTERTEXTUALITÉ cette inter-action textuelle qui se produit à l'interieur d'un seul texte. Pour le sujet connaissant, l'intertextualité est une notion qui sera l'indice de la façon dont un texte lit l'histoire et s'insère en elle. (Kristeva 1969: 443)

Diese kanonisch zitierte Definition hat Kristevas Konzeption von Intertextualität den Ruf eines radikalen Paradigmenwechsels in der Literaturwissenschaft eingebracht: Wird der Text bis zu den 1960er Jahren noch als geschlossenes Ganzes betrachtet, das als Produkt einem Autor zuzurechnen ist, löst Kristeva sich von dieser Annahme und entgrenzt sowohl die Vorstellungen vom Autorensubjekt als auch die Auffassung von Textualität (vgl. Pfister 1985: 7–9). Ihrer Definition folgend vereinen sich im Text ein passives und ein aktives Moment. Zum einen ‚produziert sich‘ Intertextualität innerhalb eines Textes von selbst; der Text scheint der Intertextualität gegenüber passiv, ist ihr ausgeliefert. Zum anderen ‚liest‘ der Text die Geschichte; ihm wird folglich eine aktiv absorbierende Rolle zuteil. Textualität ist aus Kristevas kultursemiotischer Perspektive nicht an die Materialität der Schriftlichkeit gebunden: „Diese Vorstellung, daß Geschichte und Gesellschaft etwas sind, was gelesen wird wie bzw. als ein Text, muß jeweils mitgedacht werden, wenn Kristeva von Text oder Texten spricht [...]“ (Pfister 1985: 7). Ein solcher Blickwinkel auf Textualität scheint hinsichtlich der fundamentalen, engen Bindung ‚klassischer Textualität‘ an das Medium der Sprachlichkeit (zumindest aus philologischer Perspektive) zunächst befremdlich. Löst man sich aber vom Textualitätsbegriff und denkt das Intertextualitätskonzept Kristevas im Sinne einer ‚*Inter-Objektizität*‘, kann durchaus von einer grundlegenden, auch gegenwärtig breit rezipierten Feststellung gesprochen werden: Kulturwissenschaftliche Perspektiven verzeichnen Relationen zwischen sämtlichen Objekten – und verwenden für die Wiederholung oder Imitation eines Objekts in einem anderen den Begriff des Zitats. Ulrich (2015) spricht in diesem Zusammenhang von „gebauten Zitaten“ und untersucht Formen und Funktionen des Zitierens in den kulturellen Produkten Bild, Architektur und Musik. Die gegenseitige Befruchtung dieser Kulturprodukte ist gesellschaftlich zudem derart etabliert, dass rechtliche Normen regeln, welche Art von Inter-Relation wie zu gestalten ist, um nicht das Recht des Urhebers zu verletzten (siehe Abschn 2.3.2).

Wie bereits erwähnt, betrifft Kristevas Intertextualitätskonzept nicht nur das Verständnis von Texten, sondern auch die Rolle des Autors. Da der Text sich den Einflüssen seines gesellschaftlichen Entstehungskontextes ohnehin nicht entziehen kann, ist er nicht länger (oder zumindest nicht länger primär) Produkt seines Verfassers. Durch die „Dezentrierung des Subjekts“ (Pfister 1985: 9) wird die

Autorinstanz abgelöst. Infolgedessen setzt ein Autor Intertextualität nicht intentional ein; vielmehr ist sie in Kristevas weitem Verständnis eine produktive Grundbedingung und kein optionales, etwa stilistisches Instrumentarium.

Mit dieser Voraussetzung besteht eine wesentliche Differenz zu Bachtins Dialogizitätskonzepts, das im literaturwissenschaftlichen Forschungskanon einvernehmlich als Basis der Ausführungen Kristevas betrachtet wird. Als Resultat seiner Überlegungen zu Relationen zwischen Literatur, Sprache und Gesellschaft ermittelt Bachtin (1979) die dichotomen Kategorien ‚Dialogizität' und ‚Monologizität'. Dialogizität meint dabei die offene Auseinandersetzung mit divergierenden Positionen; der monologische Diskurs verschließt sich im Gegensatz dazu vor In-Frage-Stellungen durch Auseinandersetzungen, um Tradition und Autorität zu wahren (vgl. auch Pfister 1985: 2; Jakobs 1999: 13). Auch wenn der Dialogizitätsbegriff terminologisch stark an den Grundgedanken der Intertextualität zu erinnern scheint, bestehen zwischen den beiden Konzepten tatsächlich mehr Unterschiede als Gemeinsamkeiten: Bachtin fasst unter die Dialogizität in erster Linie einen Dialog innerhalb der Stimmen eines Texts und nicht der Stimmen zwischen verschiedenen Texten. Seine Theorie ist damit im Grund genommen *intra-* und nicht *inter*textuell (Pfister 1985: 4).

Seit dem Bruch mit den prä-intertextuellen Vorstellungen über Textualität hat das Konzept unzählige Modifikationen erfahren. Die für das eingangs erwähnte terminologische Chaos verantwortlichen Re-Konzeptionen sind für die konkrete Operationalisierung des Begriffes dabei durchaus sehr dienlich; das Postulat Kristevas, dass schlichtweg jeder Text intertextuell sei, ist nämlich für empirische Analysen kaum anwendbar, denn „[w]enn man den Begriff der Intertextualität in einem so weiten Sinn verwendet, daß jeder Text in all seinen Elementen intertextuell ist, verliert der Begriff seine Trennschärfe und damit seine wissenschaftliche Brauchbarkeit zumindest für die Analyse einzelner Texte" (Broich 1985: 48).

Eine der elementarsten Differenzierungen ist die Unterscheidung von intertextueller Systemreferenz und intertextueller Einzeltextreferenz (vgl. Broich/ Pfister 1985; Hempfer 1983). Die Definition Kristevas entspricht der Systemreferenz. Systemreferentielle Inter-Relationen beruhen auf der Annahme, dass produktive Erfahrungen mit und rezeptive Erfahrungen von Textualität unweigerlich in die Textproduktion miteinfließen. Ein Text ist damit immer auch Produkt der ‚textuellen Sozialisation' seines Autors. Kein Text ist eine *creatio ex nihilio:*

> Kein Verfassen von Texten ist ein adamitischer Akt, in dem der Textproduzent gleichzeitig mit seinem Text auch seine Sprache von Grund auf erst schaffen müßte, und kein literarischer Autor ist ein Kaspar Hauser, der noch nie einen fremden literarischen Text gehört oder gelesen hätte. (Pfister 1985: 52)

Was genau unter der Spezifizierung ‚System' des Kompositums ‚Systemreferenz' zu verstehen ist, ist definitorisch nicht festgelegt. Je nach Untersuchungsschwerpunkt kann die Referenz des Systembegriffs variieren. Für Textsortenanalysen zum Beispiel ist es ertragreich, ‚System' als Textsortensystem zu verstehen, denn so können für den Bereich des Rechts wertvolle Erkenntnisse über konventionalisierte Muster des Rechtsdiskurses gewonnen werden (wie z. B. bei Busse 2002).

Für die Fragestellung dieser Arbeit relevanter noch als die Systemreferenz ist jedoch die spezifischere Perspektive der Einzeltextreferenzen. Einzeltextreferenzen beziehen sich strukturell oder inhaltlich auf explizit fassbare Konkretisierungsformen von Intertextualität, die „eidetisch gesprochen, als effektive Präsenz eines Textes in einem anderen" (Genette 1993: 10) nachweisbar sind. Als eine mögliche spezifische Ausprägungsform expliziter Referenz ist das Zitat anzuführen, bei dessen direkter wörtlicher Variante sowohl Strukturen als auch Inhalte in einen neuen Kontext überführt werden. Gleiches gilt für Inhalte, die nicht direkt wörtlich und verfremdet (wie beispielsweise bei der Anspielung) übernommen werden. Auch in Fällen, in denen Wortmaterial oder Inhalte unmarkiert in einen anleihenden Text übernommen werden, wie beim Plagiat (siehe Abschn. 2.3.2.2), handelt es sich um eine Einzeltextreferenz im Sinne der Intertextualität definition nach Genette.

Genette nimmt zudem eine spezifizierende und differenzierende Umakzentuierung der Kristevaschen Definition vor und versteht Intertextualität als Hyponym seines als Sammelbegriff verschiedener Textbeziehungen eingeführten Terminus ‚*Transtextualität*'. Als Überbegriff ist dieser entsprechend weit gefasst und meint „tout ce qui met en relation, manifeste ou secrète, avec d'autres textes" (Genette 1982: 7). Genette unterteilt Transtextualität in insgesamt fünf Typen: Der erste Subtyp *Intertextualität* nach Genette wurde bereits dargelegt. In seiner Definition bezieht sich Intertextualität ausschließlich auf konkrete Formen der Referenzen und nicht auf Merkmale, die ein Text beispielsweise aufgrund von Textsortenkonventionen mit anderen gemein hat. Der zweite Typus der *Paratextualität* bezeichnet Intra-Relationen zwischen Textteilen wie beispielsweise zwischen dem Haupttext, seiner Überschrift und seinem Vorwort. *Metatextualität* meint die explizite Stellungnahme eines Textes zu einem anderen. Ein solches Meta-Verhältnis ist beispielsweise für Rezensionen das gattungsbildende Charakteristikum. Gattungsmerkmale allgemein fasst Genette unter dem vierten Typus der *Architextualität* zusammen. Die fünfte und letzte Kategorie *Hypertextualität* ist selbst wiederum ein Sammelbegriff für Texte, die grundlegend auf anderen beruhen. Ein Prätext (auch ‚Hypotext') erfährt hiernach eine literarisch-künstlerische Transformation und wird so persiflierend oder etwa parodierend in einem ‚Hypertext' verarbeitet.

Jener letzten Kategorie gilt das Hauptaugenmerk der Genetteschen Typologie. Zur Analyse des Zitierverhaltens in Gerichtsentscheidungen kann die Hypertextualität jedoch insofern vernachlässigt werden, als Entscheidungen nicht literarisch-künstlerisch motiviert sind und die Aufnahme eines Werkes zu Zwecken der Parodie oder Persiflage damit ausgeschlossen werden kann. Die anderen vier Kategorien sind – auch wenn sie sich ursprünglich auf literarische Texte beziehen – auch für nicht-literarische Textsorten wie Gerichtsentscheidungen fruchtbar zu machen. Im Kontext des Untersuchungsgegenstandes von Zitaten in Gerichtsentscheidungen fokussiert die vorliegende Arbeit den ersten Subtyp der Intertextualität als Nachweisbarkeit eines Textes. Wenn im Weiteren also der

Terminus der Intertextualität fällt, so ist er als Einzeltextreferenz zu verstehen. Ein weites Verständnis, gemäß der ursprünglichen Konzeption nach Kristeva, wird – zumindest für das Analyseziel dieser Arbeit – nicht zuletzt aufgrund mangelnder Operationalisierbarkeit nicht angestrebt.

Ein Konzept, das am engen Intertextualitätsbegriff nach Genette angelehnt ist, ist das Skalierungsmodell nach Pfister und Broich (1985). Die Kriterien des Modells beziehen sich dabei vor allem auf die Intensität intertextueller Verweise. Das erste Kriterium greift die zwischen *use* und *mention* auf. Diese grundlegende Unterscheidung der Einbettungsarten wird auch in Charakterisierungen von Zitattypen selbst verwendet und referiert auf die Rolle, die ein Zitat in Relation zu seiner Einbettungsumgebung einnimmt. Ausdrücke, die *verwendet* werden, erfüllen eine satzgrammatische Funktion; *erwähnte* Ausdrücke wiederum werden integriert, um etwas *über* sie zu sagen und nicht *mit* ihnen:

> To *use* an expression linguistically is to use it as a tool; to employ it towards a linguistic end. [...]. In contrast, to *mention* an individual is to say something about it; to make it the topic of conversation between speaker and listener. (Washington 1998: o. S.)

Pfister orientiert sich an dieser Unterscheidung und beschreibt Zitate, die sich u. a. strukturell „nahtlos" (1985: 26) in einen neuen Kontext einfügen als intertextuell weniger intensiv als Zitate, mit denen mithilfe der Hervorhebung des Zitatcharakters auf ursprüngliche Kontexte verwiesen wird (ebda.).

Hervorhebung und Markierung spielen für das zweite Kriterium, der *Kommunikativität* intertextueller Bezüge eine große Rolle. Ihre Intensität steigt mit dem Grad der Bewusstheit der intertextuellen Relation. Das dritte Kriterium erinnert stark an Genettes Metatextualität: Wenn „die Intertextualität nicht nur markiert, sondern sie thematisiert" (Pfister 1985: 27) und problematisiert wird, liegt das Kriterium der *Autoreflexivität* vor. Als inhaltlich-semantisches Kriterium steht die Autoreflexivität dem vierten formalen Kriterium der *Strukturalität* gegenüber. Pfister vergleicht hier „das bloß punktuelle und beiläufige Anzitieren von Prätexten" (Pfister 1985: 28) mit umfassenden strukturellen Übernahmen und syntagmatischen Integrationen. Die Art und Weise der Integration des intertextuellen Bezuges bestimmt auch das fünfte Kriterium der *Selektivität*. Bezüge sind immer dann intensiv, wenn sie nah am Prätext sind und zur Integration in die neue textuelle Umgebung wenig abstrahiert werden. Das letzte Kriterium der *Dialogizität* greift auf die Theorie und Terminologie Bachtins zurück und bezeichnet die semantische Spannung zwischen Spendertext und neuem Text.

Die Skalierungskriterien der Intertextualität erklärt Pfister selbst beispielhaft in Bezug auf das Zitat. Zitate können als prototypische Ausprägungsform expliziter spezifischer Intertextualität als Einzeltextreferenz bezeichnet werden. Bezieht man die Skalierungskriterien Pfisters auf die im Folgenden vorgestellten Zitattypen, lassen sich unterschiedliche Intensitäten feststellen: Ein direktes Zitat ist im Hinblick auf die Strukturalität und auf die Selektivität ‚intensiver intertextuell' als ein indirektes. Um ein Zitat allerdings hinsichtlich aller fünf Kriterien verorten zu können, bedarf es neben der Analyse des Zitattypus auch die Analyse seiner Einbettungsumgebung und ggf. einen Abgleich mit dem zitierten Prätext. Ohne ihre Kenntnis können der Autoreflexivitäts- und Dialogizitätsgrad nicht eruiert werden.

2.1.2 Zitattypen

Grundlegend kann zwischen intertextuellen und nicht-intertextuellen Zitattypen unterschieden werden. Das direkte, das gemischte und das indirekte Zitat beziehen sich auf andere Texte und sind dementsprechend Beispiele für intertextuelle Zitattypen. Bei intertextuellen Zitaten liegt immer eine sechsstellige Relation vor. (1.) Ein Re-Produzent (P2) verwendet die Worte (2.) eines Prätext-Produzenten (P1). Diese Worte lassen sich dementsprechend in (3.) einem Original-Text[1] (T1) und (4.) einem reproduzierenden Text (T2) finden. Zitiertes entstammt immer einem ursprünglichen Kontext und wird durch das Einfügen in einem zitierenden Text in einen neuen Kontext eingebettet. Daraus ergeben sich (5.) ein Prätext-Kontext (K1) und (6.) ein aufnehmender Kontext (K2). Die intertextuellen Zitattypen können wiederum subdifferenziert werden in materielle Zitattypen, bei denen die Materie des Prätextes wörtlich zitiert wird, und immaterielle Zitattypen, bei denen die Materie des Prätextes nicht wörtlich präsent ist. Ferner gibt es auch Erscheinungsformen des intertextuellen Bezugnehmens, die nicht unter dem Zitatbegriff geführt werden; im Akt des Bezugnehmens aber eng mit dem Zitat verwandt sind. Ein Beispiel dafür ist die Paraphrase. Die Beschäftigung mit intertextuellen Erscheinungsformen fällt, wie die Beschäftigung mit dem Intertextualitätskonzept selbst, traditionellerweise in das Interessengebiet der Literaturwissenschaft. Insbesondere interessieren sich literaturwissenschaftliche Ansätze für die Explizitheit bzw. für die Markiertheit von Zitaten. Da literarische Texte, anders als etwa wissenschaftliche Texte, der Kunstfreiheit und damit keiner Markierungspflicht unterliegen, kann der Akt des intertextuellen Bezugnehmens in literarischen Texten offen markiert sein oder auch kryptisch vorgenommen werden (Typologie nach Meyer 1967).

Zu den nicht-intertextuellen Zitattypen zählen das reine und das modalisierende Zitat. Beide Typen referieren nicht auf einen Prätext, sondern setzen Anführungszeichen als pragmatische Indikatoren, zum Beispiel zur Signalisierung von Ironie, ein. Die Analyse nicht-intertextueller Zitattypen fällt in das Interessengebiet der Sprachphilosophie und der Linguistik. Gegenstand der Linguistik sind sowohl intertextuelle als auch nicht-intertextuelle Zitattypen; sie untersucht das Zitat als „speech within speech" und als „speech about speech" (Volosinov 1930: 115).

Einerseits zeigt der vorangegangene Einblick, dass das Zitat von vielen Disziplinen beforscht wird, andererseits mag darin auch der Grund liegen, dass integrative Zitattypologien ein Forschungsdesiderat darstellen. Typologische Versuche konzentrieren sich entweder auf das Zitat als Terminus und klammern dabei einschlägig verwandte Formen wie die Paraphrase aus (vgl. Brendel/Meibauer/Steinbach 2011) oder sie konzentrieren sich auf das intertextuelle Moment als Definiens und klammern dabei nicht-intertextuelle Zitattypen aus. Anliegen

[1] Anstelle des Terminus ‚Text' kann alternativ auch der Begriff der ‚Rede' verwendet werden; da es sich beim Korpus der vorliegenden Arbeit um schriftsprachliche Produkte handelt, wird ersterer jedoch bevorzugt.

der nachfolgenden Darstellung ist es, aufgrund dessen eine forschungszweigübergreifende, philologische Typologie zu erarbeiten.

2.1.2.1 Das direkte Zitat

Das direkte Zitat, auch *oratio recta* (vgl. z. B. Steinseifer 2019: 182), bildet paradigmatisch den Ausgangspunkt der Beschäftigung mit Wiedergabeformen. Seine Beschreibung erfolgt meist in der Gegenüberstellung mit dem indirekten Zitat als (zumindest scheinbar) dichotomer Gegenspieler. Das zentrale Kriterium des direkten Zitats ist die unveränderte wörtliche Übernahme in einen neuen Kontext. Dabei wird es meist von Verben der Sprachmanifestation ein- oder ausgeleitet. Eine solche verbale Begleitung ist jedoch fakultativ, denn das direkte Zitat verhält sich bezüglich sprachformaler Parameter weitestgehend unabhängig von seinem Einbettungskontext:

(1a) Descartes sagt/schreibt: „Cogito ergo sum."
(1b) „Cogito ergo sum." Das ist unser Motto.

Die Kennzeichnung des Fremdinhalts ist obligatorisch. Wie eine solche Markierung auszusehen hat, ist für schriftliche Zitate stark normiert. Direkte Zitate sind, um nicht als Plagiat zu gelten, graphematisch mit doppelten Anführungszeichen zu markieren; im Streit um Plagiatsfälle kann fehlende Zitat-Interpunktion sogar urheberrechtlich relevant sein. Auch für die vergleichsweise weniger normierte mündliche Kommunikation haben sich Mittel zur Kennzeichnung von Zitaten entwickelt (beispielsweise prosodische Hervorhebungen, siehe Günthner 2000: 4 f.). Beispiel 1a illustriert außerdem die Vielfalt möglicher begleitender Verben, die in der traditionellen Grammatik unter den Begriff der *Verba dicendi* (z. B. meinen, äußern, sagen) gefasst werden. Der Terminus muss in Anbetracht des grundlegenden Verständnisses von Zitaten als Wiedergabe von Sprache und Gedanken allgemein – und nicht nur als Redewiedergabe – als unzulänglich bezeichnet werden. Die häufig undifferenzierte Verwendung des Begriffes *Verba dicendi* nicht nur für Verben oraler Äußerungsakte, sondern auch für Verben mentaler Prozesse oder Verben der Verschriftlichung widerstrebt dem Verständnis von Zitaten als Wiedergaben verbalisierter, gedachter und geschriebener Sprache. *Verba dicendi* müssen in Anbetracht dessen in ihrem weitesten Sinn verstanden werden; der Begriff beinhaltet auch *Verba sentiendi* und *Verba scribendi* (siehe dazu weiterführend Abschn. 4.3.2).

Beispiel 1b zeigt die Unabhängigkeit von begleitenden Rahmungen, welche zugleich ein zentrales Merkmal des direkten Zitats ist: Das Kriterium der syntaktischen Unabhängigkeit dient als potentielles Abgrenzungskriterium zum ebenfalls auf wörtlich-wiedergegebenen Anteilen basierenden gemischten Zitat. Mit diesem Charakteristikum und dem der Wörtlichkeit sind zwei Kriterien genannt, von denen letzteres im Folgenden genauer diskutiert sei.

Aus dem Anspruch wortgetreuer Wiedergabe resultiert die Blockade möglicher Umformulierungen. Selbst Ersetzungen durch Synonyme vermeintlich identischer lebensweltlicher Referenz sind *salva veritate* unzulässig (vgl. Brendel/Meibauer/Steinbach 2011: 2). Das direkte Zitat überträgt dementsprechend sowohl Inhalte als auch Formen in einen neuen Kontext; es handelt sich um eine *type-token*-Übernahme. Mit dieser Kondition ist das direkte Zitat zumindest scheinbar vor Verzerrungen durch den zitierenden P2 geschützt, sodass es als Ideal wahrheitsgemäßer Wiedergabe gilt. Einschränkend zu bedenken ist an dieser Stelle, dass selbst der Akt des Auswählens eines zu zitierenden Satzes aus einem zitatspendenden Text eine Art des Eingriffes durch P2 darstellt. Mit der Auswahl eines Zitates und seines Umfangs bringt P2 seine subjektive Perspektivierung hinsichtlich T1 ein und beeinflusst damit durchaus die Interpretation des zitierten Materials durch einen Rezipienten.

Daneben ist auch vollkommene Wörtlichkeit überhaupt ein Ideal, das nicht in allen Reproduktionskontexten erfüllt werden kann; die Extension des Wörtlichkeitsbegriffes erweist sich als vage. Während das schriftliche wortgetreue Zitieren von Schriftsprache aufgrund der Fixierung unproblematisch ist, ergeben sich bei der Involviertheit von gesprochener Sprache einige Probleme. Welcher Grad und Umfang an Identität zwischen Originaläußerung und Wiedergabe gewährleistet sein müssen, um von Wörtlichkeit, oder doppelt betont und pointierter noch von *wortwörtlicher* Übereinstimmung sprechen zu können, variiert mit den Ansprüchen des Wiedergabekontexts (vgl. Maier 2014).[2]

2.1.2.2 Das indirekte Zitat

Die wohl augenscheinlichste Differenz indirekter Zitate zu direkten Zitaten besteht in der Abwesenheit der graphematischen Markierungen. Anstelle der Anführungszeichen bedienen sich indirekte Zitate, auch *oratio obliqua* genannt, zur Überführung einer Originaläußerung in einen indirekt zitierenden Kontext K2 sogenannter Indirektheitssignale (Begriffsverwendung z. B. in Bezug auf epistemische Modalverben bei Scherr 2019: 3, siehe auch Kap. 4), von welchen einige

[2] Schwierigkeiten bei der schriftlichen Wiedergabe mündlicher Äußerungen verdeutlichen u. a. unterschiedliche Transkriptionskonventionen: Während es für einen inhaltsfokussierten Kontext ausreichend sein kann, final verbalisierte Wörter unter Aussparungen von Zögerungssignalen, Wortabbrüchen und Anhängseln wiederzugeben, können gerade letztere beispielsweise für extralinguistische Untersuchungen relevant sein. Ähnlich problematisch verhält es sich auch beim mündlichen Zitieren ursprünglich schriftlicher Sprache: Besonders in der Produktion gesprochener Sprache fließen die individuellen Sprechercharakteristika von P2 unweigerlich ein. Ein Einfluss auf die Rezeption und die tatsächliche Wörtlichkeit kann nicht ausgeschlossen werden: (1c) Descartes hat scho gsagt: „I – dank äh denk, - also – bin – i." (Beispiel nach Plank 1986: 286). Mit dieser individuell gefärbten Wiedergabe des berühmten Zitats verdeutlicht Plank mögliche ‚Störfaktoren' einer von P2 abhängigen Wiedergabe. Es bleibt zu diskutieren, ob im Zuge von Pausen, Versprechern und dialektalen Variationen – und wie im vorliegenden Beispiel einer interlingualen Transposition eines im Original lateinischen Satzes – noch von vollkommener Wörtlichkeit ausgegangen werden kann. Wörtlichkeit ist – vor allem im Rahmen mündlichen direkten Zitierens – also auch eine Eigenschaft von möglicher gradueller Ausprägung.

Adaptionen durchgeführt werden *können* aber *nicht müssen*. Bei einem Großteil aller verwendeten Adaptionsmerkmale handelt es sich um fakultative sprachliche Prozeduren; obligatorische Prozeduren beschränken sich auf einige wenige. Das Zitat muss, um als ein indirektes gelten zu können, zwar in einen, von einem Matrixverb eingeführten oder ausgeleiteten, Nebensatz transformiert werden, mithilfe *welcher* Nebensatzart dies vollzogen wird, ist bezüglich des Indirektheitsstatus irrelevant. Die folgenden Beispiele (2b, 2c & 2d) demonstrieren drei Möglichkeiten solcher syntaktischer Transformationen eines direkten Zitats (2a) in indirekte Zitate[3]:

(2a) Der Pressesprecher verkündet: „Mit heute veröffentlichtem Beschluss hat die 3. Kammer des Ersten Senats des Bundesverfassungsgerichts eine Verfassungsbeschwerde gegen arbeitsgerichtliche Entscheidungen zu einer Kündigung wegen einer groben menschenverachtenden Äußerung nicht zur Entscheidung angenommen."

(2b) Der Pressesprecher verkündet, dass die 3. Kammer des Ersten Senats des Bundesverfassungsgerichts eine Verfassungsbeschwerde gegen arbeitsgerichtliche Entscheidungen zu einer Kündigung wegen einer groben menschenverachtenden Äußerung nicht zur Entscheidung angenommen hat.

(2c) Der Pressesprecher verkündet, die 3. Kammer des Ersten Senats des Bundesverfassungsgerichts habe eine Verfassungsbeschwerde gegen arbeitsgerichtliche Entscheidungen zu einer Kündigung wegen einer groben menschenverachtenden Äußerung nicht zur Entscheidung angenommen.

(2d) Die 3. Kammer des Ersten Senats des Bundesverfassungsgerichts verkündet, eine Verfassungsbeschwerde gegen arbeitsgerichtliche Entscheidungen zu einer Kündigung wegen einer groben menschenverachtenden Äußerung nicht zur Entscheidung angenommen zu haben.

Beispiel (2b) vollzieht den Anschluss des zitierenden Nebensatzes mithilfe der Subjunktion ‚dass'. Dies resultiert wiederum notwendigerweise in einem Positionswechsel des Verbs, welches in der Originaläußerung – einem Hauptsatz gemäß – die zweite Position besetzt, während es im indirekten Zitat die von der Junktion obligatisierte Verb-Letzt-Stellung einnimmt. Beispiel (2c) bedient sich unter Aussparung der Junktion[4] demgegenüber einer hauptsatztypischen Verb-Zweit-Stellung. Eine solche Verbpositionierung ist nur in Kombination mit spezifischen Matrixverben (beispielsweise *sagen* und *behaupten*) möglich,

---

[3] Bsp. nach einer Pressemitteilung des BVerfG Nr. 101/2020 vom 24. November 2020, Bezug nehmend auf den Beschluss 1 BvR 2727/19 vom 02.November 2020.

[4] Ob bei indirekten Zitaten nebensatzeinleitende Junktion ausgespart werden können, entscheiden neben dem Matrixverb die Subjektidentität und der Satztypus. Infinite Formen (wie in 1d) setzen die Identität des Subjekts in Haupt- und Nebensatz voraus. Ferner sind Junktionsellipsen bspw. für Interrogativsätze unmöglich; Interrogativpronomen und -adverbien müssen transferiert werden, Entscheidungsfragen werden im direkten Zitat mit ‚ob' wiedergegeben.

da lexikalische Charakteristika des Matrixverbs über strukturelle Einbettungsmöglichkeiten der Wiedergabe bestimmen. Als äußerst flexibel kann demgegenüber wiederum die Position der Matrixphrase selbst gelten.[5] Neben der in den Beispielen verwendeten Initialposition sind ebenso nachstellende Inversionen (2e) sowie parenthetische Einsätze (2 f.) möglich:

(2e) Die 3. Kammer des Ersten Senats des Bundesverfassungsgerichts hat eine Verfassungsbeschwerde gegen arbeitsgerichtliche Entscheidungen zu einer Kündigung wegen einer groben menschenverachtenden Äußerung nicht zur Entscheidung angenommen, verkündet der Pressesprecher.

(2f) Die 3. Kammer des Ersten Senats des Bundesverfassungsgerichts hat, verkündet der Pressesprecher, eine Verfassungsbeschwerde gegen arbeitsgerichtliche Entscheidungen zu einer Kündigung wegen einer groben menschenverachtenden Äußerung nicht zur Entscheidung angenommen.

Unterschiedliche Reihenfolgen von einbettenden und eingebetteten Satzteilen bergen, neben formalen Differenzen, auch unterschiedliche Diskursfunktionen (Brendel/Meibauer/Steinbach 2007: 10). Brendel/Meibauer/Steinbach bezeichnen „Nebensätze mit hauptsatztypischer Verb-Zweit-Stellung [..]“ als „weniger integriert als komplementierereingeleitete Verb-Letzt-Sätze.“ (ebda.)

Welche Transformationen beim indirekten Zitieren durchzuführen sind, hängt auch von der jeweiligen Sprache ab (zum Englischen bspw. Bucalic 2007: 61). Unterschiede im grammatischen, lexikalischen und syntaktischen Repertoire in den jeweiligen Einzelsprachen führen zur Verwendung von teilweise sehr divergierenden Indirektheitsmarkierungen. Zwei Beispiele im Vergleich zwischen deutschen und englischen Ressourcen für das indirekte Zitieren sind die sogenannte *Consecutio Temporum* sowie der Konjunktiv. Die, ebenfalls in Schulgrammatiken ausführlich thematisierte, *Consecutio Temporum* meint die Verschiebung der Verbtempora zu Zwecken der Wiedergabe. Im Deutschen kann die Indirektheitsmarkierung demgegenüber nicht mit Tempusverschiebungen vorgenommen werden; Indirektheit wird mithilfe des Konjunktivs signalisiert. Die pragmatischen Dimensionen des Konjunktivs und des *conditional* sind, zumindest was den Indirektheitskontext angeht, gänzlich verschieden. Auch im Deutschen ist die Verwendung des „Referatskonjunktivs“ (Duden 2005: § 762) bzw. des als Indirektheitskonjunktiv bezeichneten Modus zur Signalisierung von Indirektheit uneinheitlich. Der ebenfalls von Schulgrammatiken angeratene Konjunktiv führt zu einer Distanzierung zwischen P2 und dem indirekten zitierten Inhalt, die in einer epistemischen Lesart (ggf. ungewollt) zur Annahme von Infragestellungen des zitierten Inhaltes führen kann (siehe dazu auch Abschn. 4.3.1 zur Rolle des Konjunktivs als epistemischer Quotativ). Für komparative Studien, wie die vorliegende Arbeit, in denen die Zitationspraxis in Texten unterschiedlicher Sprachen verglichen werden soll, ist es eine wichtige Erkenntnis, dass die Art und Weise des

[5] Dies gilt ebenso für direkte und gemischte Zitate, für welche Einbettungen mithilfe von Matrixverben allerdings optional sind; Matrixverben sind für diese beiden Typen fakultative Zusätze.

Zitierens nicht nur vom Zitierenden, sondern auch von einzelsprachlichen Konventionen geformt wird (siehe dazu ‚weiterführen auch Abschn. 4.4).

2.1.2.3 Das gemischte Zitat

Das gemischte Zitat (im Englischen *mixed quotation,* vgl. Davidson 1979) enthält sowohl Elemente direkten als auch Elemente indirekten Zitierens: „Mixed quotation is a label reserved for indirect speech reports in which some portion is set off in quotes to indicate literalness of rendering" (Cumming 2003: 77). Mit der Wiedergabe einer vorausgegangenen Originaläußerung zählt es zu den wiedergebenden, d. h. intertextuellen Zitattypen.

Eine erste zentrale Frage zur Charakterisierung gemischter Zitate ergibt sich aus den in der Definition eingrenzend verwendeten, allerdings sehr unspezifischen Begriffen „portion" und „literalness": Wie groß eine solche ‚Portion', oder genauer der Umfang wörtlich übernommener Anteile in einem gemischten Zitat für gewöhnlich ist oder zu sein hat, um als ein solches zu gelten, ist, wie auch der Begriff „literalness" vage.

Mit dem Kriterium „verbatim requirement" unternimmt Meier (2014: 5) eine formale Konkretisierung: Indirekte Zitate und ihre mit Anführungszeichen umschlossenen Inhalte müssen eine Token-Identität zu der Originaläußerung aufweisen (Maier 2014: 6). Eine quantifizierende Konkretisierung des Umfangs fehlt allerdings auch in diesem Ansatz. Die folgenden (konstruierten) Beispiele sollen daher, ausgehend von einer singulären Token-Identität einer Reflexion des „verbatim requirement" dienen:

(3a) Er sprach von einer „Menschenrechtsverletzung".
(3b) Er sprach von „einer" Menschenrechtsverletzung.

Die Gemeinsamkeit der beiden Beispiele besteht in der Quantität des wörtlich zitierten Materials – der Anteil des integrierten direktes Zitats umfasst jeweils genau ein Wort.[6] Ein Unterschied besteht demgegenüber, zumindest nach einer ersten intuitiven Interpretation, in der Akzeptanz dessen, was einer direkten Wiedergabe angemessen ist bzw. welchen Begriffen oder Formulierungen die Eigenschaft ‚Zitierwürdigkeit' zukommt. Die Lesart des Beispiels (3a) ist insofern unproblematisch, als die Funktionalisierungsmotivation des Zitateinsatzes durch den Produzenten nicht in Frage gestellt wird. Auch wenn die intendierte Funktion – wie auch allgemein bei allen Zitattypen – nicht ohne weitere kontextuelle Hinweise transparent ist, so erscheint eine zitatartige Wiedergabe eines Autosemantikums wie „Menschenrechtsverletzung" doch einen Mehrwert zu bieten. Dieser angenommene Mehrwert der Botschaft schafft eine Akzeptanz der Entscheidung für ein gemischtes Zitat. Beispiel (3b) hingegen zitiert einen indefiniten Artikel, der in einer Alleinstellung – zumal diese durch die graphische Isolation

[6] Als Wort ist in diesem Zusammenhang das Kriterium des orthographischen Wortes zu verstehen.

durch die Anführungszeichen intensiviert wird – inhaltsleer ist. Ein inhaltlicher Mehrwert ist der Markierung eines solchen Synsemantikums nicht zu entnehmen; der Leser ist dazu geneigt, alternativ einen pragmatischen Mehrwert zu suchen und könnte die Markierung nicht als wiedergebend, sondern als modalisierend verstehen (siehe auch modalisierendes Zitat in Abschn. 2.1.2.7) Theoretisch begründet liegt die Variabilität der Lesart und des eingangs als intuitiv bezeichneten Adäquatheitsempfinden möglicherweise in der Grice'schen Maxime der Relevanz (Grice 1975), welcher zufolge Rezipienten einen Mehrwert sprachlicher Äußerungen voraussetzen; der Leser versucht dem Akt des Anführens Relevanz abzugewinnen. Für das Minimalkriterium einer Token-Identität darf demnach gelten: Relevant kann nicht nur sein, *wie viele Token* zitiert werden, sondern welcher Mehrwert durch den Akt des Anführens gewonnen werden kann. Auch wenn diesbezüglich noch keine empirische Forschung durchgeführt worden ist, legen zahlreiche Beispiele die Tendenz des gemischten Zitierens von Autosemantika im Vergleich zu Synsemantika nahe. Ferner resultiert das Vorhandensein eines wörtlichen Anteils, wie auch bei direkten Zitaten, in Opazität, sodass zur Erhaltung des Wahrheitsgehaltes keine Substitutionen vorgenommen werden können.

Eine Einschränkung hinsichtlich des zitierten Materials liegt in der „well-formedness" (Shan 2010: 422) des gemischten Zitats: Im Vergleich zu direkten und reinen Zitaten, in denen theoretisch auch bedeutungslose Buchstabenabfolgen zitiert werden können, verlangt der hohe Integrationsgrad des direkten Anteils in den einbettenden Satz („Host sentence", de Brabanter 2019) grammatikalische Korrektheit. Die beiden Komponenten des gemischten Zitats (wörtlicher Anteil und Einbettungssatz) sind derart verflochten, dass sich die Wiedergabe nahtlos in ihre Umgebung einfügen muss: „Unlike in direct discourse and pure quotation, the syntax doesn't see the quotation marks" (Maier 2014: 9). Dies kann beispielsweise (wie beim indirekten Zitat) zu einer syntaktischen Verschiebung der SVO- in eine SOV-Stellung führen.[7]

2.1.2.4 Der Verweis

Einige Studien fassen Zitate und Verweise zusammen: So versieht exemplarisch Richter (2013) ihre Dissertation über ‚Die Konstruktion von Reputation' mit dem Untertitel ‚Verweise auf Ferdinand de Saussure in der romanistischen Sprachwissenschaft'. In ihre Untersuchung werden ohne Hinweis auf terminologische

[7] Alle Einbettungsmöglichkeiten des direkten Anteils unterliegen den grammatischen Erfordernissen des einbettenden Satzes. Mit dieser Kondition hat das indirekte Zitat eine Sonderstellung in der sprachphilosophischen Theoretisierung: Die wörtlichen Anteile werden gemäß der Use-Mention-Differenzierung sowohl erwähnt als auch verwendet. Diese Doppelrolle spiegelt sich auch in der terminologischen Vielfalt wider: Mit Blick auf die gleichzeitige Erfüllung von use und mention wird das gemischte Zitat auch als *double-duty quotation* (García-Carpintero 2005) oder als *hybrid quotation* (De Brabanter 2019) bezeichnet.

Verhältnisse allerdings auch Zitate integriert. In Richters Terminologie zählen Zitate also *zu* und *unter* die Verweise.

Als Gegenbeispiel, das einer strikten terminologischen Trennung folgt, kann Jakobs (1999) angeführt werden: In dem Untertitel *Zitat und Verweis als Ergebnis rezeptiven, reproduktiven und produktiven Handelns* ihrer Arbeit zur *Textvernetzung in den Wissenschaften* unterscheidet Jakobs Verweis und Zitat explizit. Gleichermaßen verfährt sie in ihrer Analyse, in der sie die beiden Erscheinungsformen zwar in ihrer Verwandtschaft als intertextuelle Verknüpfungsform, dennoch aber auch in ihrer unterschiedlichen Struktur und ihrer unterschiedlichen Funktionalisierung behandelt.

Die folgenden Ausführungen befürworten eine konzeptionelle und terminologische Trennung der Termini ‚Zitat' und ‚Verweis', denn während Zitate den Inhalt eines Prätextes – sei es in materieller oder in immaterieller Form – in einem anderen Text manifestieren, handelt es sich bei Verweisen lediglich um die Präsenz einer Quellenangabe bei Abwesenheit konkreten Prätext-Materials. Jakobs (1999: 100) versteht Verweise – anders als das Zitat – als „Suchanweisung" und als „Handlungsaufforderung". Der Leser wird dazu aufgefordert, sich eigenständig eine angebotene Zusatzinformation zu dem ihm vorliegenden Text einzuholen. Der Charakter einer Aufforderung äußere sich auch in begleitenden imperativischen Verweisausdrücken wie „vergleiche" und „siehe" (ebda.). Während wörtliche Zitate eine Information direkt rezipierbar in einen Text integrieren, zeigen Verweise auf eine dem Text außenliegende Information. Aufgrund des Zeigecharakters schreibt Jakobs (1999: 101) ihnen einen deiktischen Charakter zu (vgl. die Bühlersche Deixis-Theorie, Bühler 1965) und unterscheidet zwei Formen der Deixis. Ist dem Leser der Text, den der Verweis benennt, bekannt, handle es sich um eine Außendeixis. Dies ist beispielsweise der Fall für kanonisierte Theorien in der Wissenschaft und Normen im Falle der Gesetzgebung. Die Information ist dem Leser zwar nicht, wie bei einem wörtlichen Zitat, unmittelbar präsent; sie befindet sich aber in einem abrufbaren ‚Außenbereich'. Zeigt der Verweis auf einen Text, der im Informationsbestand des Lesers noch gar nicht vorhanden ist, handelt es sich um eine Deixis am Phantasma. Es handelt sich um ein anaphorisches Zeigen, da der Produzent auf etwas verweist, das chronologisch zwangsläufig erst nach der Lektüre des verweisenden Textes konsultiert werden kann.

Ehlich und Rehbein (1986) schreiben allen Bestandteilen einer Verweisquelle eine Relevanz für die Bedeutungskonstruktion durch den Rezipienten zu. Nicht nur die der Name, sondern auch bspw. das Jahr helfen dem Leser bei der Einordnung der Quelle bezüglich des Bekanntheitsgrades, der Aktualität und ggf. der Geltung.

Den Informationsgehalt, den der Leser vorab über die benannte Quelle gewinnen kann, kann der verweisende Produzent durch verständnismodifizierende Zusätze erhöhen. Ob eine Quelle affirmativ oder kritisch zu lesen ist, kann der Produzent durch die einstufenden Zusätze lenken. Derartige Zusätze können als Hinweise auf intendierte Zitatfunktionen herangezogen werden (siehe auch Kap. 3). Jakobs (1999: 103) bezeichnet Verweis-Zusätze als Etikett. ‚Verweis-Etikettierungen' werden u. a. in wissenschaftlichen Texten und in Entscheidungstexten vorgenommen.

Als Beispiel für letzteres sei die folgende Passage aus einer Entscheidung des Bundesverfassungsgerichts angeführt:

(4) Die Amtsdauer eines Richters auf Zeit hat erhebliche Bedeutung für die Frage, ob es einem Lebenszeitbeamten in dem durch Art. 92, 97 GG geforderten Maß gelingen kann, sich nicht nur von der Bindung an seine Stammbehörde zu lösen, sondern seine innere Unabhängigkeit trotz der innerhalb von zwei Jahren bevorstehenden Rückkehr in das Amt eines weisungsgebundenen Beamten zu bewahren (*kritisch etwa:* Ruthig, in: Kopp/Schenke, VwGO, 23. Aufl. 2017, § 18 Rn. 4; [...]). (BVerfGE 148, 69 2. Senat 22.03.2018, Rn. 125, Hervorhebung durch J.S.)

Die strukturelle und inhaltliche Einbindung von Verweisen in Rechtstexten untersucht Höfler (2015) aus rechtslinguistischer Perspektive. Als „gesetzestechnisches Mittel“ (ebda.: 325) schreibt er Verweisen in der Diskursstruktur des Rechts eine gewichtige Rolle zu. Als insgesamt ausschlaggebend für die Verständlichkeit von Verweisen weist Höfler (2012: 33) die Erkennbarkeit ihres Verweisobjektes aus. Damit ein Verweisungsobjekt, also eine bibliographische Angabe, „mit möglichst geringem kognitiven Aufwand identifizierbar“ ist (ebda.), können u. a. explizite sprachliche Wiederaufnahmen (sprich Zitate) eingebracht werden. Verweise als Zeigehandlung im Sinne Jakobs sind somit weniger zugänglich und verständlich als Zitate, die im Text präsent und unmittelbar rezipierbar sind.

2.1.2.5 Die Paraphrase

Eine weitere Form intertextueller Bezugnahmen stellt die Paraphrase dar. Im Allgemeinen wird darunter die Umschreibung eines Inhalts mithilfe von Synonymen zum sinngemäßen Transport in einen neuen Kontext verstanden. Philologische Konkretisierungen greifen ein solches (allgemeinsprachliches) Verständnis zwar auf, problematisieren allerdings Paraphrasierungsoperationen und ihren Einfluss auf die Unversehrtheit des zu übermittelnden Inhalts. Folgt man der Definition von Paraphrasen als „sentences or phrases that convey the same meaning using different wording“ (Bhagat/Hovy 2013: 463) ergibt sich die Frage, wie abweichend eine Formulierung sein kann bzw. welcher Reformulierungsgrad einen wiedergegebenen Inhalt in seiner Bedeutung noch unverändert transportiert. Bhagat/Hovy (ebda.) weisen dementsprechend auf die Differenzierung zwischen einer engen Definition in der Logik und einer vergleichsweise liberaleren Terminologie hin: Erstere verlangt gänzliche inhaltliche Identität, letztere hingegen bezeichnet auch approximative inhaltliche Äquivalenzen als Paraphrasen.

Wie die folgende Bestandsaufnahme von Paraphrasierungsweisen nahelegen wird, ist die Annahme eines unveränderten Bedeutungstransports unter realsprachlichen Konditionen beinahe illusionär. Auch wenn die Akzeptanz inhaltlicher Approximationen definitorische Bestrebungen erschwert, ist eine Weitung des Paraphrasenbegriffs auf mehr oder minder inhaltsmodifizierende Formen unerlässlich. Seine Überlegungen zur Struktur der Synonymie einleitend, grenzt Wirth (1996:

7–11) periphrastische und metaphrastische Formen als Subtypen ab. Während Paraphrasen vornehmlich durch Substitutionen auf syntagmatischer Ebene gebildet werden, operieren Periphrasen (exemplarisch zu rhetorischen Zwecken) auf paradigmatischer Ebene: Wird der Satz ‚der Adler fliegt' mit ‚der König der Lüfte fliegt' (Beispiel nach Wirth 1996: 10) paraphrasiert, wird der Gehalt des Signifikats angereichert; es handelt sich um eine Periphrase. Als dritte Variante der Paraphrase führt Wirth die Metaphrase an, bei welcher Inhalte wissentlich – durch Ergänzungen oder Weglassungen – verändert wiedergegeben werden. Beispielhaft für diesen Typus führt er (ebda.: 11) qualitative Veränderungen wie den Genrewechsel an (z. B. die Transposition eines Gedichts in Prosa).

Wie an den Beispielen der Periphrase und der Metaphrase verdeutlicht, gehört die in Definitionen des Terminus häufig anführte Deckungsgleichheit des Inhalts nicht zwangsläufig zum Anspruch des Paraphrasierenden. Doch selbst, wenn in einer Paraphrase Synonymie intendiert ist, erschweren Denotation und Konnotation vollkommene Signifikatsäquivalenzen.[8] Vermeintliche Synonyme können – trotz Referenz auf ein und dasselbe Signifikat – unterschiedliche Konnotationen hervorrufen. Vor diesem Hintergrund sind approximative Äquivalenzen im Abgleich von Prätext und Inhalt als Regelfall anzunehmen. Diese Kondition berücksichtigen auch De Beaugrande/Dressler (1981: 50) in ihrer Definition der Paraphrase als „approximate conceptual equivalence among outwardly material." Wie weit eine Paraphrase von ihrem Originaltext entfernt ist, variiert u. a. je nach Paraphrasierungsstrategie. Bhagat/Hovy (2013: 465–469) identifizieren 25 verschiedene Paraphrasierungsoperationen,[9] von denen ein Großteil sich als Substitutionsmaßnahmen zusammenfassen lässt: Substitutionen können u. a. mithilfe von Synonymen (5a), Antonymen (5b) sowie auch mit Metaphern und bildhafter Sprache (5c) durchgeführt werden.

(5a) Sie ist überaus hungrig.
(5b) Sie ist überhaupt nicht satt.
(5c) Sie könnte einen Gaul fressen.

Auch wenn alle drei Beispiele ein und denselben Sachverhalt bezeichnen (sollen), ist der Einfluss der lexikalischen Substitutionen auf den Duktus und damit letztlich auf die Bedeutungsentfaltung der Sätze unverkennbar. In ähnlicher Weise kann der Wechsel der Wortart (z. B. bei der Überführung des Verbalstils in einen Nominalstil) den Duktus, die Zuordnung zu einem Stil und damit die Gesamtbedeutung beeinflussen. Vergleichsweise dezenter als lexikalische Substitutionen weichen etwa elliptische Paraphrasierungen von einem Originalinhalt ab (6a & 6b).

(6a) Goethe ist interessant, und Kafka ist auch interessant.
(6b) Goethe und Kafka sind interessant.

---

[8] Zur Definition von Synonymie als Signifikatsäquivalenz siehe Wirth (1996: 24).

[9] In diesem Rahmen werden lediglich einige der Operationalisierungen gegenübergestellt, exemplifiziert und diskutiert. Zudem unterscheiden Bhagat/Hovy (2013) nicht wie Wirth (1996) zwischen Paraphrasen, Periphrasen und Metaphrasen; ihre Liste beinhaltet also zusammenfasst Operationen aller drei Typen.

Die zusammenfassende Ellipse (6b) transportiert im Grunde genommen dieselbe Prädikation wie die koordinierende Variante (6a). Ob beide Sätze tatsächlich denselben Bedeutungsgehalt tragen, bliebe zu diskutieren. Wählt ein Satzproduzent eine solch auffällige Redundanz wie in (6a), ist der Rezipient geneigt, ihr eine Intention zuzuschreiben. Der Verlust der Redundanz in (6b) könnte somit eine andere Lesart evozieren.

Als letztes Beispiel in Anlehnung an die Auflistung nach Bhagat/Hovy sei die Substitution oder Anreicherung durch Weltwissen benannt. Reformulierungen für Paraphrasen erfordern primär sprachliches Wissen, sekundär kann Weltwissen Reformulierungsoptionen erweitern (7a & 7b).

(7a) Die Bolschewiki haben gekämpft.
(7b) Die Roten haben gekämpft.

Mit der Identifikation verwendeter Reformulierungsmaßnahmen gehen Bhagat und Hovy einen großen Schritt in Richtung einer empirischen Fassbarkeit der Paraphrase, die vor allem von Computerlinguisten zur Optimierung des Natural Language Processing angestrebt wird (bspw. in Vila/Martí/Rodríguez 2014).

Die vorangegangenen Beispiele haben gezeigt, dass paraphrasierende Maßnahmen den Transport von Bedeutung maßgeblich beeinflussen können. Die Bestimmbarkeit der Relation zwischen Paraphrase und Prätext wird allerdings noch zusätzlich erschwert: Rezipiert ein Leser eine Paraphrase, so ist diese zwar regulär durch eine Quellenangabe gekennzeichnet, allerdings sind die durchgeführten Reformulierungen ohne Vergleich mit dem Prätext unsichtbar. Ob ein Produzent eine Quelle objektiv oder (willentlich oder unwillentlich) subjektiv paraphrasiert hat, ist der Paraphrase selbst nicht zu entnehmen und kann nur zu Teilen interpretativ rekonstruiert werden.

2.1.2.6 Das reine Zitat

Das reine Zitat bildet das Hauptaugenmerk sprachphilosophischer Zitationsreflexionen. Seine Rolle ist dabei derart zentral, dass es in der Sprachphilosophie als Prototyp des Zitierens überhaupt gelten kann. Ist in den kanonisch zitierten Studien u. a. von Davidson (z. B. 1979) allgemein die Rede von „Quotation", so ist damit meist das reine Zitat gemeint, und andere Zitattypen werden nur am Rande erwähnt oder gänzlich ausgeklammert. Andere Studien wiederum konzentrieren sich wiederum beispielsweise auf Analysen zum semantischen Status des reinen Zitats (Pafel 2011). Beiden Perspektiven gemein ist die Vermeidung konkreter Definitionen: „It turns out that a precise characterization of pure quotation is slippery enough for authors to usually prefer examples instead of definitions" (Bazzoni 2016: 120). Diesem Problem widmen sich auch Cappelen/Lepore/McKeever (2020), die sich dem reinen Zitat über eine Identifizierung, Charakterisierung und Formalisierung zahlreicher Beispiele nähern. Sie verstehen das reine Zitat instrumentalistisch als „device for talking about language" (ebda., ohne Seitenzahlen). Ähnlich lässt es sich verstehen als „device used to refer to typographical or phonetic shapes by exhibiting samples, that is, inscriptions or utterances that have those shapes“ (Davidson 1979: 27). Das reine Zitat „turns language on itself“ (Cappellen/Lepore/McKeever 2020) und ermöglicht damit die Thematisierung begrifflicher Eigenschaften. Dies können – die Definition Davidsons erweiternd – nicht nur typografische und phonetische Eigenschaften, sondern im Grunde alle beschreibbaren Eigenschaften einer reinen Anführung sein. Einige Bespiele reiner Zitate und ihrer Eigenschaftsthematisierung seien mit den folgenden Sätzen gegeben (8a–8e):

(8a) Das Wort ‚Bundesverfassungsgericht' besteht aus 24 Buchstaben.
(8b) „Schein“ und „Sein“ reimen sich.
(8c) *Öaklfsföhlraghioe* ist ein Buchstabensalat.
(8d) ‚Ich habe Hunger' ist ein Satz.
(8e) *Ver-* ist ein Präfix im Deutsch.

Aus einem Vergleich der Beispiele gehen mindestens vier Merkmale reiner Zitate hervor: 1. Inhalt und Umfang des reinen Zitats unterliegen keinerlei Einschränkungen. Es können sowohl einzelne Wörter und Phrasen als auch ganze Sätze, einzelne Morpheme oder sogar sinn- und referenzleere Buchstabenabfolgen zitiert werden. 2. Die Einschränkungslosigkeit betrifft auch die Möglichkeiten der Thematisierung des Angeführten. Die Gemeinsamkeit der Thematisierung besteht im Vorhandensein eines Zuschreibungsprozesses überhaupt; *welche* Attribute thematisiert werden, spielt keine Rolle. 3. Für die typographische und graphematische Markierung reiner Zitate besteht keine bindende Regelung. Es besteht zwar beispielsweise in Leitfäden zum akademischen Schreiben der Normierungsversuch, doppelte Anführungszeichen nur für Redewiedergabe zu verwenden, wonach reine Zitierungen sich dieser nicht bedienen dürften/sollten. Im Duden werden dem widersprechend allerdings auch doppelte Anführungszeichen als Option für „Wortteile, Wörter oder Textstücke […], über die man eine Aussage machen will“ aufgeführt. 4. Reine Zitate stellen einer verbreiteten Auffassung[10] (Brendel/Meibauer/Steinbach 2011: 17) zufolge sowohl syntaktisch als auch semantisch singuläre Einheiten dar ((8d') ‚X' ist ein Satz). Wie die vorangegangene Darstellung vermuten lässt, sind Perspektiven auf das reine Zitat zu einem Gros theoretischer Natur. Empirische Untersuchungen zum reinen Zitat und seiner realkommunikativen Funktionalisierungen existieren (noch) nicht und stellen damit ein Desiderat dar.

2.1.2.7 Das modalisierende Zitat

Wie die reinen Zitate beziehen sich auch modalisierende Zitate (im Englischen *Scare Quotes*) nicht auf die Wiedergabe eines Prätexts. Abbott (2004) schlägt

[10] Diskussion und Gegenposition bei Pafel (2011).

alternativ deshalb die Bezeichnung „non-citational quotation marks“ vor. Diese Bezeichnung drückt allerdings aus, dass „hier gar keine zitatähnliche Funktion besteht“ und dies „muss ja noch untersucht werden“ (Meibauer 2007: 30).

Das *Scare Quote* ist zunächst als subjektiver und interpretationsbedürfender Bedeutungszusatz aufzufassen. Bei der modalisierenden Anführung handelt es sich um eine interpretationslenkende Kennzeichnung einzelner Wörter oder Phrasen, in der Regel mit dem Ziel einer Signalisierung einer vom wörtlichen Gehalt abweichenden Bedeutung oder einer Abweichung vom Duktus des modalisierend zitierenden Textes. Wie die folgenden Beispiele zeigen, signalisieren die Anführungszeichen bei modalisierenden Zitaten ausschließlich, dass der angeführte Begriff einer zusätzlichen Auslegung bedarf; wie er zu verstehen ist und worin die Anführung motiviert ist, bleibt ohne weiteres Kontext- oder Weltwissen des Rezipienten zunächst undurchsichtig.

(9a) Die Wohnung kostet „nur“ 1.000.000 €.
(9b) Das ist ein „Schnäppchen“.
(9c) Der Forschungsstand offenbart sich als „Flickenteppich“.

Die Beispiele 9a und 9b repräsentieren eine mit modalisierenden Zitaten häufig intendierte Wirkung – es wird eine Lesart evoziert, die die eigentliche Denotation von „nur“ und von „Schnäppchen“ als Mittel der Ironie in ihr Gegenteil verkehrt. Die Gegenteilsverkehrung wird maßgeblich von den Anführungszeichen gelenkt. Eine weitere Funktion repräsentiert das Beispiel (9c): Bei der Anführung des Begriffes „Flickenteppich“ handelt es sich nicht um eine ironische Verkehrung ins Gegenteil, sondern um die Markierung einer Duktusabweichung, die sich aus der stilistischen Spannung zwischen dem Thematisieren von Forschungsständen und dem Einsatz bildlicher Elemente ergibt. Die verwendeten Anführungszeichen können somit auch als pragmatische Indikatoren bezeichnet werden; Meibauer (2007: 22) verortet modalisierende Zitate daher an der „Graphematik-Pragmatik-Schnittstelle“. Eine ähnlich Graphematik-Pragmatik-Relation beschreibt auch Predelli (2003: 7) mit seiner Differenzierung zwischen *message* und *attachement*. Ersteres bezieht sich dabei auf den Inhalt des zitierten Wortes; das attachement auf die von den Anführungszeichen evozierte Zusatzbedeutung (als *attachement triggers*). Zweitranging, aber auch einflussnehmend auf die Interpretation (vor allem von Bsp. 9a) ist allerdings auch das nicht-sprachliche Weltwissen, in diesem Fall zu Kaufpreisen von Wohnungen.

Der Gebrauch modalisierender Zitate wurde bislang weniger deskriptiv analysiert, als aus präskriptiver Sicht als unangemessen kritisiert. Eine solche Kritik übt allen voran Predelli (2003), der seine Ausführungen zu *Scare Quotes*, auf ein Wörterbuch zurückgreifend, mit den folgenden Worten einleitet: „Expressing a widespread viewpoint, the Harper Collins Concise Dictionary of English Usage warns that they are ‘not acceptable in formal writing’ and that it is far better to find words that express the writer’s intentions precisely and do so without apology“ (Ehrlich/Murphy 1991: 139). Die Verwendungsmotivation modalisierender Zitate reduziert Predelli (2003: 2) undifferenziert auf die Unfähigkeit oder die mangelnde Wortfindungsbereitschaft des Schreibers:

> In a typical scenario [...] the writer knows or suspects that the word [...] is not properly applicable [...]. Unable or unwillig to find a more appropriate expression, she uses it anyway, and apologetically recognizes her deviance from the requirement of precision by enclosing the term within quotation marks.

Dass eine solche Verwendungsmotivation auf manche Schreiber zutrifft, kann nicht ausgeschlossen werden. In Anbetracht der Tatsache, dass Schreiber mit der Markierung auffälliger Begriffe ihr Wissen um (Varianten-)Angemessenheit bereits unter Beweis stellen, drängt sich die Frage auf, *warum* sie sich dennoch für eine für den Duktus des jeweiligen Kommunikationskontextes nonkonforme Variante entscheiden. Predellis Bezeichnung modalisierender Zitate als ‚Notlösung' greift zu kurz und ignoriert stilistisch-intentionale Einsätze gänzlich: Mit der Verortung von Anführungszeichen „zwischen linguistischer und rhetorischer Komponente" stellt Klockow (1980: 220) das potenzielle ästhetische Moment modalisierender Zitate heraus. Eine Verletzung textsorten- oder diskursüblicher Regularitäten kann – unter „Ausnutzung der Konnotationsebene" (Klockow 1980: 302) – bewusst und rhetorisch-strategisch eingesetzt werden. Die Nähe zu rhetorischen Figuren zeigt sich ergänzend auch am Terminus des uneigentlichen Sprechens. Ist in Leitfäden zum Verfassen wissenschaftlicher Arbeiten die Rede vom uneigentlichen Sprechen, sind damit faktisch nichts anderes als modalisierende Zitate gemeint. Die etablierte Erwähnung und der Normierungsanspruch, wie ein modalisierendes Zitat im wissenschaftlichen Text markiert werden muss, können zudem als Indizien einer anerkannten Präsenz gedeutet werden; modalisierende Zitate scheinen damit – entgegen der von Ehrlich/ Murphy und Predelli monierten Inakzeptabilität in formellen Kontexten – zumindest im deutschsprachigen Raum auf Akzeptanz zu stoßen.

2.2 Das Zitat im Recht

Das Zitat nimmt im Kontext des Rechts gleich zwei Rollen ein: Zum einen stellt es selbst einen *Gegenstand des Rechtes* dar; im Rahmen des Urheberrechts und des Persönlichkeitsrechts auf Schutz vor der Zuschreibung falscher Aussagen sind strafbare Dimensionen des rechtswidrigen Umgangs mit Zitaten geregelt. Zum anderen ist das Zitat selbst wiederum *Instrument zur Realisierung des Rechts.* Die in den 1990er Jahren festgestellte quantitative Zunahme der Zitatanzahl (zur Zunahme des Austauschs zwischen Gerichten siehe z. B. Glendon 1991) in Entscheidungen bescheinigt die fortschreitende Etablierung intertextueller und inter-justizieller Bezugnahmen. Diese Bezugnahmen werden in der rechtswissenschaftlichen Zitattypologie nicht wie in der philologischen Charakterisierung anhand struktureller Kriterien vorgenommen (*wie* wird zitiert?), sondern basieren vornehmlich auf einer Einteilung nach Zitatspendern und ihrer (hierarchischen) Relation zur zitierenden Instanz (*wer* wird zitiert?).

Der Begriff des Zitats wird in der Rechtswissenschaft üblicherweise sehr weit, als Zusammenfassung wörtlicher Zitate und nicht-wörtlicher Zitate, Verweise und

Paraphrasen verwendet. Die im Abschn. 2.2.2 vorgestellte juristische Zitat- und Verweistypologie behandelt die Typen dementsprechend gemeinsam und nicht (wie unter philologischer Perspektive) separat voneinander.

2.2.1 Intertextualität im Recht

Als „durch und durch intertextuell" (2015: 69) bezeichnet Morlok die juristische Arbeit, die zu einem Großteil aus der „Heranziehung von (anderen) Texten" (ebda., 70) besteht. Bei der Intertextualität handelt es sich um ein fundamentales Phänomen des Rechts: Zum einen beziehen sich Juristen in der Produktion von Rechtstexten (beispielsweise von Gerichtsentscheidungen) in Form von Zitaten und Verweisen regelmäßig auf andere Texte. Zum anderen verlangt das bestehende Gesetz selbst nach intertextueller Arbeit in der Auslegungspraxis. Der Gesetzesbindung nach Art. 97 Abs. 1 GG zufolge sind Richter dem Gesetz (das in Form von Texten vorliegt) unterworfen und müssen sich in ihrer Fallentscheidung und der Entscheidungsargumentation, sprich der gesamten Produktion ihrer Entscheidung, auf die vorhandenen Normtexte beziehen. Das Gesetzesbindungspostulat ist damit im Grunde letztlich die Verpflichtung zu intertextueller Arbeit.

Zur Veranschaulichung des konstitutiven Moments von Intertextualität im Recht können die grundlegenden vier Auslegungsmethoden[11] der Rechtswissenschaft herangezogen werden (Morlok 2015: 71; vgl. auch ebda., 179 f.): Die systematische Auslegung verlangt zur Bedeutungsermittlung eines Rechtssatzes einen Vergleich bestehender Normen. Ähnliches gilt sowohl für die grammatikalische, die historische und teleologische Auslegung u. a. allein deshalb, weil zur Rekonstruktion vermeintlicher Gesetzesintentionen – ungeachtet der spezifischen Methodik selbst – stets das Medium der schriftlichen Fixierung herangezogen werden muss. Aufgrund der obligatorischen Textrelationen fasst Busse (2000: 1 f.; vgl. dazu auch Busse 1992) die juristische Entscheidungsfindung wie folgt zusammen: „[…] man könnte sie als Herstellung von Entscheidungstexten aus vorhandenen Texten im Wege der Herstellung von fallbezogenen Textbeziehungen (und damit Textnetzen) beschreiben." Mit dem Begriff von Textnetzen knüpft er an das Bild vom Recht als „Geflecht" und „Collage" an (Morlok 2015: 70).

Mit Busse und Morlok wurden zwei philologische Positionen angeführt. Überlegungen zur Intertextualität des Rechts entstammen nämlich weniger der Rechtswissenschaft selbst als vielmehr der Philologie, die sich mit textuellen Verflechtungen beschäftigt. In der Rechtswissenschaft wird dem Begriff der Intertextualität weniger Beachtung geschenkt, was womöglich in der Vernachlässigung der Reflexion über Materialität des Rechts als Text begründet liegt (vgl. dazu auch

---

[11] Näheres zur juristischen Auslegungsmethodik bei Canaris/Larenz (1995). Nicht zu den klassischen Methoden zählt die fünfte, ebenfalls stark intertextuelle Auslegungsmethode der Rechtsvergleichung (Häberle 1989: 913).

Neumeyer 2018: 104). Als eines der wenigen Beispiele für eine rechtswissenschaftliche Analyse mithilfe des ursprünglich literatur- und kulturtheoretischen Konzeptes von Intertextualität kann Neumeyers Aufsatz über das Problem der intertextuellen Auslegung von Menschenrechtsverträgen angeführt werden. Mit dem Anspruch, universelle Menschenrechtsstandards zu schaffen, sind Menschenrechtsverträge besonders auf die Berücksichtigung intertextueller Bezugnahmen angewiesen; sie können damit als beispielhaft für die juristische intertextuelle Arbeit gelten.

Wenn das Konzept der Intertextualität auch namentlich selten in rechtswissenschaftlichen Betrachtungen benannt wird, gibt es dennoch zahlreiche Ausführungen, denen die Grundgedanken der Intertextualität innewohnen. In Gestalt der Termini „transjudical communication“, (Slaughter 1994), „constitutional dialogue“ (Meuwese/Snel 2013) oder „judical dialogue“ (Law/Chang 2011) werden Fragestellungen der Intertextualität rechtswissenschaftlich aufgegriffen: Mit den Begriffen der inter-gerichtlichen Kommunikation und des Dialoges wird untersucht, ob und wie Gerichte in Relation zueinander treten und in welchen fassbaren Formen sich diese Relationen äußern. Es scheint, als verberge sich das Konzept der Intertextualität in der Rechtswissenschaft schlichtweg hinter einem anderen Namen.

2.2.2 Rechtswissenschaftliche Zitattypologien

Die in der Rechtswissenschaft herangezogenen Typologisierungskriterien unterscheiden sich gänzlich von den vorgestellten philologischen Ansätzen. Als primäres Kriterium wird in der Rechtswissenschaft die Autorschaft des referierten Inhaltes herangezogen. In welcher sprachlichen Form die Integration des Inhalts vollzogen wird – sei es als wörtliches Zitat oder als indirekt paraphrasierter Inhalt – ist nebensächlich. Es handelt sich damit also vornehmlich um eine Kategorisierung von Autorschafts-Typen und der philologische Frageschwerpunkt ‚Wie wird zitiert?‘ weicht in der rechtswissenschaftlichen Typologie der Frage ‚Wer wird zitiert?‘.

Eine Typologie, die sich allgemeiner als spezifische Zitattypologien auf Kommunikationsformen zwischen Gerichten überhaupt bezieht, ist die Typologie transjustizieller Kommunikation nach Slaughter (1994; im englischen Original *transjudical communication*). Auch wenn Slaughter darin sämtliche kommunikativen Formen des In-Kontakt-Tretens fasst (sie kommt u. a. auch auf den mündlichen Austausch zwischen Richtern zu sprechen), ist ihre Typologie durchaus für Zitate und Verweise geeignet: Zitate und Verweise sind eine der verschiedenen potentiellen Ausprägungsformen transjustizieller Kommunikation. Die Typologie eröffnet drei Einteilungskategorien[12], die sich jeweils wiederum in mehrere

[12] Davon bezieht sich die dritte Kategorie auf die Funktion transjustizieller Kommunikation.

Subkategorisierungen unterteilen. Erstens werden unter „geometry" (Slaughter 1994: 103) transjustizieller Kommunikationsformen der Status des zitierenden und des zitatspendenden Gerichts in eine hierarchische Relation gesetzt. Aus dieser Hierarchie ergeben sich drei Möglichkeiten zur Lokalisierung des Zitats und damit zur Kategorisierung der Kommunikationsform: *Horizontale* Kommunikation findet zwischen Gerichten mit identischem Status statt. Letztlich können dabei sowohl nationale Grenzen als auch hierarchische Verhältnisse einen Einfluss darauf haben, mit welcher Wahrscheinlichkeit ein Gericht auf die Aussagen eines anderen Gerichtes zurückgreift: „National supreme courts, for instance, may be more likely to take account of each other's judgments than of the judgments of lower foreign courts." (Slaughter 1994: 103). *Vertikale* Kommunikation findet zwischen judikativen Organen nationaler und supranationaler Ebene statt. Beispielhaft anführen lässt sich dafür das Zitieren einiger EGMR-Entscheidungen durch nationale Gerichte, die zu den Staaten der Europäischen Menschenrechtskonventionen zählen. Die Entscheidungen des EGMR sind für diese Staaten ohnehin bindend; dennoch kann das Zitieren derselben als Austausch bezeichnet werden: „Such citations can be read as the beginning of a direct court-to-court communication." (Slaughter 1994: 111) Vertikale und horizontale Kommunikationsform können zudem auch gemeinsam als *vertikal-horizontale Mischform* auftreten. Die als Beispiel angeführte Kommunikation nationaler Gerichte mit dem EGMR ist gleichzeitig ein Beispiel für Slaughters zweite Typologisierungskategorie der *Reziprozität* (1994: 112 f.). Als direkt reziprok kann eine *dialogische* Kommunikation in Form gegenseitiger Kenntnisnahme, exemplarisch durch gegenseitiges Zitieren, bezeichnet werden. Diese Variante steht dem justiziellen *Monolog* gegenüber, bei dem ein Gericht Inhalte eines anderen Gerichts entleiht, wobei letzteres wiederum keine Reaktion auf die Inhalte des ersteren zeigt. Ob ein „judicial dialogue" überhaupt tatsächlich Merkmale von Dialogizität aufweist, oder ob gerichtliche Kommunikation nicht vielmehr einseitig monologisch verläuft, diskutieren Law und Chang unter anderem (2011: 528–531) mithilfe der Dialogizitätsmerkmale des *Oxford Dictionary.* In Anbetracht der Adressatenbestimmung erweise sich die Bezeichnung als Dialog als höchst problematisch. Selbst, wenn Gerichte sich gegenseitig zitieren, adressieren sie einander nicht und es kommt nicht zwingend zu einem gemeinsamen Gegenstand, auf den beide Parteien reagieren, wie es für Dialoge kennzeichnend ist. Dies trifft auch auf Slaughters dritten Subtyp der Reziprozität zu: Im „intermediated dialogue" (1994: 113 f.) reagieren Gerichte nicht direkt aufeinander und sind damit näher an monologischen Strukturen. Inhalte beider werden in dieser Form durch eine dritte vermittelnde Instanz zusammengebracht. Andere rechtswissenschaftliche Typologien, die sich explizit auf gerichtliche Zitate beziehen, ähneln der unspezifischen Typologie nach Slaughter vor allem insofern, als stets die Relation des zitierenden Gerichts und die des Zitatspenders als entscheidendes Kriterium hervorgehoben werden.

Einem ähnlichen Vorgehen folgt auch Nußbergers Typologie (2006). Nußberger unterteilt Zitate nach der nationalen und rechtssystematischen Relation von Zitierendem und Zitatspender und extrahiert daraus die drei Kategorien systemintern, systemextern und systemfremd. Unter erstere Kategorie *systemintern* fasst sie alle

Zitate, die Quellen desselben Rechtssystems des zitierenden Gerichts zugehörig sind. Das können sowohl Gesetzeszitate als auch Verweise auf Auslegungsformeln und Entscheidungen, oder auch auf wissenschaftliche Texte sein. Nußberger merkt zwar an, dass sich darunter Zitate, deren Einbindung verpflichtend ist, und ebenso wiederum Zitate rechtlich-fakultativer Natur befinden, legt die Pole *fakultativ vs. obligatorisch* jedoch nicht explizit als Kriterien zur Binnendifferenzierung an. Ein Beispiel für obligatorisch einzubindende Referenzen ist die Gesetzesbindung überhaupt beziehungsweise konkreter noch der „fast schon pedantisch[e]" (Nußberger 2006: 763) Umgang des EGMR mit jenem Postulat. Der EGMR führt sämtliche Fallanalysen mit einem wörtlichen Zitat derjenigen Norm ein, deren Verletzung es zu verhandeln gilt. Eine solche Vorgehensweise sei jedoch selten (ebda.); üblicherweise begnügen sich die Gerichte mit einem nicht-wörtlichen Verweis auf den/die jeweiligen Paragraphen. Üblich für die Auslegung einer Norm – allerdings nicht rechtlich-bindend – ist der Bezug auf wissenschaftliche Positionen. Der Umgang mit wissenschaftlichen Positionen in der Rechtsprechung ist rechtskulturell variabel. Für den Rechtsprechungsstil des deutschen BVerfG ist die Berücksichtigung einschlägiger wissenschaftlicher Literatur durchaus prägend (Nußberger 2006: 765, siehe auch Abschn. 5.1.1 zum kontinentaleuropäischen Rechtskreis). *Systemexterne Zitate* sind Referenzen, die sich im Zuge internationaler und supranationaler Vernetzung etabliert haben. Für den europäischen Raum sind dies vor allem der EuGH und der EGMR. Inwieweit nationale Gerichte die zwei international zusammengesetzten Organe jedoch zitieren, hängt von mehreren Faktoren ab. Internationales Recht unterliegt dem Europarecht (vgl. Nußberger 2006: 765); letzteres zu zitieren ist also notwendig. Für das Zitieren des EGMR existiert kein entsprechendes verfassungsrechtliches Gebot (ebda.: 766).

Als *systemfremd* bezeichnet Nußberger Zitate „aus den Entscheidungen anderer Länder" „aus der wissenschaftlichen Literatur zu den Normen einer anderen Rechtsordnung" (2006: 767) sowie „allgemeine politische und philosophische Zitate" (2006: 763).

Mit dieser Definition unternimmt Nußberger implizit eine zweifache Zuordnung wissenschaftlicher Literatur. Bezugnahmen auf die (Rechts-)Wissenschaft können einerseits zu den systeminternen Zitaten gezählt werden, insofern sie den eigenen Rechtskreis behandeln. Andererseits können sie auch systemfremder Natur sein, wenn sie Sachverhalte erörtern, die nicht dem Rechtssystem des zitierenden Gerichts zuzuordnen sind.

Ferner grenzt Nußberger in dem Typus systemfremder Zitate *explizite* und *implizite* Zitate voneinander ab. Bei expliziten Zitaten handelt es sich um eine kenntlich gemachte Ergänzung der eigenen Begründung. Für implizite Zitate wird die Herkunft aus einem fremden Rechtssystem nicht deutlich gemacht (Nußberger 2006: 768). Damit knüpft Nußberger im Grunde an die literaturwissenschaftliche Differenzierung markierter und kryptischer Zitate an.[13]

---

[13] Die Literatur- und Kulturwissenschaft verwendet die Charakterisierung ‚kryptisch' für Zitate, die sich nicht explizit als solche ausweisen (z. B. bei Benninghof-Lühl 1998).

Eine Differenzierung nach Systemen erweist sich für die der Typologie zum Ziel gesetzten Analyse der Herausbildung gemeineuropäischen Rechts mit Sicherheit als sinnvoll. Problematisch ist demgegenüber eine stellenweise undifferenzierte Terminologie, die die Zuordnung von Zitaten erschwert: In der ersten Hälfte des Aufsatzes bezieht sich Nußberger mit einem System auf nationale Grenzen und auf Rechtskreise. Mit der Zuordnung sämtlicher philosophischer Literatur – ungeachtet ihrer nationalen Zugehörigkeit und ihrer Einbettung in einen Rechtskreis – zu systemfremden Zitaten werden die zwei ersten Kriterien eines Systems jedoch nicht stringent fortgeführt. Nußberger scheint insgesamt unausgesprochen mit zwei unterschiedlichen Auslegungen des Terminus ‚System' zu hantieren.

Eine dritte rechtswissenschaftliche Kategorisierung, die an die Kategorien intern, extern und fremd anschlussfähig ist, jedoch lediglich zwei Kategorien nennt, ist die Zweiteilung in *Selbst- und Fremdzitat* nach Jestaedt (2010: 152–155). Am Beispiel der Zitate des BVerfG unterscheidet Jestaedt zwischen eigener und fremder Autorschaft des zitierten Inhalts. Das Bundesverfassungsgericht verwende hauptsächlich und insbesondere, wenn es in genuin verfassungsrechtlichen Fragestellungen argumentiert, Selbstzitate (Jestaedt 2010: 154, siehe dazu auch Abschn. 5.3.1 zu bestehenden Studien über die Zitationspraxis des BVerfG).

2.2.3 *Das Zitat als Gegenstand der Rechtsprechung*

Es ist rechtlich normiert, wie zu zitieren ist und in welchen Zusammenhängen falsches Zitieren eine Rechtswidrigkeit darstellt. Falsches Zitieren ist zweifach zu verstehen, zum einen als unmarkiertes Zitieren und zum anderen als Schutz vor der Wiedergabe nicht getätigter Aussagen durch das Persönlichkeitsrecht. So ergibt sich für ersteres etwa die Markierungspflicht intertextueller Bezugnahmen in nicht künstlerischen Werken aus dem Urheberrecht. Die Verletzung dieser Markierungspflicht kann als rechtswidriges Plagiieren geahndet werden. Die zur Identifikation einer Urheberrechtsverletzung notwendigen definitorischen Grundlagen zur Abgrenzung von Zitat und Plagiats sind, wie im Folgenden zu vertiefen ist, allerdings mangelhaft. Ähnlich verhält es sich mit der Identifikation falschen Zitierens, verstanden als verfälschte Wiedergabe oder Scheinwiedergabe. Zu diskutieren ist hierbei u. a., wann es sich etwa um willentlich verfälschtes Zitieren handelt und wann um durch Interpretationsprozesse unwillentlich verfälschte Wiedergaben.

2.2.3.1 Das Zitat im Urheberrecht

Eine „Vervielfältigung, Verbreitung und öffentliche Wiedergabe eines veröffentlichten Werkes zum Zweck des Zitats" ist gemäß Urheberrecht zulässig, „sofern die Nutzung in ihrem Umfang durch den besonderen Zweck gerechtfertigt ist"

(§ 51 UrhG). Die Norm ist bezüglich der Medialität des Zitats offen und bezieht sich nicht nur auf das Zitat als Wiedergabe sprachlichen Materials, sondern ebenso auf musikalische Zitate (ebda., Abs. 3) und die Nutzung von Abbildungen. Die damit zulässige Verwendung fremden urheberrechtsgeschützten geistigen Eigentums begrenzt das Urheberrecht als Schrankenregelung (Rehbinder/Peukert 2019: § 25 Rn. 477 f.). Diese Begrenzung ist, wie in der Formulierung der Norm enthalten, funktional begründet: Der „besondere Zweck" wird in Absatz 1 für selbständige wissenschaftliche Werke als „Erläuterung des Inhalts" exemplifiziert.

Die Funktion ist, neben dem Umfang, das maßgebliche Kriterium zur Bewertung der Rechtskonformität eines Zitats: Das Zitat darf die Äußerung eigener Gedanken beispielsweise erklären, exemplifizieren, weiterführen, ergänzen und belegen, nicht aber ersetzen (vgl. Schack 2013: 89). Ab welchem Umfang ein Zitat als rechtsverletzend ‚zu lang' gilt, kann in Anbetracht unterschiedlichster Längen von zitatspendenden und zitatnutzenden Werken selbst unmöglich numerisch universal spezifiziert werden. Schack (2013: 89) hält fest, dass ein Zitat in eigenständige Werke integriert werden kann, welche jedoch nicht vollständig auf Zitaten aufzubauen sind. Im Rahmen der Kunstfreiheit (GG Art. 3, Abs. 5) genießen Künstler jedoch eine weitgehende Freiheit, sodass das Zitat in extensiver Nutzung das Fundament künstlerischer Formen wie beispielsweise das der Parodie oder des Pastiches sein kann, ohne dabei eine Urheberrechtsverletzung darzustellen.

2.2.3.2 Zitat und Plagiat

Die zitierenden Kunstformen, wie Parodie und Pastiche, sind von der expliziten Markierungspflicht von Zitaten etwa durch Anführungszeichen und Quellenbeleg befreit. Im Vergleich dazu ist die Markierung in nicht künstlerisch-motivierten Texten wie etwa in der Wissenschaft obligatorisch und stark normiert.

Wird ein Zitat – abgesehen von den künstlerischen Nutzungen – unmarkiert verwendet, handelt es sich um ein Plagiat, denn jeder Urheber hat das Recht auf Anerkennung seiner Urheberschaft (§ 13 UrhG). Plagiatoren geben fremdes Gedankengut als ihr Eigenes aus und begehen damit nicht nur eine rechtliche, sondern auch eine soziale Widrigkeit (Bloch 2012: 13–26). Als soziale Angelegenheit (vgl. Bloch 2012: 13–26) stellt die Plagiatsdebatte – ungeachtet dessen, ob sie im juristischen, wissenschaftlichen oder philologischen Diskurs ausgetragen wird – auch immer eine Debatte über moralisch verwerfliche Normverletzungen dar. Die gemeinhin akzeptierte Verwerflichkeit des Plagiierens sieht Jakobs (1999: 223) u. a. in der gesellschaftlichen Achtung, die Textprodukten entgegengebracht werde. Dies liege wiederum in der hohen Gewichtung von „Eigenschaften wie Originalität, Novität und Individualität" begründet. Dass die empfundene Verwerflichkeit mit einer Verletzung der als erstrebenswert angesehen Werte korreliert, lässt sich am Beispiel wissenschaftlicher Texte illustrieren: Als „threat to the moral structure of academic integrity" (Bloch 2012: 6) gilt das Plagiieren in der Wissenschaft besonders im Hinblick auf ihre Funktionen des Wissenstransfers, der Wissensdarstellung und des Wissensausbaus (vgl. dazu Jakobs 1997: 158) als normverletzend und unmoralisch. Plagiate missachten „den intellektuellen Aufwand anderer Autoren" (ebda.).

Während über die (rechtliche und sozial-moralische) Widrigkeit weitestgehend Konsens besteht,[14] bestehen keine universal gültigen Definitionen zur Identifikation von Plagiaten: Für die Bestimmung eines Plagiates gibt es keinen Kriterienkatalog, der fixiert, „ob das Kriterium der formalen Übereinstimmung von drei oder mehr Wörtern in Folge ausreicht oder ob man nicht vielmehr auch inhaltliche Kriterien, wie den Originalitätsanspruch des Wiedergegebenen, berücksichtigen muß" (Jakobs 2011: 100).

Die in einschlägigen, beispielsweise forensisch-linguistischen Studien zuhauf problematisierte, aber nicht oder nur bruchstückhaft beantwortete Frage nach Plagiatsbestimmungskriterien resultiert in der Praxis letztendlich darin, dass eine Plagiatsbewertung „große subjektive Spielräume zulässt" (Reichmann 2013: 176). Bei fehlenden Zitationsmarkern oder Quellenverweisen bezieht sich die Prüfung formaler Kriterien zwischen einem mutmaßlichen Plagiat und einem mutmaßlich plagiierten Text vornehmlich auf die Feststellung wortwörtlicher Identität. Grundlegend für die Annahme, dass wörtliche Identität Aufschluss über den Plagiatsstatus eines Textes gebe, ist die supponierte individuelle Einzigartigkeit der Codierung sprachlicher Äußerungen („uniqueness of individual utterances" in Coulthard 2004: 431). In Anbetracht der Fülle an Auswahlmöglichkeiten, die das sprachliche Inventar bietet, wird vorausgesetzt, dass zwei Kommunikatoren auch bei der Verbalisierung desselben Gegenstandes – mit Ausnahme einiger themengeschuldeter lexikogrammatischer Überlappungen (ebda.: 435) – unterschiedliche Worte und Strukturen verwenden. Die folgende Je-Desto-Relation mag angesichts dessen naheliegen: Je länger die Sequenz wörtlicher Identität ist, desto unwahrscheinlicher liegt eine zufallsgeschuldete identische Wortwahl vor und desto wahrscheinlicher ist ein Plagiat (Johnson 1997). Zusammengefasst werden für die quantitative Ähnlichkeitsmessung zweier Textprodukte also der Anteil beidseitig verwendeten Vokabulars und die Länge bzw. der Übernahmeumfang als Indizien des Plagiierens verwendet (Coulthard 2004). Dieses Verfahren eliminiert die eingangs kritisierte Subjektivität in der Plagiatsentdeckung zwar empirisch nachvollziehbar, jedoch gibt es auch hier keine feststehenden numerischen Grenzwerte, die festlegen, ab welcher Phrasenlänge es sich unbestreitbar um ein Plagiat handelt.

Einen scheinbar gegensätzlichen aber als Ergänzung geeigneten Ansatz beschreibt Woolls (2003) mit der Analyse sogenannter *hapax legomena*. Hapax legomena sind Wörter, die sowohl im plagiierten als auch im plagiierenden Text jeweils nur ein Mal vorkommen. Die Wahrscheinlichkeit, dass zwei Personen

[14] Sowohl die Neigung zum Plagiieren als auch die Einstellung zu seiner Widrigkeit gelten als kulturkontrastiv variabel (Krekeler 2013, Bloch 2012). Das aus Sicht des westlichen Kulturkreises wohl am häufigsten angeführte Beispiel zur Kulturvariabilität von Plagiaten ist China. Durch den dem westlichen Individualismus gegenüberstehenden Kollektivismus gelten (vgl. Bloch 2008: 219) Texte dort als „Gemeingut" und die „wortgetreue gedankliche Aneignung [...] als Tugend" (Jakobs 1999: 223).

dasselbe Wort zur Beschreibung eines Sachverhaltes wählen, es aber beide jeweils ein einziges Mal verwenden, sei gering.

Ebenso quantitativer und zusätzlich qualitativer Methoden zur Evaluation formaler Identität bedient sich die zur Plagiats- und auch zur Fälschungsentdeckung verwendete Stilanalyse (z. B. bei Dern 2003). Im Falle des Plagiatsverdachtes kann die Identifikation von Stilbrüchen Indizien für plagiierte Anteile liefern. Die in einer Stilanalyse zu berücksichtigenden Merkmale sind umfangreich und betreffen alle sprachlichen Ebenen von der Analyse salienten Vokabulars, wie beispielsweise besonders Neologismen, bis zur Analyse der Satzlänge.

Ein weiteres Analyseinstrument, das, angesiedelt zwischen der formalen und der inhaltlichen Analyse, Hinweise auf ein Plagiat geben kann, ist der Umgang mit Inhalts- und Funktionswörtern. Tendenziell neigen Plagiatoren zum Verbergen der unmarkierten Übernahme von Fremdinhalten zur Reformulierung der Inhaltswörter durch Synonyme. Funktionswörter, wie beispielsweise Konnektoren, werden beim Akt des Plagiierens beibehalten (Olsson 2009: 22–34). Noch losgelöster von feststehenden Kriterien als die formale Plagiatsanalyse und deshalb auch noch problematischer gestaltet sich die Entdeckung eines inhaltlichen Plagiats. Auch gänzlich ‚erfolgreich' reformulierte Übernahmen, deren Wortlaut im Plagiat keinerlei Rückschlüsse auf den Wortlaut des Originals zulassen, stellen per definitionem Plagiate dar. Problematisch ist dies insofern, als für Inhalte, im Gegensatz zu den formalen Aspekten, gar keine Universalkriterien formuliert werden können. Die entfallende Kennzeichnungspflicht bei ‚Allgemein- oder Basiswissen' (wie man sie in Leitfäden zum wissenschaftlichen Arbeiten findet) erschwert die Bezichtigung als Plagiat zusätzlich: Eine Grenze zwischen Inhalten, die als Grundlagenwissen zu gelten haben, und ‚originellen' Inhalten, kann nur schwer gezogen werden.

2.2.3.3 Schutz vor falscher Wiedergabe im Rahmen des Persönlichkeitsrechts

Die Wiedergabe falscher Zitate ist als Verletzung des Persönlichkeitsrechts zu sehen und kann damit rechtlich belangt werden. Eine unrechtmäßig zitierte Person kann sowohl auf Unterlassung als auch auf einen (finanziellen) Ersatz des im Zuge des falschen Zitierens entstandenen immateriellen Schadens klagen (BVerfGE 54, 208; BVerfG, NJW 1993, 2925; BGH, NJW 1998, 1391; BGH, NJW 2011, 3516). Aus diesen Regelungen ergeben sich in erster Linie die zwei Fragen, inwiefern ein falsches Zitat das Persönlichkeitsrecht verletzt und ab wann ein Zitat als falsche Wiedergabe gilt.

Zur Beantwortung der ersten Frage führt Seibert (1992: 263) das Reichsstrafgesetzbuch von 1981 als Hintergrund an, in welchem das Äußerungsrecht auf der alttestamentarischen Unterlassungsanweisung „Du sollst nicht falsch Zeugnis reden wider deinen Nächsten" (zitiert nach ebda.) beruhe. Die Behauptung und Verbreitung nicht nachweisbarer Tatsachen wird nach heutigem Recht strafrechtlich als üble Nachrede verfolgt (§ 186 StGB) und reiht sich gemeinsam mit der

Verleumdung und der Beleidigung in die Reihe der Ehrverletzungsdelikte ein, welche „denselben [den Betroffenen] verächtlich zu machen oder in der öffentlichen Meinung herabzuwürdigen oder dessen Kredit zu gefährden geeignet [...]“ sind. Um eine solche Herabsetzung des Geltungswerts (vgl. Seibert 1992: 264) handelt es sich auch dann, wenn einer Person Aussagen, die sie nicht getätigt hat, zugewiesen oder wenn von ihr getätigte Aussagen nicht wahrheitsgemäß wiedergeben werden. Der Schutz der Ehre (GG Art. 5 Abs. 2) kann in der Entscheidung ehrverletzender Delikte mit dem Recht auf Rede- und Meinungsfreiheit kollidieren (vgl. Forkel 1994: 641), weshalb es zur Entscheidung, ob eine vermeintlich falsch zitierende Person zu verurteilen ist, stets einer Abwägung der beiden Rechte bedarf.

Als falsch und damit unrechtmäßig gilt ein Zitat generell immer dann, wenn es eine Äußerung unrichtig, verfälscht oder entstellt wiedergibt (Forkel 1994: 639). In Anbetracht der unterschiedlichen wiedergebenden Zitattypen (vgl. direktes, indirektes und gemischtes Zitat) bleibt allerdings die Frage offen, welchen Grad an Modifikation und Adaption ein Zitierender bei der Integration in einen neuen Kontext vornehmen darf.

Als Beispiel eines falschen und das Persönlichkeitsrecht verletzenden Zitates und einer höchst problematischen Entscheidung des BVerfG diskutiert Forkel (1994) den Ehrschutzprozess im Fall des Schriftstellers Heinrich Böll gegen den Journalisten Matthias Walden. In einem Fernsehkommentar als Reaktion auf den Mord am Kammergerichtspräsidenten Günter von Drenkmann im Jahre 1974 hatte Walden sich – vermeintlich zitierend – auf einige Aussagen Bölls gestützt. Letzterer wiederum verklagte den Journalisten auf eine falsche Interpretation und damit auf die unwahre Wiedergabe seiner Originaläußerungen. Die Klage wies der VI. Zivilsenat des BGH mit der Begründung, Walden habe die Worte dem Verständnis und der Interpretation eines Durchschnittslesers gemäß wiedergegeben, zunächst ab. Zwei Jahre später erhielt der Fall durch das BVerfG verfassungsrechtliche Relevanz, und der Klage Bölls wurde stattgegeben: Es liege kein wahrheitsgemäßes Zitat vor, denn der Angeklagte hätte zumindest kenntlich machen müssen, dass es sich um seine persönliche Interpretation handle. Ohne Zusatz eines Interpretationsvorbehaltes liege eine schwere Verletzung des Persönlichkeitsrechts vor (Fall zusammengefasst nach Forkel 194: 637 f.). Die Entscheidung des BVerfG und die damit etablierten persönlichkeitsrechtsschützenden Zitierregeln wurden kontrovers diskutiert, da der Durchschnittsleser „ja nicht wissen könne, wie der Autor seine nicht eindeutigen Sätze gerade verstanden wissen wolle“ (Forkel 1994: 638; vgl. auch Begründung der Ablehnung der ersten Klage des BGH, 30.05.1978 – VI ZR 117/77).

Die Diskussion um die tatsächliche Praktikabilität dieser Auflagen erneuerte sich mehr als zehn Jahre später mit einem Zitat des BVerfG im Maastricht-Urteil. Darin gibt das BVerfG ein Zitat wieder, für das es Manfred Zuleeg, einstmals Richter am EuGH, als Quelle benennt. In einer u. a. in der Juristenzeitung publizierten Erklärung distanziert sich der mutmaßliche Zitatspender jedoch davon: „Die Aussagen, für die ich auf Seite [...] zitiert werde, stammen nicht von mir“ (zitiert nach Forkel 1994: 637).

Dass das BVerfG dem Schutz vor falschen Zitaten, für dessen Bruch es Matthias Walden zuvor für einen finanziellen Ausgleich von 40.000 DM belangt hatte, selbst nicht nachkommt, ist eine der Grundlagen der Forderungen nach einer Überprüfung der einschlägigen Rechtsprechung (vgl. Forkel 1994: 640).

2.3 Zwischenfazit I

Wie die vorangegangenen Ausführungen gezeigt haben, greift das allgemeinsprachliche Verständnis von Zitaten als wörtliche Wiedergabe zu kurz und wird den vielfältigen Erscheinungsformen des Zitats nicht gerecht. Zur Typologisierung dieser unterschiedlichen Erscheinungsformen können unterschiedliche Kriterien angesetzt werden. Philologische Ansätze fokussieren die Ausgestaltung des Prätext-Text-Verhältnisses zwischen den Polen der Materialität und der Immaterialität. Rechtswissenschaftliche Ansätze beschäftigen sich nicht mit der Ausgestaltung der Prätext-Präsenz, sondern vielmehr mit Kategorisierungen von Quellen. Weitere essenzielle Erkenntnisse der interdisziplinären theoretischen Annäherungen seien wie folgt zusammengefasst.

- Als Rahmentheorie des Zitierens wurde das Konzept der Intertextualität vorgestellt. Für intertextuelle Bezüge ist grundlegend zwischen einem weiten Verständnis von Intertextualität als Systemreferenz, und einem engen Verständnis von Intertextualität als Einzeltextreferenz zu unterscheiden. Die vorliegende Studie fokussiert letzteres und untersucht ausschließlich durch Quellenangaben explizit markierte Intertextualität.
- Mögliche Ausprägungsform markierter, intertextueller Bezugnahmen sind das direkte, das gemischte und indirekte Zitat sowie die Paraphrase und der Verweis. Diese Typen unterscheiden sich hinsichtlich der Präsenz des konsultierten Prätextes: Während zum Beispiel beim direkten Zitat der Prätext sowohl in seinem Inhalt als auch in seiner Form integriert wird, beschränkt sich die intertextuelle Bezugnahme beim Verweis auf die optional mit einer sogenannten Verweis-Etikettierung versehenen Anführung der Quelleninformationen. Anders als die intertextuellen Zitattypen verweisen modalisierende und reine Zitate nicht auf einen Prätext, sondern sie verwenden Anführungszeichen zu pragmatischen Zwecken, ohne auf ein anderes Sprachprodukt zu referieren. Beide Zitattypen, d. h. das reine und modalisierende Zitat, wurden dementsprechend bislang nicht im Zusammenhang mit dem Konzept der Intertextualität untersucht. Ob tatsächlich nur eigene Inhalte rein und modalisierend angeführt werden, oder ob die beiden pragmatischen Strategien auch auf Fremdinhalte angewendet werden, gilt es in der vorliegenden Arbeit zu prüfen.
- Die rechtliche Normierung des Gebrauchs von Zitaten zeigt die Relevanz der intertextuellen Bezugnahme als soziale Praxis. Das Recht regelt nicht nur die Verpflichtung über die Kennzeichnung von Zitaten zur Wahrung des Urheberrechts, sondern bedient sich zu seiner Realisierung auch selbst der Zitierpraxis.

> Rechtstheoretische Reflexionen über den instrumentellen Aspekt des Zitierens kategorisieren, *wen* rechtliche Texte zitieren. Dabei stehen u. a. hierarchische Relationen zwischen dem zitierten und dem zitierenden Gericht im Mittelpunkt. Hintergrund der relationsorientierten Kategorisierungen ist die Annahme, dass der Rückgriff auf unterschiedliche Zitatspender-Kategorien unterschiedliche Verwendungsmotivationen birgt.

Wie das vorangegangene Kapitel gezeigt hat, sind die Möglichkeiten, intertextuelle Bezugnahmen zu beschreiben, vielfältig. Möchte man philologische und rechtswissenschaftliche Perspektiven auf das Zitat vereinen, so sind sowohl die Ausgestaltung der Text-Prätext-Relationen als auch die konsultierten Quellentypen zu berücksichtigen. Diese beiden Analysekriterien, Zitattypus und Quellentypus, dienen nicht nur dem Anliegen der Studie, Zitationspraktiken deskriptiv zu erfassen, sondern stellen darüber hinaus auch Indizien für die Rekonstruktion von Zitatfunktionen dar. Den Nutzen dieser Analysekriterien im Hinblick auf die Funktionsbestimmung von Zitaten vertieft das nachfolgende Kapitel.

Kapitel 3
Zitatfunktionen

Der Akt des Zitierens transportiert mehr als bloße Inhalte – Zitate können zahlreiche verschiedene Funktionen erfüllen. Markierte und damit bewusst eingesetzte intertextuelle Bezugnahmen verfolgen immer mindestens die „Minimalintention", einen Rezipientenkreis auf einen anderen Text „aufmerksam zu machen" (Helbig 1986: 153).[1] Der Begriff der ‚Minimalintention' impliziert bereits das potentielle Vorhandensein weiterer Intentionen, denn das ‚Aufmerksam-Machen' kann wiederum verschiedenste Ziele verfolgen. Wie vielfältig Zitatfunktionen sein können, geht bereits aus den etymologischen Wurzeln des Zitatbegriffs hervor. Bei dem Begriff ‚Zitat' handelt es sich um eine Ableitung des lateinischen Verbs ‚citare', das sich wörtlich als „in Bewegung setzen, anregen, erregen, aufregen" übersetzen lässt (Benninghof-Lühl 2009: Sp. 1539). In seiner weiten Verwendung bezeichnete der Begriff in der Mitte des 16. Jahrhunderts auch „das vorladen vor gericht" und „das herbeirufen kraft gesellschaftlicher macht oder autorität" (Grimm o. J., Sp. 1658, zitiert nach Benninghof-Lühl 2009: Sp. 1539). Damit sind bereits drei mögliche Funktionen benannt: Erstens können Zitate anregen und emotionalisieren, zweitens lassen sich mit ihnen Sachverhalte verifizieren (oder falsifizieren) und drittens verleihen sie dem Zitierenden Autorität. Wie eine Aufzählung nach Hamann (2014: 510) veranschaulicht, erschöpft sich das funktionale Potenzial allerdings mitnichten in diesen drei Funktionen. Am Beispiel rechtswissenschaftlicher Texte identifiziert Hamann eine „Bündelung ganz unterschiedlicher Zitationsmotive", die er gekoppelt sieht an „Beleg-, Selbstreferenz-, Verweis-, Explikations-, Digressions-, Kommentierungs- und Metafußnoten", „ebenso wie [an] Alibi-, Ornamental-, Nachweis-, Gelehrsamkeits-, Zweitabhandlungs-, Streit- oder Schmeichel- und Reserve-Fußnoten" (ebda.).

[1] Diese Aussage kann nicht auf den weiten Intertextualitätsbegriff nach Kristeva übertragen werden, der sich dem intentionalen Moment entzieht und Intertextualität u. a. als unumgängliche Grundbedingung der Textproduktion überhaupt versteht.

J. Steigler-Herms, *Wie und warum zitieren Gerichte?*, Literatur und Recht 12,
https://doi.org/10.1007/978-3-662-68577-8_3

Obwohl Zitate „ubiquitous in [...] legal discourse, whether in academic scholarship, legal briefs or judicial opinions“ (Levin 2019: 764) sind, hat die Untersuchung von Zitatfunktionen im Recht sehr wenig Aufmerksamkeit erfahren (vgl. ebda.). Aus diesem Grund stützt sich das Kapitel in erster Linie auf Überlegungen der Rhetorik und Erkenntnisse zum wissenschaftlichen Zitieren. Das reichhaltige Funktionsspektrum stellt die Zitationsanalyse vor die großen Herausforderungen der Identifikation von Zitatfunktionen. Zitatfunktionen sind nicht invariabel, sondern stark an die schwer rekonstruierbare Intentionalität des Zitierenden gekoppelt. Mit dem daraus resultierenden Anliegen empirische Analyseinstrumente zur Identifikation von Zitatfunktionen zu finden, gliedert sich das vorliegende Kapitel wie folgt.

Abschn. 3.1 behandelt den weiten Funktionsbegriff, der diesem Kapitel zugrunde liegt. In der Rhetorik wurden die Zitatfunktionen *Autorität* und *Ornamentalität* benannt, denen sich das Abschn. 3.2.2 widmet. An wissenschaftlichen Texten wurden wiederum die Funktionen *Kohärenz* und *Ökonomie* identifiziert. Diese beiden Funktionen erfüllen (vornehmlich, aber nicht ausschließlich) Anforderungen an die Textproduktion und werden unter 3.2.2 daher gemeinsam behandelt. Die Vorstellung der einzelnen Funktionen beinhaltet jeweils auch Ausführungen zu ihrer Rolle in Gerichtsentscheidungen.

Bei der separaten Behandlung der verschiedenen Funktionen handelt es sich um eine theoretische Trennung, die der Praxis des Zitierens nicht gerecht wird. Wie ein Ordnungsversuch der Zitatfunktionen (Abschn. 3.4) und eine zusammenfassende Problematisierung der Funktionsanalyse (Abschn. 3.5) nahelegen werden, sind Zitate – ihre Funktionsanalyse erschwerend – nicht etwa *entweder* autoritativ *oder* ökonomisch, sondern können mehrere Funktionen parallel in sich vereinen.

3.1 Vorbemerkungen zum Funktionsbegriff

In der Rhetorik gelten die ornamentale und autoritative Verwendung des Zitats als Mittel, die dem übergeordneten Ziel der Persuasion dienen (vgl. Bär/Vollmann/Kraus 2003; Benninghof-Lühl 2009). In diesem Sinne muss gefragt werden, ob etwa die Ornamentalität von Zitaten selbst als Funktion bezeichnet werden kann, oder ob sie nicht vielmehr selbst ein Instrument zur Realisierung einer übergeordneten Funktion darstellt. Auch die eingangs angeführten Beispiele nach Hamann (2014, z. B. Nachweis- vs. Schmeichel-Fußnoten) zeigen, dass Zitatfunktionen auf unterschiedlichen Ebenen agieren können; sie können einen Text oder darüber hinaus auch die zitierende oder zitierte Person bereichern. Durch das Agieren auf unterschiedlichen Ebenen verschwimmen bei der Bestimmung von Zitatfunktionen die Grenzen zwischen Mittel und Zweck. Um Zitatfunktionen systematisch betrachten zu können, führt das vorliegende Kapitel zunächst in den weiten Funktionsbegriff ein, der den nachfolgenden Ausführungen zugrunde liegt.

Bei Zitatfunktionen handelt es sich nicht um statische Konstrukte. Dem Zitat ist kein sich erschöpfendes und zählbares Repertoire an Funktionen inhärent. Durch die Intentionsdependenz handelt es sich bei Zitatfunktionen im Grunde genommen um *Funktionalisierungen,*

Ein differenzierter Ansatz zum Verhältnis von Funktionen und Intentionen findet sich in der Beschreibung von allgemeinen Textfunktionen bei Große (1976). Eine Textfunktion ist Große zufolge „die im Text encodierte, sich im Text als Kommunikationsinstrument ausprägende Intention, und zwar – und dies ist wichtig – so, wie der Empfänger sie verstehen soll" (ebda.: 68). Die Textfunktion unterrichtet einen Rezipienten darüber, ob ein Text etwa informativ oder appellativ aufgefasst werden soll. Eine Unterscheidung ist zwischen Textfunktionen und Intentionen zu treffen. Die Intention eines Autors kann der Textfunktion entsprechen oder aber auch von ihr abweichen. Letzteres führt Große zur Annahme einer „geheime[n] Intention". Autoren können einen Text als informativ ausgeben wollen (Textfunktion) und – nicht offensichtlich im Text codiert – gleichzeitig persuasive Absichten (Intention) verfolgen (Große 1976, siehe auch Brinker 1983). Überträgt man dies auf Zitatfunktionen, bedeutet das, dass Zitate Funktionen erfüllen können, die sich unmittelbar auf den Text beziehen und codiert sind, beispielsweise durch Textbelege als vordergründig informative Ergänzung. Gleichzeitig können sich hinter den informativ-belegenden Zitaten auch übergeordnete Intentionen wie das Demonstrieren von Belesenheit und Autorität verbergen. Großes Ansatz bietet einen geeigneten Ausgangspunkt zur Erörterung eines operationalisierbaren Verständnisses von Zitatfunktionen. Codierung kann allerdings kein Differenzierungskriterium zwischen Funktion und Intention darstellen, da bspw. die Zitatfunktion ‚Diskurskohärenz' (Zitieren zur Einordnung in ein Textnetz, siehe Abschn. 3.3.2) weder codiert ist und noch als Intention gelten kann, da das Erfüllen von Kohärenz in vielen Diskursen obligatorisch ist. Die Diskurskohärenz ist also eine Zitatfunktion, die terminologisch weder unter Großes Funktions- noch unter seinen Intentionsbegriff fällt. Großes Funktionsbegriff ist damit um textexterne, nichtcodierte Funktionen zu erweitern. Textinterne Funktionen, textexterne Funktionen und Intentionen können gemeinsam auftreten. Eine derartige mutmaßliche Verkettung sei an folgendem Beispiel veranschaulicht:

> Eine Reihe von Studien *belegt* das Missverhältnis zwischen den Gesprächsanteilen von Lehrpersonen auf der einen und Lernenden auf der anderen Seite *eindrücklich* (z. B. Bellack u. a. 1966; Sumfleth/Pitton 1998; Seidel 2003; Wuttke 2005; Helmke u. a. 2007; Lipowsky u. a. 2007; Liu/Zhu 2012). (Wuttke/Seifried 2016: 350; Hervorhebungen durch J.S.)

Dass der Verweis auf die vielen Studien als Beleg für ein bereits bewiesenes Missverhältnis der Gesprächsanteile zwischen Lehrpersonen und Lernenden dienen soll, ist explizit im Text codiert – das Verb ‚belegen' kann (mit Große 1976) als funktionaler *textinterner* Hinweis gelesen werden. Wuttke/Seifried schaffen durch den Verweis auf andere Studien daneben auch eine Grundlage für ihre eigene Untersuchung, knüpfen kohärent an bestehende Forschung an und entledigen sich so der in wissenschaftlichen Texten hohen ‚Beweislast' für derartige Aussagen, womit die Belegstelle zugleich auch *textextern* funktionalisiert sind. Auffällig ist daneben auch die Quantität der Belege. Während das Anführen eines Beleges in der Wissenschaft als obligatorisch gelten kann und durch das verpflichtende Moment im Hinblick auf Intentionen nicht zwingend als bedeutungsträchtig zu interpretieren ist, geht der Verweis auf *sieben* Studien deutlich über das Erfüllen von textproduktiven Konventionen hinaus. Denkbar wäre etwa, dass Wuttke/Seifried (2016) ihre Aussage nicht nur belegen, sondern durch die Demonstration der Einigkeit, die in einschlägigen Studien zu dem Thema zu herrschen scheint, auch in ihrer Geltung und Autorität stärken wollen, sie die Belegstellen also *intentional* nutzen. Die Autoren selbst kommentieren die angeführten Ergebnisse zusätzlich als „eindrücklich" und verstärken die bereits durch das Verb „belegen" demonstrierte Geltung der angeführten Studien so zusätzlich durch eine eigene Evaluation (siehe *Booster* in Kap. 4).

Die kurze Analyse des Beispiels soll im Hinblick auf Funktionen und Intentionen vor allem eines veranschaulichen: Im Text codierte Funktionen können selbst wiederum textübergeordneten Zwecken dienen. Das ‚Belegen' des Beispiels ist somit gleichzeitig Ziel und Mittel zum Zweck.

Die Identifikation textübergeordneter, nicht codierter Funktionen – oder in der Terminologie Großes der „Intentionen" – bedarf einer Rekonstruktion und einer Interpretation verschiedenster Texthinweise. Nicht explizit versprachlichte Funktionen stellen damit das Hauptproblem der Analyse von Zitatfunktionen dar und bilden daher den Schwerpunkt des vorliegenden Kapitels, das ein weites Verständnis des Funktionsbegriffs zugrunde legt: Eine Funktion wird im Folgenden weit verstanden als Überbegriff für codierte d. h. textinterne, sowie nicht-codierte, d. h. textexterne Funktionen, sprich Intentionen.

3.2 Identifikation der Funktionen

Da Zitatfunktionen u. a. in Relationen zu Textsorten variieren (vgl. van den Berg 2000: 23), ist eine integrative Erfassung *aller* möglichen Funktionen nicht umsetzbar. Die nachfolgende Funktionsidentifikation beschränkt sich daher auf die Vorstellung von vier Funktionen, die die einschlägige Forschung am Beispiel von Gebrauchstextsorten als relevant identifiziert hat: *Ornamentalität, Autorität, Ökonomie* und *Kohärenz.*

3.2.1 Zum Versuch integrativer Erfassungen

Zitatfunktionen sind, wie eingangs erwähnt, schwierig zu rekonstruieren und kategorisieren. Integrative Erfassungsversuche zu Zitatfunktionen sind dementsprechend eine Seltenheit und wurden in der jüngeren Forschung nicht mehr unternommen. Ältere Ansätze beziehen sie sich zumeist auf wissenschaftliche

Texte (Gegenüberstellung einschlägiger Bestandsaufnahmen bei Cronin 1984). Zitatfunktionen am Beispiel wissenschaftlicher Texte zu erarbeiten, ist insofern vorteilhaft, als wissenschaftliches Zitieren wie auch insgesamt die funktionalen Ansprüche an wissenschaftliche Texte stark normiert sind. Diese Normierung setzt der Zitatverwendung (zumindest theoretisch) Grenzen und scheint es eher zu ermöglichen, von einem einzeltextübergreifenden, eingrenzbaren funktionalen Repertoire auszugehen. Für nicht normierte literarische Texte etwa gibt es eine solche Begrenzung nicht:

> Im Vergleich zu wissenschaftlichen, juristischen, politischen und anderen pragmatischen Diskursen scheint Literatur insofern eine Sonderstellung einzunehmen, als ihre Fähigkeit nahezu alle Textsorten – vom Evangelium bis zur Reklame – mit Zustimmung oder Ablehnung – zu zitieren, im Pastiche nachzuahmen, zu parodieren oder ironisch zu relativieren, schier unbegrenzt ist. (Zima 2000: 297)

Das Vorkommen künstlerisch motivierten Zitierens, wie das ironisierende und parodierende, kann auch im pragmatisch orientierten Wissenschaftsdiskurs zwar nicht gänzlich ausgeschlossen werden, wird in einschlägigen Funktionssammlungen zu wissenschaftlichen Texten aber nicht berücksichtigt. Ein Beispiel für eine derartige Sammlung ist Weinstocks Liste (1971).

1. Paying homage
2. Background reading
3. Historical
4. Bibiographical leads
5. Narrative
6. Definition
7. Clarification
8. Illustration
9. Example
10. Experimental detail
11. Theory
12. Data
13. Methodology
14. Description
15. Current concerns
16. Development of ideas
17. Disputing
18. Criticism
19. Corroboration
20. Disclaiming
21. Substantiation
22. Similar research
23. Contradictory research
24. Further detail
25. Same paper
26. Statistics

Einerseits ist die Liste nach Weinstock illustrativ für die große Vielfalt an Aspekten, die als Zitatfunktionen verstanden werden können, anderseits handelt es sich um eine weitestgehend unsystematische Zusammenstellung, die u. a. Fragen nach dem Inhalt des Zitats mit Fragen nach den semantischen Relationen zwischen Zitatspender und zitierendem Text vermischt. Trotz fehlender Systematik gibt die Zusammenstellung Impulse für Kriterien, die bei der Analyse von Zitatfunktionen angelegt werden können: Ein Großteil der genannten Aspekte (darunter beispielsweise *theory, data* und *methodology*) beantwortet die Frage, *was* zitiert wird. Dies legt die These nah, dass die Wahl der Quelle entscheidend zur Charakterisierung von Zitatfunktionen beiträgt. Ähnlich verhält es sich auch mit den Charakterisierungen von Text-Prätext-Relation (wie *disputing* und *criticism*). Hierbei liegt der Schwerpunkt auf der Frage, *wie* ein Zitat eingesetzt wird bzw. was damit gemacht wird. Die Kategorien nach Weinstock orientieren sich (bis auf Kategorie 1 „paying hommage") stark an den involvierten Texten.

Inwiefern Zitate über Texte hinaus auch in Bezug auf zitierende Autoren Funktionen erfüllen können, wird in Weinstocks Liste nicht berücksichtigt. Zwei Beispiele für potentiell auf den zitierenden Autor bezogene Funktionen sind die Autorität und die Ornamentalität.

3.2.2 Autorität und Ornament

Die beiden Funktionen Autorität und Ornamentalität dienen – zumindest gemäß der antiken Rhetorik – dem Ziel der Persuasion (siehe auch Knape 2013) und werden im Folgenden daher gemeinsam vorgestellt.

Zitate können als Schmuck eingesetzt werden (vgl. van den Berg 2000). Das Schmuckzitat leistet einen „Beitrag zur Stilvariation" und begünstigt dadurch zugleich eine „Entspannung des Gehörs" (ebda.: 15). Schönheit und Schmuck der Rede tragen zum emotionalen Effekt auf den Rezipienten bei (Ueding/Steinbrink 2011: 284). Zitate können, wie es Landert (2015) am Beispiel journalistischer Texte analysiert, als „enriching with colourful expressions" (ebda.: 33) eingesetzt werden. Ähnlich, allerdings nicht für journalistische, sondern für wissenschaftliche Texte, beschreibt Jakobs die „schmückende, anregende, überraschende, witzige oder unterhaltsame" Funktion. Grund dafür ist, dass das (insbesondere wörtliche) Zitieren einem Zitierenden ermöglicht, sich eines Stiles zu bedienen, der von dem üblichen Duktus des zitierenden Textes abweicht:

> Such expressions [colourful expressions] would be inappropriate outside of quotes due to their style. In the same way as newspapers are expected to report content objectively, they are normally expected to use formal language as well. Usually, therefore, colloquial and non-standard language, colourful metaphors and verbal puns are restricted to quotes. (Landert 2000: 33, in Anlehnung an Bell 1991: 208f.)

Schmuckhafte Effekte von Zitaten sind aufgrund unterschiedlich großer stilistischer Differenzen als steigerbar zu verstehen. Diese Steigerbarkeit basiert auf unterschiedlich großen stilistischen Differenzen und den daraus resultierenden

Widersprüchen zwischen zitierendem und zitiertem Text: „Je unerwarteter bzw. je größer der Kontrast zwischen dem bezugnehmenden Text und dem Zitatspender, umso größer dürfte auch der stimulierende Wert [...] sein“ (Jakobs 1999: 128, am Beispiel von Motti).

Durch stilistische Differenzen kann also ein Text geschmückt werden. Darüber hinaus kann das ornamentale Zitat auch einen Zitierenden selbst schmücken als „display of knowledge acquired through wide reading“ (Morawski 1970: 695). In dieser selbstdarstellerischen Funktion bezeichnet Morawski das ornamentale Zitat als „intellectual conceit“ (ebda.). Wer in der Lage ist, sich mit einem Zitat zu schmücken, müsse belesen und somit intellektuell sein. Mit der Selbstdarstellung als intellektuell ist das ornamentale Zitat eng mit dem autoritativen Einsatz verknüpft.

Den Ausführungen zur *autoritativen Funktion des Zitats* seien einige Ausführungen zum Begriff der *auctoritas* vorangestellt, denn diese geben auch Aufschluss über das Zitieren selbst: Die *auctoritas* ist zunächst im juristischen Beweisverfahren und der juristischen Rede entscheidend, denn das Beweisverfahren und die juristische Rede berufen sich auf das *testimonium* und den Beweis *ex auctoritate.* Auch in Domänen außerhalb des Rechts ist *auctoritas* relevant:

> A. als Topos (Aristoteles), als Glaubwürdigkeit und Ansehen (Cicero) sowie als Ehrwürdigkeit [...] (Quintilian) wird in der Antike zum sozialen Faktum: Autorität qua Alter, Weisheit, Lebenserfahrung, Leistung (persönliche Autorität) erhält öffentliche Normierungs- und Beweiskraft. Zur A. werden juristische Erstentscheidungen (Präzedenzfälle), Standpunkte von Völkern/Nationen, weisen Männern, berühmten Bürgern, bedeutenden Dichtern, aber auch Sprichwörter, Sitten, Orakel, schriftliche Werke u.a. Auf solche Autoritäten wird begründend Bezug genommen, von ihnen wird gelernt. Neben politischen Autoritäten stehen rhetorische, literarische und sprachliche Autoritäten, Autoritäten des Glaubens und der Wissenschaft. (Kalivoda/ Montefusco 2013: Sp. 1179)

Aus dieser Definition gehen mindestens zwei Aspekte hervor, die auch für das Verständnis der Autorität von Zitaten wichtig sind. Zum einen ist die *auctoritas* eng verknüpft mit gesellschaftlichen Zuschreibungen wie Ansehen und Glaubwürdigkeit. In diesem Sinne ist von einer wechselseitigen Beeinflussung und von ‚Zuschreibungsketten‘ auszugehen – wem man Autorität zuspricht, dem werden im selben Zug auch Glaubwürdigkeit und Ansehen zuteil. Diese Attribute können als gesellschaftlich erstrebenswert und profitabel gelten. Kalivoda/Montefusco (2013: Sp. 1179) definieren Autorität daher als vorteilhafte Eigenschaft:

> Im öffentlichen und privaten Leben ist A. die Fähigkeit, andere durch sein besonderes Ansehen zu beeinflussen. Dieses Ansehen ermöglicht es dem, der damit ausgestattet ist, seinen Willen durchzusetzen, ohne dabei auf irgendwelche Zwangsmittel zurückzugreifen. A. ist also eine ‚wirksame Kraft‘, eine ‚dynamische‘ Qualität.

Ferner kann Autorität sich sowohl auf Personen (die „weisen Männer“) als auch auf Texte (z. B. Bibel) beziehen. Diese autoritative Funktion des Zitats wird nicht nur in der Antike hervorgehoben, sondern bestimmt auch die spätere Wortgeschichte. In Wörterbüchern des 16. Jahrhunderts, so fasst es das *Deutsche Wörterbuch* zusammen (Grimm 1862: Sp. 1658), bezieht sich das Zitat auf den „Ruf einer Autorität“. Dies gilt innerhalb und außerhalb des Rechtsbereichs: Innerhalb meint es „das vorladen vor gericht, konkret: das schreiben, das die vorladung enthält“ und „auszerhalb des rechtsbereiches im erweiterten sinne das herbeirufen kraft gesellschaftlicher macht oder autorität“.

Die Autorität eines Zitats kann dementsprechend durch das Zitieren einer Autoritätsperson oder eines autoritativen Textes generiert werden. Das Zitat vermag die Autorität eines zitierten Autors oder eines zitierten Textes auf den Zitierenden zu projizieren. Autoritatives Zitieren setzt daher die Autorität der Quelle voraus und geht so eng mit der Frage einher, *was* und *wer* zitiert wird. Der Umriss des Autoritätsbegriffs offenbart Verknüpfungen, die nahelegen, dass nicht primär und nicht ausschließlich der Autorität wegen zitiert wird, sondern u. a. auch Glaubwürdigkeit und Prestige intendiert sind. Infolgedessen wird Autorität in der Antike zu eben diesen Zwecken eingesetzt; sie ist ein Persuasionsmittel.[2] Das Zitat ist in seiner autoritativen Funktion allerdings nicht nur „Waffe“, sondern gleichermaßen auch Schutzschild. Inhalte können durch das Zitieren als faktisch dargestellt werden; es ist daher auch immer „eine Art von Immunisierungsstrategie“ (Gander 2010: 19). Diese ‚Immunisierung‘ agiert auch auf einer quantitativen Ebene als „Verdopplung der Stimme“ (so im Titel von Gander 2010). Je mehr Autoren die Ansicht eines Zitierenden teilen, desto mehr Akzeptanz kann für eine Aussage akquiriert werden und desto schwieriger kann dieser vermeintlich mehrheitliche Geltungsanspruch angefochten werden (siehe auch Ausführungen zu sog. *string citations* in Urteilen; in diesem Kapitel). Gleiches gilt, wie die quantitative Zitationsanalyse (vgl. Swales 1986) zeigt, auch für das Zitiert-Werden: Je öfter ein Text oder Autor zitiert wird, desto mehr Prestige und Autorität wird ihm zuteil.

Ornamentalität und Autorität sind beides *Persuasionsstrategien.* Sie lassen sich dem *ethos* und dem *pathos,* zwei der Grundsäulen der klassischen aristotelischen Rhetorik, zuordnen. Ethos bezeichnet die (wünschenswerterweise authentische und nicht ausschließlich strategische) Selbstpräsentation eines Kommunikators als moralisch und sittlich (Mouchel/Fortenbaugh/Robling 2013: Sp. 157 f.).[3] Wer als sittlich gilt, dem wird eher Glaubwürdigkeit zugesprochen als einem Redner mit schlechtem Ansehen (ebda.: Sp. 1519, zur aristotelischen Ethik). In dieser Hinsicht kann Ethos auch als *ethische Autorität* verstanden werden. Sowohl Ansehen als auch Glaubwürdigkeit und Autorität im Allgemeinen können mit dem Zitat gestärkt werden:

> Innerhalb der Argumentation (argutia) geschickt gewählt und platziert, stärkt es [das Zitat] die Autorität (auctoritas) des Redners bzw. Autors. Das Zitieren bekannter oder gar entlegener, seltener Werke hebt die Überzeugungskraft, die Glaubwürdigkeit und das Ansehen (ethos). (Benninghof-Lühl 2009: Sp. 1541)

[2] Nach Victorinus ein „argumentum … cui quasi necesse habeat credi“ d. h. ein Argument, dem man notwendigerweise glaubt (Kalivoda/ Montefusco 2013: Sp. 1180).

[3] Diese Auslegung ist verbreitet, jedoch nicht unumstritten. In einer anderen Auslegung gilt es als Vorstufe des Pathos: „Eine komplizierte Rezeption hat schon in der Antike zu der reduzierten Auffassung geführt, daß man unter ethisch die gemäßigte Affektstufe und entsprechend einen maßvollen – den sog. mittleren – Rede- bzw. Schreibstil verstand“ (Mouchel/ Fortenbaugh/ Robling 2013: Sp. 1518).

Ethos zu demonstrieren, gilt als derart zentrale Funktion intertextueller Bezugnahmen, dass das Zitat auch in empirischen Studien als Ausdruck der Ethos-Signalisierung interpretiert wird. Sobota (1996) begreift sämtliche intertextuelle Bezugnahmen als Ethos-Indiz. In Gerichtsentscheidungen demonstrieren sie in dreierlei Hinsicht richterliches Ethos: Sobota (1996: 121) unterscheidet zwischen „*Autoritätsargumente*[n] (‚dieses ist so, weil jener – eine respektable Person oder Institution – das auch sagt')", dem „*Textargument* (dies ist so, weil es geschrieben steht)" und „Quellenangaben (dort genau steht es), da diese für professionelle Gewissenhaftigkeit, Kontinuitätsbestreben und Achtung vor dem Hergebrachten sprechen". Eine solche Einordnung, *sämtliche* Zitate per se als *ethos*-Demonstration zu verstehen, ist nicht unproblematisch, da so alle anderen Funktionen von Zitaten vernachlässigt werden. Schmückende Stilmittel fasst Sobota unter den Pathos-Begriff; ornamentales Zitieren berücksichtigt sie in dieser Kategorie jedoch nicht.

Unter *pathos*[4] versteht man in der aristotelischen Rhetorik die „Erregung von Affekten", die durch Figuren wie „z. B. Ausruf, Apostrophe, Prosopopoiie, rhetorische Frage, Alliteration, Anapher [...]" erzeugt werden können. Dazu zählen auch Typen des Zitats, denn die direkte Rede gilt als eine der besonders pathetischen Figuren (Bär/Vollmann/Kraus 2003: Sp. 691; Sp. 698). Ähnliches konstatiert auch Benninghof-Lühl (2009), die dem Zitat das Vermögen bescheinigt, Gefühle zu erwecken. Eine solche Affekterregung wird wiederum mit dem Schmuck der Rede (vgl. Ueding/Steinbrink 2011: 284) und mit der Ornamentalität des Zitats verknüpft.

Angesichts seines Vermögens dem Redner *ethos* zu verleihen und bei den Rezipienten *pathos* herbeizuführen, kann das Zitat also in zweifacher Hinsicht als *persuasiv* gelten: In seinem autoritativen Gebrauch übernimmt es selbstdarstellerische Funktionen und weist den Redner u. a. als glaubwürdig, gebildet und sittlich aus (*ethos*). Ornamental eingesetzt schmückt es die Rede bzw. den Text und kann den Rezipienten auf diese Weise emotional involvieren (*pathos*). Während der Einsatz des Zitats in der antiken Rhetorik zu persuasiven Zwecken angeraten wird, stößt ebendies später auf Kritik: Bedenken zur *auctoritas* der Zitationspraxis bringt Montaigne, den van den Berg den ersten Zitat-Theoretiker nennt (van den Berg 2000: 24), in seinen *Essais* auf. Wer allein unter Berufung auf die Autorität der Quelle, zu Zwecken der Autoritätsprojektion und schlimmstenfalls ohne eigene Reflexionen zitiere, bedecke sich mit „des anderen Waffen" (Montaigne [1992]: I, XXV, 243). Montaigne kritisiert „unbescheidene Schriftsteller [...], welche in ihre nichtswürdige Werke ganze Stellen aus den alten Schriftstellern einflicken, um damit zu pralen [...]" (Montaigne I, 240). Sich auf die Worte von jemand anderem zu berufen, spreche nur in Kombination mit einer Eigentätigkeit und intellektuellen Eigenleistung für Gelehrsamkeit:

[4] Auch dieser Terminus hat bisweilen unterschiedliche Definitionen erfahren; Überblick möglicher Dimensionen des Begriffs und seiner historischen Entwicklung bei Bär/Vollmann/Kraus (2003).

> Wir können wohl sagen, Cicero spricht das oder ienes, Plato hatte die Art, dieß sind des Aristoteles eigene Worte. Allein, was sagen dann wir für unsere eigene Person? Was thun wir? Was urtheilen wir? So viel könnte ein Papogey auch sagen [...] Wir heben anderer Leute Meynung und Gelehrsamkeit auf, und das ist es auch alles, was wir thun. Wir müssen sie uns eigen machen. (Montaigne [1992]: I, XXIV, 222f.)

Mit den Ausführungen Montaignes kann in Zitationskontexten also zwischen verschiedenen Autoritäten unterschieden werden: Fremdes Gedankengut als Ausgangspunkt von Reflexionen heranzuziehen, zeugt von *eigener Autorität* des Zitierenden; Zitieren als Wiedergeben ohne eigene Positionierungen ist demgegenüber eine verwerfliche Aneignung *fremder Autorität.* Der Versuch zu „pralen" bewirke letztlich das Gegenteil: „Denn, jener ihr unendlich größerer Schimmer [der zitierten Autoren] giebt ihnen ein so verstelltes, so unscheinbares und so häßliches Ansehen, daß sie weit mehr dabey verlieren als gewinnen" (ebda.: 240).

Für die *Textsorte der Gerichtsentscheidung* ist vor allem die *Demonstration von Autorität* eine vielfach thematisierte und besonders relevante Zitatfunktion (z. B. Levin 2019). Zur Akzeptanz einer Entscheidung und ihrer Geltung bedarf es nämlich der Akzeptanz ihres Argumentationsganges. In quantitativer Hinsicht bedienen sich Gerichtsentscheidungen hierzu häufig sogenannter *string citations* bzw. Kettenzitaten, die mehrere Quellen aneinanderreihen (vgl. Holzleithner/Mayer-Schönberger 2000: 338 f.) und so als „Verdopplung der Stimme" dienen (Gander 2010). Genuin ornamentale und nicht anderweitig intendierte Schmuckzitate finden sich in der Rechtsprechung laut Jestaedt (2010: 148) selten. Zur Autorität kann allerdings auch die Bezugnahme auf Quellen verhelfen, die nicht über rechtliche Autorität verfügen und daher ggf. zunächst ornamental erscheinen mögen. DeStefano spricht sogar von „the common law's affection for literature" (2007: 522) und wertet diese Bezugnahmen als Aneigung von „legal authority". Als sehr illustratives Beispiel führt DeStefano (2007: 523) ein Urteil des U.S. Supreme Court an, in dem eine *dissenting opinion* mit einem Orwell-Zitat eingeleitet wird:

> BIG BROTHER IS WATCHING YOU, THE CAPTION SAID...In the far distance a helicopter skimmed down between the roofs, hovered for an instant like a bluebottle, and darted away again with a curving flight. It was the Police Patrol, snooping into people's windows. (Florida v. Riley, 488 U.S. 445, 466 1989, zitiert nach DeStefano 2007: 523)

Zur Erklärung der autoritativen Wirkung literarischer Zitate zieht er das rhetorische *ethos* heran:

> The citation of literature employs ethos on at least three levels: It invokes the authority of the author of the cited literature, it bestows additional authority on that author by the very fact of legal citation, and it may also enhance the judge's image in the eyes of certain readers (ebda.: 528).

Ob rhetorische Argumentationsstützungen generell – und damit auch ornamentale und autoritative Zitate – mit der angestrebten Rationalität des Rechts in Einklang zu bringen sind, hinterfragt Sobota (1986). In einer Analyse von Entscheidungen des BVerfG kommt sie zum Ergebnis, dass

> sich das Gericht in weitem Umfang auf Überzeugungsmittel stützt, die nach den modernen rationalistischen Rechtstheorien tabu sind. In den entscheidenden Passagen verwenden die Richter keine Argumente, sondern rhetorische Figuren, die Leser auf eine ästhetisch-emotionale Weise beeindrucken. Dabei finden sich die drei Überzeugungsmittel Logos (argumentatives Überzeugen), Ethos (Bezugnahme auf Sitten und allgemeine Anschauungen) und Pathos (Überzeugungen durch Stilmittel) in einer gleichbleibenden Balance. (Sobota 1996: 115)

Ornamentale und autoritative Zitate wären dementsprechend als Bruch mit dem rationalistischen Rechtsmodell zu verstehen.[5]

3.2.3 *Kohärenz und Ökonomie*

Bei der Kohärenzdemonstration bzw. -herstellung und der Ökonomie handelt es sich um Funktionen, die einander bedingen: Um ökonomisch argumentieren zu können, bedarf es zunächst eines Textnetzes, in dem ein Autor sich kohärent positionieren kann – gleichzeitig kann eine kohärente Positionierung wiederum Argumentationen erübrigen und so zur Ökonomie verhelfen.

Als Rekontextualisierungsakt steht das Zitieren stets für das Schaffen von Neuem einerseits und der Berücksichtigung von Altem andererseits. Letzteres verortet einen zitierenden Text in einem bestehenden Diskurs. Diese Verortung wird im Folgenden als Diskurskohärenz bezeichnet. Intertextuelle Bezugnahmen zur Kohärenzdemonstration innerhalb eines Diskurses beschreibt Jakobs (1999: 114) am Beispiel wissenschaftlicher Texte als „Vernetzung und Positionierung" zur „Sicherung von Kontinuität durch Traditionsbildung und Bezugslinien". Diesem Anspruch wissenschaftlicher Texte kann mithilfe des Zitierens und Verweisens nachgekommen werden. Es lassen sich, mit Jakobs (1999: 114–116), drei Subfunktionen der Diskurskohärenz identifizieren.

Bereits Vorhandenes zu konsultieren und die Konsultation durch Quellenverweise transparent zu gestalten, fungiert, erstens, als Fundament wissenschaftlichen Fortschritts. Novität kann in diesem Sinne nur in der Auseinandersetzung mit bereits vorhandenen Ergebnissen geschaffen werden. Mit Recht bedienen sich theoretische Reflexionen über das Zitat daher häufig der Redensart, dass das Rad nicht jedes Mal neu erfunden werden müsse (vgl. z. B. Jakobs 1999: 115 und Jestaedt 2010: 150). Den zitierenden Text zu verorten ist, als zweiter Subtyp, auch „eine Art Service" (Jakobs 1999: 116), der dem Leser ermöglicht, einschlägige, bzw. in dem jeweiligen Diskurs (der Gewichtung des Zitierenden nach) relevante Texte zu rezipieren. Diese Rezeption verlangt dem Leser je nach Art der intertextuellen Bezugnahme ein unterschiedlich hohes Maß an Eigeninitiative ab, denn während z. B. das direkte Zitat in seiner materiellen Präsenz und Integration im zitierenden

[5] Sobota führt dazu weiter aus, dass das rationalistische Rechtsmodell, dessen Ideal zufolge rationale Begründbarkeit das Fundament rechtlicher Entscheidungsfindung zu sein hat, ein praxisfernes theoretisches Konstrukt ist: „Wer also juristische Richtigkeit allein mit rationaler Begründbarkeit gleichsetzt, nimmt die tatsächlichen Maßstäbe der Praxis nicht wahr" (1986: 115).

Text ohne weitere Sucharbeit gelesen werden kann, muss der Leser Verweisen eigenständig nachgehen. In der Regel beinhaltet der „Service“ nicht nur eine objektive und unkommentierte Zusammenfassung bisheriger Literatur, sondern nimmt auch Einordnungen vor – dies kann als dritte Subfunktion der Herstellung von Diskurskohärenz gelten. Fragen danach, wie eine zitierte Quelle sich zum zitierten Text verhält, inwiefern Ähnlichkeiten und Unterschiede zwischen den beiden Texten bestehen und, in welcher Hinsicht die zitierte Quelle relevant ist, können dem Leser durch das „Herstellen von Beziehungs- und Einordnungswissen“ beantwortet werden (Jakobs 1999: 117).

Einschlägige Literatur zu berücksichtigen und so eine Kohärenz des Diskurses herzustellen, ist in der Wissenschaft eine fundamentale und funktional bedingte Konvention, die daneben auch Netzwerke schafft. Intertextuelle Vernetzung sehen Bunia/Dembeck (2010) als Charakteristikum der Wissenschaft:

> Moderne Wissenschaft ist immer (auch) Netzwerk: Publikationen als Elementarereignisse, in deren Verkettung Wissenschaft überhaupt erst besteht, gehen charakteristischerweise aus einem *Netzwerk der Interaktion von Publikationen* hervor. Dieses Netzwerk konstituiert und beschreibt sich mittels des Zitats: Der Verweis auf bereits vorliegende Arbeiten dient (zumindest in den Geisteswissenschaften) der Absicherung eigener Argumente oder dem Hinweis auf nicht gültige Resultate, zahlt im Namen der Ausweisungspflicht dem Urheber der beliehenen Argumente Tribut und erzeugt nicht zuletzt Bündnisse – ob im Guten oder im Schlechten. (Bunia/Dembeck 2010: 161)

Durch das Zitieren geschaffene Netzwerke sind auch kritisch zu betrachten; wissenschaftliche „Bündnisse“ bezeichnen Bunia/Dembeck als problematisch, wenn die intertextuelle Bezugnahme nicht aus Gründen einer inhaltlichen Bereicherung, sondern etwa aus freundschaftlicher Verbindung vorgenommen wird (vgl. Titel „Freunde zitieren“; vgl. auch „Zitierkartelle“, darin: 195). Es komme dann der Verdacht auf, „dass sich im Zitat die mögliche Korruption der Wissenschaft durch Freundschaft vollzieht und zugleich rechtfertigt“ (ebda.: 163).

Auf Fremdinhalte zurückzugreifen, kann ferner auch pragmatisch motiviert sein und einen Textproduzenten sowohl in seiner inhaltlichen als auch in der Formulierungsarbeit entlasten. Derartige Entlastungen durch intertextuelle Bezugnahmen werden im Folgenden als *ökonomische Funktion* bezeichnet. Andere Texte zu berücksichtigen oder, wie etwa im wissenschaftlichen Schreiben, sogar berücksichtigen zu *müssen,* führt einerseits zu einem insgesamt hochkomplexen Textproduktionsprozess (vgl. Jakobs 1999: 336[6]). Andererseits bietet eben diese Berücksichtigung dem Zitierenden auch die Möglichkeit, sich kognitiv anspruchsvoller Formulierungsarbeit zu entledigen: Wer zitiert, muss Inhalte nicht selbst versprachlichen. Der Grad der Formulierungsentlastung variiert mit den verschiedenen Zitattypen. Während direkte Zitate – bis auf Überlegungen zu einer

[6] „Der textproduktive Rückgriff auf Fachliteratur bei wissenschaftlichen Textvorhaben erhöht die Komplexität des Textproduktionsprozesses qualitativ und quantitativ. Er trägt dazu bei, daß das Verfassen wissenschaftlicher Beiträge zu den anspruchsvollsten Formen des Textproduzierens überhaupt gehört.“

geeigneten Einbettung wie z. B. der Ein- und Ausleitung – keine formulativen Eingriffe benötigen, sind Paraphrasen auf Ebene der Formulierung vergleichsweise aufwendiger. Auch indirekte und gemischte Zitate benötigen Anpassungen an die textuelle Umgebung. Insgesamt gilt: Je mehr Wortmaterial eines Prätextes ohne Anpassungen und Veränderungen übernommen wird, desto geringer ist die Formulierungsarbeit seitens des Zitierenden (vgl. Jakobs 1999: 96). Eine „Übernahme [einer Formulierung] bietet sich [...] an, wenn sich der Autor bei komplexen oder komplizierten Sachverhalten die Mühe des ‚Umdenkens' und ‚Anderssagens' ersparen will oder wenn er eine Verfälschung oder Verkürzung des Inhalts beim Paraphrasieren befürchtet" (Jakobs 1999: 126). Mit der wörtlichen Übernahme von Fremdinhalt ist ein weiterer Aspekt angedeutet, der bei Jakobs allerdings nicht weiter ausgeführt wird. Zitieren kann auch inhaltliche Begründungsarbeit bzw. Texthandlungen überhaupt verkürzen oder ersetzen.

Sowohl inhaltliche als auch formulative Ökonomie unterliegen dem „Verdacht", dass der Zitierende „die willkommene und erlaubte Entlastung durch das Zitieren [...] übermäßig ausnutzt, indem er aus Bequemlichkeit andere Autoren für sich sprechen lässt" (Graefen 2007: 13). Um in der Wissenschaft verpöntes „unschöpferische[s] bloße[s] Übernehmen und Abschreiben" zu vermeiden (Bänsch/Alewell 2020: 40 f.), raten Zitierratgeber wie der eben angeführte zu einem angemessenen Umfang und einer angemessenen Häufigkeit von Zitaten.[7]

Trotzdem kann ökonomisches Zitieren als notwendig bezeichnet werden, denn es ist fraglich, ob beispielsweise die stetige Reformulierung einer bei den Textadressaten als bekannt anzunehmenden Definition einen Mehrwert bietet. Eine Abkürzung durch intertextuelle Bezugnahmen kann also für den Zitierenden selbst und auch für den Rezipienten ökonomisch sein. Inhaltliche Ökonomie steht in dieser Funktion nah an der Signalisierung von Diskurskohärenz, denn selbst wenn ein Zitierender sich nicht der Begründungsarbeit entziehen wollen würde, geben diskursive Zwänge als textexterne Rahmenbedingungen teilweise eine Ökonomie in der Textproduktion vor.

Die Ausführungen zur wissenschaftlichen Textproduktion können nicht nahtlos auf die *Rechtsprechung* übertragen werden. In der Rechtsprechung ist Kohärenz in Form der Rechtsdogmatik weniger an Innovation als am Rückgriff auf Bestehendes, sprich auf das Gesetz, interessiert. Kohärenz zu demonstrieren, kann als fundamentaler Anspruch der gerichtlichen Entscheidungsfindung gelten. Entscheidungen dürfen nicht in richterlicher Willkür getroffen werden; sie müssen sich kohärent in die bestehende Rechtsprechung einfügen und möglichst vorhersagbar sein. Im deutschen *Civil Law* manifestiert sich die Subsumtionspflicht unter geltende Gesetze u. a. im Gesetzesbindungspostulat (vgl. Art. 103 II GG; § 1 StGB in strafrechtlicher Konkretisierung). Im angloamerikanischen *Common Law*

---

[7] Kritisch zum sogenannten Patch-Writing äußert sich Jele (2021: 124), der ein universitäres „ökonomisch geprägte[s] Umfeld", das einen „maximale[n] Erfolg bei minimalem Einsatz" anstrebt, u. a. als Grund des Plagiierens sieht: „Plagiate sind in dieser Sichtweise provozierte und erwartbare Produkte (wissenschaftlicher) Vorgaben".

kann die verpflichtende Bindung an Präjudizien, die *stare decisis et non quieta movere*-Doktrin (vgl. Jestaedt 2010: 157, siehe weiterführend dazu auch Kap. 5), als Pendant gelten. Beiden, wenn auch sehr unterschiedlichen, Bindungen ist das Zitat[8] in dieser Hinsicht ein geeignetes Instrument. Erstens kann mit einem Zitat belegt werden, *was* – seien es geltendes Gesetz oder auch Präzedenzfälle – in der Entscheidungsfindung berücksichtigt wurde. Zweitens eignen sich Zitate auch als „Preserver of the Linguistic Status Quo“ (Levin 2019: 769). Das Zitat konserviert Argumentationen und Vorgehensweisen und garantiert so u. a. intergerichtliche Einheitlichkeit in der Entscheidungsfindung: „After all, if a court must apply the same rule previous court had applied, quotation should guarantee that the second articulation is identical to the first“ (Levin 2019: 770). In diesem Sinne unterstützt es die Kommunikation zwischen Gerichten („transjudical communication“ bei Slaughter 1994, vgl. auch die Rolle des Zitats bei der Herausbildung gemeineuropäischen Verfassungsrechts bei Nußberger 2006, vgl. Kap. 2). Ähnliches gilt auch für die intragerichtliche Stringenz, die mithilfe von Selbstzitaten bekundet werden kann (Jestaedt 2010: 157). Sowohl „nach innen als auch insbesondere nach außen“ dient das Zitat gerichtlicher Kohärenz (ebda.).

Die Funktion der Ökonomie hat im Kontext des Rechts besonders schwerwiegende Kritik erfahren: Die einerseits notwendige Ökonomie in der Entscheidungsfindung wird auch als „grundloser Grund rechtlicher Legitimität“ (Holzleithner/Mayer-Schönberg 2000) beanstandet. Das Zitat fungiere nicht als Begründung, sondern vielmehr als „Begründungsersatz“ (Jestaedt 2010: 15), der einer fallgerechten Argumentation nicht gerecht werde. Besonders im *Civil Law* kollidiert das Zitieren ähnlicher Entscheidung als Argumentationsverkürzung ferner mit dem Ideal einer Subsumtion, nach welcher ein Fall ausschließlich mit einer Unterstellung unter geltende Normen zu entscheiden ist (Holzleithner/Mayer-Schönberg 2000: 326). Die Kritik an dieser Praxis stellt den gesamten Einfluss von Präjudizien im kontinentaleuropäischen Rechtskreis in Frage. Der Rückgriff auf Präjudizien kann eine normorientierte Entscheidungsbegründung immer dann verkürzen (wiederum auch absichern), wenn die die Relation von Fall und Norm Interpretationsspielräume zulässt (ebda.)

3.3 Ordnung der Funktionen

Zitate können, wie die vorangegangenen Ausführungen gezeigt haben, sowohl diskursobligatorische Textproduktionskonditionen (Kohärenz und Ökonomie) als auch ‚fakultative‘ Persuasionsstrategien (Autorität und Ornamentalität) bedienen. Diese grobe Zuordnung ermöglicht zunächst zwar die Darstellung potentiell

[8] Dem liegt ein weiter Zitatbegriff zugrunde, denn auch die bloße Nennung eines bibliographischen Verweises ohne wörtliches Wiedergeben erfüllt diese Funktion und kann die Berücksichtigung bindender Texte demonstrieren.

ähnlicher Funktionsebenen aus theoretischer Perspektive, ist aber nicht gänzlich haltbar – Kohärenz-Zitate können beispielsweise zu textproduktiven Zwecken, aber auch zu Zwecken der Selbstdarstellung verwendet werden. Abschn. 3.1 hat daher zunächst eine Unterscheidung zwischen textinternen und textexternen Funktionen eingeführt.

Ein systematischer Vorschlag zur Operationalisierung und weiteren Ausdifferenzierung der letzteren Funktionen findet sich bei Hamann (2014: 511), der eine Analyse von Zitatfunktionen (in der Rechtswissenschaft) auf Basis der kommunikationspsychologischen Theorie nach Schulz von Thun (2010) vorschlägt. Von Thun zufolge enthält jede Nachricht – implizit oder explizit – vier Ebenen. Er unterscheidet die Sachebene, die Beziehungsebene (die auch Fremddarstellungen beinhaltet), die Appellebene und die Selbstoffenbarungsebene; Selbstoffenbarungen sind in intentionale Selbstdarstellungen und nicht intendierte Selbstenthüllungen zu unterscheiden. Bezieht man dieses Mehr-Ebenen-Modell auf potentielle Intentionen, so kann eine intertextuelle Bezugnahme – wie Hamann am nachfolgenden Beispiel der Fußnote „Ebenso Heck AcP 112 (1914), 1" illustriert – mindestens sechs Funktionen haben.

- Sachinformation: „Der formulierte Gedanke finde sich ebenso bei Heck."
- Beziehungsdefinition: „Du, Leser, hast mir, Autor, gegenüber ein Anrecht auf diesen Nachweis."
- Appell: „Du, Leser, solltest dich wirklich mal mit Heck beschäftigen."
- Selbstdarstellung: „Ich, Autor, habe Heck gelesen und verstanden."
- Selbstenthüllung: „Der Autor muss offenbar seinen Selbstwert erhöhen, indem er Heck zitiert."
- Fremddarstellung: „Du, Leser, wusstest bisher nicht, wo du das nachlesen kannst." (Hamanns Anwendung von Von Thun auf Zitate, 2014: 511, siehe auch 512)

Zitatfunktionen vor diesem Hintergrund zu betrachten, bietet den großen Vorteil, dass bereits im Vorfeld das mögliche parallele Vorhandensein *mehrerer Funktionen in einem Zitat* akzentuiert wird. Es können mit einem Zitat gleichzeitig z. B. Sachinhalte *und* Selbstdarstellungen transportiert werden. Zusätzlich legt Hamanns Anwendung der Theorie nach von Thun auch eine weitere Subdifferenzierung der einzelnen Funktionen nah; so kann die Funktion des autoritativen Zitierens auf das Selbst oder auf das ‚Fremde' bezogen sein. Was das Modell jedoch nicht leistet, ist die Möglichkeit, ein Zitat auf eine konkrete intendierte (und auch nicht-intendierte) Funktion hin zu untersuchen. Natürlich kann die Fußnote „Ebenso Heck AcP 112 (1914), 1" als Appell an den Leser verstanden werden („Du, Leser, solltest dich wirklich mal mit Heck beschäftigen."); aber ob diese Unterstellung naheliegender ist als die Annahme einer Selbstdarstellung („Ich, Autor, habe Heck gelesen und verstanden"), ist nicht rekonstruierbar. Auch wenn man annimmt, dass jede Aussage und damit auch jedes Zitat auf vier Ebenen operiert, scheint es doch fragwürdig, bei einem Zitat wie „Ebenso Heck AcP 112 (1914), 1" die hier mitgeteilte Sachinformation gegenüber allen anderen denkbaren Funktionen gleich zu gewichten.

Das Modell bietet insgesamt wertvolle Erkenntnisse zu Funktionen in Bezug auf den zitierenden Autor und den Adressaten, nicht aber in Bezug auf die involvierten Texte. Eine Integration von zitiertem und zitierendem Text ermöglicht Helbigs für literarische Texte entwickelte, vierfache Unterscheidung von Zitatfunktionsebenen (1996: 161–182). Helbig identifiziert *rezipienten-*, *referenztext-*, *text-*, und *produzentenorientierte* Funktionen. Seine Ordnung erfolgt vornehmlich qua *cui bono*-Prinzip: Zitate können für den Rezipienten, für den Intertext, für den Text und für den Produzenten einen Mehrwert darstellen. Mit der Unterteilung plädiert er für eine Loslösung von einer Konzentration auf die Relation zwischen Prätext und zitierendem Text und für eine stärkere Beachtung von Autor und Rezipient (vgl. ebda.: 149).

Die Rezipientenorientierung von Zitaten bezeichnet Helbig (1996: 153) als fundamentale funktionale Grundbedingung. Durch die „Gerichtetheit der Markierung auf den Rezipienten" ist sie „allen Funktionsvarianten auf mehr oder weniger deutliche Weise inhärent"[9] (ebda.). In dieser Grundfunktion ist das Zitat eine Art „Leserservice" (ebda.: 154) und lenkt die Rezeption. Bei der Rezipientenorientierung handelt es sich nach Helbig um die dominante Funktion, die das parallele Vorhandensein anderer Orientierungen allerdings nicht ausschließt. Dies ist insofern interessant, als keine der unter Abschn. 3.2.2 und Abschn. 3.2.3 identifizierten Funktionen eine Rezipientenorientierung als dominantes Moment aufweist.

Zitate, die beispielsweise zu Zwecken der Selbstdarstellung eingesetzt werden, ordnet Helbig der produzentenorientierten Ebene zu. Zitate dieser funktionalen Ebene dienen in erster Linie nicht dem Text, sondern erfüllen „pro domo" (ebda.: 181) die Selbstdarstellungsbedürfnisse des Zitierenden. Unter der Kategorie des Produzenten berücksichtigt Helbig ausschließlich den Zitierenden als (Re-)Produzenten, nicht aber den Produzenten des zitierten Prätextes. Eine Ergänzung dieser Kategorie um letzteren wäre jedoch durchaus sinnvoll: Ein Zitat kann, wie bereits dargestellt, auch zur Würdigung eines Autors (*„paying hommage"* Weinstock 1971: 18), zur Bildung von Netzwerken und zur Pflege von Freundschaften (Bunia/Dembeck 2010) eingesetzt werden. In dieser Funktion soll es zumindest vordergründig dem Zitierten dienen – damit ist jedoch nicht ausgeschlossen, dass die Ehrung des Prätext-Autors nicht letztlich auch dem Zitierendem selbst zum Vorteil sein soll. Es seien daher *beide* Produzenten berücksichtigt; der zitierte Autor bzw. Produzent des Intertextes als P1, der zitierende (Text-)Produzent als P2. Der produzentenorientierten Ebene lässt sich die Autorität zuordnen, die durch das selbstdarstellerische Zitieren (P2), aber auch durch das Zitierwerden (P1) generiert werden kann.

Die im Akt der Bezugnahme beteiligten Texte, d. h. den zitierten und den zitierenden Text, behandelt Helbig gesondert: *Referenztextorientierte Funktionen*

[9] Dies gilt nur für Fälle markierter Intertextualität und ist insofern hervorzuheben, als Helbig selbst in seiner Problematisierung von Zitatfunktionen auch unmarkierte Intertextualität behandelt. Unmarkierte Zitate werden für diese Arbeit aber vernachlässigt.

bedeuten, „daß ein Referenztext nicht nur einseitig sinnkonstituierend auf einen post-Text einwirkt, sondern daß auch umgekehrt seine Bedeutung durch einen Folgetext modifiziert wird“ (ebda.: 169). Diese ‚Weiterschreibung‘ kann am Beispiel literarischer Texte z. B. durch den parodierenden Einsatz von Zitaten vorgenommen werden. Auch die sogenannte „Zusatzcodierung“ als „explizit affirmative Bedeutungsbestätigung oder als radikale Dekonstruktion von dessen [des Prätextes] ursprünglicher Aussageintention“ (ebda.) zählt zur referenztextorientierten Funktionsebene (zur Rolle von Affirmation und Dekonstruktion in der Bestimmung von Zitatfunktionen siehe 3.4.2). Einen Effekt auf Ebene des Prätextes hat das Zitieren vor allem im Hinblick auf Kohärenzherstellungen; stellt eine Gerichtsentscheidung etwa eine vorhergehende Entscheidung in Frage, hat das unweigerlich eine Konsequenz auf ihren Status im Diskurs.

Textorientierte Funktionen stellt Helbig am Beispiel von Figuren in fiktionalen Texten vor; so könne beispielsweise ein Ich-Erzähler mithilfe intertextueller Bezugnahmen charakterisiert werden, was daneben auch eine ästhetische Funktion erfülle (ebda.: 175). Für die Zwecke dieser Arbeit macht eine solche Kategorisierung nur mit einigen Abänderungen Sinn, denn in nicht-literarischen Texten treten (zumindest in der Regel) keine fiktionalen Figuren auf. Dementsprechend zählen Personen in nicht-literarischen Texten nicht zur Ebene des Textes, sondern zu der produzentenorientierten Funktion. Dennoch eignet sich die Kategorie der textorientierten Funktionen mindestens im Hinblick auf die Charakterisierungsfunktionen: In nicht-literarischen Texten charakterisieren Zitate keine Figuren, dafür aber den Text selbst. Werden für einen Text etwa viele ornamentale Zitate gewählt, ist anzunehmen, dass er selbst als ästhetisch wahrgenommen werden soll.

Mit der Differenzierung bietet Helbig eine gewinnbringende Perspektive auf involvierte Instanzen im Funktionalisierungsprozess. Zitate werden im Hinblick darauf, wem oder was sie dienen sollen, funktionalisiert. Unbeantwortet bleibt, wie auch bei der Anwendung von Von Thun, jedoch die Frage, mithilfe welcher Analysekriterien man Funktionen einer der vier möglichen Orientierungen zuordnen kann.

3.4 Zur Analyse von Zitatfunktionen

In der Vorstellung möglicher Zitatfunktionen sind bereits einige Probleme angeklungen, die die Zitatfunktionsidentifikation bereithält. Der Versuch, den Einsatz von Zitaten empirisch gewinnbringend zu erfassen, wird bisweilen sogar als aussichtsloses Unterfangen bezeichnet: „Identification problems plague all our regressions. […] [T]he difficulty of identifying the true meaning of many or few citations is so endemic that to our minds it calls into question the entire enterprise“ (Ayres/Vars 2000: 430). Solchen Identifikationsproblemen sind „bisherige Berührungsängste“ vor der Zitationsanalyse geschuldet, für die Hamann (2014: 505) mit Recht den Mangel an qualitativen Methoden verzeichnet. Obwohl dieser Mangel und die „besonders defizitär[e]“ Forschungslage zur Funktion von markierter

Intertextualität auch schon von Helbig (1986: 143) moniert wurde, kann er auch in der gegenwärtigen Forschung mitnichten als behoben gelten. Die folgenden Ausführungen unternehmen, nach einer resümierenden Problematisierung, deshalb den Versuch, einen Auswertungsvorschlag zu unterbreiten.

3.4.1 Problematisierung

Die Herausforderungen in der Analyse von Zitatfunktionen lassen sich zu zwei grundlegenden Problemen zusammenfassen: das *Problem der Abgrenzung* der einzelnen Funktionen in einem konkreten Zitationskontext und das *Problem der Intentionalitätsrekonstruktion.*

Die vorgenommene theoretische Annäherung an potentielle Funktionen ist für eine empirische Analyse von Zitatfunktionen nur bedingt dienlich, denn eine Trennung der einzelnen Funktionen ist in der Praxis der Zitatverwendung nicht haltbar. Die Bündelung verschiedener Zitationsmotivationen wurde mehrfach betont. Ein Zitat kann *gleichzeitig* mehrere Funktionen erfüllen. Selbst wenn man diese funktionalen Komponenten identifizieren könnte, stünde man dennoch vor dem Problem einer Mittel-Zweck-Differenzierung und damit einhergehend vor der Notwendigkeit einer funktionalen Hierarchisierung. Am Beispiel der Kohärenz lässt sich die Problematik wie folgt erläutern: Die Funktion eines Zitates kann darin bestehen, Kohärenz herzustellen und/oder zu demonstrieren. *Herstellung* und *Demonstration* müssen im Grunde als funktionale Subkomponenten der Funktion ‚Kohärenz' verstanden werden. Ein und dieselbe Funktion kann wiederum unterschiedlich motiviert sein. Diese funktionale Binnendifferenzierung ist insofern unerlässlich, als diese mit anderen funktionalen Ebenen in Verbindung gebracht werden können. Die Herstellung von Kohärenz kann – um die Terminologie Helbigs (1986) anzuwenden – text- oder prätextorientiert sein. Ein Zitierender könnte in diesem Sinne beispielsweise bestrebt sein, Kohärenz herzustellen, um dem Text oder dem Prätext einen inhaltlichen Mehrwert zu bieten oder auch, wie an Gerichtsentscheidungen demonstriert wurde, weil die Erfordernisse der Textsorte es verlangen. Dominiert demgegenüber die Subkomponente der Kohärenzdemonstration, dann ist davon auch die selbstdarstellerische Produzentenebene betroffen. Indem ein Zitierender mithilfe von Kohärenz demonstriert, sich in einem Diskurs auszukennen, an ihn anzuknüpfen und sich in ihm verorten zu können, weist er zugleich auch seine Expertise aus und stärkt so die Glaubhaftigkeit seiner vermittelten Inhalte. So kann auch mittels eines Zitats, das vordergründig nicht autoritativ eingesetzt zu sein scheint, Autorität suggeriert werden. In einer funktionalen Hierarchie könnte die Autorität in einem solchen Fall als übergeordnetes Ziel gelten.

Gleiches gilt für die Ornamentalität und die Ökonomie, die ebenso auf das Generieren von Autorität ausgerichtet sein können. So ist es denkbar, dass Ökonomie und Kohärenz einerseits die Textproduktion erleichtern, andererseits zur

Demonstration einer Diskurs-Expertise eingesetzt werden – es handelt sich also um eine Art Funktionalisierung von Funktionen. Dies mag die Frage aufkommen lassen, ob vordergründig autoritative Zitate auch einer anderen Funktion wie etwa der Ornamentalität untergeordnet sein können. Zumindest für die Textsorte der Gerichtsentscheidung scheint dies mit folgender Begründung wenig wahrscheinlich: Es ist davon auszugehen, dass sich die angenommene funktionale Hierarchie des Zitateinsatzes an der dominanten Textfunktion orientiert. Für Gerichtsentscheidungen, denen nicht zuletzt daran gelegen ist, Geltung sicherzustellen, ist von einer Priorisierung geltungsverstärkender autoritativer Zitate vor z. B. ornamental intendierten Zitaten auszugehen. Diese These bedeutet nicht, dass alle Zitate in Entscheidungen autoritativ sind und soll auch das Vorkommen primär anders intendierter Zitate z. B. ökonomischer Zitate nicht ausschließen. Thesen dieser Art ermöglichen zwar eine tiefergehende theoretische Problematisierung, verhelfen aber nicht direkt zu einer Modellierung empirischer Analyseinstrumentarien.

Ein zweites Problem ergibt sich aus der *Notwendigkeit einer Intentionalitätsrekonstruktion.* Versteht man den Einsatz von Zitaten als intentional und Zitate als Instrumente zur Erfüllung bestimmter Funktionen, so müsste diese Intention eigentlich rekonstruiert werden können. Betrachtet man das bloße Zitat, so können intendierte Funktion – ggf. aufgrund des Kommunikationskontextes bzw. der angenommenen Textfunktionen – jedoch höchstens gemutmaßt, nicht aber eindeutig belegt werden. Welche Intention hinter einem Zitat steht, ist für den Leser zumindest nicht am Zitat selbst ablesbar und auch in Zitationskontexten werden sie in der Regel nicht offen codiert.

Schlussendlich führen die sehr eingeschränkten Möglichkeiten zur Intentionalitätsrekonstruktion zu einem Problem, das für das Anliegen dieser Arbeit als besonders schwerwiegend gelten kann: Wenn Funktionen als intentionaler Einsatz verstanden werden und Intentionen einer Analyse nicht zugänglich sind, dann kann keine *funktionale Zuordnung* vorgenommen werden. Das nachfolgende Abschn. 3.4.2 prüft deshalb, welche Analysekriterien mögliche Intentionen zumindest erwägen lassen.

3.4.2 Impulse zur Modellierung einer empirischen Auswertung

Einem zitierten Inhalt selbst ist, wie problematisiert wurde, nicht zu entnehmen, warum ein Zitierender auf ihn Bezug nimmt. Anliegen der nachstehenden Ausführungen ist es darum – mit Rückgriff auf bestehende empirische Ansätze zur Zitationsanalyse –, Hinweise zu identifizieren, die Rückschlüsse auf die intendierte Zitatfunktion zulassen. An das Zitat können fünf Fragen gerichtet werden, die eine empirische Annäherung an Zitatfunktionen zulassen. Diese fünf Fragen lauten:

1. Welcher Zitattypus wird verwendet (direktes Z., indirektes Z., gemischtes Z., Paraphrase, Verweis, reines Z., modalisierendes Z.)?
2. Wer oder was wird zitiert und was ist der Status des Zitierten? (z. B. ausländische Rechtsprechung)
3. Wo wird der Autor bzw. die Quelle genannt? (z. B. in Klammern oder im Fließtext)
4. Wie oft wird zitiert bzw. wie oft wird welche Art von Quellen zitiert? (z. B. bezogen auf die Gesamtanzahl der Zitate in einem Text)
5. Wie ist das Zitat eingebettet? (z. B. Ablehnung oder Zustimmung, Evaluation des Zitats durch Adjektive)

1. Die Charakteristika der verschiedenen Typen intertextueller Bezugnahmen (direkt, indirekt, gemischt, Verweise, Paraphrase, modalisierend, rein; vgl. Abschn. 2.1.2 zur philologischen Zitattypologie) können dazu führen, dass ein bestimmter Typus zur Realisierung einer bestimmten Funktion favorisiert wird. Dies wurde am Beispiel der Ornamentalität erläutert; für einen schmuckhaften Einsatz eignet sich besonders das direkte Zitat, das durch seine Wörtlichkeit stilistische Differenzen schaffen kann. Daraus lässt sich aber nicht ableiten, dass andere Zitattypen nicht ornamental eingesetzt werden können, schließlich ist auch beim indirekten Zitat eine (ggf. leicht modifizierte) wörtliche Übernahme des Prätextes möglich. Für die intertextuellen Zitattypen ist keine eindeutige bzw. exklusive Funktionszuordnung möglich. Eindeutiger verhält es sich demgegenüber mit den nicht-intertextuellen Zitattypen, die sich anhand ihrer Funktion definieren. So dient das reine Zitat ausschließlich der Thematisierung von Eigenschaften des angeführten Inhalts und das modalisierende Zitat dient stets der interpretationslenkenden Markierung von Duktusdifferenzen zwischen angeführtem Begriff und anführendem Text oder von Ironie.
2. Die Frage, welcher Autor und welche Quelle zitiert werden, ist für alle der vorgestellten Funktionen von Bedeutung. Es ist daher zu diskutieren, welche Eigenschaften eine Quelle haben muss, um eine bestimmte Funktion herbeizuführen. Kohärenz kann – sei es in Gerichtsentscheidungen oder auch in wissenschaftlichen Texten – nur durch den Bezug auf Quellen geschaffen werden, die für den jeweiligen Diskurs als relevant gelten können. Am Beispiel der Entscheidungen wären dies beispielsweise Präjudizien mit Bindungswirkung. Zitiert ein Gericht einen Text, der über keinerlei rechtliche Autorität verfügt und nicht zum Textnetz des jeweiligen Diskurses zählt, wie etwa einen literarischen Text, ist es unwahrscheinlich, dass dieses Zitat als kohärenzherstellend oder -demonstrierend intendiert ist (zur systematischen Differenzierung von Quellen-Kategorien können rechtswissenschaftliche Zitattypologien herangezogen werden, siehe Abschn. 2.2.2). Das Zitieren ‚diskursexterner' Quellen steht deshalb womöglich für ornamentales oder autoritatives Zitieren, nicht aber für Kohärenz.
   Damit eine Quelle schmückend eingesetzt werden kann, benötigt sie das Attribut der Schmuckhaftigkeit im Sinne eines ästhetischen Wertes. So ist es fraglich, ob gemeinhin als schmucklos geltende Textsorten wie Gesetzestexte in

Gebrauchstexten als Textschmuck verwendet werden können. Auch für Anleihen von Autorität spielt die Wahl der Quelle eine entscheidende Rolle, denn zunächst müssen der zitierte Autor oder der zitierte Text als autoritativ gelten – andernfalls ist keine Autoritätsprojektion auf den Zitierenden möglich. Diese Zuordnung ist für die Zitationsanalyse nur mittelbar nützlich, denn sie wirft wiederum die Frage auf, unter welchen Umständen ein Text oder ein Autor als autoritativ gelten kann. Zur Messung von Einfluss und Autorität leistet besonders die quantitative Zitationsanalyse als Zweig der Bibliometrie einen Beitrag, denn die quantitative Zitationsanalyse geht davon aus, dass die Häufigkeit des Zitiertwerdens Aufschluss über den Status eines Textes in seinem Diskurs gibt (ein prominentes juristisches Beispiel hierfür ist der Zitationsindex *Shepards Citations,* vgl. Shapiro 1992). Auf Basis statistischer Auswertungen werden Aussagen über den Einfluss u. a. wissenschaftlicher Veröffentlichungen getroffen: „on the assumption that the more a journal is cited, the more important, ‚visible' and prestigious it will be" (Swales 1986: 39).

3. Ein qualitativer Ansatz zur Erfassung der Gewichtung eines zitierten Autors, ist die Beschreibung seiner Nennungsplatzierung in einem zitierenden Text. Mit Swales (1990) kann dazu unterschieden werden zwischen sogenannten *integral citations,* bei denen der Zitatspender prominent im Fließtext platziert ist, und sogenannten *non-integral citations,* bei denen der Zitatspender ausgelagert (zum Beispiel in Klammern) genannt wird. Ein ähnlicher Ansatz findet sich bei Richter (2015). In Anlehnung an Griffig (2006) schlägt Richter (ebda.: 146 f.) auf der Suche nach Reputationssignalen Kriterien eines normabweichenden und damit auch bezüglich der Autorität aussagekräftigen Quellenbelegs vor. Wird der Autor eines Prätextes *anders* als in der konventionell verpflichtenden Markierung üblich benannt, kann auf seinen prominenten Status im jeweiligen Diskurs geschlossen werden. Besonders aufschlussreich im Hinblick auf Reputationssignale sind

> Bezugnahmen auf solche konkreten Autoren, deren Reputation und Bekanntheitsgrad […] so hoch ist, dass auf sie entweder ganz ohne bibliographische Verortung (d.h. weder im laufenden Text, noch durch Nennung im Literaturverzeichnis) oder auf einer von der ‚normalen' Form abweichende, d.h. besonders markierte Art und Weise Bezug genommen wird. (Griffig 2006: 154)

Zu einer solchen abweichenden Nennung zählen daneben auch deonomastische Adjektive (wie die Gricesche Maxime, Beispiel nach Richter 2015: 145) und das *name dropping* (vgl. White 2004). Während ersteres ohne weitere Analyse am Suffix erkannt werden kann, ist die Feststellung, ob *name dropping* oder eine konventionelle Markierung vorliegt, nicht ohne weitere Informationen zum zitierten Autor möglich. *Name dropping* funktioniert nur, wenn der zitierte Autor über das entsprechende Prestige verfügt: „*name dropping* as part of dark persuasion […] depends on the reputations of the citees" (White 2004: 98). Mit der Sammlung von ‚Reputationssignalen' schafft Richter einen Ansatz zur empirischen Auswertung von Reputationszitaten. Derartige Analyseinstrumentarien finden sich für die anderen Funktionen in der einschlägigen Forschung in dieser Form nicht.

4. Die vierte Frage, die zur Funktionsanalyse an den Einsatz von Zitaten gerichtet werden kann, ist, *wie oft* zitiert wird. Anders als die Fragen 1, 2, 3 & 5 bezieht sich diese Frage kategorial nicht auf das einzelne Zitat, sondern auf die Gesamtzahl von Zitaten und Quellen in einem Text. Der Nutzen quantitativer Betrachtungen zur Erfassung der Autorität einer Quelle wurde bereits beschrieben. Quantitative Betrachtungen ermöglichen darüber hinaus, die Gewichtung einer Quelle in einem zitierenden Text zu erfassen: Je öfter eine Quelle oder Quellen-Kategorie zitiert wird, desto stärker wird sie priorisiert. Im Anschluss daran kann zur Einschätzung der Gewichtung Pfisters Analyseraster zur Intensität intertextueller Referenzen (1985: 30; vorgeschlagen auch bei Richter 2015: 149) herangezogen werden. Als quantitative Kriterien[10] intertextueller Intensität führt Pfister die Dichte und Häufigkeit der intertextuellen Bezugnahmen sowie die Zahl und Streuung der referierten Prätexte an. Bei entsprechend hohen Werten kann auf eine entsprechend hohe Gewichtung der Bezugnahmen bzw. des jeweiligen Prätextes geschlossen werden.
5. Als insgesamt aufschlussreich erweist sich also die Einschätzung eines Prätextes durch einen zitierenden Text. Dieser Gedanke ist auch zentral für die vorgeschlagene Analyse von Einbettungskontexten, auf die die fünfte Leitfrage ‚Wie wird zitiert?' abzielt. Zitieren impliziert durch die Einbettung in einen anderen Kontext immer, neue Relationen mit neuen textuellen Umgebungen herzustellen. Diese Relationen zwischen zitierendem Text und Prätext können zwischen Affirmation und Negation verortet werden, woraus wiederum Rückschlüsse auf die jeweilige Funktionalisierung eines Zitates gezogen werden können. Für Ökonomie als Abkürzung einer eigenen Argumentation muss beispielsweise eine Quelle gewählt werden, die die der eigenen Argumentationsrichtung entspricht oder mindestens ähnelt. Die Verwendung von Zitaten zu Zwecken der Ökonomie, zumindest im Sinne der in Urteilen kritisierten Abkürzung der eigenen Begründungsarbeit, setzt affirmatives Zitieren voraus. Die Ablehnung einer Quelle bedeutet einen argumentativen Mehraufwand, den Autoren, wenn ihnen vornehmlich an einer ökonomischen Textproduktion gelegen ist, vermeiden könnten.

Der Gedanke, Intertextualität im Spannungsfeld zwischen Affirmation und Dekonstruktion zu betrachten, geht auf Bachtins Dialogizitätskonzept zurück (1979: 120). In seinem Verständnis beziehen sich die Begriffe – einer weiten Auslegung von Intertextualität folgend – primär nicht auf den Umgang mit einem spezifischen Prätext, sondern vielmehr auf literarische Formen, die es zu dekonstruieren gelte. Dennoch hat die Opposition maßgeblich zur Entwicklung von Funktionsmodellen

[10] Daneben werden auch qualitative Kriterien, wie etwa der Bewusstseinsgrad der Intertextualität beim Rezipienten im Falle von Nicht-Markierungen, angeführt. Diese eigenen sich aber eher für die Untersuchung literarischer Texte, in denen eine Markierung nicht verpflichtend ist.

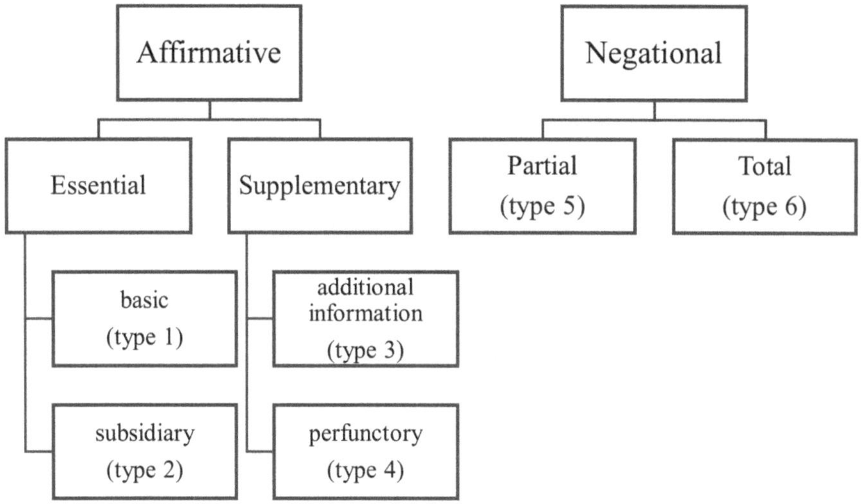

Abb. 3.1 Typologie nach Chubin/ Moitra (1975)[11]

zur Beschreibung von Intertextualität im engen Sinne beigetragen (Schulte-Middelich 1985: 199 ff.): Ob ein zitierender Text sich einem Prätext gegenüber affirmativ oder ablehnend positioniert, ist Kern der Genetteschen Evaluationsopposition (1982) der „valorisation" und „dévalorisation", sprich der Auf- oder Abwertung eines Prätextes. Bei beiden Begriffspaaren handelt es sich um literaturwissenschaftliche Bezeichnungen, die sich in der Analyse von Gebrauchstexten nicht durchgesetzt haben. Zur Analyse von wissenschaftlichen Zitationen hat sich die Zitattypologie von Chubin/Moitra (1975) etabliert, die im Grunde auf derselben Opposition beruht wie die das Genettesche Begriffspaar *valorisation* und *dévalorisation.* Chubin/ Moitra nehmen allerdings kleinschrittigere Unterteilungen vor (Abb. 3.1):

Die Differenzierung zeigt insgesamt 6 Typen affirmativer und ablehnender Text-Prätext-Relationen. In der Kategorie affirmativer Positionierungen kommen Aspekte der Gewichtung hinzu; es wird unterschieden zwischen unentbehrlichen „essential" Zitaten und zusätzlichen Informationsangeboten. Essenziell ist allem voran, dass ein Zitatinhalt angenommen oder abgelehnt werden kann – und dies komplett oder in Teilen (vergleichbarer Ansatz auch bei Moravcsik/Murugesan 1975). Um zu beschreiben, was nach einer grundlegenden Affirmation oder Negation mit einem Text gemacht wird, bietet sich Lipetz (1965) Typologie an, die nicht nur die Annahme und Ablehnung, sondern auch die Modifikation von Inhalten erfasst:

[11] Darstellung in Anlehnung an das Diagramm bei Swales (1986: 42).

Disposition of the scientific contribution of the cited paper to the citing paper

1. Noted only
2. Distinguished
3. Reviewed or compared
4. Applied
5. Improved or modified
6. Replaced
7. Changed the precision
8. Changed the scope of applicability
9. Questioned
10. Affirmed
11. Refuted

Lipetz selbst bringt seine Kategorien nicht mit den Polen Affirmation und Negation in Zusammenhang, jedoch setzen die Handlungen, die er benennt, eine Annahme oder Ablehnung des Prätextes voraus. So muss bspw. die Anwendung einer Theorie oder Methode (Kategorie 4 „applied") auf einer grundlegend affirmativen Position beruhen; der Akt des Verbesserns (Kategorie 5 „improved") wiederum auf einer zumindest partiellen Negation.

Beide Typologien bieten der Analyse autoritativen Zitierens eine wertvolle Grundlage: Wenn ein Zitierender sich Autorität aneignen möchte, muss er die Autorität des Zitierten durch Affirmation anerkennen; dekonstruiert er sie, so kann er sie nicht auf sich projizieren. Im Umkehrschluss schließt ablehnendes Zitieren allerdings nicht das Vorliegen autoritativer Funktionen aus. Ein Zitierender, der ein Zitat verwendet und es dann in Frage stellt oder ablehnt, schreibt dem zitierten Text zwar keine Autorität zu, versucht aber womöglich seine eigene Autorität zu demonstrieren: Das Vermögen und die Expertise, einem Text Geltung abzusprechen, ihn zu modifizieren oder seine Inhalte zu verbessern, versetzt einen Zitierenden (zumindest vermeintlich) *über* diesen Text. Denkbar wäre in diesem Zusammenhang auch eine Graduation der demonstrierten Autorität. Mit der Negation eines Autors, der als angesehen und autoritativ gilt, kann ein Zitierender sich mehr Autorität zuschreiben als mit der Negation eines Autors/Textes, dem man gemeinhin keine oder wenig Autorität zuspricht.

Die Typologien nach Chubin/Moitra und Lipetz liefern derartigen Analyse zwar einen ersten Impuls zur Relevanz dessen, wie sich ein Zitierender zu einem Zitat positioniert. Sie bieten allerdings kein Werkzeug, um Affirmation und Dekonstruktion nachweisbar zu erfassen. Denkbar wäre dazu, dass sich in Verweis-Etikettierungen (siehe auch Abschn. 2.1.2.4) Hinweise darauf finden, wie ein Zitierender eine zitierte Quelle eingeordnet wissen will. Nicht selten findet sich in Gerichtsentscheidungen zum Beispiel die für Negation sprechende Verweis-Etikettierung „a.A." für „andere Ansicht".

3.5 Zwischenfazit II

Im Recht selbst sind Zitatfunktionen wenig erforscht. Unter Berücksichtigung der Erkenntnisse antiker Rhetorik und der Erkenntnisse zum wissenschaftlichen Zitieren konnten dennoch die folgenden Grundlagen zur Analyse von Zitatfunktionen in Gerichtsentscheidungen geschaffen werden.

- Da Zitatfunktionen von der Zitiermotivation eines Zitierenden abhängen, wurde in Abschn. 3.1 ein weiter Funktionsbegriff gewählt, der im Text codierte sowie dem Text übergeordnete Autorintentionen enthält. Dadurch umfasst der Funktionsbegriff textnahe Funktionen wie das Belegen und auch textübergeordnete Funktionen wie die Autorität und die wiederum potentiell übergeordneten Persuasionsabsichten. Zitate können demnach verschiedene funktionale Subkomponenten beinhalten; jede Funktion kann sowohl Selbstzweck als auch Mittel zu einem übergeordneten Zweck sein.
- Abschn. 3.2.2 hat die Funktionen Ornamentalität und Autorität vorgestellt. Ornamental eingesetzt, kann ein Zitat sowohl einen Text als auch einen Zitierenden schmücken. In letzterem Aspekt ist es eng verknüpft mit der Autorität, die als facettenreichste Funktion des Zitates gelten kann: Autorität kann einem Text oder einem Autor zukommen. Bezieht sich ein Zitierender auf einen autoritativen Text oder einen autoritativen Autor, kann er sich Autorität verleihen. Dabei handelt es sich um eine Art Wechselwirkung, denn durch das Anleihen von Autorität verleiht ein Zitierender einer Quelle wiederum Autorität. Daneben kann Autorität nicht nur durch eine Projektion, sondern auch durch eigene Positionierungen demonstriert werden; wer in der Lage ist, Fremdinhalte zu kritisieren, weist seine eigene Kompetenz aus. Diese beiden Verwendungsweisen können als qualitative Autoritätsdemonstration bezeichnet werden. Ungeachtet der Quellenautorität greift daneben auch ein quantitativer Mechanismus; so können sogenannte *string citations* als Signalisierung einer vermeintlichen Mehrheitsmeinung die Anfechtbarkeit einer Aussage minimieren. Sowohl ornamentale als auch autoritative Zitate können zu Persuasionszwecken verwendet werden.
- Während autoritatives und ornamentales Zitieren als ‚optional' gelten können, ist der Einsatz von Zitaten zu Zwecken der Ökonomie und der Kohärenz (je nach Diskurs) obligatorisch (Abschn. 3.2.3). In Gerichtsentscheidungen muss zu Kohärenzzwecken zitiert werden. Zitieren kann zugleich Kohärenz signalisieren sowie auch konstruieren. Jedes Zitat knüpft an einen bestehenden Diskurs an und kann ihn, je nach Art und Weise der Anknüpfung, weiterentwickeln. Diskursnetze sind die Voraussetzung der Ökonomiefunktion, die sowohl inhaltliche Arbeit als auch Formulierungsarbeit erleichtern kann.
- Abschn. 3.3 hat gezeigt, dass die Funktionen unterschiedlichen Ebenen zuzuordnen sind; sie können – mit Helbig (1996) – vier verschiedene Orientierungen aufweisen. Das sind die rezipienten-, referenztext-, text- und produzentenorientierte Funktion. Ein weiterer Ansatz, der die Ordnung von Zitatfunktionen

ermöglicht und ferner zu Systematisierungen der ‚Funktionsbündel' herangezogen werden kann, ist Von Thuns kommunikationspsychologisches Vier-Seiten-Modell, das Hamann (2014) auf Funktionen der Fußnote in der Rechtswissenschaft anwendet.

- Der Ordnungsversuch der Funktionen hat gezeigt, dass die Funktionen nicht getrennt und u. a. dadurch auch nur schwer identifiziert werden können. Eine Problematisierung der Funktionsabgrenzung, sowie der Intentionalitätsrekonstruktion und Funktionsordnung hat Abschn. 3.4.1 vorgenommen.
- Abschn. 3.4.2 hat versucht, Grundlagen zu einer empirischen Auswertung zu schaffen. Als fünf fruchtbare Analysekriterien wurden dabei 1. die Wahl des Zitattypus, 2. der Autor des Prätextes bzw. die Art und des Status des Prätextes selbst, 3. die Platzierung des Autors bzw. der Quelle, 4. die Häufigkeit und 5. die Einbettung des Zitates identifiziert. Insgesamt erweist es sich als ausschlaggebend, was ein Zitierender mit einem Zitat macht. Hinweise dazu finden sich primär nicht im Zitat selbst, sondern in seiner textuellen Umgebung. Die dazu vorgestellten Typologien beschreiben zwar, welche Relationen zwischen Zitat und Zitierendem geschaffen werden können, vernachlässigen aber, worin sich diese Relationen manifestieren bzw. an welchen sprachlichen Merkmalen sie sich konkret nachweisen lassen. Aus diesem Grund vertieft das nachfolgende Kap. 4 die nuancierten und teils subtilen Positionierungsmöglichkeiten von Zitierenden.

Kapitel 4
Zitieren und Positionieren: Modalität und Evidentialität

Möchte man rekonstruieren, zu welchem Zweck ein Zitat verwendet wird, so ist die Analyse der zitierten Inhalte und des zitierten Wortmaterials allein wenig ertragreich. Die folgenden zwei Beispiele demonstrieren, dass erst der Einbettungskontext im zitierenden Text Aufschluss über mögliche Zitatfunktionalisierungen gibt:

(1a) *In my opinion,* Professor Charles Belleau provides a *good* description of the plaintiff's burden at this preliminary stage: [translation] All in all, the question of admissibility involves inquiring into whether, independently of the substantive issues, the right of action a litigant claims to have meets fundamental criteria that give the court the authority to consider it. (Brunette v. Legault Joly Thiffault, s.e.n.c.r.l. 2018 SCC 55 - 07.12.2018, Hervorhebung durch J.S.)

(1b) *In my opinion,* Professor Charles Belleau provides a *problematic* description of the plaintiff's burden at this preliminary stage: [translation] All in all, the question of admissibility involves inquiring into whether, independently of the substantive issues, the right of action a litigant claims to have meets fundamental criteria that give the court the authority to consider it.

Bei Beispiel 1a handelt es sich um einen authentischen Ausschnitt aus einer Entscheidung des Supreme Court of Canada. Die zitierende Instanz evaluiert den Inhalt des Zitats explizit als „good"; das Zitat wird damit affirmativ und argumentationsstützend eingebracht. Demgegenüber schreibt die plakativ manipulierte Zitateinleitung in Beispiel 2 dem Zitat problematische Inhalte zu; der Zitierende positioniert sich distanzierend. Mit der Zuschreibung als problematisch kann eine argumentationsstützende Funktionalisierung des Zitats weitestgehend ausgeschlossen werden. Wie die Manipulation der Zitateinleitung gezeigt hat, entfaltet sich die Bedeutung eines Zitats im zitierenden Text erst im Zusammenspiel mit seiner spezifischen Einbettung. In diesem Sinne versteht sich das vorliegende Kapitel als Plädoyer für die Analyse kontextspezifischer Zitatfunktionalisierungen.

J. Steigler-Herms, *Wie und warum zitieren Gerichte?*, Literatur und Recht 12,
https://doi.org/10.1007/978-3-662-68577-8_4

Zwischen Zitat und Zitatspender besteht – so die prägnante Formulierung in Berkenkotter/Huckin (1995, zitiert nach Yang 2013: 126) – eine grundlegende Identifikation: „[Y]ou are what you cite.“ Möchte ein Zitierender die Identifikation aber nuancieren, einschränken oder ablehnen, muss er mithilfe verschiedenster Mittel der Zitateinbettung semantische Relationen herstellen. Die Feststellung der Relation von Zitat und Zitierenden zwischen den Polen Affirmation und Negation ist insofern entscheidend, als dem Akt des Zitierens *per se* ein Moment der Neukonstituierung innewohnt: Die Bedeutung einer jeden Proposition entfaltet sich im Zusammenspiel aller (kon-)textuellen Faktoren. Im Akt des Zitierens wirken durch das Herausreißen und Einfügen in eine neue textuelle Umgebung *neue* Faktoren auf dieses Zusammenspiel und damit auf die Gesamtbedeutung ein; die ursprüngliche Bedeutung des zitierten Inhalts wird modalisiert und evaluiert. Die neuen Kontextfaktoren beeinflussen die Bedeutung von Zitaten derart substanziell, dass ihnen „durch eine Einbettung [der referierten Äußerung] in einen – im weiteren Sinne des Begriffs – modalen Kontext von vornherein die Grundlage zu einer selbst potentiellen wörtlichen Interpretation entzogen ist“ (Gather 1994: 344).

Generell gilt, dass nicht-evaluatives und objektives Zitieren, das potentiell wörtliche Interpretationen (zumindest weitestgehend) erlaubt, zwar möglich, jedoch nicht üblich ist: Je nach Domäne und Textsorte ist ein diskursiver, kritischer und evaluativer Umgang mit Zitaten etabliert und intendiert. Ein geeignetes Instrumentarium, um Positionierungen zu beschreiben, bietet das Konzept der Modalisierungen. Modalisierungen, sprich Stellungnahmen eines Schreibers zur Faktizität einer Äußerung, ermöglichen dem Zitierenden konkrete subjektgebundene Funktionalisierungen von Zitaten:

> Denn wo das Referieren anderer Texte im Dienst der argumentativen Plausibilisierung eigener Geltungsansprüche geschieht, da wird die Modalisierung, hier verstanden als epistemische Qualifizierung der referierten Äußerungen und Aussagen, zu einer kritischen Größe. Ihre Geltung muss bekräftigt werden, wo sie die eigenen Aussagen stützen, sie muss eingeschränkt oder zurückgewiesen werden, wo sie ihnen entgegenstehen. Entsprechende Modalisierungen werden vor allem über epistemisch qualifizierende Ausdrücke in den Rahmenformulierungen vorgenommen, [...]. (Steinseifer 2019: 207)

Zitateinbettungen im Kontext von Modalisierungen zu betrachten, bietet im Vergleich zu den in Kap. 3 vorgestellten Typologien zur Annahme und Ablehnung zitierter Inhalte (siehe insbesondere Abschn. 3.4.2) den entscheidenden Vorteil, dass anhand sprachlicher Mittel empirisch messbar beschrieben werden kann, welche Relation zwischen Zitat und Zitatspender vorliegt. Mit dem Ziel einer Zusammenstellung derartiger einschlägiger Mittel beginnt die nachfolgende Darstellung zunächst mit einer Einführung in die Stancetaking-Theorie, die als Rahmentheorie von Positionierungshandlung gelten kann (Abschn. 4.1). Eine ausführliche Behandlung des Modalitätskonzeptes und von sprachlichen Mitteln, die als Modalisierungsprozeduren verwendet werden können (z. B. die sogenannten Booster und Hedges), findet sich in Abschn. 4.2. Für einige sprachliche Mittel, wie beispielsweise für den Konjunktiv, ist umstritten, ob sie Modalisierungen oder lediglich den Akt des Zitierens signalisieren sollen. Eine Problematisierung der Schnittstelle zwischen Markern objektiven Zitierens und Markern subjektivierten, evaluativen Zitierens finden sich im Rahmen der Vorstellung des sogenannten Evidentialitätskonzeptes (Abschn. 4.3), das sich mit der Gesamtheit der Quellen befasst, die Schreiber zu einer Aussage veranlassen und eng mit dem Modalitätskonzept verwandt ist.

4.1 *Stancetaking* als Rahmentheorie

Analysen der Versprachlichung von Positionierungen und Evaluationen fallen unter das sogenannte *Stance*-Konzept (selten findet sich auch die deutsche Übersetzung als ‚Haltung'). Stance kann als Hintergrundtheorie der in diesem Kapitel zentralen Konzepte ‚epistemische Modalität' und ‚Evidentialität' gelten (wobei der Status letzterer und ihre Relation zu Stance und Modalität umstritten ist; nicht jedes Evidential enthält ein Positionierungsmoment, siehe Abschn. 4.1). Haßler (2015: 183) definiert Stance als Sammelbegriff sämtlicher Positionierungsstrategien:

> By speaker's stance we understand linguistic and non-linguistic forms and strategies that show a speaker's commitment to the status of the information that he is providing. Stancetaking causes the speaker, among other things, to specify the sources of his knowledge, whether it be to give the utterance more weight or to reduce his own responsibility for the contents.

Wie der Begriff des Stancetakings impliziert, interessiert sich die linguistische Analyse von Stance weniger für ‚innere' Haltungen (wie etwa das psychologische Konzept der *attitudes*), als vielmehr für die sprachliche Handlung des Evaluierens und Positionierens als versprachlichter sozialer Akt (vgl. Du Bois 2007: 171). Für Stubbs (1966: 202) ist die Kodierung von Einstellung und das Einnehmen von Haltungen, sprich das Stancetaking, in sämtlichen Äußerungen präsent:

> Whenever speakers or writers say anything, they encode their point of view towards it: whether they think it is a reasonable thing to say, or might be found to be obvious, questionable, tentative, provisional, controversial, contradictory, irrelevant, impolite or whatever.

Gegenstand des Stancetakings können im Grunde sämtliche Referenzobjekte sein, d. h. ein Schreiber[1] kann sowohl Nicht-Sprachliches als auch Sprachliches sowie Eigenes und Fremdes evaluieren. Die vorliegende Studie interessiert sich ausschließlich für letzteres, d. h. für intertextuelle Bezugnahmen als Stance-Objekte. Du Bois (2007: 140) betont die Rolle der Dialogizität (u. a. nach Bachtin 1934) im sogenannten interaktionalen Stancetaking:

---

[1] Gleiches gilt auch für Sprecher und mündliche Kommunikation. Da sich die vorliegende Studie ein schriftsprachliches Korpus analysiert, wird im Folgenden jedoch der Terminus des Schreibers verwendet.

> Dialogicality makes its presence felt to the extent that a stancetaker's words derive from, and further engage with, the words of those who have spoken before – whether immediately within the current exchange of stance utterances, or more remotely along the horizons of language and prior text as projected by the community of discourse.

Das Vorhandensein eines „prior texts" kann für das Stancetaking – anders als bei der Intertextualität, deren Definiens das Vorhandensein eines Prätextes ist – nicht als Voraussetzung gelten; evaluiert werden können sowohl eigene als auch fremde Inhalte.

Dennoch ist die Notwendigkeit, sich selbst zu positionieren, vor allem Ausdruck textueller Interaktion (vgl. Hyland/ Jiang 2015: 548) und der Auseinandersetzung mit dem Fremden. Besonders beim Zitieren kommt es zum Aufeinandertreffen mindestens zweier Stances: der im Zitat ausgedrückten Haltung des Zitatspenders und der durch die Zitateinbettung kommunizierten Haltung des Zitierenden zum Zitatinhalt (vgl. auch „What stance is the stancetaker responding to?" Du Bois 2007: 142). Mit zwei Subkonzepten zur expliziten Erfassung von Stance – der Modalität und der Evidentialität – sowie ihren jeweiligen sprachlichen Mitteln beschäftigt sich das nachfolgende Kapitel.

4.2 Epistemische Modalität und Modalisierungsprozeduren

Modalität ist selbst ein Oberbegriff zweier grundlegend unterschiedlicher Subtypen, deren Gemeinsamkeit kaum über die zentrale Rolle von Modalverben hinausgeht: Abzugrenzen sind deontische Modalität (auch Grundmodalität genannt) und epistemische Modalität. Die *deontische Modalität* (abgeleitet von altgriech. *deon,* ‚Pflicht') bezieht sich auf eine „Weltenperspektivität" (Abraham/ Leiss 2013: 5), die – je nach Modalverb – Möglichkeit, Fähigkeit oder Notwendigkeit ausdrückt. Die Festsetzung dessen, was man darf, kann und muss, ist zwar zentral für die Handlungsdimensionen des Rechts generell, kann für die Analyse von evaluativen Zitationskontexten jedoch vernachlässigt werden.

Zur Analyse evaluativer Momente ist vor allem das Konzept der *epistemischen Modalität* heranzuziehen. Über die Definition von epistemischer Modalität als „Einschätzung der Faktizität" (Horváth 2013: 131) besteht weitestgehend Konsens. Der Terminus der Faktizität meint dabei das „Tatsache-Sein der [...] Proposition" (Helbig/Buscha 1986: 506) aus Perspektive des Kommunikators. Letzteres ist besonders herauszustellen, da es sich nicht um objektiv wahre Fakten, sondern ausschließlich um einen durch den Schreiber attribuierten Faktizitätsgrad handelt. Das Konzept der epistemischen Modalität als Faktizitätseinschätzung ist damit enger gefasst als Stance, das Evaluationen beinhaltet, die nicht nur die Faktizität, sondern auch darüber hinausgehende Eigenschaften einer Proposition betreffen können. Da die Positionierung des Schreibers zur Proposition den Ausgangspunkt der Modalisierung darstellt, charakterisieren zahlreiche Definitionen epistemische Modalität als „speaker's attitude" (Narrog 2005: 680). Diese

Auslegung ist auch zentral für die Terminologie Diewalds (1999), die epistemische Modalität als deiktischen Prozess bezeichnet. Die Bühlersche Theorie aufgreifend, nennt Diewald (1999: 167) Deixis einen „semiotische[n] Prozeß, durch den die Verbindung zwischen Sprache und Sprecher hergestellt wird". Der Ausgangspunkt, oder der „Koordinatennullpunkt des sprechenden ‚Ego'" (ebda.: 168) ist dabei immer die Origo, d. h. der Sprecher als deiktisches Zentrum. Als simples Beispiel hierfür, speziell für die Personaldeixis, können die Personalpronomen herangezogen werden: Das Personalpronomen ‚ich' entfaltet seine konkrete Bedeutung und Referenz immer erst in Relation zu seinem Verwender. Ebenso verhalte es sich Diewald zufolge mit epistemischer Modalität: Die Faktizitätsbewertung, wie sie durch epistemische Modalisierungen erfolgt, sei nicht dem dargestellten Sachverhalt inhärent, sondern repräsentiere wie alle Deiktika die Relation zwischen dem Dargestellten und dem Sprecher (Diewald 1999: 14).

4.2.1 Hedging und Boosting

Hedging und Boosting sind Sammelbegriffe für diejenigen sprachlichen Mittel, mit denen epistemische Modalisierungen vorgenommen werden können. In diesem Kontinuum verhalten sich die beiden Kategorien jedoch insofern gegensätzlich, als *Hedges* Distanzierungen zum Inhalt und *Booster* Solidarisierungen mit dem Inhalt darstellen. In Taxonomien werden sie daher getrennt erfasst (z. B. Hyland 2005).

Relativiert ein Schreiber seine Inhalte mit „möglicherweise", „meiner Meinung nach", „dem Anschein nach", „weitestgehend" oder „ungefähr", so schwächt er die Eindeutigkeit und die Faktizität seiner Aussage mithilfe von (hier fünf) Hedges ab.

Den meist funktionalen Definitionen zufolge handelt es sich bei Hedges (‚Heckenausdrücken', vgl. Bußmann 1990: 304) um epistemische Modalisierungsprozeduren oder, mit den Worten Hylands (1998: 5), um „the means by which writers can present a proposition as an opinion rather than a fact." Als rhetorische Strategie erlauben sie dem Schreiber eine Distanzierung zu Inhalten; durch eine Einschränkung „of the writer's commitment" (Vázquez/Giner 2008: 173) schwächen *Hedges* eine Behauptung ab. Eine solche Distanzierung kann – wiederum aus unterschiedlichen Gründen – sowohl in Bezug auf schreibereigene Propositionen als auch besonders bei der Wiedergabe von Fremdinhalten gewollt sein. Vass (2015a: 151) bezeichnet Hedges daher auch als „marker of intertexuality and interdiscursivity"; Fløttum (2005) nennt sie „polyphonic markers".[2] Ein häufig angeführtes Beispiel für Hedge-Ausdrücke sind die epistemischen Modalverben (z. B. epistemische Funktion von ‚müssen'), die in ihrer epistemischen Lesart

[2] Den Terminus bezieht Fløttums allerdings nicht nur auf Hedges, sondern auf sämtliche Signalisierungen von „other voices present" (ebda.).

Fakten auf Möglichkeiten reduzieren. Ob Modalverben als Heckenausdrücke zu verstehen sind oder nicht, hängt untrennbar vom Kontext ihrer Verwendung ab; ihnen ist keine ‚hedgende' Funktion inhärent. Mit dieser kontextabhängigen Bedeutungsentfaltung fällt die Analyse von Hedges in den Bereich der Pragmatik.

Die gegenwärtig verbreitete, pragmatische Auslegung des Konzepts unterscheidet sich stark von seiner ursprünglichen Begriffseinführung nach Lakoff (1972). Als eigentlich semantische und nicht pragmatische Kategorie beschreibt Lakoff die Funktion von Hedges als „to make things fuzzier or less fuzzy" (1972: 195). Die Wirkung sprachlicher Mittel, die zu einer ‚semantischen Verschwommenheit' führen, demonstriert er am prominenten Beispiel des Pinguins, dessen Gattungszugehörigkeit mithilfe eines Hedge-Ausdrucks „fuzzy" gemacht wird: „A penguin is a sort of a bird" (ebda.). Hedges im Lakoffschen Sinne skalieren also eine Art Zugehörigkeit zu Prototypen: „Aus der Tatsache, dass (jeweils relativ zu einem spezifischen kulturellen Hintergrund) manche Exemplare als bessere/typischere Beispiele einer Kategorie angesehen werden [...] ergibt sich ein Bedürfnis für [...] Hecken" (Gippert 1993: 243).

Die ursprüngliche Definition von Hedging ist für die vorliegende Arbeit insofern weniger relevant, als Hedging-Ausdrücke in ihrer diskursiven Funktion als Meinungs- und Faktizitätsmarker bei der Verwendung von Fremdinhalten betrachtet werden sollen und nicht im Hinblick auf ihrer Funktion in der Prototypen-Zuordnung. Ein Abgleich der gegenwärtigen und ursprünglichen Definition der Heckenausdrücke ist dennoch dienlich, da er dabei hilft, die terminologisch schwierige Relation von Hedging und Modalität zu erklären. Palmer (1986) plädiert beispielsweise für eine begriffliche Unterordnung vom *Hedging* zur Modalität, die wiederum sehr weit aufgefasst als Sammelbegriff eines Positionierungsinstrumentariums aufgefasst wird. Es bestehen jedoch auch gegenteilige Ansichten, die von einer umgekehrten Begriffshierarchie ausgehen. Folgt man beispielsweise einer engen Auslegung von epistemischer Modalität, laut welcher Schreiber sich mithilfe von Modalisierungen *nur* zwischen den Polen *wahr* und *falsch* verorten können, so können Hedges mit ihrer teils über Faktizitätsmarkierungen hinausgehenden, u. a. meinungssignalisierenden Funktion nicht als Unterkategorie gelten. Vázquez/Giner (2008: 172 f.) fassen beide Varianten zusammen:

> It seems possible to see the relationship between modality – mostly of the epistemic type – and hedges in two ways: either modality is the wider concept and includes hedges or the other way round, hedging is the umbrella term and epistemic modality a part of it.

Eine umfassende terminologische Aufarbeitung im Hinblick auf die Relation von Modalität und *Hedging* stellt in der gegenwärtigen Literatur noch ein Desiderat dar. Für die Zwecke dieser Arbeit wird Hedging als sprachlicher Ausdruck epistemischer Modalität verstanden. Der Begriff der epistemischen Modalisierungsprozeduren deckt größtenteils das Funktionsspektrum von Hedges ab. Es sei allerdings darauf hingewiesen, dass einige Hedges, wie z. B. das zu Schätzungen verwendete *approximately,* keine Bewertungen der Faktizität darstellen – damit sind Hedges und epistemische Modalität (wenn man sie denn als Faktizitätseinschätzung definiert) nicht gänzlich deckungsgleich.

Weitaus mehr Aufmerksamkeit als die terminologische Klärung hat demgegenüber das breite Funktionsspektrum von Hedges erfahren. In den vorangegangenen Definitionen wurden bereits einige funktionale Dimensionen angeführt, die im Folgenden expliziert werden sollen: Die primäre Funktion der Abschwächung ist nicht der finale Zweck des *Hedgings,* sondern selbst wiederum nur Mittel übergeordneter kommunikativer Zwecke.

Hedges erlauben Sprechern und Schreibern Subjektivierungen, Evaluationen und Einschränkungen eigener oder fremder Aussagen. Einer ihrer übergeordneten Zwecke ist die Verantwortungsreduktion für einen Aussageinhalt. Durch die Distanzierung und den Bau einer „schützende[n] ‚Hecke‘ um sich“ (Schröder 1989: 269) antizipiert ein Schreiber mögliche Kritik. In diesem Sinne handelt es sich um eine „Risikominimierung“ (Niemann 2018: 49) als defensive Strategie (vgl. ebda.). Durch die Demonstration einer „potential negatability of claims“ (Hyland 1998: 354) und die Vermeidung absoluter Aussagen (vgl. Rolek 2019) können zudem interpersonale Verhältnisse geschützt werden. Niemann versteht dies als eine offensive Funktion, genauer als Wahrung von Höflichkeit. Wann immer beispielsweise Inhalte einer anderen Person kritisiert werden, kann es als Gebot der Höflichkeit gelten, diese Kritik nicht als unbestreitbar faktisch darzustellen. Hedges können damit u. a. als Mittel der Vermeidung sogenannter *face threatening acts* gelten, die nicht-abgeschwächte Äußerung von Kritik bezeichnen (siehe auch Niemann 2018 zur Höflichkeit von Hedges).

Die konkrete Intention des Hedgings hängt zum einen vom Verwendungskontext, zum anderen allerdings auch vom Typus des jeweiligen Hedges ab. Das Funktionsspektrum reicht insgesamt – abstrahiert zusammengefasst – von *inhaltsorientierten Hedges* (zu Zwecken der Bedeutungsspezifikation) über *schreiberorientierte* (die bei inhaltlicher Unsicherheit ‚schützen‘ sollen), bis zu *rezipientenorientierten (Höflichkeits-)Hedges.*

In Anbetracht des großen Funktionsspektrums bietet sich etwa eine Differenzierung in *Funktionen ersten und zweiten Grades* an. Funktionen ersten Grades beziehen sich auf die unmittelbare Wirkung des Hedges/Boosters auf die modalisierte Proposition (z. B. Wahrscheinlichkeitsaussage) innerhalb des Textes; Funktionen zweiten Grades auf intendierte Wirkungen außerhalb des Textes (z. B. Vermeidung von zu direkter Kritik).

Zur Realisierung der Funktionen werden unterschiedliche Hedge- (und Booster-)Typen verwendet, die Salager-Meyer (1995) am Beispiel des Englischen in fünf Gruppen unterteilt:

1. *shields:* bspw. Modalverben wie „könnte“ („might“)
2. *approximators:* Schätzungen und Rundungen für Grade, Frequenzen und Quantität wie „rund“ („approximately“)
3. *expressions of personal doubt and involvement:* bspw. „ich glaube“ („in my view“)
4. *emotionally-charged intensifiers:* bspw. „extrem wichtig“ („extremely important“)
5. *compound hedges:* bspw. „könnte verstanden werden als“ („could be suggested“)

Während die Klassifikation nach Salager-Meyer vornehmlich an funktionalen Kriterien orientiert ist (Ausnahme: *compound hedges*), kategorisiert der breit rezipierte Ansatz Hylands nach Wortarten (und Wortverbindungen). Dabei unterscheidet er zwischen *modal auxiliaries* („may"), *modal adjuncts* („probably"), *modal adjectives* („possible"), *epistemic verbs* und *circumstances* („in my view").

Die Studien Hylands (u. a. 1998) sind einige der wenigen Untersuchungen, die sich neben den Hedges auch dem Phänomen der Booster widmen; auch wenn diese im Hinblick auf ihre verstärkende Funktion als unmittelbare Antagonisten von Hedges gelten können, haben sie in der einschlägigen Forschung weitaus weniger Aufmerksamkeit erfahren.

Wie aus der Bezeichnung als Booster, ‚Verstärker', hervorgeht, intensivieren Booster die Gültigkeit von Propositionen. Booster „allow writers to express conviction and assert a proposition with confidence, representing a strong claim about a state of affairs" (Hyland 1998: 350). Sie drücken die unanfechtbare Überzeugung eines Schreibers von seiner Proposition aus und lassen damit (antizipierend) keinen Raum für andere Positionen. Die Verstärkung von Inhalten kann mithilfe amplifizierender Adverbien („definitely"), emphatischer Verben („demonstrate"), emphatischer Adjektive („it is evident that") sowie sogenannter *emphatics* („in fact") vollzogen werden. Im Falle des Zitierens kann ein Schreiber mithilfe von *Boostern* also den Identifikationsgrad mit dem Zitat erhöhen.

Sowohl *Hedges* als auch *Booster* können mit Hylands Modell (2005) als Spuren eines Metadiskurses verstanden werden. Diesen definiert Hyland (2005: 37) als „the cover term for the self-reflective expressions used to negotiate interactional meanings in a text, assisting the writer (or speaker) to express a viewpoint and engage with readers as members of a particular community." Beide Prozeduren werden dazu verwendet, Aussagen *über* Inhalte, u. a. über Zitate zu kommunizieren. Dabei manifestieren metadiskursive Prozeduren und Zitate zwei unterschiedliche Instanzen: „[M]etadiscourse and hedging are examples of *explicit* manifestation of the self; bibliographical references and citations are examples of *explicit* manifestations of the other" (Fløttum 2005: 30). Damit ist davon auszugehen, dass Hedges und Boostern Rückschlüsse auf die Positionierung eines Zitierenden zum zitierten Inhalt und damit zumindest mittelbar auch auf Zitatfunktionen zulassen.

4.2.2 Adverbien als Beispiel für Modalisierungsprozeduren

Es wurde bereits aufgezeigt, dass Modalisierungsprozeduren nicht an bestimmte Wortarten gebunden sind. Eine Wortart, die in Studien zur Bestandsaufnahme von *Hedges* allerdings besondere Aufmerksamkeit erfahren hat, sind Adverbien. Auch wenn in der Darstellung von *Hedges* und *Boostern* bereits einige Beispiele für diese Kategorie gefallen sind, soll sie im Folgenden daher noch einmal eingehender behandelt werden.

An den als *Hedge* oder *Booster* klassifizierten Adverbien ist besonders interessant, dass ihre evaluierende Funktion kontextunabhängig ‚ablesbar' ist. Während sich die epistemische Dimension von Modalverben erst in ihrem Kontext entfaltet, ist sie für Adverbien wie „möglicherweise", „certainly" und „possibly" ohne größere Interpretationsleistungen am Wort selbst ersichtlich. Bei den Adverbien „certainly" und „possibly" handelt es sich (neben „indeed", „perhaps", „clearly", „certainly", „of course", „arguably" und „reportedly") um die in englischen Wissenschaftsartikeln meist verwendeten adverbialen Hedges/Booster. Es zeigen sich allerdings auffällige Differenzen in der Verteilung zwischen den Disziplinen – die wenigsten epistemischen Adverbien finden sich im medizinischen Diskurs sowie in Wissenschaftsartikeln der Physik. Vergleichsweise hoch ist ihr Gebrauch demgegenüber in den Human- und Sozialwissenschaften (Rozumko 2017).

Für die hier als epistemische Adverbien bezeichnete Kategorie wird u. a. auch die Bezeichnung als „content disjunct" (Biber et al. 1999: 855) verwendet. Eine solche Spezifizierung legt nah, dass diese Adverbien vornehmlich eine inhaltliche Funktion haben. Epistemische Adverbien stehen als „propositional hedging" (Pic/Fumaniak 2012: 19) durchaus in besonderer Nähe zu Einstufung des Inhalts, können jedoch auch in Adressaten- und damit in Beziehungsorientierung verwendet werden. Ein Beispiel hierfür ist das englische „perhaps", das verwendet wird „to soften a suggestion" (ebda., zur Funktion von „perhaps" siehe auch Fraser 2010: 22). Celle (2009: 25) plädiert – wiederum eher inhaltsorientiert – für eine Betrachtung der epistemischen Adverbiale als Evidentiale. Adverbiale würden die Art und Weise der Wissensgewinnung indizieren. Für einige – darunter zweifelsohne *reportedly* – erscheint die Bezeichnung als Evidential naheliegend Ob dies tatsächlich für alle epistemischen Adverbiale gilt, ist fraglich.

In klassifikatorischer Hinsicht werden vor allem zwei Kriterien zur Charakterisierung epistemischer Adverbien angewendet: der implizierte ‚Gewissheitsgrad' (vgl. Huddleston/Pullum 2002: 768) sowie die Funktionen gemäß der Taxonomie von Salager-Meyer (1995). Das Adverb „maybe" drückt, seiner Semantik inhärent, ein geringeres Maß an Gewissheit aus als „probably". Gemäß Salager-Meyers Taxonomie würden dennoch beide gemeinsam in die Klasse der *shields* fallen. Daneben kommen auch in den anderen Subklassen der Taxonomie Adverbien vor, etwa als emotional geprägte Intensivierungen, z. B. „extremely relevant", oder als *approximators* wie „approximately" und „about".

Das Beispiel „extremely relevant" zeigt daneben die Möglichkeit der Kombination der epistemischen Adverbien mit anderen epistemischen Prozeduren: Die modalisierenden Kräfte der verschiedenen Prozeduren können ‚aufsummiert' werden. Erklärt man beispielsweise die Abwesenheit eines Kollegen im Büro mit den Worten „er muss krank sein", kann man seiner Vermutung mit dem Zusatz „definitiv" noch mehr Gewicht verleihen (zur Kombinatorik von Adverbien mit anderen Modalisierungen siehe auch Celle 2009). Sowohl Modalverben wie im Beispiel, als auch ohnehin schon modalisierende Adjektive können mithilfe von Adverbien epistemisch erweitert werden.

Die Untersuchung epistemischer Adjektive ist im Vergleich zu den zahlreichen Bestandsaufnahmen der Adverbien jedoch weniger verbreitet. Das mag daran liegen, dass die Formulierung einer epistemischen Einstufung mithilfe eines Adjektivs zum Teil sehr nah an der adverbialen Version liegen (z. B. „probably" – „probable"). Die Bedeutungsnähe zwischen epistemischem Adverb und dem (vermeintlich) adjektivischen Pendant ist allerdings nicht immer gegeben. Dies zeigt sich vor allem in der Gegenüberstellung des Begriffspaares „es ist sicher, dass" *vs.* „sicherlich" (vgl. Krifka 2020), mit dem nicht gänzlich identische Wahrscheinlichkeitsgrade ausgedrückt werden. Ob ein epistemisches Adverb durch ein Adjektiv paraphrasiert werden kann, ist daher für jeden Einzelfall zu prüfen.

4.3 Evidentialität und Evidentialitätsmarkierungen

Evidentialität beschreibt die Gesamtheit der „sources of information speakers have for expressing statements" (Diewald/Smirnova 2010: 2; vergleichbar auch Hart 2011: 758). Der Sammelbegriff der *sources* ist in diesem Zusammenhang weit zu verstehen. In Aussagen und Argumentation kann ein Schreiber sich sowohl auf Gesehenes oder Gelesenes als auch auf Gemutmaßtes berufen. Evidentialität steht daher im engen Zusammenhang mit dem Beweisen und ferner auch mit der Begründung eigener Aussagen.

Aikhendvald (2004: 63 f.) unterscheidet zwischen fünf verschiedenen Evidenzquellen, darunter u. a. die visuelle und audio-visuelle Wahrnehmung, durch Inferenz gewonnene Erkenntnisse und sogenannte *quotative evidentials.* Unter quotativen Evidentialen sind all diejenigen Aussagen zu verstehen, die sich auf zitierte Inhalte mit Quellenverweisen berufen. In einer traditionellen Subklassifikation (vgl. Cornillie 2009) zählen Zitate als Ausdruck eines mittelbaren Informationsgewinns zu den *indirekten Evidentialen* und lassen sich somit von den vom Schreiber unmittelbar rezipierten z. B. auf visuellen Wahrnehmungen basierenden *direkten Evidentialen* abgrenzen. Die vorliegende Arbeit konzentriert sich ausschließlich auf quotative Evidentialität und auf die in diesem Zusammenhang relevanten sprachlichen Evidentialitätsmarkierungen. Das Zitat vor dem Hintergrund des Evidentialitätskonzeptes zu betrachten, ist mindestens in zweierlei Hinsicht ertragreich: *Erstens* lassen sich die Erkenntnisse der Evidentialitätstheorie auf das Zitat übertragen. Wenn jedes Zitat ein Evidential ist, so gelten für das Zitat gleichzeitig auch die Evidentialitätsfunktionen. In ihrer Studie zum argumentativen Einsatz von Evidentialität identifizieren Dalbergenova/ Zharkynbekova (2020) zwei kommunikativ-pragmatische Funktionen. Die Quelle einer Äußerung zu benennen, schränkt, erstens, den Wahrheitsanspruch einer Aussage ein und kann so als Schutz des Argumentierens instrumentalisiert werden:

> Die Evidentialitätsmarker ermöglichen dem Sprecher, sich in seinen Argumenten nicht der Wahrheit zu verpflichten und sich der Verantwortung zu entziehen. Die Argumentation verliert dabei durch die Evidentialitätsmarker nicht an Glaubwürdigkeit. Darüber hinaus helfen sie dem Sprecher, sein Gesicht zu wahren, auch wenn sich seine Aussage als falsch herausstellen sollte. (ebda., 142)

Zweitens bieten vor allem epistemisch-modalisierte Evidentialitätsmarkierungen, wie sie im Folgenden am Beispiel des quotativen Konjunktivs und zitatbegleitender Wendungen vorgestellt werden, die Möglichkeit, Positionierungen transparent zu machen.

Ob Evidentialitätsmarkierungen überhaupt ein epistemisch-modalisierendes Moment beinhalten, ist allerdings stark umstritten. Dies fassen Mori/Okano (2013: 189) wie folgt zusammen:

> Einige Forscher leiten Evidentialität aus Modalität ab, andere lokalisieren umgekehrt die letztere in der ersteren [...], und wieder andere nehmen einen Oberbegriff für beide Kategorien an [...]. Es gibt aber auch solche, die beide als distinktive Kategorien betrachten [...].

Der Konflikt sei an zwei Beispielen verdeutlicht: Denkt man an zumindest vermeintlich objektive Evidentialitäts-Zitatmarkierungen wie das Verb „sagen", so liegt es zunächst nah, einen epistemischen Gehalt von Evidentialität zu verneinen; das Verb ‚sagen' allein verrät keine Position oder Evaluation des Zitierenden. Das Modalverb ‚wollen' in quotativer Verwendung ist mit seiner auf eine Quelle verweisenden Eigenschaft definitiv und vordergründig ein Evidential, das wiederum allerdings auch die Faktizitätseinschätzung und damit die epistemische Modalität nicht unberührt lässt (Haßler 2015: 182). Einige Positionen betonen daher die Untrennbarkeit der beiden Konzepte, indem ein evaluatives Moment in die Definition von Evidentialität integriert wird. Evidentiale stufen diesen Ansätzen zufolge die Verlässlichkeit kommunizierten Wissens metadiskursiv ein: „Evidentiality refers to the status of the knowledge contained in propositions and concerns its reliability, implying its source, how it was acquired, and the credibility we can invest in it" (Hyland/Jiang 2016: 252).

Die vorliegende Arbeit geht (gemäß westlicher Forschungstradition, vgl. Cornillie 2009: 49) von einer partiellen Überschneidung beider Konzepte aus: Nicht jede Evidentialsmarkierung kann uneingeschränkt und kontextunabhängig als epistemische Modalisierungsprozedur gelten (vgl. ‚sagen') – ein Großteil der Evidentialitätsmarkierungen birgt jedoch evaluative Momente. Im Zusammenhang mit Zitaten sind es vor allem die im Folgenden zu behandelnden *zitatbegleitenden Wendungen* als Marker der *lexical evidentiality* (vgl. Xu 2015) und der Konjunktiv als *grammatical evidentiality* (ebda.), in denen sich subjektive Evaluationen, sprich epistemische Modalisierungen, abzeichnen.

4.3.1 Der Konjunktiv: Ein epistemischer Quotativ?

Der Konjunktiv steht im engen Zusammenhang mit dem Zitat, genauer dem indirekten und dem gemischten Zitat. Unabhängig von der funktionalen und morphologischen Differenzierung in Konjunktiv 1 und Konjunktiv 2 ist eine der zentralen Funktionen beider Modi[3] die Kennzeichnung von Fremdinhalten. Diesen funktionalen Aspekt terminologisch aufgreifend, wird der evidentiale Konjunktiv auch als „Referatskonjunktiv“, als „Indirektheitskonjunktiv“ (Fabricus-Hansen/ Solfjeld/Pitz 2019) und als „Quotativ“ (Diewald 1999: 182) bezeichnet. Dass der Konjunktiv allerdings nicht nur eine referatssignalisierende, sondern auch eine modalisierende Funktion haben kann, geht aus der Definition der IDS-Grammatik (1997) des Konjunktivs als Kennzeichnungsmittel in „Indirektheitskontexten“ und „Modalitätskontexten“ hervor. Inwiefern der Konjunktiv modalisiert und ob er dahingehend eine epistemische Komponente hat, ist allerdings stark umstritten.

Wie besonders aus dem Terminus des ‚Indirektheitskonjunktivs‘ hervorgeht, signalisiert der Konjunktiv die ‚Vermitteltheit‘ eines Inhalts. Er kann nicht im Kontext direkter Zitate verwendet werden, u. a. da direkte Zitate Eingriffe jeglicher Art *salva veritate* blockieren und damit auch der Modus der in der Originaläußerung enthaltenen Verben nicht geändert werden darf. Im indirekten und gemischten Zitat ist der Konjunktiv *allein* ausreichend, um den Akt des Zitierens zu signalisieren. Die Kombination mit anderen Zitationsmarkern, wie mit zitatbegleitenden Wendungen ist zwar möglich, jedoch nicht zwingend erforderlich.

Dieses selbstgenügsame Kennzeichnungspotential gilt gleichermaßen für den Konjunktiv 1 und den Konjunktiv 2. Einer der Gründe dafür, dass dennoch *beide* morphologisch sehr unterschiedlichen Formen in derselben Funktion als Indirektheitsmarker verwendet werden, ist der partielle Formensynkretismus von Konjunktiv 1 und Indikativ. Nur die Hälfte der Konjunktiv 1-Konjugationsformen (2. Person Singular, 3. Person Singular und 2. Person Plural) unterscheidet sich in morphologischer Hinsicht von den Verb-Endungen des Indikativs.[4] Die andere Hälfte besitzt keine morphologisch-distinktiven Eigenschaften, die eine Unterscheidung von Konjunktiv 1 und Indikativ zuließen. Im Fall uneindeutiger Konjunktiv 1-Formen ist daher (zumindest aus sprachnormativer Perspektive) auf den Konjunktiv 2 zurückzugreifen (Duden[5]). Dieser Regel entgegnet Schecker (2002) die Beobachtung, dass der Konjunktiv 2 auch in Fällen verwendet werde, in denen theoretisch ein eindeutiger Konjunktiv 1 zur Verfügung steht.[6] Als mögliche Erklärung führt er u. a. euphonische Gründe an (ebda.: 26). Zu ergänzen ist daneben die Frequenz von Formen, die ebenso maßgeblich zur Etablierung beiträgt. Darin

[3] Selten und im heutigen Sprachgebrauch unüblich ist die Verwendung des Konjunktiv 1 als Jussiv (Befehlsform, Beispiel: man koche…) und als Optativ (Wunschform: lange lebe…). Die verschiedenen Verwendungskontexte des Konjunktiv 2, u. a. als Irrealis oder als Höflichkeitsform, sind demgegenüber sehr verbreitet und gebräuchlich.

[4] Für Zitationskontexte werden in der Regel die 3. Person Singular und die 3. Person Plural gebraucht.

[5] https://www.duden.de/sprachwissen/sprachratgeber/konjunktiv-1-oder-2.

[6] Ein Beispiel hierfür ist die 2. Person Singular: Die Konjunktiv 1-Form ‚du habest‘ unterscheidet sich offensichtlich von der indikativischen Konjugation ‚du hast‘. Dennoch ist die Konjunktiv 2-Form ‚du hättest‘ weitaus üblicher.

liegt auch die Präferenz des analytischen Konjunktivs 2 vor der synthetischen Variante begründet.[7]

Auf die Wahl zwischen Indikativ, Konjunktiv 1 und Konjunktiv 2 wirken also nicht nur grammatische Faktoren ein, sondern, interessanter noch, vor allem auch Faktoren, die unter dem Aspekt der sozialen Konventionen subsumiert werden können: Ob ein Konjunktiv zur Wiedergabemarkierung verwendet wird und wenn ja, welcher, hängt entscheidend von den unterschiedlichen Anforderungen von Mündlichkeit und Schriftlichkeit ab. Das Anforderungsspektrum, wie ein indirektes/gemischtes Zitat zu markieren ist, ergibt sich zudem wesentlich aus der Domäne seiner Verwendung und der für die domänenspezifisch charakteristische Sprachformen, d. h. dem Register.

Die Frage nach der Angemessenheit der Konjunktiv-Verwendung stellt sich insbesondere in der Diskussion um mögliche epistemische Dimensionen. Gegen ein epistemisches Potential des Konjunktivs argumentieren vor allem vergleichsweise ältere Arbeiten: Dieser Position zufolge sei der Konjunktiv (1) der Normalmodus der indirekten Rede. Seine Verwendung sei – ungeachtet der kommunikativen Funktion, zu der die Verwendung des Zitats beitragen soll – immer richtig. Der Konjunktiv impliziere demzufolge keine angezweifelte Faktizität und sei als neutraler Quotativ zu interpretieren. Als Beispiel dafür nennt Diewald (1999: 183) wissenschaftliche Texte, in denen der Konjunktiv 1 „als ökonomisches Mittel zur Kennzeichnung der Herkunft von Aussagen, die ohne Zweifel an ihrer Richtigkeit wiedergegeben werden“ gebraucht werde. Je nach Kontext schließt Diewald (ebda.) allerdings auch nicht aus, dass „Zweifel des Sprechers an der zitierten Bewertung mitgemeint bzw. mitverstanden“ werden. Die Faktizitätsbewertung liege beim zitierten und nicht beim zitierenden Sprecher, denn es handle sich um eine „Origoverschiebung bzw. Versetzungsdeixis“; der Zitierende zeige „auf den zitierten Sprecher als Origo des Zitats und stellt die Relation zwischen zitiertem Sprecher und Zitat als faktisch dar“ (Diewald 1999: 182). Dieser Argumentation zufolge beinhalte der Konjunktiv keine Faktizitätsbewertung des zitierten Inhalts. Beim Konjunktiv handle es sich – stimmt man der Argumentation von Diewald zu – um Quotative, die regulär nicht zu einer Epistemisierung der zitierten Inhalte führen würden.

Dieser Einschätzung steht eine pragmatische Perspektive gegenüber: Je nach Geltungsanspruch, dem man einem Zitat zu- oder abspricht, kann die Verwendung des Konjunktivs tatsächlich unangemessen sein. Besonders überzeugend stellt dies Steinseifer (2019: 206–208) in seiner Diskussion von Angemessenheits- und Unangemessenheitsbedingungen der Konjunktiv-Verwendung dar. Wenn Geltungsansprüche von Fremdinhalten verhandelt werden, kann der Konjunktiv

[7] Das synthetische Paradigma des Konjunktiv 2 (auch präteritaler Konjunktiv) ist im gegenwärtigen Sprachgebrauch vergleichsweise selten und nur für einige Verben gebräuchlich, z. B. „ich fände“, „es wäre“, „wir hätten“; üblicherweise wird die analytische Form mit ‚würde‘ verwendet, z. B. „ich würde kochen“.

ein Instrument der Zurückweisung sein. Im zurückweisenden Gebrauch ist seine Verwendung unproblematisch. In der Verwendung mit affirmativ funktionalisierten Zitaten kann es jedoch zu inhaltlichen Spannungen kommen – ein wichtiges Indiz für eine epistemische Modalisierung durch den Konjunktiv:

> Die kontextuell erwartbare Modalisierung [durch den Konjunktiv] führt [...] dazu, dass überall dort, wo es um die argumentative Aneignung des Geltungsanspruchs einer als Paraphrase referierten Aussage geht, die epistemisch qualifizierende Dimension des Konjunktivs mit dieser Aneignung konfligiert und eher die Verwendung des Indikativs angemessen erscheint.

Der Konflikt von Konjunktiv und affirmativen Zitaten, die zur inhaltlichen Aneignung dienen, lässt sich mithilfe einer Ersetzung, hier nach Steinseifer (2019), erproben:

> Wie Peter Kappel zu Recht betont, ist [*sei*] der Einfluss der geschriebenen Sprache auf den gesprochenen Standard weitaus größer als auf standardferne Varietäten des gesprochenen Deutsch (vgl. Kappel 2007: 220 f.; vgl. auch Eisenberg 2007a). Wir können also von deutlichen Affinitäten zwischen den beiden Standards, dem gesprochenen und dem geschriebenen, ausgehen. (Schneider 2011: 172, Beispiel zitiert nach Steinseifer 2019: 208)

Wie die Ersetzung des Indikativs ‚ist' durch die Form ‚sei' illustriert, konfligiert der Konjunktiv mit der Identifikation des Zitierenden mit dem Zitat. Die zitierende Instanz Schneider bezeichnet die Feststellung Kappels als rechtmäßig; die Distanzierung durch den Konjunktiv erscheint in diesem Kontext unangebracht (Steinseifer 2019: 208):

> Die pragmatische Akzeptabilität ist unterschiedlich. In dem Maß, in dem der Grad der Aneignung des Referierten steigt, [...] erscheint die Nutzung des Konjunktivs unangemessener. Würde der Konjunktiv im Referatskontext allein die Indirektheit der Wiedergabe anzeigen, wäre dies nicht zu erwarten.

Der Konjunktiv ist aus pragmatischer Perspektive damit den potentiellen Formen des epistemischen Modalisierens zuzurechnen. Zur Rekonstruktion möglicher intendierter Modalisierungen handelt es sich bei der Analyse von Konjunktiven dennoch um ein problematisches Merkmal, denn ob ein Schreiber den Konjunktiv zur distanzierenden Modalisierung oder als nicht-modalisierendes Evidential aufgrund von Wiedergabekonventionen verwendet, kann mithilfe semantischer Relationen zwar vermutet, aber nicht unanfechtbar belegt werden.

4.3.2 Zitatbegleitende Wendungen

Zitatbegleitende Verben gehören zu den fakultativen und zugleich expliziten Markierungsrepertoires von Fremdinhalten:

> The use of a reporting verb is one of the most explicit ways of attributing content to another source and represents a significant rhetorical choice. The wide range of verbs that can be used to introduce reports allow writers to convey both the kind of activity reported and whether the claims are to be taken as accepted or not. (Hyland 2002: 4)

Wie aus der Beschreibung Hylands hervorgeht, dienen zitatbegleitende Verben nicht nur der Zitatmarkierung, sondern eröffnen dem Zitierenden – aus funktionaler Perspektive spannender noch – ein breites Spektrum an Haltungsnuancierungen. Dass die Möglichkeiten der Einstellungsbekundung mithilfe dieser Verben reichhaltig sind, veranschaulicht die quantitative Zusammenstellung Michels (1966: 2018), in der er allein am Beispiel gegenwärtiger Prosawerke „400 verschiedene redeeinführende Verben" identifiziert.

Bevor einige Bespiele unterschiedlicher (zu einem Großteil wissenschaftssprachlicher) Korpora sowie dazugehörige Klassifikationsvorschläge behandelt werden, ist eine terminologische Diskussion von Nöten: Diejenigen Verben, die im Vorangegangenen als ‚zitatbegleitend' bezeichnet wurden, werden traditionellerweise unter verschiedene Termini gefasst. Als besonders verbreitet können die Bezeichnungen ‚*Verba dicendi*' und ‚redeeinleitende Verben' gelten; der englischsprachige Forschungskanon fasst selbiges Phänomen unter die sogenannten ‚*reporting verbs*'.

Unter folgender Begründung sind alle drei Termini für die Zwecke der Analyse im Zusammenhang mit Zitaten in Gerichtsentscheidungen z. T. abzulehnen:

- Die Bezeichnung als *Verba dicendi* ist in Anbetracht des grundlegenden Verständnisses von Zitaten als Wiedergabe von Sprache und Gedanken allgemein und nicht nur als *Rede*wiedergabe unzulänglich oder zumindest irreführend. Zitate können sowohl von *Verba dicendi* als auch von *Verba sentiendi* und *Verba scribendi* begleitet werden.[8] Unter die Gruppe der *Verba dicendi* fallen in ihrer weitesten Definition ferner auch Verben, die als allgemeine Kommunikationsverben zwar den Akt des Versprachlichens meinen, jedoch nicht zwingend ausschließlich etwas mit dem Akt des Zitierens zu tun haben. Darüber hinaus handelt es sich bei den zitatein- und -ausleitenden Wendungen, wie im Folgenden zu vertiefen sein wird, nicht immer um Verben. Zitate können beispielsweise auch von präpositionalen Ausdrücken (z. B. „laut Aussage des Angeklagten") oder nominalen Konstruktionen begleitet werden.
- Ähnliches gilt für die *redeeinleitenden Verben:* Fasst man den Begriff der *Rede* im engeren Sinne als verbalen und nicht als schriftlichen Äußerungsakt, ist der Begriff für die Analyse schriftsprachlichen Zitierens unzutreffend. Des Weiteren ist ein rede*einleitender* Gebrauch nur eine von drei möglichen Positionen: Sie können einleitend, parenthetisch oder auch ausleitend verwendet werden.
- Auf *reporting verbs* treffen die geschilderten terminologischen Einwände nicht gänzlich zu. Allerdings mutet der Akt des Berichtens bzw. die Spezifizierung

[8] Dazu auch Gansel (2002: 1564): „Inhaltliche Umgrenzungen der verba dicendi bereiten durchaus Schwierigkeiten, weil sie zwischen einer Ausweitung auf jegliche redeeinleitende Verben und einer Einengung auf informierende Verben des Sagens schwanken [...] Die Gleichsetzung der verba dicendi mit redeeinleitenden Verben wird mit engeren inhaltlichen Bestimmungen eher zurückgedrängt, zumal auch solche Verben wie lachen, kopfschütteln, schnaufen redeeinleitend fungieren können."

‚*reporting*' objektiv an. Die Semantik des Berichtens widerstrebt damit möglicherweise der potentiell subjektivierenden und evaluierenden Kraft dessen, wofür im Folgenden der Terminus ‚zitatbegleitende Wendungen' (angelehnt an Lenk 2008) präferiert wird.

Die Begriffsdiskussion hat bereits angedeutet, dass zitatbegleitende Wendungen nicht nur Akte des Versprachlichens, sondern exemplarisch auch Akte des Denkens benennen können. Zitatbegleitend können – um nur einige wenige Beispiele zu nennen – Verben wie „sagen", „denken", „sich fragen", „betonen", „kritisieren" eingesetzt werden. Traditionelle Kategorisierungsansätze untergliedern die verschiedenen zitatbegleitenden Verben hinsichtlich des syntaktischen Merkmals der Valenz.[9]

Neben syntaktischen Perspektiven sind vor allem kategoriale Beschreibungen unter semantisch-funktionalen Gesichtspunkten von Bedeutung. Thompson/Ye (1991) nehmen eine dreifache Differenzierung vor und identifizieren dabei *research/ real worlds acts* (wie „analysieren" und „beobachten"), *cognition acts,* die mentale Prozesse bezeichnen (wie „konzeptualisieren" und „glauben") und *discourse acts.* Letzteres, worunter Verben wie „beschreiben" und „behaupten" gefasst werden, dient als Sammelbegriff für Akte des Verbalisierens.

Eine Ausdifferenzierung der *reporting verbs,* allerdings mit Schwerpunkt auf mögliche Evaluationsdimensionen, nimmt Hyland (1999: 350) vor: Ein Schreiber kann die zitierten Inhalte annehmen, sie ablehnen oder sich ihnen gegenüber neutral bzw. uneindeutig positionieren.[10] Für den Fall einer neutralen Positionierung des Zitierenden schlägt Hyland (ebda.) vor, die Haltung des zitierten Autors zu Rate zu ziehen. Haltungen *in* einer zitierten Proposition können (zumindest für diskursive akademische Texte) selbst wiederum „positive, neutral, tentative [oder] critical" sein (ebda.). Positioniert sich ein Zitierender nicht anderweitig, ist von einer Identifikation mit den zitierten Inhalten auszugehen.

Einen vergleichsweise weiten Ansatz wählt Lenk (2008), der sich in seinem Klassifikationsentwurf (ebda.: 104 f.) ebenfalls an *Vorgängen, Zuständen* und *Handlungen* orientiert. Dabei nimmt er für jede Klasse wiederum kleinschrittige Subkategorisierungen vor, sodass er insgesamt 27 „Verben und Wendungen der Zitateinbettung" (so der Untertitel des Aufsatzes) dokumentiert. Allein in der

---

[9] Die Valenz-Grammatik beschäftigt sich u. a. mit verbabhängigen (optionalen und obligatorischen) Ergänzungen; weiterführend zur Definition und Begründung des Ansatzes siehe Tesnière (1959). Während das Verb ‚sagen' beispielsweise zwingend ein Objekt benötigt, sind Ergänzungen für das Verb ‚sprechen' fakultativ. Diese syntaktischen Konditionen schränken die Wahl des jeweiligen zitatbegleitenden Verbs in Relation zur Wahl des Zitattypus erheblich ein. Aufgrund valenzgrammatischer Eigenschaften kann nicht jedes Verb für jeden Zitattypus verwendet werden.

[10] Benennung der Möglichkeiten im Original: *factive/ writer's acceptance – non-factive/ no clear signal –counter-factive/ writer's disagreement.*

Subkategorisierung von Verben und Wendungen, die mentale Vorgänge und Zustände ausdrücken, unterscheidet Lenk zwischen sechs verschiedenen Typen, darunter epistemische Einstellungen (z. B. „schätzen“), doxastische Einstellungen (z. B. „der Auffassung sein“, „überzeugt sein“) und evaluative Einstellungen (z. B. „halten für“ + wertendes Adjektiv). Mit dieser umfassenden Bestandsaufnahme bietet Lenk eine sehr wertvolle Erweiterung der sonst vornehmlich auf die Betrachtung von Verben beschränkten Perspektive: Nicht nur Verben, sondern auch nominale und adjektivische *Wendungen* werden zur Einbettung von Zitaten genutzt. Dies ist in Anbetracht des im Rechtsdiskurs verbreiteten Nominalstils besonders hervorzuheben. Intertextualität wird also nicht zwingend im Verbalkomplex signalisiert, sondern kann, wie im folgenden Beispiel, auch in einer Nominalphrase markiert werden:

(2) *Nach ganz herrschender Ansicht* entfällt die Pflicht zur rechtzeitigen Anmeldung bei Spontandemonstrationen, die sich aus aktuellem Anlaß augenblicklich bilden (vgl. etwa […]). (14.05.1985 1.Senat BVerfG 69, 315; Hervorhebung durch J.S.)

Eine stärkere Betrachtung nominal-basierter Strukturen in der Forschung zu Stance allgemein fordern auch Jiang/Hyland (2015: 529):

> A relatively overlooked means of expressing a stance, however, is through a Noun Complement structure, where a stance head noun takes a nominal complement clause. This pattern allows a writer to front-load attitude meanings and offers an explicit statement of evaluation of the proposition which follows […].

Auffällig ist daneben auch, dass keines der vielen Beispiele in den vorgestellten Klassifikationen passivische Konstruktionen enthält. Berücksichtigt man allerdings die Prominenz des Passivs im rechtssprachlichen Diskurs, ist ein Bewusstsein dafür notwendig, dass die zitatbegleitenden Verben sowohl in ihrer aktiven als auch in ihrer passiven Form auftreten können. Dies demonstriert die folgende Passage in der bereits zitierten BVerfG-Entscheidung:

(3) *In der Literatur wird* die stabilisierende Funktion der Versammlungsfreiheit für das repräsentative System zutreffend dahin *beschrieben,* sie gestatte Unzufriedenen, Unmut und Kritik öffentlich vorzubringen […]. (14.05.1985 1.Senat BVerfG 69, 315; Hervorhebung durch J.S.)

Die Wahl der zitateinbettenden Wendungen hängt (wie auch der Usus des Zitierens selbst, bspw. die Präferenz bestimmter Zitattypen und ihr quantitativ angemessener Einsatz) stark von der Domäne ab. Hyland (1999: 341) stellt dazu fest, dass in den Human- und Sozialwissenschaften – in Abhängigkeit zu den „epistemological and social conventions“ – mehr „discourse reporting verbs […] to represent cited authors as adopting a stance to their material“ verwendet werden als in den Ingenieurs- und Naturwissenschaften.

Wie formal und semantisch unterschiedlich diese *Stance*-signalisierenden Zitateinbettungen sein können, geht vor allem aus Yangs (2013) Ausführungen zu *reporting evidentials* hervor. Am Beispiel englischer Wissenschaftsartikel zeigt Yang unterschiedlichste lexiko-grammatische Realisierungen und phraseologische Muster des Zitierens. Yang fasst die bestandsaufnehmende Klassifikation – mit dem Anspruch, alle Formen der Markierung von *reporting evidentials* zu berücksichtigen – noch weiter als Lenk (2008), der sich mit der Erweiterung um zitateinbettende Wendungen bereits von dem traditionellen Fokus auf Verben gelöst hatte. Dementsprechend berücksichtigt Yang (2013) auch ‚Minimalmarkierungen' wie die konventionalisierte Klammerangabe der Quelle mitsamt Autor und Publikationsjahr. Diese Markierungsform unter die Evidentialitätskategorien zu fassen, macht einerseits selbstverständlich Sinn; die eingeklammerte Quellenangabe beweist explizit den Ursprung einer Information.[11] Andererseits zeigt dies aber auch erneut die terminologischen Schwachstellen und Konflikte in Bezug auf die Relation von *Stance,* Modalität und Epistemizität. Wenn man Evidentialität, wie in Abschn. 4.3 vorgestellt, unter Epistemizität und Quellenangaben wiederum zu Evidentialität zählt, so wären Quellenangaben epistemisch *Stance*-markierend und enthielten demzufolge eine subjektive Nuancierung. Eine Quellenangabe *kann* sicherlich um epistemische Merkmale – beispielsweise in Form von Verweis-Etikettierungen (siehe auch Abschn. 2.1.3.4) – ergänzt werden; für ihre ‚klassische' Variante, bestehend aus Autor und Jahr (ggf. noch die Seitenzahlen), bliebe jedoch zu diskutieren, ob in einer derart verpflichtenden und standardisierten Nennung Raum für die Subjektivität des Zitierenden ist.

Als weitere Evidentialitätsmarkierungen benennt Yang (2013), neben verbalen und nominalen Realisierungen, auch zitatbegleitende Adjunkte (bspw. *according to*). Dies bestätigt erneut, dass die Fokussierung auf *Verba dicendi* für die Analyse von Zitateinbettungen ungenügend ist. Überträgt man die Ergebnisse Yangs auf das Deutsche, kommt man zu der Feststellung, dass auch Präpositionen als wichtige Mittel der Zitateinbettung fungieren können. Die Präposition *gemäß* findet sich in Rechtstexten zuhauf:

(4) Die Entscheidungsformel hat gemäß §31 Abs. 2 BVerfGG Gesetzeskraft. (15.01.1985 2. Senat BVerfGE 69, 92)

Allen Formen der Evidentialitätsmarkierung schreibt Yang (2013: 123) eine potentielle Evaluationskraft in Bezug auf die zitierten Inhalte zu. Die Markierungen „help the writer to differentiate his various degrees of commitment to the cited messages, which at the same time demonstrate implicitly the writer's personal stance towards the cited author."

[11] Des Weiteren fasst Yang (2013: 122) die Begriffe Evidentialität und Evaluation für die Zwecke ihrer Studie sehr weit, sodass auch die Auswahl der zitierten Quelle bereits ein evaluatives Moment enthält.

4.4 Stancetaking-Repertoires sprachvergleichend

Ebenso wie die Art und Weise des Zitierens hängt auch der Einsatz Stance-markierender Mittel stark von der jeweiligen Einzelsprache ab. Für Zitate ist es stark normiert, welche Operationen beispielsweise zur Überführung eines direkten Zitates in einen Indirektheitskontext vorzunehmen sind. So verlangt etwa die englische Grammatik in Abhängigkeit zum Tempus des zitatbegleitenden Verbs eine temporale Verschiebung innerhalb des Zitats (siehe auch Charakterisierung des indirekten Zitats in Abschn. 2.1.3.2).[12]

Für Stance-Markierungen gibt es einerseits ebenfalls grammatikalische Normierungen, andererseits sind es vor allem soziokulturelle Konventionen, die über Angemessenheit und Unangemessenheit des Einsatzes dieser Markierungen entscheiden. Daraus resultierende cross-linguistische Differenzen werden im Folgenden behandelt.

Die Problematisierung dieser Differenzen stellt für komparative Studien, die – wie die vorliegende Untersuchung – Korpora unterschiedlicher Einzelsprachen vergleichen, eine wichtige Grundlage dar. Die Analyse, für welche Stance-markierenden Mittel sich ein Schreiber bei der Einbettung eines Zitats entscheidet, kann nur unter Berücksichtigung des Stance-Repertoires, das ihm eine Einzelsprache zur Verfügung stellt, vorgenommen werden. Ein naheliegendes Beispiel für unterschiedliche Stance-Repertoires des Deutschen und Englischen ist der Konjunktiv. Der Einsatz des Konjunktivs als (ggf. epistemische) Evidentialitätsmarkierung im Deutschen wurde bereits erläutert. Das dem deutschen Konjunktiv zumindest in manchen Verwendungsdimensionen ähnliche *Conditional* im Englischen kann jedoch nicht als eine solche Ressource eingesetzt werden.[13] In einem Vergleich von Modalität im Deutschen und im Englischen stellen Abraham/Leiss (2013: 1) daher fest, dass

> Modalität [...] im Deutschen im übereinzelsprachlichen Bereich weitaus overter und damit transparenter kodiert ist als in den meisten anderen Sprachen. [...] Im Deutschen ist darüber hinaus das System der Modalverben weit systematischer organisiert als beispielsweise im Englischen, wo sich das System in Auflösung und Reorganisation befindet.

Aus sprachvergleichender Perspektive – für die vorliegende Arbeit das Deutsche und das Englische – erweist sich vor allem die Analyse der Modalverbnutzung als heikel; andere Kategorien, wie beispielsweise Stance-markierende Adverbien verhalten sich (zumindest im Vergleich romanischer Sprachen mit dem Deutschen) ähnlich (vgl. Haßler 2015: 192).

[12] Die einzelsprachlichen Anforderungen können daneben auch die Wahl der Redeeinleitungen selbst betreffen; siehe weiterführend den sprachvergleichenden (Deutsch vs. Französisch) Ansatz von Sabban (1978).

[13] Zur Verwendung des reportativen Konjunktiv in romanischen Sprachen, Unterschieden in seiner Verwendungsfrequenz und seiner Rolle in der Einstellungssignalisierung siehe Guentcheva (2018).

Die potenziell divergierende Bedeutung oder sogar die teilweise Unmöglichkeit einer wortwörtlichen Transposition von Modalverben in eine andere Einzelsprache, sollen die folgenden Deutsch-Englisch-Übersetzungen illustrieren:

(5a) Der Richter will den Fall fair entschieden haben.
(5b) *The judge wants to have decided the case fairly.
(5c) The judge claims to have decided the case fairly.
(6a) Der Richter soll den Fall fair entschieden haben.
(6b) The judge should have decided the case fairly.
(6c) The judge is said to have decided the case fairly.

Die wörtlichen Übersetzungsversuche führen entweder zu *ungrammatischen Konstruktion (*5b) oder zu einem Verlust der eigentlichen Satzbedeutung (4b), das heißt letztlich also zu einer falschen Übersetzung. Da die Modalverben „should“ und „want“ (als vermeintliche Übersetzungen von „wollen“ und „sollen“) im Englischen nicht reportativ/quotativ verwendet werden, würde man sich in einer Übersetzung von Satz (5a) ins Englische vermutlich für eine deontische Lesart entscheiden und „The judge wants the case to be decided fairly“ übersetzen. Eine solch deontische Interpretation des Satzes wäre auch im Deutschen je nach Kontext möglich; jedoch vermutlich weniger naheliegend als die Interpretation von „will“ als quotativ.[14]

Als besonders erwähnenswerte Studie mit sprachkontrastivem Ansatz ist Kranichs (2011) Gegenüberstellung deutscher und englischer epistemisch modalisierender Ausdrücke anzuführen. In ihrer Studie zeigt sie am Beispiel eines populärwissenschaftlichen Korpus in Bezug auf Epistemisierungen sowohl quantitative als auch qualitative Unterschiede in „English texts, English–German translations, and German original texts“ (ebda.: 77). Bezüglich der Frequenz stellt sie fest, dass die englischen Texte signifikant mehr epistemische Ausdrücke enthalten als ihre deutschsprachigen Pendants. Daneben bevorzugen englische Texte in qualitativer Hinsicht „[m]arkers expressing mere possibility (e.g. maybe)“; deutsche Texte bevorzugen demgegenüber „markers of high probability (e.g. probably)“ (ebda.). Kranich interpretiert diese unterschiedlichen Präferenzen als Ausdruck

[14] Es gehört zwar nicht in den Kernbereich der *Stance*-Analyse, dennoch ist zumindest am Rande erwähnenswert, dass sich nicht nur quotative/reportative Modalverben in Übersetzungen problematisch verhalten. Auch deontische Modalverben laufen in Übersetzungen die Gefahr einer Bedeutungverzerrung. Zu einem solchen Ergebnis kommen Jaskot/Wiltos (2017) am Beispiel polnischer und englischer Übersetzungen der Charta der Grundrechte der Europäischen Union. Jaskot/Wiltos (2017: 11) verzeichnen „possible differences in meaning between functors expressing obligation, *musi, powinien, nalezy* (in Polish) and *shall, must* (in English)“. Dadurch käme es, so interpretieren sie die entsprechenden polnischen Übersetzungen, zu Ambiguitäten der ausgedrückten Modalität: „The lack of a clear modal functor leaves ample room for possible interpretations“ (ebda.; für weiterführende sprachvergleichende Betrachtungen zu Modalverben siehe auch Mori/Okano 2013 und Mortelsmans/Vanderbiesen 2013.

unterschiedlicher Orientierungen der Schreiber: Während sich englischsprachige Schreiber in der Wahl ihrer Epistemika am Adressaten orientieren, richten deutschsprachige Schreiber ihrer epistemischen Markierungen am Inhalt aus.

Aus der Ergebnisinterpretation Kranichs kann man wiederum ableiten, dass die englischsprachige Verwendung von Hedges eher dem Beziehungsaspekt dient als der inhaltlichen Nuancierung des Faktizitätsgehalts. Diese These unterstützt auch die Feststellung, dass die Verwendung vieler Hedges einen vergleichsweise ‚dialogischeren' Text produziert; ein Text mit wenigen Hedges wiederum monologischer und damit autoritärer ist (vgl. Kranich 2011: 94).

In einem zweiten Schritt analysiert Kranich den Umgang von Übersetzern mit *Hedges* und kommt zu einem weiteren interessanten Ergebnis: Bilinguale Übersetzer verzichten bei der Transposition des Englischen ins Deutsche stellenweise auf die im Original verwendeten epistemischen Marker; die Übersetzer „find it inappropriate to use such a marker in a functionally equivalent German utterance" (2011: 93). Die Aussparung der *Hedges* kann als Indiz für ein zumindest implizites Wissen um Modalisierungsangemessenheit und -usus gewertet werden. Trotz dieses Bewusstseins scheint es dennoch zu cross-linguistischen Einflüssen zu kommen: In der Studie Kranichs enthielten deutsche Texte, die aus einer Übersetzung eines englischen Textes entstanden sind, bis zu dreimal mehr Modalisierungsprozeduren als ‚original' deutsche Texte (2011: 13). Auch Schröder (1989: 174) mahnt an, dass bei Übersetzungen ein besonderes Augenmerk auf Hedges zu legen ist: „[…] the conventions of hedging may be different in the two cultures involved." Auch wenn das Korpus dieser Arbeit nicht aus Übersetzungen besteht, ist eine Reflexion einzelsprachlicher Einflüsse insofern relevant, als der Einfluss des Rechtskreises und nicht der Einfluss der jeweiligen sprachlichen Gepflogenheiten gemessen werden soll.

Als weiterer Einflussfaktor auf die Wahl der Modalisierungsmittel ist mit Fløttum et al. (2006: 54) ferner das Wissen um Angemessenheit in der jeweiligen Schreibdomäne (z. B. in der akademischen Disziplin) anzuführen. Fløttum et al. zufolge seien die disziplinären Gepflogenheiten sogar ausschlaggebender als die Muttersprache eines Schreibers, der seine Verwendung von Modalisierungsprozeduren an die jeweilige Textsorte anpasse, auch wenn diese ggf. einen von der Muttersprache abweichenden Umgang verlangt. Ob den Konventionen einer Disziplin nachgekommen werden kann, ist allerdings selbstredend auch Frage der sprachlichen Kompetenz.

Der Auswahlprozess *Stance*-markierender Mittel ist damit insgesamt, wie vor allem die Studie Kranichs (2011) zeigt, nicht nur vom von der jeweiligen Einzelsprache zur Verfügung gestellten Instrumentarium abhängig; die Auswahl durchläuft auch einen „cultural filter" (ebda.: 78). Dieser ‚Filter' scheint auch – im kleineren Rahmen – als fachkultureller Filter zu fungieren.

4.5 Modalität und Evidentialität im Rechtsdiskurs

Die grundlegende Annahme von Intertextualität als konstituierendem Moment des Rechts fortführend, stellen Cheng/Sin (2011: 126, Hervorhebung durch J.S.) am Beispiel von Entscheidungen des Common Law den dialogischen Charakter des Rechts heraus:

> The court judgments in the common law system are in fact the dialogue among judges, the inter-judge dialogue or institutional dialogue (Cheng and Sin 2008), *which necessarily involves interpersonal indicators including modality.*

Da der Akt der Auseinandersetzung (z. B. von einem Zitierendem mit einem Zitat) wiederum die Notwendigkeit von Positionierungen hervorbringt, liegt in der fundamentalen Dialogizität und Intertextualität des Rechts auch das Vorhandensein subjektivierender und modalisierender Prozeduren begründet: „Modality in legal settings […] is of crucial importance" (Cheng/Sin 2011: 124). Der Modalitätsbegriff ist dabei weit zu fassen, denn sowohl deontische als auch epistemische Modalität sind im Kontext des Rechts von besonderer Bedeutung. Es überrascht wenig, dass die Verwendung deontischer Modalverben im Recht frequent ist. Schließlich gehört die Festsetzung dessen, was man *kann, darf, muss* oder *soll* zu den zentralsten Aufgaben des Rechts – deontische Modalverben drücken Erlaubnisse, Pflichten, Ver- und Gebote aus (siehe auch Cheng 2017: 20). So notwendig und etabliert die Verwendung von Modalverben in dieser Funktion in Rechtstexten ist, genauso problematisch ist allerdings auch ihre Interpretation. Aufgrund ihrer Polyfunktionalität kann die Interpretation von Modalverben ambig sein.[15]

Neben deontischer Modalität finden sich in Rechtstexten auch Markierungen von *Stance,* also auch von Epistemizität und Evidentialität. Diese Markierungen treten sowohl in Form von zitatbegleitenden Wendungen als auch in Form von Adjektiven und Adverbien auf. Für letztere stellt Rozumnko (2017) im Rechtsdiskurs eine frequente Nutzung des Adverbs „reportedly" fest. Daraus ließe sich die Hypothese ableiten, dass die Signalisierung von Evidentialität im Rechtsdiskurs höher gewichtet wird als die Nuancierung von Wahrscheinlichkeiten – so findet Rozumnko etwa weitaus weniger Vorkommnisse für das Adverb „probably" (zur Frequenz der einzelnen Vorkommnisse, auch im interdisziplinären Vergleich siehe 2017: 83). Das Vorkommen von *reporting verbs* untersucht Yu (2020) am Bei-

[15] Die Problematik dieser Ambiguität kann besonders am Beispiel des englischen Modalverbs *shall* aufgezeigt werden: Garner (2009) bescheinigt dem „biggest troublemaker" (Garzone 2013: 72) *shall* acht unterschiedliche Verwendungsdimensionen in Rechtskontexten – darunter exemplarisch die Verwendung zur Festsetzung von Pflichten, aber auch die Festlegungen von in der Zukunft zu vollziehenden Handlungen (siehe auch Goga-Vigaru 2012). Neben den verschiedenen Lesarten innerhalb einer Einzelsprache können Modalverben auch besonders in der Übersetzung von Rechtstexten in andere Sprachen eine große Herausforderung darstellen. Ob ein Modalverb deontisch oder epistemisch gelesen wird, hat zweifelsohne große Auswirkungen auf die Auslegung des Rechts (vgl. weiterführend dazu Jaskot/Wiltos 2017).

spiel ihres Einsatzes in der Argumentationskonstruktion im Common Law. Den Usus des Referierens im Common Law bezeichnet Yu als „combination of various voices" (2019: 526). Zum Umgang mit den vielen ‚Stimmen' werden sowohl Sprechaktverben als auch Verben, die mentale Vorgänge bezeichnen verwendet – in unterschiedlichen Funktionen:

> Judicial speech act verbs and judicial mental verbs are applied differently to enhance the authority of the reporters and externalise the individuals' reasoning process. Therefore, speech and thought are presented differently in judicial contexts. The two types of reporting verbs embody significant degrees of dialogicality. The construction of judicial arguments is highly goal-oriented, constructing legal facts or statements. Judicial speech act reporting verbs enhance the authority of the sentencing, whereas judicial mental reporting verbs are more likely to present the personal reasoning process of the decision making.

Bei der Beschäftigung mit Stance-Markierungen im Rechtsdiskurs handelt es sich insgesamt um ein vergleichsweise junges und wenig erforschtes Feld. Als Studien mit einer besonders umfassenden Aufstellung der Analysekategorien potenziell subjektivierender sprachlicher Mittel im Recht sind daher besonders die Untersuchungen von Vass (2015) und von Szczyrbak (2014) hervorzuheben. Im Vergleich von *Law Review*-Artikel und *Supreme Court*-Entscheidungen untersucht Vass (2015) mithilfe einer Konkordanz-Analyse ein kleines Korpus auf lexikalische Hedges (ausführliche Liste potentieller Hedges bei Vass 2015: 29, darunter epistemische Modalverben (z. B. „might"), andere epistemische Verben (z. B. „doubt, think, believe"), epistemische Nomen (z. B. „likelihood"), epistemische Adjektive (z. B. „questionable") und epistemische Adverbien (z. B. „maybe", „possibly")). Der komparative Ansatz zeigt eine signifikante Differenz in der Hedging-Verwendung zwischen den beiden Textsorten: In *Law Review*-Artikeln werden im Vergleich zu den Entscheidungen des Supreme Court ca. 25 % mehr Hedges verwendet. Neben dieser quantitativen Differenz lassen sich auch auf qualitativer Ebene Differenzen in Bezug auf die Präferenz bestimmter Hedge-Typen feststellen. Die Variationsbreite der in den Artikeln verwendeten Hedge-Typen ist höher als in den Entscheidungen, in denen nur geringfügig epistemische Nomen und epistemische Adverbien zu verzeichnen sind; der Supreme Court greift vergleichsweise häufiger auf epistemische Adjektive zurück (Vass 2015: 33).

Welche und *wie viele* Hedges verwendet werden, hängt Vass zufolge also von der konkreten Textsorte des Rechtsdiskurses und der damit verbundenen Funktion – z. B. diskursive Auseinandersetzung in den wissenschaftlichen Artikeln oder Festsetzung in den Urteilen– ab. Szczyrbak (2014) untersucht „evidence from US Supreme Court Opinions" hinsichtlich der „stancetaking strategies in judical discourse" (so der Titel der Studie). In ihrem umfassenden *stance analysis frame work* (ebda.: 102) operationalisiert sie kleinschrittig die verschiedenen Ausprägungen von *Stance* sowie die dazugehörigen sprachlichen Merkmale. Szczyrbak diagnostiziert in ihrem Gesamtergebnis ein vielfältiges Instrumentarium zur Markierung von *Stance:*

> [...] the repertoire of linguistic resources which US Supreme Court Justices use to convey stance is quite varied, with the justices employing a wide range of linguistic markers and their combinations to express personal feelings and subjective assessments.

Die Frequenz der Stance-Markierungen variiert bemerkenswerterweise je nachdem, ob es sich um eine Mehrheitsmeinung, ein Sondervotum (*dissenting*) oder um eine *concurring opinion* handelt (ebda.: 116 f.): Wenn ein Richter eine andere als die Mehrheitsmeinung vertritt oder auch unter einer anderen Begründung zur selben Entscheidung wie die *majority opinion* kommt, verwendet er mehr Haltungsmarkierungen.

4.6 Zwischenfazit III

Das vorangegangene Kapitel hat gezeigt, wie Zitierende ihre Positionierung zitierten Inhalten gegenüber sprachlich realisieren können. Vor allem wenn ein Zitierender sich nicht vollends mit dem Inhalt seines Zitats identifiziert (man denke an dieser Stelle noch einmal an die einprägsame Feststellung Berkenkotters und Huckins [1995] „you are what you cite"), kann er sich mithilfe evaluativer Zitateinbettungen ausdifferenziert und nuanciert zum Inhalt verhalten. Das für evaluative Zitateinbettungen zur Verfügung stehende Sprachrepertoire und seine funktionalen Qualitäten sind, wie die Bestandsaufnahme gezeigt hat, vielfältig.

- Zur Analyse von Positionierungen können die Konzepte Stance, Modalität und Evidentialität herangezogen werden. Die Zu- und Unterordnung der Kategorien Modalität, Epistemizität, Evidentialität hat sich terminologisch als schwierig erwiesen. Grenzen, etwa wann es sich um eine nicht-evaluierende, ‚objektive' Markierung von Zitaten und wann es sich um eine Epistemisierung handelt, können nicht immer eindeutig gezogen werden. Großzügige, weite Subkategorisierungen, wie beispielsweise die Unterordnung von Evidentialität unter die epistemische Modalität, sind umstritten – dies wurde vor allem in der späteren Diskussion um die epistemische Qualität des Konjunktivs deutlich.
- Die modalisierende Funktion der in Abschn. 4.2.1 vorgestellten Hedges und Booster ist wiederum unumstritten. Sie sind im Hinblick auf die Analyse von Zitatfunktionen insofern vielversprechende Indikatoren, als ihre eigenen jeweiligen Funktionen reichhaltig dokumentiert sind. Ein Beispiel für eine typische Funktion von Hedges ist die Vermeidung sogenannter *face threatening acts*.
- Was auf Wortebene als Hedge oder Booster fungieren kann, wurde anschließend am Beispiel epistemischer Adverbien vertieft. Da die Epistemisierung mittels Adverbien mithilfe eines einzigen, ohnehin inhärent epistemischen Elementes und nicht – wie z. B. bei den Modalverben – durch kontextabhängige Konstruktionen funktioniert, handelt es sich um vergleichsweise simpel zu identifizierende Positionierungsstrategien.
- Abschn. 4.3.2 versteht sich mit der Vorstellung verschiedener zitatbegleitender Wendungen als Plädoyer für eine Erweiterung der ‚traditionellen' Perspektive, die den Einsatz von *Verba Dicendi* fokussiert. Verben spielen durchaus eine gewichtige Rolle zur Ein- und Ausleitung von Zitaten, jedoch kann diese Funktion (wie etwa in gerichtlichen Entscheidungen) auch von nominalen oder präpositionalen Elementen getragen werden.

- Ob auch der Konjunktiv als Evidential im Kontext der Zitatwiedergabe mehr als eine Interpretationsweise hat, ist umstritten. Feststeht, dass er als Quotativ die Mittelbarkeit einer Aussage und den Akt des Zitierens markiert. Strittig ist wiederum, ob er zusätzlich eine epistemische Distanzierung beinhaltet. Ein starkes Argument für eine epistemische Qualität ist die Unangemessenheit bei der Verwendung des Konjunktivs beim affirmativen Zitieren.
- Sprachkontrastive Betrachtungen bilden eine wichtige Grundlage, wenn man den Einsatz modalisierender Mittel interpretieren möchte. Am Beispiel des Englischen und des Deutschen wurde gezeigt, dass die Verwendung von Hedges – sogar bei gleicher Textsorte und gleichem Textinhalt – in Abhängigkeit zur Sprache variiert. Die Verwendung von Hedges hängt zudem u. a. von den kulturellen und sozialen Gepflogenheiten einer Sprache (und bspw. von Textsorten-Konventionen) ab.
- Für den Rechtsdiskurs spielen sowohl deontische als auch epistemische Modalisierungen eine Rolle. Das frequente Auftreten ersterer verkörpert die Funktionslogik des Rechts – es setzt fest, was man *kann, darf, muss* oder *soll.* Die für diese Arbeit relevanten epistemischen Modalisierungen im Recht können – so wurde es für das Common Law aufgezeigt – als Ausdruck des richterlichen Dialoges und der intertextuellen Auseinandersetzung verstanden werden. Ihr Einsatz variiert mit den jeweiligen Handlungen in den Entscheidungen; der Akt des Infragestellens und des Ablehnens führt zu einer erhöhten Frequenz an Modalisierungsprozeduren. *Dissenting* und *concurring opinions* enthalten daher mehr Hedges.

In einem Resümee der gesichteten Theorie ist vor allem das folgende Untersuchungsdesiderat herauszustellen: Studien, die sich mit den verschiedenen Haltungssignalisierungen beschäftigen, erwähnen die Relation der Modalisierungsprozeduren zu intertextuellen Bezugnahmen nur am Rande. Obwohl dieser Zusammenhang in theoretischen Annäherungen durchaus explizit benannt wird (z. B. Hedges als „marker of intertexuality und interdiscursivity" bei Vass 2015: 135), wird er in den Untersuchungsoperationalisierungen nicht berücksichtigt. In allen vorgestellten Studien wurde in den Ergebnissen nicht ausdifferenziert, ob die gefundenen Modalisierungsprozeduren in Bezug auf die Darstellung von Eigen- oder Fremdinhalten auftreten. Bisherige Studien beschäftigen sich *entweder* mit der Sichtbarkeit eines Autors und seiner (expliziten oder impliziten) Haltungssignalisierung *oder* mit den Erscheinungsformen von Fremdinhalten; es fehlen kombinatorische Ansätze.

> In many studies [...], the self (or the *I/we*) perspective and different types of self-mention constitute an important dimension [...]. The *other* (or *you/they*) perspective, studied for example through bibliographical references and citations, is another important dimension [...]. However, the self perspective in combination with the other perspective seems to have been examined less [...]. (Fløttum 2005: 29f.)

Zur Erfassung der Funktionalisierungen von Zitaten ist eine solche kombinatorische Perspektive jedoch unerlässlich, denn wie – in der Terminologie Fløttums – das *self* eines Textes zu den *others* steht, entscheidet grundlegend über das funktionale Potenzial von Zitaten.

Kapitel 5
Zitationspraktiken in Abhängigkeit zu Rechtskreisen: *Common Law* und *Civil Law*

In Gerichtsentscheidungen muss zitiert werden – es wurde in Kap. 3 bereits dargestellt, dass Zitate in der stark intertextuell geprägten Rechtsarbeit verschiedenste Funktionen erfüllen. Sie können Verbindungen zwischen Entscheidungen und dem Gesetz oder etwa auch zwischen Entscheidungstexten untereinander herstellen und tragen so nicht zuletzt zur Entscheidungsfindung, zur Entscheidungsbegründung und zur Entscheidungslegitimation bei. Diese These ist allerdings weiter auszudifferenzieren, denn wie bereits dargestellt wurde, kann die jeweilig intendierte Zitatfunktion u. a. mit den Erfordernissen und Zielen einer Textsorte oder eines Textes variieren. Für gerichtliche Entscheidungen gilt überdies, dass sie in Abhängigkeit zum jeweiligen Rechtskreis stehen. Die Rechtsordnung wie auch die rechtskreisabhängige Auslegungsmethodik bringen bestimmte Anforderungen an den Umgang mit Quellen mit sich. Diese können z. B. in der Art der herangezogenen Quelle liegen, wenn etwa – wie im *Common Law* – Präjudizien zitiert werden müssen, die im *Civil Law* zumindest im Hinblick auf ihre rechtliche Autorität eine geringere Rolle spielen. Ein zentrales Anliegen dieser Arbeit stellt die Frage danach dar, ob sich in den Zitationspraktiken Muster herauskristallisieren, die in Relation zum jeweiligen Rechtskreis stehen.

Auch wenn bislang keine datenbasierten komparativen Analysen zur Zitationspraxis im *Common Law* und im *Civil Law* vorliegen, wurde diese Frage zumindest im Hinblick auf die Rechtsquellenwahl bereits behandelt. Die beiden Rechtskreise präferieren – auch über die verpflichtend zu berücksichtigenden Quellen hinaus – unterschiedliche Rechtsquellen:

> In the Anglo-American judicial tradition, however, the favoured weapon in the explanatory arsenal of judges is a reference to the decisions (that is, to the logical arguments that have been given as reasons to explain the outcome) of other judges in previously decided cases in their own and other courts. This means that the citation patterns of individual judges and, therefore, of the courts that are the collegial aggregate of those judges are an important statement of judicial influence, all the more valuable for the fact that judges have explicitly acknowledged that influence as part of the rational process that explains and

J. Steigler-Herms, *Wie und warum zitieren Gerichte?*, Literatur und Recht 12,
https://doi.org/10.1007/978-3-662-68577-8_5

> justifies their actions to their fellow professionals. The preference for judicial citations in the explanatory process itself distinguishes Anglo-American judges from their continental European counterparts, who are more likely to build their own reasons for outcomes around academic textbooks. (McCormick 1995: 455f.)

Welche weiteren Unterschiede, neben der Präferenz bestimmter Rechtsquellen, vorliegen, erarbeitet dieses vorliegende Kap.5. Dazu beginnt es mit einer Einführung in die Rechtskreislehre und einer Gegenüberstellung der zwei großen Rechtskreise *Common Law* und *Civil Law* in Abschn. 5.1. Die Darstellung der beiden Rechtskreise enthält u. a. jeweils Einblicke in ihre rechtlichen Grundlagen und ihre Auslegungsmethodik.

Abschn. 5.2 beschränkt sich im Anschluss auf zwei prominente Repräsentanten beider Rechtskreise – das *Bundesverfassungsgericht* und der *Supreme Court of Canada.* Die Zitationspraxis der beiden Gerichte wurde in bisherigen Studien noch nicht komparativ gegenübergestellt, jedoch einzeln untersucht. Mit den Ergebnissen dieser Studien beschäftigt sich Abschn. 5.3.

5.1 Rechtskreise: *Common Law* vs. *Civil Law*

Das *Common Law* und das *Civil Law* sind zwei prominente Vertreter der Rechtskreise dieser Welt. In Bezug auf ihre Entscheidungsfindung weisen sie bemerkenswerte Unterschiede auf, denn auch wenn „Recht ein universales Phänomen zu sein scheint", unterscheiden sich die „Rechtsordnungen dieser Welt in Inhalt und Stil erheblich voneinander" (Hilgendorf 2017: 30). Mit einer Kategorisierung der verschiedenen Rechtsordnungen, wie der des *Civil Law* und *Common Law,* beschäftigt sich die *Rechtskreislehre.* Rechtskreise, auch als Rechtsfamilien oder Rechtskulturen bezeichnet, gruppieren Rechtsordnungen nach ihrem ‚Verwandtschaftsgrad' und Ähnlichkeitsbeziehungen (Kötz 2009). Beispiele sind, neben dem angloamerikanischen und dem kontinentaleuropäischen Rechtskreis, der islamische, der jüdische und der fernöstliche Rechtskreis. Wenig ausdifferenziert fasst David (1992) diese Rechtskreise in Abgrenzung zur sozialistischen und romanisch-germanischen Rechtsfamilie unter *autres systèmes* zusammen. David folgt in seiner Klassifikation dem Kriterium der Ideologie, einem von vielen möglichen Typologisierungskriterien. Die Zuordnungen einer Rechtsordnung zu einem Rechtskreis kann je nach Ordnungskriterium variieren. Zur Bestimmung der Ähnlichkeiten und Differenzen können unterschiedliche Typologisierungskriterien herangezogen werden; das sind u. a. das Kriterium der räumlichen Einteilung, eine Einteilung nach Ideologien und eine Klassifizierung nach sogenannten Stilen. Das Kriterium der räumlichen Einteilung geht kontinental vor und spricht in diesem Sinne z. B. von kontinentaleuropäischem, afrikanischem und asiatischem Recht. Grobe Zusammenfassungen dieser Art werden in der vergleichenden Rechtswissenschaft bisweilen als sinnlos erachtet (vgl. Glenn 2006: 421). Weitaus aussagekräftiger sind multikriteriale Gruppierungsansätze, die sich des von Zweigert

(1961) benannten Stils bedienen. Stil ist hierbei ein Sammelbegriff für die in einer Rechtsordnung vorherrschenden Ideologien und Denkweisen, ihre charakteristischen Institutionen, ihre Historie, ihre Auslegung und Methoden und nicht zuletzt die Art der herangezogenen bindenden und nicht-bindenden Rechtsquellen. Die beiden letzten Kriterien, das heißt die juristische Methodik und die Rechtsquellen, sind für den Vergleich von *Common Law* und *Civil Law* oft herangezogen worden. Das Kriterium der Bindung findet seinen Ausdruck z. B. in der Gegenüberstellung von Richterrecht und Gesetzesrecht. Auf beides gehen die Abschn. 5.1.1 und 5.1.2 näher ein. Auch das Vorgehen zur Rechtsfindung unterscheidet die beiden Rechtskreise voneinander. Das *Common Law* wird von einem induktiven Vorgehen bestimmt; das *Civil Law* von einem deduktiven:

> Grob formuliert: Wenn der kontinentale Jurist zu einem umfangreichen juristischen Buch greift, um sich über eine bestimmte Rechtsfrage zu informieren, so schlägt er das Inhaltsverzeichnis auf, um anhand der systematischen Gliederung die Seite mit der einschlägigen Information zu finden. Bei einem Kommentar tritt an die Stelle der Gliederung der Gesetzestext. Der Common-Law-Lawyer würde dagegen beim Stichwortverzeichnis beginnen. (Röhl/Röhl 2001: 3)

Reflexionen dieser Art, die Bestimmung und vor allem die Gegenüberstellung von Rechtskreisen sind Teil der sogenannten *Rechtsvergleichung*. Die Rechtsvergleichung als methodische Teildisziplin der Rechtswissenschaft befasst sich mit dem Vergleich von Gesetzen oder, genereller noch, dem Recht verschiedener Staaten bzw. verschiedener Rechtskreise (Beck 2021: 81). Das Erkenntnisinteresse kann unterschiedlicher Natur sein, zumal die Rechtsvergleichung als Methodik nicht an juristische Disziplinen gekoppelt ist; d. h. Vergleiche werden sowohl im Zivilrecht als auch im Öffentlichen Recht oder im Strafrecht durchgeführt. Den „Hauptanreiz für die vergleichende Tätigkeit im Bereich der Rechtswissenschaft" sieht Beck (ebda.) in dem „Versuch, die eigenen Lösungen für gesellschaftliche Konflikte zu optimieren."

5.1.1 Der kontinentaleuropäische Rechtskreis: Das Civil Law

Der kontinentaleuropäische Rechtskreis wird in Abgrenzung zum *Common Law* und besonders, wenn es um Rechtsvergleichungen geht, häufig als *Civil Law* bezeichnet. Terminologisch ist diesbezüglich zunächst auf zwei potentielle Missverständnisse hinzuweisen: Der Begriff des *Civil Law* birgt die Gefahr, fälschlicherweise als englische Übersetzung des deutschen Zivilrechts verstanden zu werden. Der Begriff des ‚kontinentaleuropäischen Rechtskreises' wiederum verleitet zur Annahme eines geographischen Bezugs. Auch dies ist falsch, denn nicht alle Länder, deren Rechtsordnung als kontinentaleuropäisch bezeichnet werden kann, liegen tatsächlich in Kontinentaleuropa (beide terminolog. Hinweise nach Kischel 2019: 389).

Um das *Civil Law* zu charakterisieren, wird meist das Kriterium der Rechtsquelle herangezogen. Das kontinentaleuropäische Recht ist Gesetzesrecht, d. h. das Gesetz stellt die primäre Quelle dar und wird primär zur Entscheidungsfindung herangezogen (vgl. ebda., 392). Voraussetzung dafür ist das Vorhandensein einer ,*Kodifikation* also die Existenz eines systematischen Gesetzeswerkes, das eine Zuordnung von Fällen zu Gesetzen ermöglicht. Der Begriff der Kodifikation steht für „die umfassende Planung und Gestaltung von Recht in einem bestimmten Gebiet [...]. Inhaltlich strebt die K. Einfachheit, Widerspruchsfreiheit und Vollständigkeit an" (Kroppenberg 2004: Sp. 1918). Daneben werden auch Resultate einer Systematisierung, wie z. B. das Bürgerliche Gesetzbuch (BGB) Kodifikation genannt.

Die Praxis des Kodifizierens hat ihre historischen Wurzeln in der Zeit des römischen Rechts. Im Jahre 528 hatte Kaiser Justinian eine verschriftliche Zusammenstellung des römischen Rechts in Auftrag gegeben. Das daraus entstandene *Corpus Juris Civilis* wurde mit dem Untergang des Weströmischen Reiches zunächst nicht weiter rezipiert; im 12. Jahrhundert allerdings wiederentdeckt, gelehrt und verbreitet. Als *jus commune* sollte dem Kodex über die italienischen Grenzen hinaus in der gesamten westlichen Welt zur Geltung verholfen werden. Spätestens 200 Jahre später hatte sich der Bezug auf den Kodex auch in der juristischen Praxis etabliert, sodass sich u. a. gerichtliche Gutachten auf das kodifizierte Recht nach Justinian stützten (Röhl 2001: 5 f.; Dainow 1966: 419–421). Eine vergleichbare Orientierung an Kodizes ist bis heute bestehen geblieben.

Dass sich Kodifikationen im kontinentaleuropäischen Rechtskreis als die bindenden Rechtsquellen etabliert haben, setzt ein positivistisches Rechtsverständnis voraus; das *Civil Law* konzentriert sich auf Gesetztestexte und Dogmatik.[1] Anderes Recht jenseits der Kodizes (z. B. Rechtsvorstellungen, Rechtsempfinden) wird in der Praxis deshalb nicht berücksichtigt:

> Der praktisch tätige, kontinentaleuropäische Jurist schaut bei der Suche nach Rechtsnormen in das Gesetz, ohne sich um die mögliche Existenz einer vom Naturrecht postulierten allgemeinen Gerechtigkeitsordnung zu kümmern, die unabhängig von menschlich gesetztem Recht geltende Normen hervorbringen könnte. (Kischel 2019: 393).

Um einen konkreten Fall in der Praxis den Rechtsnormen zuzuordnen, bedient sich das *Civil Law* der Methode der *Subsumtion.* Subsumierende Rechtsanwendung basiert u. a. auf der Bildung von Syllogismen; es wird geprüft, ob und inwiefern ein konkreter Fall einer abstrakten Norm zugeordnet werden kann (weiterführend zur Theorie und Technik der Subsumtion siehe z. B. Gröschner 2014). Vor diesem Hintergrund drängt sich auch die Frage nach der Rolle des Richters auf. Das *Civil Law* ist theoretisch kein Richterrecht; Recht soll nicht

[1] Dies ist eine vereinfachte Darstellung, die aus rechtsphilosophischer Perspektive anfechtbar ist. Zwar hat sich die Bindung an Kodifikationen gesetzlich durchgesetzt, Diskussionen um das Verhältnis von Naturrecht und Positivismus sind damit jedoch nicht beigelegt. Ferner lässt das Gesetz selbst es zu, andere Gesetze als unrecht und damit als nichtig zu beurteilen. Kodifiziertes Recht ist nicht unangreifbar.

durch die Fallbearbeitung von Richtern *gewonnen*, sondern objektiv *ermittelt* werden. Für die Praxis ist aufgrund des „schöpferischen Anteil[s]" jedoch nicht von einer Rechtsfindung, sondern von einer Rechtsgewinnung zu sprechen (Czermak 2021: 20). Oft zitiert, wie auch kritisiert wird in diesem Zusammenhang das Ideal nach Montesquieu (1748, zitiert nach 1834: 296), der den Richter als „la bouche qui prononce les paroles de la loi" postuliert. Urteile sollen, so seine Forderung, nie mehr als „un texte précis de la loi" sein (ebda., 305). U.a. aus rechtslinguistischer Perspektive wird dieses Ideal als „Fiktion der automatischen Subsumtion" (Busse 1992: 18) angezweifelt, denn die „rhetorische Fassade bloßer Rechtserkenntnis" beinhaltet immer „wirkliche Entscheidungsprozesse" (Christensen/Jeand'Heur 1989: 9) – und somit richterliche Subjektivität.

Ferner bedeutet der Vorrang von Rechtsnormen nicht, dass gar keine anderen Quellen als die bindenden Normtexte zur Rechtsfindung bzw. zur Rechtsgewinnung herangezogen werden und herangezogen werden dürfen. Als etablierte und legitime Rechtserkenntnisquellen gelten beispielsweise Präjudizien und wissenschaftliche Texte. Obgleich das kontinentaleuropäische Recht nicht an Präjudizien gebunden ist, ist es in der juristischen Ausbildung gängig, sich zur Lösung von Fällen etwa mit der Rechtsprechung des Bundesgerichtshofes auseinanderzusetzen (Hilgendorf 2017: 31). Je weniger ein bestimmter Rechtsbereich reguliert und kodifiziert ist, desto häufiger werden Präjudizen berücksichtigt, und „in gesetzlich weniger durchregulierten Bereichen wie etwa dem Verfassungsrecht oder dem Arbeitsrecht ist der Anteil des Richterrechts höher als etwa im Strafrecht" (ebda.).

Derartige Gesetzeslücken können auch durch die Berücksichtigung wissenschaftlicher Literatur geschlossen werden. Wissenschaft und Recht sind im kontinentaleuropäischen Rechtsraum eng miteinander verbunden. Es „herrscht ein reger Austausch zwischen der wissenschaftlichen Beschäftigung mit dem Recht und seiner praktischen Anwendung. Nicht nur treten Praktiker oft als Autoren auf und betätigen sich als Wissenschaftler immer wieder einmal in der Praxis. Auch inhaltlich befruchten sich beide gegenseitig" (Kischel 2019: 470). Rechtswissenschaft und Richterschaft sieht Hilgendorf (2017: 31) in enger Verbindung:

> Die an den Universitäten lehrenden Rechtswissenschaftler, also die Professoren des Rechts, argumentieren z. B. in Deutschland, der Schweiz oder Österreich in aller Regel aus der Anwenderperspektive, also aus einer Binnenperspektive des Rechts. Darin unterscheiden sie sich nicht vom Richter, der ebenfalls bemüht ist, das Recht systematisch anzuwenden. Rechtswissenschaft und Richterschaft arbeiten in den meisten kontinentaleuropäischen Ländern eng zusammen. Dies gilt gerade für Deutschland, wo es mehr oder weniger selbstverständlich ist, dass Rechtswissenschaftler und Richter gemeinsam Tagungen besuchen, in denselben Zeitschriften publizieren und wechselseitig Argumente austauschen.

Die Rechtspraxis ist im kontinentaleuropäischen Rechtskreis insgesamt also sehr wissenschaftlich geprägt. Dies äußert sich u. a. im Entscheidungsstil, der von Systematik und auch in sprachlicher Hinsicht vom wissenschaftlichen Duktus geprägt ist. Der Urteilsstil, vor allem der Urteilsstil der höchstrichterlichen Rechtsprechung, ähnelt dem Stil rechtswissenschaftlicher Abhandlungen. Er ist objektiv und depersonalisiert:

> Das Urteil eines deutschen Gerichts ist also typischerweise klar strukturiert und ungleich ausführlicher als sein französisches Gegenstück. Der Schreibstil ist sachlich und unpersönlich, d. h. es spricht nicht der Richter als Person, sondern das Gericht im Namen des Volkes; das Pronomen „ich" wird nicht verwendet. Inhaltlich folgt das Urteil den Grundgedanken der Subsumtion, d. h. es erläutert, welche rechtlichen Normen erfüllt oder nicht erfüllt sind, indem es sie in ihre Bestandteile zerlegt, diese definiert und die Definitionen und ggf. Unterdefinitionen auf die Tatsachen anwendet. Dabei setzt es sich aber üblicherweise nicht nur mit den Gegenauffassungen der unterlegenen Partei auseinander, sondern analysiert auch Rechtsprechung und Literatur, die außerhalb von Routinefällen oft ausgiebig zitiert werden. (Kischel 2019: 468)

Eingehendere Betrachtungen zum letzten Aspekt der Zitierungen werden in Abschn. 5.3 vorgenommen.

5.1.2 Der angloamerikanische Rechtskreis: Das Common Law

Der Rechtskreis des *Common Law* herrscht in vielen englischsprachigen Ländern, wie in den USA, in Australien und – für diese Arbeit besonders relevant – in Kanada vor. Auch der Darstellung dieses Rechtskreises seien einige terminologische Bemerkungen vorangestellt. Der Perspektive dieser Arbeit liegt eine rechtssystematische Definition des *Common Law* zugrunde, die den Terminus stellvertretend für das gesamte angloamerikanische Rechtssystem verwendet. In der Rechtsquellenlehre wiederum wird der Terminus enger definiert als reines Fallrecht, das von dem Gesetzesrecht (*Statute Law*) abzugrenzen ist (Handschug 2003: 12).

Das *Common Law* hat seine Wurzeln im England des zwölften Jahrhunderts. Mit der Errichtung eines königlichen Gerichtshofes (*Curia Regis*) eröffnete König Heinrich II. eine Höchstinstanz, die den lokalen Gerichten übergeordnet war. Bei Uneinigkeiten in der Rechtsprechung mussten sich letztere an den Entscheidungen des königlichen Gerichtshofes orientieren. Auf diese Weise stärkte er zum einen seine Macht; zum anderen aber auch die Einheitlichkeit der Rechtsprechung und gleichermaßen auch die Rechtssicherheit durch eine gewisse Vorhersagbarkeit der Entscheidungen. Unter den Begriff *Common Law* fallen im heutigen Verständnis Länder, deren Rechtsordnung vom damaligen englischen Rechtssystem beeinflusst wurden (Byrd et al. 2021: 3 f.).

Immer dann, wenn ein Gericht in seiner Entscheidungsfindung Entscheidungen eines anderen Gerichtes berücksichtigen *muss,* liegt eine Präjudizienbindung vor. Auf ihrer Basis identifizieren die Richter Recht und Unrecht (sog. Richterrecht). Die Rolle von Präjudizien ist das als zentral erachtete Charakteristikum, das nicht nur zur näheren Beschreibung des *Common Law,* sondern gleichzeitig zur Abgrenzung vom *Civil Law*-Rechtskreis herangezogen wird. Präjudizien, definiert als „prior decisions that function as models for later decisions" (MacCormick/Summers 1997: 1), unterstützen die Entscheidungsfindung und die Entscheidungsbegründung zugleich. Die Bindungswirkung der *precedents* wird auch als *stare decisis et non quieta movere*-Doktrin bezeichnet – Richter des *Common Law* sollen „beim Entschiedenen stehenbleiben und das Ruhende nicht bewegen" (Vogenauer 2009: 1304). Mithilfe von Analogiebildungen wird dabei induktiv versucht, einer Entscheidung „eine generelle Leitlinie zu entnehmen und diese Linie wiederum auf den nunmehr zur Entscheidung stehenden Rechtsstreit zu übertragen" (Handschug 2003: 13). Die Bindungswirkung bezieht sich nur auf eben diese „Leitlinie", die nicht zwingend mit dem Gesamtinhalt einer Entscheidung identisch ist: Die *stare decisis-Doktrin* bezieht sich auf die *ratio decidendi* einer Entscheidung und nicht auf *obiter dicta:*

> In common law countries, the doctrine of stare decisis has been firmly established in legal theory. The doctrine has been developed over many centuries and is based on a distinction between ratio decidendi and obiter dicta, where ratio decidendi is defined as the reasoning that decides a case, and obiter dicta is defined as non-binding remarks made in the judgment, but which is not directly linked to the reasoning that determines the case. (Palmer/Christensen 2021: 18)

Die *ratio decidendi* enthalten die Entscheidungsbegründung, *obiter* sind demgegenüber im Hinblick auf Bindungswirkungen irrelevant. Die Formulierung von ohnehin nicht bindenden *obiter dicta* in Entscheidungen wird bisweilen kritisch betrachtet, denn im Gegensatz zu den *rationes decidendi* haben sie „keine Bedeutung für die Entscheidung eines konkreten Falles und keine Bindungskraft für andere Senate oder Gerichte. Sie sagen, was sein soll, wenn es so wäre, wie es nicht ist. Das ist in der Regel überflüssig und manchmal gefährlich: Beim nächsten Mal, wenn es in einem Fall wirklich darauf ankommt, können ganz andere Richter beteiligt sein oder andere Meinungen vertreten werden. Obiter dicta haben daher keinen guten Ruf: „Sie blasen die Backen auf, wo es nichts zu pfeifen gibt"[2] (Schulz 2018: 403).

Eine Charakterisierung des *Common Law* anhand seiner Präjudizienbindung vorzunehmen, ist einerseits üblich und erlaubt eine Abgrenzung zur Kodifikation des *Civil Laws,* birgt andererseits jedoch das Risiko einer reduzierten Sichtweise auf die angloamerikanische Rechtsprechung (vgl. Röhl 2008: 3) und einer Vernachlässigung ihrer Gesetze: In Kanada werden sowohl *cases* als auch *statutes* als Rechtsquellen verwendet (siehe dazu auch Abschn. 5.2.2). *Statutes* sind objektiv, nach dem Willen des Gesetzgebers zu interpretierende Gesetze:

> A statute is the will of legislature, and the fundamental rule of interpretation, to which all others are subordinate, is, that a statute is to be expounded, according to the intent of those who made it. [...] The fundamental maxim of sound interpretation is: ita scriptum est, and it is not the business of courts to be wiser than the laws and to mould them with judicial views of what is just or unjust. The letter of the law is the law itself. (Maxwell 1946: 1f)

---

[2] Die *ratio decidendi* und *obiter dictum* sind keine Inhalte, die nur den Entscheidungen im *Common Law* eigen sind; auch die zitierte Kritik von Schulz wurde im Original in Bezug auf das deutsche Recht geäußert. Eine Differenzierung beider ist für das *Common Law* jedoch weitaus relevanter als für das *Civil Law,* weil die *ratio decidendi* das Herzstück der *stare-decisis*-Doktrin bildet.

Nicht in allen Fällen ist eindeutig, ob ein Fall mithilfe von *statutes* oder mithilfe von *cases* zu entscheiden ist. Handschug (2003: 16) verweist deshalb auf ein komplexes Verhältnis zwischen dem Gesetzes- und Fallrecht in Kanada; so können Präjudizien auch in ein formelles Gesetz übergehen und kodifiziert werden.

5.2 Zwei Repräsentanten der Rechtskreise: BVerfG und SCC

Mit einem Untersuchungskorpus bestehend aus Entscheidungen des Bundesverfassungsgerichts und des Supreme Court of Canada widmet sich diese komparative Studie zwei Gerichten, die u. a. angesichts ihrer Zugehörigkeit zu unterschiedlichen Rechtskreisen erhebliche Unterschiede aufweisen. Dies betrifft die bereits in Abschn. 5.1.1 und Abschn. 5.1.2 vorgestellten Kategorien wie die Bindung an unterschiedliche Rechtsquellen und die Auslegungsmethodik, aber auch weitere Charakteristika der Gerichte, die potentielle Einflüsse auf ihre Zitationspraxis darstellen. Dazu zählen beispielsweise die besondere Rolle der Richterinnen und Richter als individuelle Entscheidungsträger beim Supreme Court of Canada sowie der spezielle Entscheidungsaufbau beim Bundesverfassungsgericht. Mit diesen und auch weiteren grundlegenden Merkmalen zu den beiden Gerichten beschäftigen sich die folgenden Abschn. 5.2.1 und 5.2.2.

5.2.1 Das Bundesverfassungsgericht

Als ‚Hüter der Verfassung' können dem Bundesverfassungsgericht (BVerfG) eine herausragende Stellung im Rechtssystem und umfassende Kompetenzen bescheinigt werden. Es ist das höchste Gericht in Deutschland und ein prominenter Vertreter des *Civil Law*-Rechtskreises.

Die Verfassungsgerichtsbarkeit, definiert als „Rechtsprechung unmittelbar in Verfassungssachen" (Eichenberger 1983: 437), wird in Deutschland vom BVerfG ausgeübt. Seine umfassenden Kompetenzen werden ihm u. a. durch Art. 93 des Grundgesetzes garantiert. So legt der Artikel im ersten Absatz fest, dass das Bundesverfassungsgericht „über die Auslegung dieses Grundgesetzes aus Anlaß von Streitigkeiten über den Umfang der Rechte und Pflichten eines obersten Bundesorgans oder anderer Beteiligter, die durch dieses Grundgesetz oder in der Geschäftsordnung eines obersten Bundesorgans mit eigenen Rechten ausgestattet sind", entscheidet. Näheres zu den Zuständigkeiten des BVerfG regelt das Bundesverfassungsgerichtsgesetz (BVerfGG) qua Enumerationsprinzip. Paragraf 13 des BVerfGG enthält 15 Absätze über die Entscheidungsbefugnisse des BVerfG, die – um nur einige wenige Beispiele anzuführen – von der Entscheidung über die

Verwirkung von Grundrechten (BVerfGG § 13 Abs. 1, siehe auch Art. 18 GG[3]) über die Verfassungswidrigkeit von Parteien (BVerfGG § 13 Abs. 2) bis hin zu den Vereinbarkeiten von Gesetzen mit dem Grundgesetz etwa im Falle von Meinungsverschiedenheiten (BVerfGG § 13 Abs. 6, 6a, 6b) reicht.

Die Verfahrensarten unterscheiden sich hinsichtlich ihrer Streitgegenstände und ihrer möglichen Konsequenzen, haben aber mindestens zweierlei gemein: Die Entscheidungsgrundlage des BVerfG bildet immer das Grundgesetz, und das Gericht wird nur auf Antrag tätig; es ist kein Superrevisionsgericht. Eine zusammenfassende Einteilung der dem BVerfG gesetzlich zugewiesenen Verfahrensarten findet sich bei Schlaich/Korioth (2018: 7):

1. Normenkontrolle
2. Verfassungsbeschwerde
3. Verfassungsschutzverfahren und Verfahren der Wahl- und Mandatsprüfung
4. Föderative Streitigkeiten
5. Organstreit

Verfassungsbeschwerden bilden eine signifikante Mehrheit aller Verfahren im BVerfG. Das BVerfG selbst bezeichnet sich in seinem Jahresbericht 2021[4] deshalb auch als „Bürgergericht“:

> Auch im Jubiläumsjahr 2021 waren die Eingangszahlen im Verfahrensregister mit 5.352 Eingängen ungebrochen hoch. Dass mit 95% die ganz überwiegende Mehrheit der Verfahren Verfassungsbeschwerden waren, unterstreicht den Charakter des Bundesverfassungsgerichts als Bürgergericht. Auch die 10.265 Gesamteingänge im Allgemeinen Register zeigen, dass der niederschwellige Zugang zum Gericht rege genutzt wurde.

Eine Verfassungsbeschwerde, in den Aktenzeichen des BVerfG erkennbar an der Abkürzung BvR, kann grundsätzlich von jeder Person eingereicht werden, denn das BVerfG entscheidet, so sieht es das Art. 93 Abs. 4 des GG vor, „über Verfassungsbeschwerden, die von jedermann mit der Behauptung erhoben werden können, die durch die öffentliche Gewalt in einem seiner Grundrechte oder in einem seiner in Artikel 20 Abs. 4, 33, 38, 101, 103, 104 enthaltenen Recht verletzt zu sein.“ In diesem Sinne ist die Verfassungsbeschwerde ein Grundrechtschutzverfahren und fungiert als eine Art personaler Rechtsschutz. Voraussetzung zur Annahme einer Verfassungsbeschwerde vor dem BVerfG sind u. a. eine grundlegende verfassungsrechtliche Relevanz eines Falles sowie die Rechtswegerschöpfung.

---

[3] Art. 13 GG benennt das BVerfG explizit als Entscheidungsträger in der Verwirkung von Grundrechten: „Wer die Freiheit der Meinungsäußerung, insbesondere die Pressefreiheit (Artikel 5 Abs. 1), die Lehrfreiheit (Artikel 5 Abs. 3), die Versammlungsfreiheit (Artikel 8), die Vereinigungsfreiheit (Artikel 9), das Brief-, Post- und Fernmeldegeheimnis (Artikel 10), das Eigentum (Artikel 14) oder das Asylrecht (Artikel 16a) zum Kampfe gegen die freiheitliche demokratische Grundordnung mißbraucht, verwirkt diese Grundrechte. Die Verwirkung und ihr Ausmaß werden durch das Bundesverfassungsgericht ausgesprochen.“

[4] Abrufbar unter: https://www.bundesverfassungsgericht.de/DE/Presse/jahresberichte/jahresberichte.html.

Bevor eine Verfassungsbeschwerde erhoben werden kann, müssen alle üblichen prozessualen Rechtsbehelfe (z. B. Revision etc.) der hierarchisch untergeordneten Fachgerichte beschritten worden sein.

Das Bundesverfassungsgericht besteht aus zwei Senaten, dem Ersten Senat und dem Zweiten Senat. Sie unterscheiden sich hinsichtlich ihrer Zuständigkeiten: Der Erste Senat des BVerfG ist vornehmlich zuständig für Normenkontrollverfahren und für Verfassungsbeschwerden (BVerfGG § 14 Abs. 1). Die Zuständigkeit des Zweiten Senats beläuft sich beispielsweise auf die Verfassungswidrigkeit von Parteien (BVerfGG § 14 Abs. 1), Beschwerden gegen Entscheidungen des Bundestages (BVerfGG § 14 Abs. 3) und Meinungsverschiedenheiten über Rechte und Pflichten des Bundes und der Länder (BVerfGG § 14 Abs. 7). Nicht in allen Fällen ist eindeutig, ob die Zuständigkeit dem Ersten oder dem Zweiten Senat zuzuordnen ist; im Zweifel berät ein Ausschuss darüber (BVerfGG § 14 Abs. 5). Beiden Senaten gehören jeweils acht Richterinnen und Richter an. Möglichkeiten zur Ernennung, Auswahlkriterien zur Befähigung der Amtsausübung sowie Amtskonditionen regeln §§ 2–12 des BVerfGG.

Grundsätzlich hat das BVerfG dieselben Methoden der Rechtsanwendung zu beachten wie andere Gerichte. Das können die Gesetzesauslegung nach dem Wortlaut, die systematische Auslegung, die teleologische oder auch die sogenannte historische Auslegung sein (vgl. Czermak 2021: 20). Trotz dieser differenzierten Methodik kann es aufgrund der Unterbestimmtheit von Normen zu Auslegungsproblemen kommen.

> Die Richter des BVerfG haben spezielle Probleme der Rechtsanwendung und Rechtsschöpfung zu beachten. Grundrechte sind in großem Umfang hochabstrakt, so dass aus ihrem Text nur mit Mühe, wenn überhaupt, praxistaugliche Grundsätze gewonnen bzw. entwickelt werden können. Für die rechtlichen Details praktischer Fälle geben sie meist gar nichts her. (Czermak 2021: 22)

Als umso relevanter erweist sich damit die Legitimation von Entscheidungen, zu der nicht nur die inhaltliche Begründung, sondern auch der im Folgenden diskutierte strukturelle Aufbau der Entscheidungen beiträgt. Grundlegend ist zunächst zwischen Urteilen und Beschlüssen zu unterscheiden: „Die Entscheidung auf Grund mündlicher Verhandlungen ergeht als Urteil, die Entscheidungen ohne mündliche Verhandlung als Beschluß" (§ 25 Abs. 2 BVerfGG). Ungeachtet dessen lassen sich die stets verschriftlichten Entscheidungen des BVerfG (Urteile und Beschlüsse) strukturell in vier Abschnitte unterteilen; sie beginnen mit *nicht-amtlichen Leitsätzen,* auf die das *Rubrum* folgt. Zentral sind der im Anschluss daran dargelegte *Tenor* (Entscheidungsformel) und die *Entscheidungsgründe,* die sich wiederum dreifach in den Sachverhalt (gekennzeichnet mit ‚A') die Zulässigkeit (‚B') und die den Maßstäbe- und Subsumtionsteil (‚C.I.' & ‚C.II.') beinhaltende Begründetheit unterteilen lassen (vgl. Vorstellung der Entscheidungsstruktur bei Klatt 2020).

Die die Entscheidungen eröffnenden *Leitsätze* sind nicht Teil der Entscheidungsfindung selbst, sondern stellen vielmehr eine Art Zusammenfassung der als zentral erachteten Aussagen einer Entscheidung dar. Die Auswahl dieser noch vor dem Rubrum wiedergegebenen Aspekte kann Aufschluss darüber geben, welche Begründungen die Richterinnen und Richter als tragend ansehen (Klatt 2020: 70). Im bekannten ‚Esra-Beschluss' zum Verbot des gleichnamigen Romans (BVerfGE 119,1 Beschluss vom 13.0.62007, AZ. 1 BvR 1783/05) etwa stellt das BVerfG vier Leitsätze zur allgemeinen Problematik der Abwägung zwischen Kunstfreiheit und Persönlichkeitsrecht voran.

Das darauffolgende *Rubrum* beinhaltet faktische Eckdaten zum Fall; das sind der Verfahrensgegenstand und das Aktenzeichen sowie die Namen aller Beteiligten, d. h. der Parteien und auch der Richterinnen und Richter.

Der *Tenor*, auch als ‚Entscheidungsformeln' bezeichnet, ist insofern zentral, als dieser die eigentliche Entscheidung enthält. Das BVerfG setzt darin die beschlossenen Rechtsfolgen fest. Im Falle des bereits angeführten ‚Esra-Beschlusses' heißt es (in Auszügen):

> Das Urteil des Bundesgerichtshofs vom 21. Juni 2005 – VI ZR 122/04 –, das Endurteil des Oberlandesgerichts München vom 6. April 2004 – 18 U 4890/03 – sowie das Endurteil des Landgerichts München I vom 15. Oktober 2003 – 9 O 11360/03 – verletzen die Beschwerdeführerin in ihrem Grundrecht aus Artikel 5 Absatz 3 Satz 1 des Grundgesetzes, soweit die Urteile der Klägerin zu 2) das Recht zugesprochen haben, der Beschwerdeführerin unter Androhung eines Ordnungsgeldes zu verbieten, das Buch „Esra" in der Fassung laut Verpflichtungserklärung vom 18. August 2003 zu veröffentlichen oder veröffentlichen zu lassen, auszuliefern oder ausliefern zu lassen, zu vertreiben oder vertreiben zu lassen und hierfür zu werben oder werben zu lassen. Im Übrigen wird die Verfassungsbeschwerde zurückgewiesen.

Welche Gründe das BVerfG zur Festsetzung dieser Rechtsfolgen bewegt haben, wird in der Darstellung der *Entscheidungsgründe* erläutert. Diese werden von einer Darstellung des *Sachverhalts (A)* und der *Zulässigkeitsvoraussetzungen (B)* eingeleitet. Darauf folgen der *Maßstäbe- (C.I.) und Subsumtionsteil (C. II.)*, die als *Begründetheit (C)* zusammengefasst werden können.

Am Ende einer Entscheidung können Sondervoten und abweichende Meinungen vorgestellt werden; in der Praxis des BVerfG ist dies jedoch selten der Fall (zum Sondervotum beim Bundesverfassungsgericht siehe weiterführend Klatt 2023).

Lepsius (2006: 123) bezeichnet den Entscheidungsaufbau und vor allem die Festlegung eigener Entscheidungsmaßstäbe im Maßstäbeteil als eine spezifische Entscheidungstechnik, die zur hohen Stellung des Gerichts und zur Akzeptanz durch andere Gerichte beigetragen habe:

> Mit Hilfe der Maßstabsbildung wird der materielle Vorrang der Verfassung auf die institutionelle Stellung des Gerichts transponiert. Auf die Spitze getrieben ließe sich sagen: Der Erfolg des Gerichts hängt von seiner Selbsterfindung als maßstabsetzende Gewalt ab. Der Hüter der Verfassung vermag zum Herrn der Verfassung zu mutieren. (Lepsius 2006: 129)

Ähnlich äußert sich auch Klatt zur Rolle des Maßstäbeteils (2020: 79 f.):

> Im Maßstäbeteil (in der Regel: C.I.) betätigt sich das Bundesverfassungsgericht als Verfassungsinterpret. Hier werden, bewusst fern vom konkreten Sachverhalt, die Inhalte der Verfassungsnormen objektiv und abstrakt herausgearbeitet. […] Damit erhält das Gericht eine außergewöhnliche hohe inhaltliche Autorität über die Verfassungsinterpretation.

Dass das BVerfG in seinen Entscheidungen alternativ zu Gesetzesquellen häufig Passagen aus den in den vorhergehenden Entscheidungen selbstformulierten Maßstäben zitiert, wird bisweilen als Entfernung vom Verfassungstext kritisiert (Czermak 2021: 122; siehe auch Abschn. 5.3.1).

5.2.2 Der Supreme Court of Canada

Der Supreme Court of Canada (SCC), aufgrund seiner Zweisprachigkeit auch als Cour Suprême du Canada (CSC) bezeichnet, ist der Oberste Gerichtshof in Kanada. Als höchste Berufungsinstanz im dortigen Rechtssystem kann er Entscheidungen untergeordneter Instanzen ändern oder aufheben (Rémillard et al. 2017). Eine besondere Eigenschaft des kanadischen Höchstgerichtes sowie des gesamten Rechtssystems Kanadas ist der sogenannte *bijuralism,* d. h. in Kanada koexistieren der Common Law- und der Civil Law-Rechtskreis. Je nach Rechtsbereich sind die Vorgehensweisen des Civil Law oder des Common Law zu applizieren (z. B. Common Law beim Strafrecht und Civil Law beim Familienrecht), sodass der SCC folglich streng genommen nicht als reines Common Law-Gericht bezeichnet werden kann (siehe weiterführend Brown-John/Pawley 2004).

Der Zuständigkeitsbereich des SCC ist deutlich breiter aufgestellt als der des Bundesverfassungsgerichts, das ausschließlich in verfassungsrechtlich relevanten Fragen agiert. Der SCC trifft Entscheidungen von öffentlichem Interesse und behandelt dabei sowohl Fälle des *public law,* des *private law* und des *criminal law:*

> As Canada's final court of appeal, the Supreme Court has jurisdiction over disputes in every area of the law. Judges answer a wide variety of important questions – from child support and corporate restructuring, to treaty and constitutional rights. (Jahresbericht des SCC aus dem Jahr 2021[5])

Fälle des öffentlichen Rechts bilden mit knapp 50 % aller Entscheidungsanträge die Mehrheit. Der gegenwärtig breite Zuständigkeitsbereich des SCC ist insofern bemerkenswert, als ihm die Aufgabe der Verfassungsgerichtsbarkeit erst seit 1984 zukommt – mehr als hundert Jahre nach seiner Gründung im Jahre 1875:

> [...] there has been a major transformation of the Court's role in Canadian law and politics, largely a result of the Charter of Rights. Most obviously, since 1984 the Court's agenda has undergone a radical revision. [...] the court no longer concerns itself mainly with the resolution of private disputes between individuals and businesses and with routine, fact-driven public law cases such tax disputes; it is now a public law Court with a special interest in constitutional issues and the interpretation of widely applicable statutes. As one of the justices noted, the orientation of the current Court is that ‚we won't take cases on which the law is well settled ... and we are generally not interested in cases that are ‚fact driven' – ‚who done it' is a question for the lower courts.' (Songer 2008: 239)

[5] Abrufbar unter: https://www.scc-csc.ca/review-revue/2021/index-eng.html.

Die Kanadische Charta der Rechte und Freiheiten (*Canadian Charter of Rights of Freedom*) beinhaltet die Grundrechte, ist Teil des Verfassungsgesetzes und der Grund, warum sich der SCC als „the guardian of the Constitution“ (siehe Jahresbericht 2021) bezeichnen kann. Das Gericht unterliegt dem *Supreme Court Act (Loi sur la Cour sûpreme).* Dieser ermächtigt das Gericht nicht nur zur Superrevision, sondern regelt vor allem auch sämtliche strukturellen Eigenschaften des Gerichts wie etwa die Zusammensetzung und Ernennung der Richterschaft. Das Gericht besteht aus insgesamt neun Richterinnen und Richtern, darunter „the Chief Justice of Canada“ und acht „puisne judges“ (*Supreme Court Act* 4,1) Die Rolle der Richterschaft im SCC ist insgesamt bemerkenswert, denn nicht selten wird das Gericht anhand der Richterinnen und Richter als Einzelpersonen beschrieben. So besteht der Eintrag zum SCC in der Canadian Encyclopedia (Rémillard et al. 2017) knapp zur Hälfte aus der Vorstellung einzelner Richterinnen und Richter (und teilweise auch anderer Angestellter). Die Relevanz der Richterinnen und Richter als Individuen (und nicht wie im BVerfG, das eher als entpersonalisiertes Gericht mit einem Richterkollektiv auftritt) spiegelt sich auch in wissenschaftlichen Studien über das SCC wider, die ihre Analyse-Items für jede Richterin und jeden Richter separat auswerten (ein Beispiel dafür ist die Arbeit von Rado (2020) zur Zitationspraxis des SCC, in dem Zitierhäufigkeiten einer jeden Richterin und eines jeden Richters einzeln ermittelt werden, siehe Abschn. 5.3.2). Nicht selten kommt es in wissenschaftlichen Studien über das SCC auch vor, dass die Richterinnen und Richter selbst zitiert werden und die Sichtung wissenschaftlicher Literatur mit den Praxiserfahrungen ergänzt wird. Dies ist zum Beispiel bei Songer (2008: 110) der Fall, der den Prozess der Entscheidungsfindung vorstellt: „Judging can be tough. Justice Dickson is quoted as saying that he ‚sweated blood‘ to make his judgments as clear as possible. He often worked through ten drafts of an opinion before circulating it to his colleagues.“

Dass die Richterinnen und Richter derart im Vordergrund stehen, mag einer der Gründe für das subjektive Moment sein, von dem Studien zur Auslegungspraxis des SCC ausgehen. Als *Common Law*-Gericht schafft der SCC Entscheidungen, an die sich andere Gerichte zu halten haben, und es ist auch selbst an Präjudizien gebunden: „It (the SCC) is the final arbiter of law in a court system based primarily on common law (using judicial precedent) and on respect for the rule of stare decisis […] This principle of upholding prior judgments lies at the heart of the judicial system“ (Rémillard et al. 2017: o.S.). Wie auch das BVerfG sieht sich der SCC dabei mit vager Sprache in unbestimmten *statute*-Texten konfrontiert (Songer 217: 110). Es bedarf einer Auslegungsmethode, in der die Richterinnen und Richter idealerweise als „impartial arbiters“ ohne „personal opinion“ (Rémillard et al. 2017: o.S.) agieren. Vertreter des sogenannten *attitudinal model* (z. B. Segal/Spaeth 2002) sehen dies jedoch kritisch, denn letztlich sei die Entscheidungsfindung der Richterinnen und Richter maßgeblich von ihrer subjektiven Einstellung zu einem Thema geprägt. Das Modell beschreibt u. a. den Einfluss politischer Gesinnungen: „[T]hough the Court’s decisions prominently cite law and precedent, those decisions are actually framed by the political attitudes of justices. […] In summary, the evidence that the politcal preferences of the justices have some influence on their voting choices seems to be extremely well established (Songer 2017: 244). Ähnlich äußern sich auch Ostberg/Wetstein (2007: 4): Es ist davon auszugehen, dass „the written opinions of judges, which seem to follow the norms of precedent and the plain meaning of legal texts, simply act as a rationalization for advancing the justice's own beliefs and values in the cases they decide". Dies wirft zum einen die Frage auf, ob sich diese *attitudes, beliefs* und *values,* d. h. Formen von Subjektivierungen, auch sprachlich – besonders im Zusammenhang mit Zitaten – nachweisen lassen und mag zum anderen auch ein Grund der Häufigkeit von *minority reasons* sein: Besonders im Vergleich zum Bundesverfassungsgericht und seinen seltenen Sondervoten ist das frequente Vorkommen von *minority reasons* auffällig. Mehr als die Hälfte der SCC-Entscheidungen (zumindest im Zeitraum 1990 bis 2007, Untersuchung von McCormick 2009) enthält *dissenting opinions,* in denen die Richterinnen und Richter für eine andere Verfahrensentscheidung plädieren oder *concurring opinions,* in denen Richterinnen und Richter aufzeigen, dass sie den Verfahrensausgang der Mehrheitsentscheidung insgesamt zwar befürworten, dafür aber andere als die durch die Mehrheit vorgetragenen Gründe als tragend erachten (ebda.: 2009: 55).

In Anbetracht der dem SCC nachgesagten Subjektivität in der Entscheidungsfindung und der herausragenden Rolle der Richterinnen und Richter als Individuen ist es bemerkenswert, dass McCormick/Zanoni (2019) in jüngeren Entscheidungen für den SCC und für den gesamten Rechtskreis des *Common Law* ungewöhnliche Tendenzen der Kollektivierung und Anonymisierung in der Entscheidungsverkündung verzeichnen. Vor allem Entscheidungen in verfassungsrechtlichen Angelegenheiten ergehen mittlerweile häufig einstimmig im Namen des Gerichts und nicht (mehr) im Namen bestimmter Richterinnen und Richter:

> But within the large development [of the court's decisions formats] is another story, one more than anyone seems to have realized – the emerge of a highly unusual and uniquely Canadian style of delivering judgments for a select but impressiv list of its major decisions, specifically for decisions in important constitutional cases. That judgment delivery style is the anonymous, and almost unanimous, *By the Court style.* We consider it unusual because for Canada, as for all the comparable countries in the common law tradition, decisions of the court are typically attributed to a single specific judge – ‚the judgment was delivered by Justice X' – whether the decision itself is unanimous or delivered on behalf of a majority of the panel. Our own Supreme Court, however, has invented, repeatedly used, and (perhaps) recently begun to regularize a unique style for an important subset of its decisions, under the format ‚the judgment was delivered by THE COURT.' (McCormick/Zanoni 2019: 20f., Hervorhebung im Original)

Auch die moderne Entscheidungsstruktur (McCormick 2009) kann als eine Art Stärkung des Richterkollektivs interpretiert werden. Die Entscheidungen des SCC bestehen in der Regel aus den folgenden Abschnitten (zusammengefasst nach McCormick/Zanoni 2019: 24).

- Name des Falls, Benennung der beteiligten Parteien, sowie der beteiligten Richterinnen und Richter
- *headnotes,* in denen das zentrale Thema der Entscheidung und relevante Entscheidungsaspekte zusammengefasst werden

- Beschreibung des Falles
- Ergebnis der Entscheidung
- Entscheidungsgründe
- ggf. *minority opinions*

Aus diachroner Sicht stellt diese Struktur eine radikale Abkehr vom ca. bis 1960 praktizierten *seriatim*-Entscheidungsaufbau dar (vgl. McCormick 2016). In der *seriatim*-Struktur stellten die Richterinnen und Richter innerhalb eines Entscheidungstextes – eine/r nach der/dem anderen, der Reihe nach und ohne expliziten Bezug aufeinander – ihre Entscheidungsgründe vor. Diese ‚richterorientierte' Entscheidungsstruktur, die man aus heutiger Sicht als u. a. als unökonomisch und aufwändig kritisieren könnte (McCormick/Zanoni 2009: 50 f.), ist in den modernen Entscheidungen einer inhaltsorientierten Anordnung der Argumente gewichen.

5.3 Zur Zitationspraxis des Bundesverfassungsgerichts und des Supreme Court of Canada

Wie in gerichtlichen Urteilen zitiert wird, unterliegt unterschiedlichsten Einflüssen. Jestaedt (2009: 147 f.) warnt am Beispiel des BVerfG vor der Annahme, es gäbe *die eine* Zitationspraxis von Gerichten:

> Noch einmal: *Das* Bundesverfassungsgericht gibt es genau genommen nicht. Nicht nur, dass die Entscheidungen in Duktus und Zitierverhalten nicht unmaßgeblich vom Berichterstatter (und dessen Sozialisation) geprägt zu sein pflegen; auch der periodisch sich einstellende personelle Wechsel tut hier ein Übriges. Belastbare statistische Daten zum Zitierverhalten des Bundesverfassungsgerichts existieren schließlich ebenso wenig wie ein verbindlicher gerichtsinterner Zitierkodex.

Individuelle Einflussfaktoren dürfen bei dem Versuch, eine Zitationspraxis zu erfassen nicht vernachlässigt werden. Dass sich trotz dieser individuellen Faktoren dennoch rechtskreisspezifische Tendenzen in der Zitationspraxis abzeichnen, sollen die folgenden Ausführungen zeigen.

5.3.1 Die Zitationspraxis des Bundesverfassungsgerichts

Die Auseinandersetzung mit unterschiedlichen Quellen bildet den Ausführungen der ehemaligen BVerfG-Richterin Lübbe-Wolff zufolge einen festen Bestandteil der Beratungen beim Bundesverfassungsgericht. Das Vorgehen der Entscheidungsfindung beschreibt sie wie folgt (Lübbe-Wolff 2022: 32 f.):

> Das Votum stellt zunächst den Sachverhalt dar, einschließlich der etwaigen prozessualen Vorgeschichte – bei Verfassungsbeschwerden zum Beispiel die Verfahren, die der Beschwerdeführer zur Erschöpfung des Rechtswegs bereits durchlaufen hat, und deren

> Ergebnisse – und des Vorbringens der Verfahrensbeteiligten, der Äußerungsberechtigten und etwaiger sachverständiger Dritter, denen Gelegenheit zur Stellungnahme gegeben wurde. Außerdem analysiert es systematisch, welche Fragen der Fall aufwirft, und arbeitet insbesondere alle sich stellenden Rechtsfragen auf. Dazu gehört die Analyse sämtlicher einschlägiger Rechtsprechung, einschließlich der Rechtsprechung internationaler und supranationaler Gerichte, und der rechtswissenschaftlichen Literatur. Rechtsprechung ausländischer nationaler Gerichte wird ebenfalls systematisch einbezogen, soweit sie rechtliche Relevanz für die für deutsche Gerichte maßgebliche Rechtslage haben, was vor allem bei Feststellungen in Bezug auf das Völkergewohnheitsrecht der Fall sein kann. Im Übrigen hing die Einbeziehung rechtsvergleichenden Materials in das Votum über lange Zeit davon ab, für wie nützlich der jeweilige Berichterstatter sie hielt. In jüngerer Zeit wird sie aber zunehmend erwartet, zumal inzwischen ein gerichtsinterner *Newsletter* regelmäßig über wichtige Entscheidungen transnationaler Gerichte und ausländischer Verfassungsgerichte informiert.

Trotz der daraus ableitbaren, gewichtigen Rolle des Zitierens in der Zitationspraxis des BVerfG haben sich bisher nur wenige Studien schwerpunktmäßig damit auseinandergesetzt. Die wohl eingehendste Betrachtung von Zitaten in den BVerfG-Entscheidungen aus wissenschaftlicher Perspektive nimmt Jestaedt (2009) vor. Eine Entscheidungsbegründung und eine „Rechtfertigung ‚sola lege' (oder, für den Verfassungsrichter: ‚sola constitutione')" (ebda., 142) kann das BVerfG in Anbetracht der bereits thematisierten Unterbestimmtheit des Verfassungstextes praktisch nicht leisten. Verfassungsrecht muss durch die BVerfG-Richterinnen und -Richter ausgelegt werden und „[z]u diesem Behufe müssen andere Quellen angezapft, um nicht zu sagen: andere Autoritäten auf den Plan gerufen werden. Und hierbei spielt das Zitat eine nicht zu unterschätzende Rolle" (ebda. 143). Der Einsatz von Zitaten beim BVerfG lässt sich – mit Jestaedt – auf drei Ebenen beschreiben: In funktionaler Hinsicht sind die Zitate in den Entscheidungen stark pragmatisch orientiert, sie sollen weder die Richterin oder den Richter als Autor/in noch die Entscheidung als Text schmücken, sondern dienen der bereits benannten Entscheidungsbegründung (ebda., 148). In formaler Hinsicht tauchen intertextuelle Bezugnahmen meist in Gestalt von Paraphrasierungen und/oder Quellennachweisen in Klammern auf (ebda., 149). Betrachtet man diese Quellen genauer im Sinne der Frage, wer oder was zitiert wird, so handelt es sich meist entweder um Zitate hierarchisch ebenbürtiger, sprich höherer Gerichte (ebda., 144) oder um Selbstzitate. Besonders bei der Bearbeitung verfassungsrechtlicher Fragestellungen operiert das Gericht selbstgenügsam – die „eigene Kompetenz, Autorität und Reputation bedarf nach der Selbsteinschätzung des Gerichts hier nur selten der Stärkung durch Fremdanleihen" (ebda., 154).[6] Die überwiegende Mehrheit bilden die Selbstzitate: „Am häufigsten und am ausgiebigsten zitiert

---

[6] Das BVerfG wird von anderen Gerichten selbst wiederum oft zitiert – sogar die Verfassungsrechtsprechung in Asien nimmt bisweilen Bezug auf seine Entscheidungen. Schlaich/Korioth (2018: 4) interpretieren dies als Ausdruck einer zunehmenden Bedeutung rechtsvergleichender Argumentationen und generell einer vermehrten Berücksichtigung des Verfassungsrechts anderer Nationen. Das BVerfG hingegen „hält sich bei rechtsvergleichenden Argumentationen auffallend zurück" (ebda.).

das Bundesverfassungsgericht eben das Bundesverfassungsgericht“ (ebda., 155). Diese Praxis der Selbstzitation wird nicht ohne Kritik zur Kenntnis genommen. Zum einen erschweren die oft unnötigen und langen Selbstzitate die Übersichtlichkeit und Überprüfbarkeit (Czermak 2021: 122). Zum anderen bezieht sich die Kritik inhaltlich auf die Distanz, die dadurch zur Verfassung geschaffen wird. Selbstzitate des BVerfG werden meist dem Maßstäbeteil seiner früheren Entscheidungen entnommen (Lepsius 2006: 124). Damit zieht es das Grundgesetz nur noch mittelbar heran, die Entscheidungsbegründung basiert auf seinem *eigenen* Maßstab, und fallspezifische Begründungen werden collageartig durch fallunspezifische „Textbausteine“ ersetzt, wie Czermak (2021: 122) kritisiert:

> Das kann leicht zu Versteinerungen führen, vor allem dann, wenn das Gericht zur Ergänzung seiner Begründungen nahezu ständig auf eigene frühere Entscheidungen zurückgreift und sie oft zitiert. Diese Selbstzitate sind fast immer dem Maßstäbeteil entnommen. Das bedeutet auf Dauer, dass das Verfassungsrecht nicht aus der Verfassung, sondern aus den objektivierten selbst formulierten Maßstäben abgeleitet wird. Erwartungen über die Verfassungsauslegung werden wesentlich durch die Maßstäbe, eine *rechtliche Zwischenebene*, geprägt. Das hält leicht von unmittelbaren neuerlichen Anstrengungen zur Auslegung des GG ab. Die Maßstäbe verleiten zu unreflektierten Wiederholungen mittels Textbausteinen. Das Gericht macht sich dann leicht von seiner eigenen Rechtsprechung abhängig.

Mit dieser Kritik kommt die Frage auf, ob und inwiefern die Selbstzitate des BVerfG mit dem kontinentaleuropäischen Konzept des Gesetzesrecht vereinbar sind. Im Gegensatz dazu verteidigt Jestaedt die Berechtigung des Selbstzitats (2009: 157 f.). Auf Selbstzitate könne man nur im Falle einer nicht umsetzbaren „Totaldetermination“ (ebda., 157) verzichten. Des Weiteren signalisiere das Selbstzitat die Kohärenz der eigenen Rechtsprechung und fungiere so als Stärkung der Verfassungsgerichtsbarkeit (ebda.).

5.3.2 Die Zitationspraxis des Supreme Court of Canada

Die richterliche Begründungskultur des SCC basiert zu einem bemerkenswerten Teil auf anderen Entscheidungen (siehe auch Präjudizienbindung in Abschn. 5.1.2). Die Richterinnen und Richter bekunden in den Urteilen nicht nur den Ausgang ihrer Entscheidung, sondern auch, wie sie zu ihrer Entscheidung gekommen sind. Dazu werden Zitate verwendet: „Judges do not simply declare outcomes but also give reasons; in Canada, these reasons are typically organized around citations of judicial authority“ (McCormick 1995: 453). Um Glaubwürdigkeit zu signalisieren und so Persuasion zu erreichen, verwendet das Gericht das Zitat als ‚Waffe‘: „As in the case with other courts in the Anglo-American world, the Supreme Court’s weapon of choice in the persuasive arsenal is citations to judicial authority. These citations are drawn from a range of sources […]“ (McCormick 1996: 890). Infolgedessen haben viele Studien verschiedenste Fragen an die Zitationspraxis des SCC gerichtet, darunter Fragen danach, welche Gerichte es zitiert, wie sich die Zitationspraxis aus diachroner Perspektive entwickelt hat, und ob die Zitationspraxis von Richterpersönlichkeiten als Einzelpersonen abhängt.

Eine Studie, die in diesem Zusammenhang hervorzuheben ist, stammt von Rado (2020), der eine umfassende statische Auswertung zur Zitationspraxis des SCC vornimmt. Die Studie konzentriert sich vor allem auf Bezugnahmen auf ausländische Entscheidungen (in der Terminologie Nußbergers ‚systemextern' 2006; vgl. Kap. 2.3.3) und rechtlich nicht-bindende Rechtsquellen. Als Grundlage seiner Studie zieht Rado (2020: 57) die generelle Offenheit des SCC heran:

> Observed from the perspective of citation of foreign judgments, the Supreme Court of Canada (SCC) is often considered one of the world's most cosmopolitan and proactive actors in transnational judicial conversation. However, there are also other forms of non-domestic legal sources that Courts engage with, such as: foreign law, international case law, and international treaties.

Der SCC rezipiert nicht nur ausländische Entscheidungen, sondern – und dies ist, wenn man an die Präferenz höchstgerichtlicher Entscheidungen des BVerfG denkt bemerkenswert – oft auch ausländische hierarchisch untergeordnete Gerichte besonders aus England, den USA und Australien. Der Anteil an Zitaten aus höchstgerichtlichen Entscheidungen und der Anteil an Bezugnahmen auf untergeordnete Gerichte ist fast ausgewogen: 54,7 % der Zitierungen in kanadischen Urteilen wurden Höchstgerichten, die restlichen 45,3 % der Zitate untergeordneten Gerichten entnommen (Rado 2020: 65). Besonders die verfassungsrechtlichen Entscheidungen des SCC berufen sich regelmäßig auf *foreign case law;* vergleichsweise selten finden sich derartige Zitierungen z. B. in arbeitsrechtlichen Fällen (ebda., 69).

Die Häufigkeit der ‚ausländischen' Zitationen hängt nicht nur vom Rechtsgebiet ab. Wie Rado (ebda., 79) feststellt, korreliert diese auch mit der individuellen Präferenz der Richterinnen und Richter. So bedient sich der ehemalige *Justice Binnie,* rechnet man die Anzahl der Zitationen zur besseren Vergleichbarkeit auf einen Durchschnittswert pro Monat, 3,5-mal monatlich[7] nicht-heimischer Rechtsquellen. Das Schlusslicht der Spannweite zwischen maximal 3,5 und 0,58 Zitationen ausländischen Rechts pro Monat bildet *Justice Wagner.* Rado schlägt deshalb vor, das Spektrum der individuellen Richter in „globalist" und „localist" zu unterteilen, verweist dabei aber auch auf ein Interview mit einem SCC-Richter, der auf verschiedene Einflüsse auf die Präferenz von in- oder ausländischen Rechtsquellen verweist (ebda., 81; Interviewtranskript 82):

> There are many reasons for the engagement or non-engagement with non-Canadian legal sources. First, we have to realize that … until last year, it was the Chief Justice who decided which judge was going to write each decision. The nature of the case is key, because, obviously, you cannot involve non-domestic legal sources, foreign or international, in every case. There are only specific cases that have that potential. And if you are not called to write on those decisions, of course you will not appear in the list of judges who

[7] Die Anzahl der Zitationen wurde in der Studie nur mit den Richterinnen und Richtern; nicht aber mit anderen Variablen wie z. B. der Textlänge der Urteile korreliert.

> referred to such sources. Second, it depends on whether you are with the majority or minority. Third, it depends whether it [the case] comes from Quebec, or another province. That can certainly have an impact on how much a judge is contributing. Fourth, the number of years that judges have served in the Court also plays a role. The longer a judge serves, the more confident is the judge with non-domestic legal sources. Fifth, many references to international or foreign legal sources will be found by the clerks. So, clerks play an important role in presenting these sources to the judge. To sum up, there are many factors that influence whether and to what extent a judge engages with non-domestic legal sources.

Welchen Zweck ein Richter mit der Zitierung ausländischer Rechtsquellen verfolgt, kann in Anbetracht der Fülle möglicher Hintergründe nicht eindeutig analysiert werden. Fest steht dennoch, dass der SCC durch seine ausgesprochene Dialogizität in der Rechtsprechung auffällt. Auch wenn man dem Gericht nach wie vor eine „global consciousness“ zusprechen kann, verzeichnet Rado (ebda., 83) aus diachroner Perspektive (im Untersuchungszeitraum von 2000–2016) allerdings eine Abnahme der Bezugnahmen auf ausländische Rechtsquellen und eine „slowbalization“. Da ausländische Rechtsquellen für das SCC ohnehin nicht bindend sind, kann sich ein Richter in seiner Begründungsarbeit auch anderweitig behelfen und vorherergangene Entscheidungen des SCC (und ggf. anderer SCC-Richter) konsultieren. Das Selbstzitat (im Englischen auch *follow-up citation*) ermöglicht es u. a., den Einfluss einzelner Entscheidungen und einzelner Richter empirisch sichtbar zu machen. Neben der Auffälligkeit, dass einige Richter signifikant öfter zitiert werden als andere, merkt McCormick (1996) auch die Vergänglichkeit ihres Einflusses an. Die Häufigkeit, mit der bestimmte Richterinnen und Richter zitiert werden, ist nicht konstant: Es gibt „high drop-off rates for citation frequencies over time for individual cases, and individual members of the Court“ und die „products sold in the Supreme Court ‚supermarket‘ have a short shelf-life; individual items become stale-dated more than twice as fast as it seems to be the case for the California State Supreme Court in the 1970“ (McCormick 1996: 484). Ob dieser Vergleich des SCC und des *California State Supreme Court* auch in den heutigen Entscheidungen noch haltbar ist, ist unklar; McCormicks Analyse bezieht sich auf Entscheidungen von 1989 bis 1993. In der Interpretation seiner Daten tätigt er jedoch zwei Anmerkungen zum Zitat, die als zeitlos gelten können.

Erstens können Zitattypen in (auch quantitativen) Analysen nicht gleichbehandelt werden:

> To be sure, a simple count oversimplifies the process of citation by assuming what is clearly not the case: that citation a is a citation and all deserve to be counted equally. On the contrary; some cases are briefly indicated in passing, as single examples of a general point or as one of a string of cases illustrating a trend, while others are considered at length. Some cases are cited approvingly, others criticised or rejected or distinguished, although in practice the citation ratio is heavily in favour of the former. (McCormick 1996: 875).

Zweitens ist die Auswahl eines Zitates als kreativer Prozess zu verstehen, der nur vermeintlich objektiv ist:

> Judges often suggest that there is little choice involved in choosing citations – that they cite only what they need to cite, and they cite it because they need to. Such self-deprecation cannot be taken at face value, at least not for all cases and least of all for the

> important cases that make law. Kerans J. refers to this as the ‚flat rock theory' of precedent: reading cases is like turning over rocks, and if you just turn over enough rocks you will eventually find the exact piece of law you need. But this denies the creativity whereby a judge persuasively weaves together strands of precedent to shape a just outcome for the particular case that will also serve as a guide to future cases, a process which partakes as much of art as it does of science. (McCormick 1995: 457)

5.4 Zwischenfazit IV

Anliegen des vorliegenden Kapitels war es, die (in erster Linie) rechtswissenschaftlichen Grundlagen für eine Analyse der Zitationspraxis im kontinentaleuropäischen und im angloamerikanischen Recht zu schaffen. Zu diesem Zweck wurden erstens die grundlegenden Charakteristika der beiden Rechtskreise, zweitens das Bundesverfassungsgericht und der Supreme Court of Canada als Repräsentanten derselben, sowie drittens (die wenigen) Studien zur Zitationspraxis der beiden Gerichte vorgestellt.

Abschn. 5.1 hat zunächst in das Beschreibungsinventar der Rechtsvergleichung eingeführt. Rechtskreise können u. a. hinsichtlich ihrer Auslegungsmethodik und den zur Entscheidungsfindung herangezogenen Rechtsquellen charakterisiert werden. Diese beiden Kriterien haben sich auch in der Gegenüberstellung des kontinentaleuropäischen und des angloamerikanischen Rechtskreises in den Abschn. 5.1.1 und 5.1.2 als dienlich erwiesen. Während sich das kontinentaleuropäische Recht, das auch als Gesetzesrecht bezeichnet wird, auf Kodifikationen, d. h. auf systematisierte Rechtssätze beruft, baut das angloamerikanische Recht seine Entscheidungsfindung auf Präjudizien auf. Im Umkehrschluss bedeutet dies weder, dass das *Civil Law* in der Praxis der Entscheidungsfindung keine Präjudizien berücksichtigt, noch, dass es im *Common Law* keine Gesetze gibt. Der zentrale Unterschied besteht im *Müssen* und *Können:* Deutsche Gerichte *können* Entscheidungen aus anderen Rechtsfällen oder eigene vorher ergangene Entscheidungen berücksichtigen, sie *müssen* es aber nicht. Gerichte des *Common Law* dagegen sind an Präjudizien gebunden – sie müssen sich mit entsprechenden Präzedenzfällen auseinandersetzen.

Ein weiterer, elementarer Unterschied besteht in der Entscheidungsmethodik. Im *Civil Law* werden Fälle, zumindest im Ideal, mithilfe der Subsumtion, also durch Unterordnung zu Normen entschieden; deduktiv werden Syllogismen gebildet. Die Rechtsfindung bzw. -gewinnung im *Common Law* verläuft induktiv, denn vom speziellen Fall ausgehend werden Analogien zu anderen, bereits entschiedenen Fällen gesucht. Diese beiden sehr unterschiedlichen Verfahrensweisen sind Ausdruck eines unterschiedlichen Rechtsverständnisses. In Deutschland ist das systematisch ‚zu findende' Recht identisch mit dem kodifizierten Recht, in Kanada wird Recht keineswegs mit den *statutes* gleichgesetzt. Das konsequente Systematisierungsbestreben im kontinentaleuropäischen Recht kann als Grund bzw. als Konsequenz seiner Nähe zur Rechtswissenschaft gedeutet werden. Ein Ausdruck der Wissenschaftlichkeit (und nicht weniger auch des Subsumtionsideals als scheinbar personenungebundene Methodik) im deutschen Recht ist schließlich der insgesamt depersonalisierte Schreibstil. Im Aspekt der (De)Personalisierung unterscheiden sich die beiden Rechtskreise auffällig.

Die in der Gegenüberstellung identifizierten theoretischen Unterschiede konnten auch in der Praxis, also in der Vorstellung zweier konkreter ‚Akteure' beider Rechtskreise gefunden werden. Die Vorstellung des Bundesverfassungsgerichts und des Supreme Court of Canada in den Abschn. 5.2.1 und 5.2.2 hat dabei allerdings auch einige Diskrepanzen zwischen theoretischem Ideal und praktischer Umsetzung dokumentiert. Dies betrifft beispielsweise die Subsumtion. Aufgrund der Unterbestimmtheit und Abstraktheit der Grundrechtssätze bleibt dem BVerfG manchmal nur eine Stützung der eigenen Entscheidung auf rechtlich theoretisch nicht-bindende Fremdinhalte. Zu den Unterschieden, die auf die jeweiligen Rechtskreise zurückzuführen sind, kommen die Unterschiede im Aufgabenbereich der Obergerichte: In den Zuständigkeitsbereich des BVerfG fallen nur verfassungsrechtliche Angelegenheiten, und es wird nur auf äußeren Anstoß, etwa in Form einer Verfassungsbeschwerde tätig, ist also nicht *per se* Teil des Instanzenzugs und Superrevisionsinstanz. Der Zuständigkeitsbereich des SCC ist weitaus breiter aufgestellt. Es kümmert sich um verfassungsrechtliche Angelegenheiten und auch um alle Rechtsbereiche von öffentlichem Interesse. Diese Unterschiede seien besonders hervorgehoben, da sie zentral für die Zusammenstellung des Korpus sind, das vor der Herausforderung steht, Vergleichbarkeit zu schaffen (siehe auch Erläuterungen zur Zusammenstellung des Korpus in Kap. 6.3).

Die Zitationspraxis der beiden Gerichte wurde in den Abschn. 5.3.1 und 5.3.2 beschrieben. Es wurde zunächst darauf hingewiesen, dass es weder *die eine* Zitationspraxis eines Rechtskreises noch *die eine* Zitationspraxis eines Gerichts gibt. Wer, was und wie oft zitiert wird, unterliegt verschiedensten Einflüssen (wie z. B. der Schreibsozialisation der Richterin oder Richters oder auch dem Thema des Falls). Trotz dieser Einflüsse konnten die Tendenzen im Zitatverhalten der beiden Gerichte identifiziert werden, etwa hinsichtlich der Wahl der Rechtsquellen. Der SCC zeigt sich sehr offen bezüglich verschiedenster Rechtsquellen; es rezipiert und zitiert ausländisches Recht sowie das Recht untergeordneter Gerichte. Das BVerfG zeigt in dieser Hinsicht weniger Diversität; es zitiert am liebsten sich selbst. Kritisiert wird dieser Usus vor allem insofern, als diese Selbstzitate den oft selbst formulierten Maßstäbeteilen entnommen sind.

Der Forschungsstand zu beiden Gerichten kann nicht als gleichermaßen fortgeschritten gelten. Während für das SCC mit der Studie von Rado (2020) umfängliche quantitative Daten vorliegen, haben die bisherigen Ausführungen zum BVerfG eher essayistischen Charakter. Der Schwerpunkt aller rechtswissenschaftlichen Studien liegt darauf, wer oder was zitiert wird. Andere Charakteristika als die Quelle des Zitats (wie zum Beispiel der Typus, d. h. etwa direkt vs. indirekt) oder die Einbettungsweise haben bisher noch keine Beachtung erfahren.

Kapitel 6
Wie und warum zitieren Gerichte? Eine empirische Untersuchung am Beispiel des Bundesverfassungsgerichts und des Supreme Court of Canada

Die Untersuchung dieser Arbeit verfolgt – geleitet von der Frage ‚Wie und warum zitieren Gerichte?' – zwei Ziele. Das erste Ziel besteht in einer deskriptiven Charakterisierung der Zitationspraxis der beiden beispielhaft untersuchten Gerichte unter komparativen wie auch diachronen Gesichtspunkten. Das zweite Ziel besteht in dem Versuch, Zitatfunktionalisierungen auf Basis der in der Charakterisierung identifizierten Zitationsmerkmale zu rekonstruieren.

Die Deskription der Zitationspraxis beinhaltet eine weit angelegte Frequenzanalyse von Zitationsmerkmalen an einem großen Korpus bestehend aus 495 Entscheidungen aus den Jahren 1985 bis 2020. Mittels einer Quantifizierung von Zitationseigenschaften soll geprüft werden, ob und, wenn ja, welche prototypischen Verwendungsweisen von Zitaten sich in den Entscheidungen herauskristallisieren. Die zu quantifizierenden Zitationsmerkmale bestehen aus sechs deduktiv festgelegten, im theoretischen Teil dieser Studie – auch im Hinblick auf Funktionen als aufschlussreich – erarbeiteten Analysekategorien: 1. die Anzahl und Kategorie der Quellen, 2. die Frequenz und Verteilung der Zitattypen, 3. die textlokale Einbindung der Zitatspender, 4. zitatbezogene Modalisierungsprozeduren und evaluative Attribuierungen, 5. Evidentialitätsmarkierungen und 6. Quellen-Etikettierungen. Die quantitative Erhebung zu den Charakteristika der Zitate der beiden Gerichte findet sich, nach einer Rekapitulation der theoretischen Ergebnisse (Abschn. 6.1), in den Abschn. 6.2 bis 6.5.6. Auf Basis der darin gewonnenen empirischen Ergebnisse erfolgen eine Identifikation prototypischer Zitationsmerkmale in Abschn. 6.6.1 sowie in Abschn. 6.6.2 eine Erörterung potenzieller Zitatfunktionen in den Gerichtsentscheidungen, die die quantitative Perspektive auf eine qualitative Perspektive verlagert. Es wurde in Kap. 3 bereits diskutiert, dass die Analyse von Zitateigenschaften zwar eine Grundlage für den Versuch einer Rekonstruktion von Zitatfunktionen bietet, eindeutige Zuordnungen allerdings nicht möglich sind, da die Intention eines Zitierenden weder dem Zitat selbst noch seinem Einbettungskontext eindeutig entnommen werden kann. Die Analyse

J. Steigler-Herms, *Wie und warum zitieren Gerichte?*, Literatur und Recht 12, https://doi.org/10.1007/978-3-662-68577-8_6

von Zitatfunktionen muss deshalb stets auf interpretatorischer Ebene bleiben und ist nicht als Funktionszuordnung, sondern vielmehr als Funktionseingrenzung zu verstehen.

6.1 Rekapitulation der theoretischen Ergebnisse

Der Akt des Zitierens kann auf unterschiedliche Weise und zu unterschiedlichen Zwecken realisiert werden. Beide Aspekte – das Wie und das Warum des Zitierens – sind Gegenstand der empirischen Untersuchung. Besonders die Analyse des ‚Warum' ist insofern ein schwieriges Unterfangen, als die Identifikation von Zitatfunktionen stets mit Intentionalitätsrekonstruktionen verbunden ist und Intentionen einem Text wiederum nicht unmittelbar entnommen werden können. Zur Vorbereitung der Analyse hat der theoretische Teil dieser Arbeit deshalb versucht, deskriptive Ansätze zum Wie der Zitationspraxis mit interpretativen Ansätzen zum Warum zusammenzubringen, um so Möglichkeiten einer empirischen Auswertung zu modellieren. Vor einer Darstellung des Untersuchungsaufbaus und der zu untersuchenden Variablen seien im Folgenden essentielle Ergebnisse der theoretischen Auseinandersetzung mit Zitierweisen und Zitatfunktionen rekapituliert.

Kap. 2 hat in Definitionen und Typologien eingeführt. Dabei wurde gezeigt, dass es sich bei dem Terminus ‚Zitat' um einen Sammelbegriff handelt, dessen Referenz und Definition je nach Disziplin variiert. Aus philologischer Perspektive ist grundlegend zu differenzieren zwischen einer literaturwissenschaftlichen Auffassung des Begriffs, die verschiedene Formen intertextueller Bezugnahmen unter dem Begriff führt und linguistischen Typologien, die zusätzlich zu den intertextuellen Zitattypen auch Anführungen ohne Prätext-Referenz unter den Zitatbegriff fassen. Führt man beide Typologien zusammen, ergeben sich fünf Zitattypen.

- *das direkte Zitat:* Bei einem direkten Zitat wird die Materie eines Prätextes unverändert in einen neuen Kontext überführt; es zeichnet sich durch Wörtlichkeit und graphematische Markierungen aus (z. B. Der erste Satz des Grundgesetzes lautet: „Die Würde des Menschen ist unantastbar").
- *das indirekte Zitat:* Bei einem indirekten Zitat wird die Materie des Prätextes partiell übernommen, aber nicht wortgetreu wiedergegeben. Die zitierende Instanz nimmt geringfügige Transformationen vor und verwendet keine graphematische Markierung (z. B. Der erste Satz des Grundgesetzes besagt, die Würde des Menschen sei unantastbar.)
- *das gemischte Zitat:* Bei einem gemischten Zitat handelt es sich um eine Hybridform aus direkten und indirekten Elementen; wörtliche Übernahmen werden in Indirektheitskontexte eingebettet (z. B. Der erste Satz des Grundgesetzes besagt, die Menschenwürde sei „unantastbar").
- *das reine Zitat:* Beim reinen Zitat handelt es sich um eine Anführung, die Sprache auf sich selbst richtet. Sie ermöglicht dadurch, Eigenschaften zum angeführten Begriff zu thematisieren (z. B. ‚Würde' ist ein schwer definierbarer Begriff).

- *das modalisierende Zitat:* Beim modalisierenden Zitat werden Anführungszeichen zu pragmatischen Zwecken verwendet. Der Einsatz der Anführungszeichen soll das rezipientenseitige Verständnis des Begriffes lenken; durch die Anführungszeichen wird signalisiert, dass das kommunikatorenseitig intendierte Begriffsverständnis von der üblichen Begriffsverwendung, u. a. von der eigentlichen Denotation oder von Duktuskonventionen abweicht (z. B. Das BVerfG ‚hütet' die Verfassung).

Ergänzend dazu sind der Verweis und die Paraphrase anzuführen. Der Verweis und die Paraphrase werden in bestehenden Typologien zwar meist vernachlässigt und nicht unter dem Zitatbegriff geführt; als Erscheinungsformen intertextueller Bezugnahmen stellen sie für die vorliegende Arbeit allerdings zwingend zu berücksichtigende Typen dar.

- *der Verweis:* Bei einem Verweis ist ein Prätext weder wörtlich noch umformuliert im bezugnehmenden Text vorhanden. Verweise sind zu verstehen als Suchanweisung, d. h. einem Leser wird ausschließlich die bibliographische Information dargeboten. Hinweise auf einen Verweis, besonders zur Abgrenzung von der Paraphrase, können Quellen-Etikettierungen sein wie z. B. „siehe *weiterführend* Mustermann (2010)". Die Etikettierungen sind kein zwingender Bestandteil von Verweisen. Sie können Aufschluss darüber geben, in welcher Relation der Verweis zur Proposition steht (z. B. die Etikettierung „a.A." für „andere Ansicht" in deutschen Gerichtsentscheidungen).
- *die Paraphrase:* Bei einer Paraphrase handelt es sich um einen sinngemäßen Transport von Prätextinhalten bei gleichzeitiger Nutzung von Reformulierungsstrategien. Es gibt unterschiedliche Reformulierungsstrategien, wie etwa die Kürzung und Reduktion des Prätextes, die Verwendung von Synonymen sowie die – in Gerichtsentscheidungen zu vernachlässigenden – Techniken der Metaphrasierung und der Periphrasierung. Bei einer Metaphrase werden konnotative Inhalte neutralisiert (bspw. bei der Transposition eines Gedichtes in Prosa, „Löwe" im referierenden Text und „König des Dschungels" im Prätext). Gegenteilig dazu stellen Periphrasierungen eine Anreicherung des Signifakts durch das Spiel mit Konnotationen und Assoziationen dar (d. h. „König des Dschungels" im referierenden Text und „Löwe" im Prätext).

Mit der Ergänzung der Typologie um den Verweis und die Paraphrase ergeben sich insgesamt sieben Typen, die sich wiederum dreifach unterteilen lassen in materielle Zitattypen (direktes und gemischtes Zitat), immaterielle Zitattypen (indirektes Zitat, Verweis, Paraphrase) und Anführungen ohne Prätext (modalisierendes und reines Zitat). Problematisch ist, dass ohne Abgleich mit dem Prätext in der Regel nicht bestimmt werden kann, ob es sich etwa um eine Paraphrase, ein indirektes Zitat oder um mit einem weiterführenden Verweis versehene eigene Inhalte handelt. Die nachfolgende empirische Analyse arbeitet aus diesem Grund mit der erwähnten, im Vergleich zu theoretischen Typologien groben Unterscheidung zwischen materiellen, immateriellen und nicht-intertextuellen Zitattypen (siehe dazu weiterführend auch Abschn. 6.4).

Rechtswissenschaftliche Ansätze zur Beschreibung von Zitaten operieren nicht mit derartigen Differenzierungen. Unter einem Zitat werden in der Rechtswissenschaft alle Formen intertextueller Bezugnahmen verstanden. Der rechtswissenschaftliche Zitatbegriff basiert also grundlegend auf dem literaturwissenschaftlichen Verständnis und setzt die Bezugnahme auf einen Prätext als Definiens voraus. Nicht prätext-basierte Zitattypen (das modalisierende und das reine Zitate) zählen dementsprechend nicht darunter. Rechtswissenschaftliche Perspektiven auf das Zitat beschäftigen sich, anders als literaturwissenschaftliche, nicht damit, wie ein zitierender Text die zitierte Prätext-Materie integriert (z. B. wörtlich oder indirekt), sondern fokussieren die Typologisierung von Quellen anstatt die von Zitaten selbst. Ein Beispiel für eine solche Typologie findet sich bei Nußberger (2006), die zwischen systeminternen, systemexternen und systemfremden Zitaten (genauer genommen: Quellen) unterscheidet. Der Vorrang der Analyse von Quellen vor der Analyse von Erscheinungsformen von Prätexten offenbart sich etwa auch in dem Begriff des ‚Kettenzitats'. Bei einem Kettenzitat handelt es sich um eine intertextuelle Proposition, die von mehreren Quellenangaben begleitet wird, so dass die ‚Kette' von den Quellen gebildet wird, (nicht von den Zitaten). Die Rechtswissenschaft interessiert sich also hauptsächlich für die Art und die Anzahl der Quellen und weniger für unterschiedliche Erscheinungsformen eines Prätext-Transportes.

Die unterschiedlichen Auffassungen des Zitatbegriffs zeigen, wie vielfältig das Zitat beschrieben werden kann. Zu seiner umfassenden Charakterisierung einer Zitationspraxis sollte – so die Ergebnisse von Kap. 2 – untersucht werden, auf welche Art und Weise die Materie eines Prätextes in einen zitierenden Text transportiert wird (z. B. direkt oder indirekt), wer zitiert wird (z. B. supranationales Recht oder rechtswissenschaftliche Quellen) und wie viele Quellen zitiert werden (z. B. Kettenzitate). Für Fälle, bei denen keine Prätext-Wiedergabe vorliegt, aber dennoch Anführungszeichen verwendet werden, ist zu fragen, welchem Zweck die Anführungszeichen dienen (z. B. Signalisierung von Duktus-Abweichungen beim modalisierenden Zitat oder Thematisierung von Begriffseigenschaften beim reinen Zitat).

Kap. 3 hat gezeigt, dass Zitate zahlreiche Funktionen erfüllen können: Sie dienen als Beweise, verleihen Autorität, schmücken Texte und ihre Produzenten, ermöglichen eine ökonomische Textproduktion und sorgen für Kohärenz. Eine vollumfängliche Aufzählung potenzieller Funktionen ist nicht möglich. Grund dafür ist die variable funktionale Ausrichtung von Zitaten bei gleichzeitiger Verflechtung der funktionalen Ebenen. So kann ein Zitat etwa verwendet werden, um eine Aussage auf textfunktionaler Ebene mittels eines Beispiels zu belegen; der Akt des Belegens kann wiederum eine autorenseitige Funktion erfüllen, indem er die Geltung und Autorität des Zitierenden stärkt. Welche konkrete Funktion(en) ein Zitat in einem spezifischen Kontext erfüllen soll, lässt sich dem Zitat nicht ohne Weiteres entnehmen. Kap. 3 hat vor diesem Hintergrund betont, dass keine integrative Erfassung möglicher Zitatfunktionen geleistet werden kann und hat sich auf vier Funktionen konzentriert, die der einschlägige Forschungskanon für Gebrauchstextsorten benennt.

- *Ornamentalität:* In seiner schmückenden Funktion eingesetzt, leistet das Zitat einen Beitrag zur Stilvariation. Duktusbrüche können durch das Zitieren bzw. durch Anführungszeichen – seien es Anführungszeichen zur Kennzeichnung materieller Zitate oder Anführungszeichen beim modalisierenden Zitat – instrumentalisiert und legitimiert werden.
- *Autorität:* Ein Zitierender kann seine Autorität mithilfe des Zitats u. a. durch die Demonstration von Belesenheit stärken; in dieser Hinsicht dient das Zitat selbstdarstellerischen Zwecken. Zusätzlich dient es, bei der affirmativen Übernahme eines Prätextes, als Beleg, dass man mit seiner Ansicht nicht allein ist und sich auf andere Personen oder Texte, ggf. sogar auf autoritative Personen oder Texte berufen kann. Das Zitat kann ferner als Mittel der Autoritätsprojektion eingesetzt werden, indem entweder der Zitierende sich die Autorität des Zitatspenders zunutze macht, oder der Zitierende seine Autorität auf das Zitierte projiziert. Selbst bei einer Ablehnung oder Distanzierung vom zitierten Prätext kann die Autorität eines Zitierenden gestärkt werden, denn durch die Ablehnung schreibt ein Zitierender sich selbst eine Position zu, die es erlaubt, über Geltungen zu entscheiden.
- *Kohärenz:* In der Funktion der Kohärenz dient das Zitat erstens der Selbstpositionierung in Textnetzen und, zweitens, der Signalisierung einer Berücksichtigung von Textnetzen. Die Funktion der Kohärenz unterscheidet sich von den anderen Funktionen insofern, als sie in vielen Diskursen obligatorisch ist. Während ein Zitierender ornamentale Zitate einsetzen *kann,* ist das Schaffen und Demonstrieren von Kohärenz – etwa in der Wissenschaft, wie auch im Recht – verpflichtend.
- *Ökonomie:* Eng mit der Funktion der Kohärenz verbunden ist die Funktion der Ökonomie. Der Aufgriff bestehender Inhalte aus Textnetzen kann sowohl inhaltliche Arbeit als auch Arbeit auf Ebene der Formulierung ersparen.

Während aus theoretischer Perspektive unbestritten ist, dass Zitate die o.g. Funktionen erfüllen können, mangelt es an empirischen Ansätzen zur Funktionsanalyse. Empirische Ansätze haben sich mindestens zwei Problemen zu stellen, nämlich dem Problem der Abgrenzbarkeit von Funktionen sowie das Problem der Notwendigkeit von Intentionalitätsrekonstruktionen. Ob es sich etwa um ein kohärenzsignalisierendes Zitat, ein zu ökonomischen Zwecken eingesetztes Zitat, oder um beides gleichzeitig handelt, ist im Zitat selbst enkodiert. Kap. 3 hat sich deshalb, auch mit Rückgriff auf Kap. 2, mit einer Entwicklung möglicher Fragestellungen zu Zitatmerkmalen befasst, die Rückschlüsse auf mögliche Funktionen zulassen können.

- *Welcher Zitattypus wird verwendet (direktes Z., indirektes Z., gemischtes Z., Paraphrase, Verweis)?* Eine eindeutige Zuordnung zwischen Zitattypen und Zitatfunktionen kann nicht vorgenommen werden, allerdings variieren die Zitattypen durchaus in ihrer Eignung zur Realisierung verschiedener Funktion. Für ornamental-stilistische Effekte durch Duktusabweichungen eignen sich z. B. besonders materielle Zitate.

- *Wer oder was wird zitiert, und was ist der Status des Zitierten?* Diese Frage ergibt sich u. a. aus der Konzentration auf Quellen-Kategorisierungen im Recht. Die Berücksichtigung von Quellen ist dabei immer Resultat eines Auswahlprozesses, wobei unterschieden werden kann zwischen rechtlich bindenden Quellen (etwa dem Grundgesetz beim BVerfG) und optionalen Quellen (wie z. B. wissenschaftlichen Texten). Für letztere stellt sich die Frage nach der Zitiermotivation noch dringender, da sie rechtlich nicht bindend sind und damit als Resultat eines Auswahlprozesses als intentional funktionalisiert interpretiert werden können.
- *Wie oft wird welche Quelle zitiert?* Diese Frage ist eng verbunden mit der Frage nach der Quellen-Kategorie und ergänzt sie durch quantitative Gesichtspunkte. Generell greifen Gerichte in ihren Entscheidungen auf viele Quellen zurück. Die Quantität herangezogener Quellen kann Aufschluss über Gewichtung und Einfluss anderer Texte geben (vgl. Pfister 1985); beispielsweise kann die Wissenschaftsnähe, die dem deutschen Recht nachgesagt wird, durch eine quantitative Auswertung der Bezüge auf wissenschaftliche Quellen bescheinigt werden.
- *Wie wird der Autor bzw. die Quelle genannt? (z. B. in Klammern oder im Fließtext):* Die Analyse der Zitatspendereinbindung bezieht sich auf die textlokale Positionierung der Quellenangabe. Aus dem Fakt, dass ein Zitatspender bzw. der Autor eines zitierten Inhalts genannt wird, lassen sich zunächst insofern keine Erkenntnisse über potentielle Zitiermotivationen gewinnen, als die Angabe dieser Information gemäß dem UrhG obligatorisch ist; unmarkierte Zitate können als Verstoß gegen das Recht auf Anerkennung einer Urheberschaft geahndet werden (§ 13 UrhG). Gewinnbringend ist allerdings eine Analyse der Nennungspositionierung. Ein zitierter Autor kann entweder in Klammern und Fußnoten angegeben oder – über die verpflichtende Markierung hinausgehend – im Fließtext eingebunden und somit prominent platziert werden. Die konkrete Ausgestaltung von ersterem (Klammern sowie u. a. die Interpunktion vor Seitenangaben) hängt vornehmlich von den disziplinären Konventionen ab. Letzteres kann wiederum als Hinweis auf potentielle Funktionalisierungen herangezogen werden. Eine prominente textlokale Platzierung im Fließtext kann auf eine besondere Gewichtung des Autors oder des zitierten Textes schließen lassen. Wird der Name eines Autors zu persuasiven Zwecken genannt, handelt es sich um das sogenannte *name dropping,* bei dem ein Zitierender die Autorität des Zitierten auf sich selbst projizieren möchte.
- *Wie ist das Zitat eingebettet? (z. B. Evaluation des Zitats durch Adjektive):* In Kap. 3 wurde in diesem Zusammenhang die These aufgestellt, dass weniger der Inhalt eines zitierten Prätextes über mögliche Funktionalisierungen entscheidet, sondern dass es in Bezug auf Funktionsrekonstruktionen vielmehr ausschlaggebend ist, was ein zitierender Text mit einem Prätext macht, sprich ob ein zitierender Text die zitierten Inhalte annimmt oder ablehnt. Die Übernahme eines Prätextes vollzieht sich in einem Spannungsfeld zwischen den Polen Affirmation und Dekonstruktion, und je nachdem, ob ein Zitatinhalt angenommen, abgelehnt oder etwa diskutiert wird, entfaltet das Zitat seine stark von der Einbettungsweise abhängige Funktion.

Das letztgenannte Analysekriterium zur Zitateinbettung hat wiederum die Frage nach messbaren Indikatoren aufgeworfen, die eine Nachweisbarkeit derartiger Positionierungen zuließen. Mit Überlegungen zur Messung von (subtilen) Positionierungen hat sich deshalb *Kap. 4* beschäftigt. Dazu wurde der theoretische Rahmen des *Stancetakings* herangezogen und die beiden Subkategorien der epistemischen Modalität und der Evidentialität erörtert. Die epistemische Modalität bezieht sich auf die Einschätzung der Faktizität einer Proposition aus der Perspektive des Schreibers; der Schreiber weist einer Proposition einen Faktizitätsgrad zu und kann ihn verstärken oder einschränken. Marker der epistemischen Modalität, sprich Modalisierungsprozeduren wie Hedges und Booster manifestieren das Verhältnis eines Zitierenden einem zitierten Inhalt gegenüber und können Aufschluss darüber geben, ob ein Zitierender dem Fremdinhalt Faktizität zuspricht oder ob er diese eingeschränkt wissen will. Einschränkungen können u. a. mithilfe von Hedges vorgenommen werden, Verstärkungen mithilfe von Boostern.

- *Hedges:* Bei Hedges handelt es sich um Modalisierungsprozeduren, die eine Distanzierung zur Faktizität einer Proposition herstellen. Beispiele dafür sind geltungseinschränkende Adverbien wie „möglicherweise“ oder Modalverb-Konstruktionen wie „könnte verstanden werden als“. Hedges werden unterschiedliche Funktionen zugeschrieben; darunter etwa der Selbstschutz der ‚hedgenden‘ Instanz, die aufzeigt, keinen Anspruch auf Geltung zu erheben oder auch die Höflichkeitsfunktion, bei der eine Kritik zum Schutz des Kritisierten abgeschwächt werden kann.
- *Booster:* Bei Boostern handelt es sich um verstärkende Modalisierungsprozeduren. Sie zeigen die Unanfechtbarkeit einer Proposition an. Beispiele für Booster sind Modalisierungsprozeduren mit „definitiv“ oder Konstruktionen mit dem epistemisch eingesetzten Modalverb „müssen“.

Eng verwandt mit dem Konzept der epistemischen Modalität ist das Konzept der Evidentialität. Das Konzept der Evidentialität bezieht sich auf die sprachliche Markierung von Informationen, die zu einer Aussage beigetragen haben. Damit ist das Zitat per se ein Evidential. Evidentialitätsmarkierungen, wie zitatbegleitende Wendungen oder der Konjunktiv, eignen sich für die Messung von Positionierung insofern, als sie ein epistemisch-modalisierendes Moment beinhalten können. Beispiele für Evidentialitätsmarker sind zitatbegleitende Wendungen und der Konjunktiv, der zugleich als Distanzmarkierung eingesetzt werden kann.

- *Zitatbegleitende Wendungen:* Prominente Vertreter für zitatbegleitende Wendungen sind die sogenannten *Verba dicendi,* die ein Zitat ein- oder ausleiten können (z. B. „sagen“, „meinen“). Die Funktion beschränkt sich allerdings nicht nur auf Verben, auch Präpositionen (z. B. „zufolge“) oder ganze Präpositionalphrasen („nach herrschender Ansicht“) können zur Markierung von Zitaten eingesetzt werden.
- *Referatskonjunktiv:* Zitate können sowohl im Indikativ als auch im Konjunktiv (1 oder 2) wiedergegeben werden. Letzterer kann für die Analyse von Positionierungen insofern hilfreich sein, als pragmatische Ansätze zur Konjunktiv-Verwendung davon ausgehen, dass er Distanzierungen zwischen der zitierenden Instanz und dem Zitierten herstellt und so Infragestellungen implizieren kann.

Bei der Analyse von Modalität und Evidentialität im Recht handelt es sich um ein relativ wenig erforschtes Feld. Die bestehenden wenigen Studien zeigen allerdings das Potenzial des Ansatzes. So konnte u. a. belegt werden, dass rechtswissenschaftliche Artikel mehr Positionierungsmarker verwenden als Gerichtsentscheidungen, und die Frequenz der Positionierungsmarker in letzteren wiederum mit der Entscheidungsstruktur variiert (z. B. mehr Haltungsmarkierungen in abweichenden Meinungen als in Mehrheitsmeinungen, siehe Vass 2015 und Szcyrbak 2014).

Inhalt von *Kap. 5* ist die Vorstellung des Bundesverfassungsgerichts und des Supreme Court of Canadas und ihrer, u. a. rechtskreisbedingten, Unterschiede und zentral auch ihrer Zitationspraktiken. Während die Entscheidungen des BVerfG als objektiv und depersonalisiert gelten, haftet den Entscheidungen durch das Richterrecht (und damit denen des SCC) ein subjektives Moment an. Für das Bundesverfassungsgericht wird u. a. aufgrund rechtskreisbedingter Ansprüche und aufgrund des hohen Status des Gerichts von einer vornehmlich legitimierenden und autoritativen Funktion der intertextuellen Bezüge ausgegangen und ein frequenter Einsatz von Selbstzitaten verzeichnet. Empirische Analysen der Zitationspraxis des BVerfG stellen bislang allerdings ein Desiderat dar. Für den Supreme Court of Canada liegen indes empirische Studien vor. In einer quantitativen Erhebung attestiert Rado (2020) dem SCC eine große Offenheit gegenüber *anderen* Quellen wie beispielsweise ausländischen Rechtsquellen. Basierend darauf bezeichnet Rado (ebda.: 57) den SCC als „one of the world's most cosmopolitan and proactive actors in transnational judicial conversation".

6.2 Forschungsfragen & Hypothesen

Auf Basis der in Abschn. 6.1 zusammengefassten Ergebnisse und mit den beiden Zielen – erstens einer systematischen Beschreibung der Zitationspraxis des BVerfG und des SCC und zweitens einer Analyse von Zitatfunktionen – folgt die Untersuchung zwei Forschungsfragen.

Forschungsfrage 1: Wie zitieren das Bundesverfassungsgericht und der Supreme Court of Canada?
Forschungsfrage 2: Warum zitieren das Bundesverfassungsgericht und der Supreme Court?

Zur mehrdimensionalen Erfassung der Zitationspraktiken umfasst die Frage nach dem ‚Wie' die Analyse mehrerer Zitationsmerkmale. Sie wird wie folgt operationalisiert:

F 1.1: Wie oft zitieren das Bundesverfassungsgericht und der Supreme Court of Canada welche Quellen?
F 1.2: Welche Zitattypen verwenden das Bundesverfassungsgericht und der Supreme Court of Canada?
F 1.3: An welcher Position binden das Bundesverfassungsgericht und der Supreme Court of Canada die Zitatspender ein?

F 1.4: Welche und wie viele zitatbezogene Modalisierungsprozeduren verwenden das Bundesverfassungsgericht und der Supreme Court of Canada?
F 1.5: Welche und wie viele Attribuierungen und Verweis-Etikettierungen verwenden das Bundesverfassungsgericht und der Supreme Court of Canada?
F 1.6: Welche und wie viele Evidentialitätsmarkierungen verwenden das Bundesverfassungsgericht und der Supreme Court of Canada?
F 1.7: Inwiefern unterscheiden sich die Zitationspraxis des Bundesverfassungsgerichts und des Supreme Court of Canada und wie hat sich die Zitationspraxis der beiden Gerichte hinsichtlich der in den Forschungsfragen 1.1 bis 1.6 formulierten Analysekriterien aus diachroner Perspektive entwickelt?

Inwiefern die in den Forschungsfragen adressierten Merkmale zur Beschreibung von Zitationspraktiken herangezogen werden können, und inwiefern sie Aufschluss über die Zitatfunktionen versprechen, wurde bereits in der Rekapitulation der Theorie dargestellt. An die Zitationspraxis des Bundesverfassungsgerichts und des Supreme Court of Canada wurden Fragen dieser Art bislang nicht umfassend gerichtet; auch komparative Perspektiven auf die Zitationspraktiken der beiden Gerichte wurden noch nicht eingenommen.

Von Unterschieden zwischen den Zitationspraktiken des BVerfG und des SCC ist aus folgenden Gründen auszugehen: Es bestehen grundlegende Unterschiede in der Bindung – beim Civil Law ist primär das kodifizierte Recht bindend, beim Common Law primär die Präjudizien – und in der Methodik. Während die Rechtsfindung im Civil Law deduktiv mittels Subsumtion zu Normen vorgenommen wird, sucht die Rechtsfindung im Common Law induktiv nach Analogien zu bereits entschiedenen Fällen. Auch über diese zwingend zu berücksichtigenden Quellen hinaus zeigen sich grundlegende Unterschiede: Der Civil Law-Rechtskreis gilt als wissenschaftsnah und zieht bei Entscheidungsfindungen wissenschaftliche Erkenntnis hinzu. Dem SCC wird wiederum eine große Offenheit ausländischer bzw. internationaler Rechtsprechung gegenüber attestiert. Neben diesen Unterschieden in der Quellen-Bindung (Kodifikation vs. Präjudizien) und in der Präferenz rechtlich nicht bindender Quellen (wissenschaftliche Quellen vs. internationale Rechtsprechung) lassen sich weitere Differenzen hinsichtlich der Rolle der Richterschaft und des Urteilsstils verzeichnen. Beim BVerfG treten die Richterinnen und Richter in der Regel als Richterkollektiv auf; es wird eine Entscheidung im Namen der Richterschaft gefällt, bei der einzelne Personen als Entscheidungsträger wenig präsent sind. Dies äußert sich auch im Entscheidungsstil des BVerfG, der als objektiv, depersonalisiert, sachlich, unpersönlich und wissenschaftlich beschrieben wird (siehe auch Abschn. 5.1.1). In den Entscheidungen des SCC sind die Richterinnen und Richter weitaus präsenter. In älteren Entscheidungen des Gerichts wurden *seriatim*-Entscheidungen verfasst, in denen ein Richter nach dem anderen Stellung zu dem Fall bezog. Auch wenn die *seriatim*-Methode in jüngeren Entscheidungen der als Richterkollektiv verfassten *per curiam*-Entscheidung gewichen ist, ist die Rolle des Richters nach wie vor auffällig; es wird das Personalpronomen „I" verwendet, sodass die Entscheidungsfindung explizit an eine Person gebunden ist. Dem Entscheidungsstil im Common Law werden (bisweilen kritisch) subjektive Momente zugeschrieben. So geht das *attitudinal model* etwa davon aus, dass es sich bei der Entscheidungsfindung letztlich um eine Rationalisierung und Plausibilisierung eigener Werte handle (Abschn. 5.2.2).

Die benannten Unterschiede geben Grund zur Annahme, dass sich auch die Zitationspraktiken der beiden Gerichte voneinander unterscheiden, nicht jedoch, inwiefern. Naheliegend ist, dass sich das objektivierende Moment in den Entscheidungen des BVerfG und das subjektive Moment in den Entscheidungen des SCC im Umgang mit Zitaten niederschlägt. Denkbar wäre etwa, dass beim SCC subjektive Filterungen der zitierten Inhalte sichtbar sind und deshalb öfter von epistemischen Modalisierungsprozeduren Gebrauch gemacht wird. Damit die empirische Untersuchung nicht zu sehr von etwaigen Spekulationen angeleitet wird, ist die Hypothese H1 offen formuliert:

> H1: Es gibt Unterschiede zwischen der Zitationspraxis des Bundesverfassungsgerichts und der Zitationspraxis des Supreme Court of Canada.

Zur Prüfung dieser Hypothese wird eine Frequenzanalyse der Vorkommnisse in allen beschriebenen Analysekategorien vorgenommen und die Frequenzen beider Gerichte werden gegenübergestellt und mittels eines t-Tests auf signifikante Unterschiede geprüft.Anders als Forschungsfrage 1 kann die Forschungsfrage 2 ‚Warum zitieren Gerichte?' nicht unmittelbar anhand der Ergebnisse der quantitativen Analyse beantwortet werden. Eine Erörterung möglicher Zitatfunktionen erfolgt deshalb nicht nur auf Basis der ermittelten Frequenzen, sondern zusätzlich an ausgewählten Beispielen aus einer qualitativen Perspektive. Ob das Zitat in den Entscheidungen des BVerfG und des SCC jeweils unterschiedliche Funktionen erfüllt, gilt es explorativ zu überprüfen.

6.3 Korpus

Das Untersuchungskorpus n_{Gesamt} besteht aus 495 zwischen den Jahren 1985 und 2020 ergangenen Entscheidungen, darunter 270 Entscheidungen des Bundesverfassungsgerichts (Teilkorpus n_{BVerfG}) und 225 Entscheidungen des Supreme Court of Canada (Teilkorpus n_{SCC}). Das Korpus wurde im Rahmen des Teilprojektes B02 des Sonderforschungsbereichs 1385 ‚Recht und Literatur' erstellt. Es wurden diejenigen Entscheidungen berücksichtigt, die in der amtlichen Entscheidungssammlung veröffentlicht sind· Nicht unterschieden wurde dabei zwischen Beschlüssen und aus mündlichen Verhandlungen hervorgegangen Urteilen. Unberücksichtigt blieben die Gesamtlänge der Entscheidungen sowie das Verhältnis von Zitation und Entscheidungsstruktur; es spielt für die vorliegende Studie also keine Rolle, in welchem Teil der Entscheidungen die Zitierungen eingesetzt werden (ob z. B. im Subsumtionsteil oder in einem Sondervotum). Grundsätzlich erfolgte die Aufnahme in das Gesamtkorpus zudem ungeachtet der konkreten verfassungsrechtlichen Verfahrensart (beim Bundesverfassungsgericht zählen dazu beispielsweise die Verfassungsbeschwerde und die konkrete Normenkontrolle). Da der SCC sich allerdings nicht nur verfassungsrechtlicher Angelegenheiten

Tab. 6.1 Anzahl der analysierten Entscheidungen nach Gericht und Jahr

	1985	1990	1995	2000	2005	2010	2015	2019	2020
BVerfG	67	40	33	20	11	26	26	17	30
SCC	24	68	30	11	22	26	25	10	9

annimmt, sondern etwa auch strafrechtliche Fälle verhandelt, wurden zur Gewährleistung der Vergleichbarkeit ausschließlich Entscheidungen zum *constitutional law*in das Korpus n_{SCC}aufgenommen. Aus ressourcenbedingten Gründen erfolgte die Erhebung in Fünfjahresschritten; zusätzlich aufgenommen wurde das Jahr 2019. Aus diesen grundsätzlichen Festlegungen ergibt sich, nach Jahren geordnet, die in Tab. 6.1 dargestellte Verteilung.

Die Angaben der Werte in der Tabelle beziehen sich auf die Anzahl der gesichteten Entscheidungen. Nicht jede dieser Entscheidungen enthält jedoch ein Zitat – zumindest nicht im Hinblick auf die Festlegungen der in dieser Studie als relevant erachteten Zitate, nämlich der Zitierung rechtlich nicht zwingend bindender Quellen. Grundsätzlich *nicht* in das Korpus aufgenommen wurden

- Präjudizien bzw. Selbstzitate
- Zitierungen der Rechtsprechung von untergeordneten Gerichten derselben Nation (d. h. für das BVerfG keine Zitierungen anderer deutscher Gerichte und für den SCC keine Zitierungen anderer kanadischer Gerichte)
- Zitierungen von Normen wie Gesetzen, Rechtsverordnungen und Satzungen
- verfahrensbezogene Zitate wie die Wiedergabe von Sachverständigengutachten, von Äußerungen der involvierten Parteien und von instanzgerichtlichen Entscheidungen sowie Prozessmaterialien.

Zitiert das Bundesverfassungsgericht etwa das Grundgesetz, dann gibt dies insofern wenig Aufschluss über intendierte Funktionalisierungen, als das Grundgesetz vom Bundesverfassungsgericht in seiner Entscheidungsfindung und -begründung berücksichtigt und somit zitiert werden *muss.* Ähnliches gilt für die Wiedergabe instanzgerichtlicher Entscheidungen; beschließt das BVerfG in einer Entscheidung etwa die Aufhebung bzw. die Ungültigkeit einer BGH-Entscheidung, so müssen die Inhalte letzterer vorgestellt werden. Der Einsatz anderer Quellen, wie beispielsweise der Bezug auf ausländische Rechtssysteme, ist jedoch fakultativ, obliegt den Richterinnen und Richtern und verspricht somit Aufschluss über Zitatmotivationen.

Beispiel 1 zitiert Fachliteratur und zeigt ein in das Korpus aufgenommenes Zitat, Beispiel 2 zitiert das Grundgesetz und wurde daher nicht in das Korpus aufgenommen:

(1) Die Grundrechtsbindung der deutschen Staatsgewalt beschränkt sich dabei auch im Ausland nicht auf eine bloß objektivrechtliche Verpflichtung (zutreffend **Hölscheidt**, Jura 2017, S. 148<150 f.>; a.A. **Löffelmann**, in: Dietrich/Gärditz/Graulich/Gusy/Warg [Hrsg.], Reform der Nachrichtendienste zwischen Vergesetzlichung und Internationalisierung, 2019, S. 33<38>). (BVerfGE 154, 152–312 1.Senat – 19.05.2020, Rn. 92)

(2) Eine Zurücknahme des jeder Person als Individuum zugesagten Grundrechtsschutzes ist insbesondere nicht geboten, um eine Aushöhlung des **Art. 19 Abs. 3 GG** zu vermeiden. (BVerfGE 154, 152–312 1. Senat – 19.05.2020, Rn. 69)

Das Korpus besteht den Festlegungen entsprechend aus Zitierungen, deren Quellen sich in rechtswissenschaftliche Literatur (z. B. wissenschaftliche Lehrbücher, darunter auch Gesetzeskommentare), in ausländische Rechtsquellen (z. B. französische Rechtsprechung) und in nichtjuristische Texte (z. B. Wörterbücher) unterteilen lassen (siehe auch Abschn. 6.4 zu den Kategorisierungsfestlegungen). Dem weiten Verständnis des Zitatbegriffs dieser Arbeit folgend wurden auch modalisierende und reine Zitate erfasst, insofern sie in Kombination mit intertextuellen Elementen, d. h. in Kombination mit einer Quellenangabe auftraten:

(3) Dieser „Flickenteppich" von auf das jeweilige Territorium beschränkten Systemen nationaler Schutzrechte unterliegt zwar infolge internationaler Abkommen dem Zwang zur Harmonisierung (vgl. v. Gamm, Urheberrechtsgesetz, 1968, § 121 Rdnr 4). (BVerfGE 81, 208–228 1. Senat – 23.01.1990, Rn. 54)

Wie das Beispiel zeigt und wie in Abschn 6.4 eingehender zu problematisieren sein wird, ergaben sich bei der Identifikation von Zitattypen einige Schwierigkeiten. Ohne Kenntnis des zitierten Prätextes konnte nicht entschieden werden, ob es sich etwa um ein materielles oder um ein modalisierendes Zitat handelt. Zur Überprüfung derartiger unklarer Fälle wurde ein Prätext-Sample bestehend aus 56 Prätexten zusammengestellt und mit den zitierten Elementen abgeglichen.

Wird in der Vorstellung der Ergebnisse im Folgenden ein Zitat des BVerfG oder des SCC angeführt, erfolgt die ‚Zitierung des Zitats' zur besseren Übersichtlichkeit ungeachtet der Länge stets eingerückt und ohne Anführungszeichen. Anführungszeichen werden nur dann verwendet, wenn das Gericht sie selbst verwendet hat. Die Interpunktion, inkl. der im Deutschen und im Englischen unterschiedlichen Anführungszeichen, wird originalgetreu übernommen. Längere, von den Gerichten verwendete Zitate werden durch eine kleinere Schriftgröße kenntlich gemacht. Von den Gerichten vorgenommene Hervorhebungen wie Kursivierungen werden übernommen, eigene Hervorhebungen erfolgen durch Fettung. Der bibliographische Nachweis der zitierten Gerichtsentscheidung erfolgt am Ende des Zitats in runden Klammern. Auch die von den Gerichten zitierten Quellen werden bei jedem Beispiel angegeben.

6.4 Methodik und Analysekategorien

Um die Forschungsfrage 1 ‚Wie zitieren Gerichte?' zu beantworten, werden Zitationseigenschaften quantifiziert, d. h. es wird eine Frequenzanalyse vorgenommen. Die Frequenzanalyse zählt sowohl in der empirischen Rechts- als auch in der empirischen Literaturwissenschaft zum Standardrepertoire quantitativer Ansätze (siehe weiterführend auch Bernhart 2018 zur quantitativen Literaturwissenschaft). Die Studie untersucht sechs deduktiv festgelegte Analysekategorien. Der bereits vorgestellten Operationalisierung des ‚Wie' entsprechend sind das

a) die Anzahl der Quellen und eine Quellen-Kategorisierung
b) die Wahl der Zitattypen
c) die textlokale Einbindung des Zitatspenders
d) Modalisierungsprozeduren: Hedges & Booster
e) Attribuierungen & Verweis-Etikettierungen
f) Evidentialitätsmarkierungen: Konjunktiv & zitatbegleitende Wendungen

Die Analyse jeder Kategorie beinhaltet sowohl eine diachrone als auch eine komparative Perspektive. Die Kodierung der Analysekategorien und eine anschließende Quantifizierung erfolgte mithilfe der Software MAXQDA (Release 22.2.1). Zur Prüfung quantitativ statistisch signifikanter Unterschiede zwischen den beiden Gerichten wurde ein zweiseitiger t-Test durchgeführt. Für einen einheitlichen, transparenten wie reproduzierbaren Analyseprozess wurde für jede der sechs Analysekategorien ein Kodierleitfaden erstellt. Der Kodierleitfaden enthält die folgenden Festlegungen.

a) *Anzahl und Kategorie der zitierten Quellen*

Diese Kategorie beinhaltet die Erhebung der Quellenanzahl zu den Zitaten des Korpus sowie eine Zuordnung dieser Quellen zu den Kategorien ‚Rechtswissenschaft', ‚ausländische Rechtsprechung' und ‚nicht-juristische Texte' (angelehnt an die Typologie nach Nußberger 2006). Wie in der Vorstellung des Korpus festgelegt, wurden Quellen des inländischen Rechts, Normen, Selbstzitate und verfahrensbezogene Zitate nicht berücksichtigt, d. h. Quellen dieser Art sind auch in den in ermittelten Frequenzen dieser Analysekategorie nicht repräsentiert. Im folgenden Beispiel wurde dieser Festlegung folgend ein indirektes Zitat und *eine* Quelle gezählt. Der Verweis auf das Grundgesetz sowie das direkte Zitat daraus wurden *nicht* aufgenommen:

(4) Dass nach Art. 80 Abs. 1 Satz 4 GG die „Ermächtigung" weiter übertragen wird, gestattet einerseits die Annahme, die ursprünglich formell-gesetzliche Ermächtigung sei von der subdelegierenden Verordnung aufgenommen und fortan nur noch in ihr enthalten (vgl. **Frowein**, DÖV 1969, S. 621<621>). (BVerfGE 151, 173–191 1. Senat – 18.06.2019, Rn. 20)

Die Quelle „Frowein, DÖV 1969, S. 621<621>" zählt zu der ersten Kategorie der rechtswissenschaftlichen Texte. Darunter wurden alle rechtswissenschaftlichen Texte ungeachtet ihres nationalen Bezuges berücksichtigt (z. B. rechtswissenschaftliche Monographien sowie Aufsätze in Fachzeitschriften oder Beiträge in Sammelbänden). In der zweiten Kategorie der ‚ausländischen Rechtsprechung' wurden alle Bezüge auf Normen und Urteile immer dann erfasst, wenn sie nicht zum nationalen Recht zählen. Zitiert das BVerfG etwa den BGH oder sich selbst, ist dies ein nicht erfasster Bezug auf inländisches Recht; zitiert das BVerfG aber zum Beispiel den SCC, so handelt es sich um eine ausländische Rechtsquelle. Eine Sonderstellung nehmen in dieser Kategorie Bezüge auf den EuGH (& EuG) und den EGMR ein. Bezugnahmen auf diese beiden Gerichte stellen aus Perspektive des SCC ausländisches Recht dar; für den BVerfG werden sie (auch wenn das BVerfG die Stellung des EU-Rechts selbst unterschiedlich bewertet) jedoch in der separaten Kategorie ‚supranationales Recht' erfasst.

Die dritte Kategorie der nicht-juristischen Texte ist weit gefasst. Zu ihr zählen Texte anderer wissenschaftlicher Disziplinen (z. B. Soziologie, Psychologie), Wörterbücher, Enzyklopädien sowie literarische Quellen.

b) *Zitattypen*

Mit einschlägigen theoretischen Typologien kann zwischen fünf Zitattypen unterschieden werden. Es handelt sich dabei um das direkte Zitat, das gemischte Zitat, das indirekte Zitat, das reine Zitat und das modalisierende Zitat. Ferner sind der Verweis und die Paraphrase zu berücksichtigen, die zwar keinen in Typologien berücksichtigten Zitattypus darstellen, als Erscheinungsform von Intertextualität im Folgenden aber trotzdem zu erfassen sind. Die nachfolgende Analyse unterscheidet nicht zwischen den insgesamt sieben benannten Formen, sondern zwischen materiell-präsenten Zitattypen, immateriellen Zitattypen sowie reinen und modalisierenden Anführungen. Zu den materiell-präsenten Zitattypen zählen das direkte und das gemischte Zitat, zu den immateriell-präsenten Zitattypen zählen das indirekte Zitat, die Paraphrase und der Verweis. Hinter der Gruppierung stehen die folgenden Gründe.

Die Erfassung der prätextbasierten Typen ist insofern nicht unproblematisch, als ohne Kenntnis des zitierten Prätextes nicht rekonstruierbar ist, ob es sich etwa um ein indirektes Zitat oder um eine Paraphrase handelt. Unterscheidungskriterium zwischen dem indirekten Zitat und der Paraphrase ist der Theorie zufolge der Transformations- bzw. der Reformulierungsgrad. Bei einem indirekten Zitat wird das Wortmaterial des Prätextes beibehalten; es werden lediglich u. a. syntaktische Transformationen vorgenommen (z. B. Hauptsatz des Prätextes wird im zitierenden Text als Nebensatz eingebettet, sodass die Verbposition angepasst wird). In Anbetracht dessen ist auch bei indirekten Zitaten die Prätext-Materie durchaus präsent; diese Präsenz wird aber nicht explizit (graphematisch) als solche markiert. Bei einer Paraphrase werden demgegenüber Substitutionen, z. B. durch lexikalische Reformulierungen vorgenommen. Welche dieser Operationen im Akt des Zitierens vorgenommen worden sind, lässt sich dem Zitat selbst, ohne Vergleich mit dem Prätext, nicht entnehmen. Erschwerend kommt bei der Identifikation von Paraphrasen hinzu, dass bei mehr als einer Quellenangabe nicht ohne weiteres nachvollziehbar ist, welcher Inhalt in welchem Umfang welcher der angegebenen Quelle entnommen ist. Die folgende Passage etwa wird dementsprechend – ungeachtet der in der Analysekategorie erfassten Quellenanzahl – als eine immaterielle Zitatform gezählt:

(5) Auch der französische Conseil constitutionnel prüft die Verhältnismäßigkeit einer hoheitlichen Maßnahme in den genannten drei Schritten (vgl. Nußberger, NVwZ-Beilage 2013, S. 36<38, 40>; Jouanjan, in: v. Bogdandy/Grabenwarter/Huber, IPE VI, 2016, § 99 Rn. 72), [...]. (BVerfGE 154, 17–152, 2. Senat – 05.05.2020, Rn. 125)

Ähnlich problematisch verhält es sich mit der Gruppe der materiell-präsenten Zitate. Durch die Kennzeichnung mittels obligatorischer Anführungszeichen lassen sie sich zwar von immateriellen Zitaten unterscheiden, untereinander – d. h. zwischen den direkten und gemischten Zitaten – ist eine klare Abgrenzung allerdings nicht möglich. Es bestehen keine etablierten Definitionen, die eine exakte Abgrenzung von direkten und gemischten Zitaten zuließen. Cumming (2003: 77) definiert das indirekte Zitat als wörtliche „portion" in einem Indirektheitskontext; die ‚Portionsgröße' bzw. die Länge des wörtlich zitierten Inhalts bleibt unbestimmt. In der quantitativen Bestandsaufnahme gilt deshalb ein Inhalt von seiner Anführung bis zur Abführung ungeachtet des Umfangs als *ein* materiell-präsentierter Zitattyp. So werden die folgenden zwei Beispiele ungeachtet ihrer Länge jeweils als ein materiell-präsentes Zitat gezählt:

(6) Formalist approaches to equality rights involve a **"decontextualized application of objectified rules and definitions"** that fails to account for, among others, [...] (S. McIntyre, "Answering the Siren Call of Abstract Formalism with the Subjects and Verbs of Domination", in F. Faraday, M. Denike and M. K. Stephenson, eds., Making Equality Rights Real: Securing Substantive Equality under the Charter (2nd ed. 2009), 99, [...]). (Ontario (Attorney General) v. G 2020 SCC 38–20.11.2020, Rn. 44)

(7) Prof. Sonia Lawrence makes the critical point that choices are themselves shaped by systemic inequality:
... a contextual account of choice produces a sadly impoverished narrative, in which choices more theoretical than real serve to eliminate the possibility of a finding of discrimination .... The result is a jurisprudence which almost mocks a more nuanced version of the what and how of discrimination, through frequent recourse to the idea that any harm to the claimant was actually the result of her choice, or her unwise exercise of her own judicially protected liberty. (Fraser v. Canada (Attorney General) 2020 SCC 28 – 16.10.2020, Rn. 90)

Infolge der genannten Identifikationsprobleme muss für die empirische Erfassung auf eine weitere Ausdifferenzierung in den beiden Kategorien ‚materiell-präsent' und ‚immateriell-präsent' verzichtet werden.

Ein weiteres Identifikations- bzw. Abgrenzungsproblem besteht z. T. zwischen materiellen, insbesondere kurzen materiellen Zitaten und reinen sowie modalisierenden Zitaten. Reine und modalisierende Zitate wurden nur kodiert, wenn sie in einem intertextuellen Kontext, d. h. in Zusammenhang mit einer Quellenangabe auftraten. Für Zitate wie das folgende ergab sich das Problem, dass nicht entschieden werden konnte, ob es sich bei dem angeführten Begriff um eine materielle Übernahme der angegebenen Quelle handelt oder um eine typographisch hervorgehobene Modalisierung der Aussage:

(8) Dieser **„Flickenteppich“** von auf das jeweilige Territorium beschränkten Systemen nationaler Schutzrechte unterliegt zwar infolge internationaler Abkommen dem Zwang zur Harmonisierung (vgl. v. Gamm, Urheberrechtsgesetz, 1968, § 121 Rdnr 4). (BVerfGE 81, 208–228 1. Senat – 23.01.1990, Rn. 54)

Da Fälle dieser Art keine Ausnahme darstellen, wurde ein Prätext-Sample gebildet. Dabei wurden ‚verdächtige‘ Fälle, d. h. in der Regel vom Duktus abweichende, singulär angeführte Begriffe, mit der angegebenen Quelle abgeglichen. Insgesamt wurden 56 Prätexte geprüft. Es ist an dieser Stelle darauf hinzuweisen, dass der Abgleich mit dem angeführten Prätext ausschließlich in den erwähnten 56 Fällen stattgefunden hat.

Ungeachtet des Typus wurden alle Zitate nur kodiert, wenn sie von einer Quelle stammen, die gemäß den Festlegungen der Korpuszusammenstellung zu berücksichtigen ist.

c) *Textlokale Einbindung des Zitatspenders*

Die Variable ‚textlokale Einbindung des Zitatspenders‘ hat zwei mögliche Ausprägungen: erstens eine Platzierung des Zitatspenders *innerhalb* des Fließtextes und, zweitens, eine nicht über die obligatorische Nennung hinausgehende Einbindung des Zitatspenders *außerhalb* des Fließtextes (z. B. in Klammern oder wie beim SCC manchmal ohne Klammern, aber nach Satzendezeichen). Diese beiden Kategorien werden im Folgenden als ‚Einbindung innerhalb des Fließtextes‘ und ‚Einbindung außerhalb des Fließtextes‘ bezeichnet. Auch hier gilt für beide Kategorien, dass sie gemäß den Festlegungen zur Zusammenstellung des Korpus erfasst wurden. Für das folgende Beispiel bedeutet das, dass die Position der Quellen ‚Manssen‘ und ‚Jarass‘ kodiert wurde, da es sich dabei um rechtswissenschaftliche Literatur handelt; nicht erfasst wurde die Einbindung des Grundgesetzes, da dies keine zu berücksichtigende Quelle darstellt:

(9) Zwar ist das Absolvieren einer berufsbezogenen (Erst-)Ausbildung durch Art. 12 Abs. 1 GG geschützt (vgl. **Manssen**, in: v. Mangoldt/Klein/Starck, GG, 7. Aufl. 2018, Art. 12 Rn. 61; **Jarass**, in: Jarass/Pieroth, GG, 15. Aufl. 2018, Art. 12 Rn. 93 ff.). (BVerfGE 152, 274–331 2. Senat – 19.11.2019, Rn. 120)

Bei dem vorangegangenen Beispiel handelt es sich um eine ‚Einbindung außerhalb des Fließtextes‘. Diese Kategorie wird all jenen Quellen zugewiesen, die nicht im Fließtext genannt werden. Beim Bundesverfassungsgericht ist das eine Nennung in Klammern.

(10) Während das Grundgesetz zuvor keine Regelungen zur Aufkommenszuständigkeit der Gemeinden enthielt, so dass zwar nicht der Bund, wohl

aber die Länder die Aufkommenszuständigkeit der Gemeinden für die Gewerbesteuer abändern konnten (vgl. näher **Zitzelsberger,** Grundlagen der Gewerbesteuer, 1990, S. 222) [...]. (BVerfGE 125, 141–174 2. Senat – 27.10.2010, Rn. 68)

Die Nennung des Zitatspenders erfolgt beim Supreme Court of Canada demgegenüber uneinheitlich; es liegen Quellenangaben in Klammern vor sowie auch Nennungen nach Satzabschluss (nach einem Punkt oder nach einem Doppelpunkt). Alle dieser Varianten der Quellenangabe zählen ohne weitere Differenzierungen zur Kategorie ‚Einbindung außerhalb des Fließtextes'.

(11) The first, "most direct and authoritative evidence" of the legislative purpose of a provision is found in statements of purpose in the legislation itself – whether at the beginning of a statute, in the section in which a provision is found, or in sections providing interpretive guidelines: **Sullivan, at pp. 274–76.** (R. v. Appulonappa 2015 SCC 59–27.11.2015, Rn. 49)

Zur Kategorie ‚Einbindung innerhalb des Fließtextes' zählt ein Zitatspender dann, wenn entweder der Name des Autors, der Titel der Publikation oder beides (Bsp. 12) im Fließtext genannt wird.

(12) For example, **Shetreet, in Judges on Trial: A Study of the Appointment and Accountability of the English Judiciary (1976)**, emphasizes in the following passage at pp. 1718 the importance of freedom from the influence of certain powerful nongovernmental interests: [...]

Wird ein Zitatspender in einer Entscheidung mehrmals namentlich im Fließtext erwähnt – weil bspw. mehr als ein Bezug auf seine Schrift erfolgt – so wurde der Name mehrfach kodiert. Dies gilt nicht für pronominale Nennungen, für die nur das Antezedens erfasst wurde (Bsp1 . 13 = *eine* Einbettung im Fließtext). Sind einer Schrift mehrere Autoren zuzuordnen und alle Autoren werden genannt, so werden sie als *ein* Zitatspender kodiert (Bsp. 14).

(13) As **Professor Hogg** writes, Johannesson is "[t]he most extreme example" of a finding of encroachment. He points out that, "[w]hen one considers that the control of land use is ordinarily within property and civil rights in the province, and is always a question of vital local concern, it would surely have been wiser for the Court to treat the by-law as valid under the double-aspect doctrine" (Hogg, at p. 22–25). (Quebec (Attorney General) v. Lacombe 2010 SCC 38–15.10.20, Rn. 154)

(14) As **Professor Beaulac and Dr. Bérard** explain: [...]. (Quebec (Attorney General) v. 9147–0732 Québec inc. 2020 SCC, Rn. 22)

Für die Bezugnahme auf die Rechtsprechung anderer Länder wurde festgelegt, dass entweder eine Nennung des Entscheidungstitels und/oder des entscheidenden Gerichts (Bsp. 15) im Fließtext erfolgen muss, um als im Fließtext eingebettet gelten zu können. Ein derartiger Fall liegt *nicht* vor, wenn lediglich das Land der referierten Rechtsprechung genannt wird. Gleiches gilt für generische Nennungen von Autoren (d. h. ohne Namen, durch Wendungen wie etwa „im Schrifttum“), die *keine* Einbindung des Zitatspenders in den Fließtext darstellen (Bsp. 16&17).

(15) **The United Kingdom Supreme Court** reached a similar conclusion in Essop v. Home Office (U.K. Border Agency), [2017] UKSC 27, [2017] 3 All E.R. 551. (Fraser v. Canada (Attorney General) 2020 SCC 28–16.10.2020, Rn. 64)

(16) Die weitaus überwiegende Zahl der **Verfassungs- und Obergerichte** der anderen Mitgliedstaaten teilt für ihren jeweiligen Zuständigkeitsbereich die Auffassung des Bundesverfassungsgerichts, dass der (Anwendungs-)Vorrang des Unionsrechts nicht unbegrenzt gilt, sondern dass ihm durch das nationale (Verfassungs-)Recht Grenzen gezogen werden (vgl. für das **Königreich Dänemark**: Højesteret, Urteil vom 6. April 1998 – I 361/1997 –, Abschn. 9.8; für die **Republik Estland**: Riigikohus, Urteil vom 12. Juli 2012-3-4-1-6-12 –, Abs.-Nr. 128, 223; für die **Französische Republik**: Conseil Constitutionnel, Entscheidung Nr. 2006–540 DC vom 27. Juli 2006, 19. Erwägungsgrund; Entscheidung Nr. 2011–631 DC vom 9. Juni 2011, 45 […]). (BVerfGE 140, 317–376 2.Senat, 15.12.2015, Rn. 43)

(17) Auch im **Schrifttum** wird die beanstandete Vorschrift als verfassungsmäßig beurteilt (so insbesondere Dengler, NJW 1980, S. 163; Baumbach/Lauterbach/Albers/Hartmann, ZPO, 38. Aufl., Anm. 4 zu § 528 mit zustimmender Besprechung von Schwab, NJW 1979, S. 697; ohne Äußerung Stein/Jonas-Grunsky, ZPO, 20. Aufl., Anm. IV zu § 528 (vgl. auch Grunsky, JZ 1977, S. 206)). Nur wenige Autoren verneinen die Vereinbarkeit der Regelung mit dem Gleichheitssatz und begründen dies im wesentlichen mit den gleichen Erwägungen wie die vorlegenden Gerichte (so insbesondere Lampenscherf, MDR 1978, S. 365; Zöller/Schneider, ZPO, 12. Aufl., Anm. VI 2 zu § 528). (BVerfGE 55, 72 1. Senat – 01.10.1980 Rn. 56)

Ein Sonderfall liegt bei Sätzen in Klammern vor. Insofern die Zitatspender satzförmig eingebettet sind, werden sie trotz der Klammern zur Subkategorie ‚Platzierung im Fließtext‘ gezählt. Generell gilt, dass jeder intertextuellen Bezugnahme auch bei Vorhandensein mehrerer Quellenangaben – wie es bei Paraphrasen oft der Fall ist – *eine* Einbettungskategorie zugeschrieben wurde. Für das folgende Beispiel bedeutet das, dass die Kategorie ‚Einbindung außerhalb des Fließtextes‘ ein Mal gezählt wurde:

(18) Der Entzug einer solchen Angelegenheit bedarf eines sachlichen Grundes. Darüber hinaus muss er dem Grundsatz der Verhältnismäßigkeit Rechnung tragen (vgl. BVerfGE 79, 127<153 ff.>; 138, 1<19 f. Rn. 55>; 147, 185<223 f. Rn. 80>; Löwer, in: v. Münch/Kunig, GG, Bd. 1, 6. Aufl. 2012, Art. 28 Rn. 55; Mehde, in: Maunz/Dürig, GG, Art. 28 Rn. 118 ff. <November 2012>; Dreier, in: ders., GG, Bd. 2, 3. Aufl. 2015, Art. 28 Rn. 114, 118; Nierhaus/Engels, in: Sachs, GG, 8. Aufl. 2018, Art. 28 Rn. 72 f.; Schwarz, in: v. Mangoldt/Klein/Starck, GG, Bd. 2, 7. Aufl. 2018, Art. 28 Rn. 194 ff.; Hellermann, in: Epping/Hillgruber, BeckOK GG, Art. 28 Rn. 48.1<15. Mai 2020>). Rn. 50. (BVerfGE 155, 310–3572. Senat 07.07.2020, Rn. 50)

Für ein und dieselbe intertextuelle Bezugnahme konnten beide Kategorien vergeben werden, wenn etwa eine der zitierten Quellen im Fließtext benannt wurde und in Klammern zusätzlich andere Quellen angeführt wurden:

(19) Es genügt, dass diese Betrachtung unter den verschiedenen Richtungen des Islam verbreitet ist und insbesondere auf zwei Stellen im **Koran** (Sure 24, Vers 31; Sure 33, Vers 59) zurückgeführt wird (vgl. **Asad,** Die Botschaft des Koran – Übersetzung und Kommentar, 2009, S. 676 f., 810; vgl. auch Heine, Kleiderordnung, in: Handbuch Recht und Kultur des Islams in der deutschen Gesellschaft, 2000, S. 184 < 186 f.>). (BVerfGE 138, 296–376 1. Senat – 27.01.2015, Rn. 89)

d) *Modalisierungsprozeduren: Hedges und Booster*

Epistemische Modalisierungsprozeduren verhandeln die Geltung einer Aussage. Zur Distanzierung zu und Abschwächung von einer Proposition können *Hedges* eingesetzt werden; zur Verstärkung *Booster*. Die Kodierung der Modalisierungsprozeduren umfasst sowohl Hedges als auch Booster. Das Vermögen der Abschwächung oder Verstärkung beschränkt sich nicht auf eine bestimmte Wortform. Kodiert wurden daher alle abschwächenden und verstärkenden sprachlichen Elemente mit Referenz auf die intertextuelle Bezugnahme. Dazu zählen u. a. Adverbien, Adjektive und Modalverben in epistemischer Funktion. Ein Beispiel aus dem Korpus für eine die Geltung des Zitats verstärkende Einleitung ist die folgende:

(20) **There is today no doubt that** "[t]he superior courts have the inherent power to review the legality of administrative actions" (D. P. Jones and A. S. de Villars, Principles of Administrative Law (3rd ed. 1999), at p. 6). (Blencoe v. British Columbia (Human Rights Commission) 2000, Rn. 147)

Es wurde deduktiv festgelegt, dass Modalisierungsprozeduren analysiert werden; die Erfassung konkreter Ausprägungsformen erfolgte demgegenüber induktiv, d. h. es wurde nicht wie in vergleichbaren Studien mit einer vor der Analyse angelegten Wortliste möglicher Hedges und Booster gearbeitet. Aufgrund dessen sowie auch aufgrund der Konzentration auf Modalisierungsprozeduren mit Zitatbezug wurde nicht mit einer Konkordanz-Software gearbeitet. Erfasst wurden nur jene Modalisierungsprozeduren, die sich auf die gemäß den Hinweisen zur Korpuszusammenstellung als relevant erachtete *fremde* Inhalte beziehen. Nicht berücksichtigt wurden Hedges und Booster, die sich auf nicht analysierte Zitate (z. B. auf die Zitation von Normen) sowie auf *eigene* Inhalte des jeweiligen Gerichts beziehen. Ebenfalls nicht kodiert wurden Modalisierungsprozeduren innerhalb der Zitate.

e) *Attribuierungen und Verweis-Etikettierungen*

Um ferner auch Subjektivierungsprozeduren zu erfassen, die sich anders als Hedges und Booster nicht auf den Faktizitätsgrad einer Proposition, sondern evaluativ auf eine nicht faktizitätsbezogene Eigenschaft des Zitats beziehen, wurde mit dem Subcode ‚evaluative Attribuierungen' gearbeitet. In dieser Kategorie wurden alle Charakterisierungen eines Zitats oder eines Zitatspenders seitens eines Zitierenden – meist in Form von Adjektiven – kodiert. Ein Beispiel dafür ist die folgende Attribuierung:

(21) […], a role based on its willingness to go wide and deep in the global search for the best intellectual resources it can find, as Professor Ran Hirschl **eloquently** explains: […] (Quebec (Attorney General) v. 9147–0732 Québec inc. 2020 SCC, Rn. 106)

Neben derartigen Kommentierungen gibt es auch die sogenannten Verweis-Etikettierungen, die sich nicht auf einen zitierten Inhalt, sondern auf einen Verweis bzw. auf eine Quellenangabe beziehen. Es handelt sich um Zusätze, die dem Leser u. a. zeigen können, in welchem Verhältnis ein Verweis zu der vorher ergangenen Proposition steht. Ein Beispiel dafür findet sich in der folgenden Passage:

(22) Die Amtsdauer eines Richters auf Zeit hat erhebliche Bedeutung für die Frage, ob es einem Lebenszeitbeamten in dem durch Art. 92, 97 GG geforderten Maß gelingen kann, sich nicht nur von der Bindung an seine Stammbehörde zu lösen, sondern seine innere Unabhängigkeit trotz der innerhalb von zwei Jahren bevorstehenden Rückkehr in das Amt eines weisungsgebundenen Beamten zu bewahren (**kritisch etwa**: Ruthig, in: Kopp/Schenke, VwGO, 23. Aufl. 2017, § 18 Rn. 4; […]). (BVerfGE 148, 69 2. Senat – 22.03.2018, Rn. 25)

f) *Evidentialitätsmarkierungen: Konjunktiv und zitatbegleitende Wendungen*

Evidentialitätsmarkierungen zeigen Evidenz an, d. h. sie zeigen an, wie ein Kommunikator zu einer Aussage gelangt ist. Zitate selbst sind Evidentiale. Quotative Evidentialitätsmarkierungen sorgen dafür, dass intertextuelle Bezugnahmen – auch jenseits der Quellenangabe und ggf. der graphematischen Markierung – als solche erkannt werden können. Für die vorliegende Studie sind zwei Evidentialitätsmarkierungen von besonderem Interesse: der Konjunktiv und zitatbegleitende Wendungen. Die Analyse dieser beiden Markierungen ist insofern vielversprechend, als sie Aufschluss über Positionierungen (Intentionen) seitens des Zitierenden geben können. Evidentialitätsmarkierungen wirken – anders als die Hedges und Booster – zwar nicht per se epistemisch-modalisierend, aber sie *können* epistemisch-modalisierend eingesetzt werden. Die Frage nach der epistemisch-modalisierenden Funktion des quotativen Konjunktivs wurde bereits in Abschn. 4.3.1 gestellt. Es wurden alle Referatskonjunktive (ungeachtet dessen, ob ein Konjunktiv 1 oder ein Konjunktiv 2 vorliegt) kodiert. Bei der Kategorie des Konjunktivs handelt es sich um einen speziellen Fall, denn es ist kein Vergleich beider Gerichte möglich. Der Referatskonjunktiv existiert im Englischen nicht, und das indirekte Zitieren wird im Englischen durch Tempusverschiebungen markiert. Diese beinhalten per se keine subjektivierenden Momente und sind für die vorliegende Studie daher nicht von Interesse. Der Referatskonjunktiv wurde dementsprechend nur in den deutschen Entscheidungen kodiert. Gezählt wurde jedes einzelne Vorkommnis. Das folgende Beispiel enthält demgemäß drei Referatskonjunktive:

(23) Das Abstellen auf eine bestimmte Trennungsfrist, die – unabhängig von der Frage nach dem tatsächlichen Scheitern der Ehe – bei dem Wunsch nur eines Ehegatten und gegen den erklärten Willen des anderen grundsätzlich zur Scheidung der Ehe führen **solle, sei** dem Rechtsinstitut der Kündigung vergleichbar, das mit dem Bild einer auf Lebenszeit angelegten Ehe nicht vereinbar **sei** (Bastian/Roth-Stielow/Schmeiduch, 1. EheRG, 1978, Rdnrn 10 ff. zu Vorbem zu §§ 1564 ff. BGB). (BVerfGE 53, 224 1. Senat – 28.02.1980, Rn. 98)

Zitatbegleitende Wendungen, darunter meist Verben, finden sich demgegenüber in beiden Sprachen, sodass eine komparative Perspektive eingenommen werden kann. Ein Beispiel für ein zitatbegleitendes Verb im Englischen ist das folgende:

(24) Professor Tetley, in the article excerpted above, **confirms** this understanding of Canadian maritime law: […]. (Desgagnés Transport Inc. v. Wärtsilä Canada Inc. 2019 SCC 58, Rn. 13)

Verben stellen zwar eine frequente Wortart in zitatbegleitenden Wendungen dar; letztere sind aber nicht auf eine Wortart beschränkt. Weitere Beispiele sind etwa Präpositionen („zufolge") oder Präpositionalphrasen („nach herrschender Ansicht"). Es wurden alle zitatbegleitenden Wendungen ungeachtet ihrer Wortart erfasst.

6.5 Ergebnisse der quantitativen Analyse

Die Vorstellung der Ergebnisse in diesem Kapitel ist wie folgt aufgebaut: Zunächst werden die Ergebnisse des Bundesverfassungsgerichts und anschließend die Ergebnisse des Supreme Court of Canada vorgestellt. Diese Vorstellung beinhaltet jeweils auch eine diachrone Perspektive, die die Entwicklung der jeweiligen Analysekategorie zwischen den erhobenen Jahren 1985 bis 2020 fokussiert. Darauf erfolgt bezüglich jeder Analysekategorie eine komparative Analyse, die prüft, inwiefern sich die für das BVerfG und die für den SCC ermittelten Werte voneinander unterscheiden.

6.5.1 Anzahl und Kategorien der Quellen

In den 270 analysierten Entscheidungen nimmt das Bundesverfassungsgericht insgesamt auf 3664 Quellen Bezug ($M = 13{,}57$, $SD = 30{,}58$). Darunter befindet sich mit einer absoluten Anzahl von 3096 Quellen vornehmlich rechtswissenschaftliche Literatur. Vergleichsweise selten greift das BVerfG auf ausländische Rechtsquellen

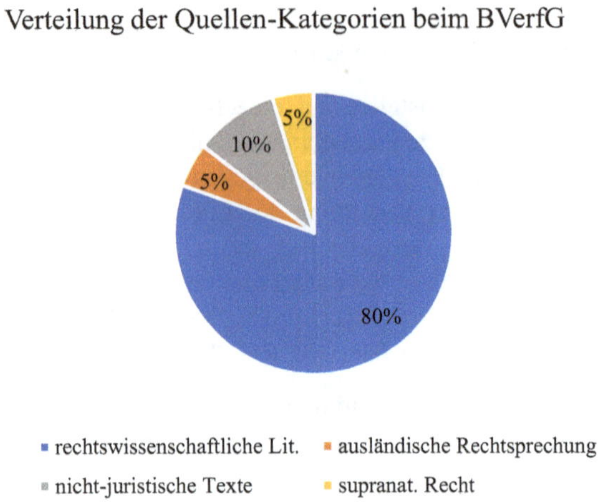

Abb. 6.1 Verteilung der Quellen-Kategorien beim BVerfG

(195 Quellen) und auf andere nicht rechtliche-Texte zurück (373 Quellen). Bezüge auf supranationales Recht finden sich 190-mal. Für die Gesamtzahl aller herangezogenen Quellen ergibt sich prozentual die in Abb. 6.1 illustrierte Verteilung.

Beispiele für die seltene Kategorie der nicht-juristischen Texte sind das vergleichsweise häufig angeführte Statistische Bundesamt sowie Wörterbücher zur Definition einzelner Begriffe:

(25) Ausweislich der vom **Statistischen Bundesamt** aus der Verdienststrukturerhebung 2010 vorgelegten Daten verdienten 73 v.H. aller Vollzeitbeschäftigten in der Leistungsgruppe 1, die über einen Universitätsabschluss verfügen, weniger als ein nach R 3 Besoldeter in Rheinland-Pfalz. (BVerfGE 139, 64–148 2. Senat – 05.05.2015, Rn. 192)

(26) Dem umgangssprachlichen Wortsinn nach ist „Nachteil" ein „Schaden, Verlust, ungünstige Lage" (**Wahrig, Deutsches Wörterbuch,** 8. Aufl. 2008, S. 1047); „etwas, was sich für jemanden gegenüber einem anderen negativ auswirkt, ihn beeinträchtigt, ihm schadet" **(Duden – Deutsches Universalwörterbuch, 5. Aufl. 2003, S. 1120**); oder „ein als Minderung, Verschlechterung erscheinendes Übel, überhaupt Schaden, Verlust, Abbruch, Beeinträchtigung" (vgl. **Jacob und Wilhelm Grimm, Deutsches Wörterbuch, Bd. 7, Nachdruck 1984, Sp. 184 f.**). (BVerfGE 126, 170–233 2. Senat – 23.06.2010, Rn. 98)

In der am wenigsten frequentierten Kategorie der Bezugnahme auf ausländische Rechtsprechung fällt eine Entscheidung zum Thema Sorge- und Elternrechtsverletzung auf. Darin gibt das BVerfG einen umfassenden Einblick in die Rechtsprechung anderer Länder:

(27) In allen 27 Ländern der Europäischen Union besteht die Möglichkeit zur gemeinsamen elterlichen Sorge für nichtehelich geborene Kinder unter der Voraussetzung, dass die Vaterschaft des nichtverheirateten Vaters rechtsverbindlich feststeht. Im Rahmen der konkreten Ausgestaltung der Regelung

elterlicher Sorge belassen sieben EU-Mitgliedstaaten, anders als das deutsche Recht, der Mutter zwar von Gesetzes wegen die Alleinsorge, ermöglichen aber dem Vater sowohl bei Konsens der Eltern als auch aufgrund gerichtlicher Entscheidung ein Sorgerecht (Finnland: §§ 9, 10 finn. SorgRG; Irland: Sec. 6 A para 1 Guardianship of Infants Act 1964 i.d.F. der Sec. 6 Children Act 1997, Sec. 9 Guardianship of Infants Act 1964; Luxemburg: Art. 380 lux. CC; Niederlande: Art. 1:253c nl. BW; Schweden: 6:5 schwed. FB; Vereinigtes Königreich: Sec. 4 para. 1c Children Act 1989; Zypern: Sec. 6 Illegitimate Children Law CAP 278). In 18 EU-Mitgliedstaaten sind unverheiratete Eltern verheirateten Eltern weitgehend oder vollständig gleichgestellt und erlangen kraft Gesetzes das gemeinsame Sorgerecht (Belgien: Art. 373, Art. 374 § 1 belg. CC; Bulgarien: Art. 68 Abs. 1, Art. 72 bulg. FamGB; Dänemark: Kap. 2 § 7 des dän. Gesetzes über elterliche Verantwortung; Estland: §§ 49, 50 estn. FamG; Frankreich: Art. 372 franz. Cciv; Griechenland: Art. 1515 griech. ZGB; Italien: Art. 317 bis ital. Cciv; Lettland: Art. 178, 181 lett. ZGB; Litauen: Art. 3.165 litau. ZGB; Malta: Art. 90 Abs. 1, Art. 86 malt. ZGB; Polen: Art. 93 § 1 poln. FVGB; Portugal: Art. 1911 i.V.m. Art. 1901 port. CC; Rumänien: Art. 97 rumän FGB; Slowakei: § 28 Abs. 2 slowak. FamG; Slowenien: Art. 102, Art. 105 Abs. 1 slowen. EheFamG; Spanien: Art. 156 span. CC; Tschechische Republik: § 34 Abs. 1, § 52 Abs. 1 tschech. FamG; Ungarn: § 72 Abs. 1 ungar. FamG). (BVerfGE 127, 132–165 1. Senat – 21.07.2010, Rn. 23)

In dem Beschluss führt das BVerfG 27 Länder auf, was insofern bemerkenswert ist, als der Rückgriff auf ausländische Rechtsprechung (wie die Auswertung deutlich zeigt) als Seltenheit zu bewerten ist. Nur 23 aller Entscheidungen nehmen mindestens 1-mal Bezug auf ausländische Rechtsprechung. Auf Kanada nimmt das Bundesverfassungsgericht lediglich einmal Bezug; genauer auf eine Entscheidung des SCC und in diesem Zusammenhang auf den kanadischen *Criminal Code:*

(28) In Kanada trat im Jahr 2016, nachdem der Supreme Court of Canada ein Jahr zuvor in der Entscheidung Carter v. Canada (vgl. Urteil vom 6. Februar 2015, – [2015] 1 S.C.R. 331 -) das bis dahin geltende ausnahmslose strafrechtliche Verbot von Suizid- und Sterbehilfe für verfassungswidrig erklärt hatte, ein Gesetz in Kraft („Bill C-14“), das die Voraussetzungen bestimmt, unter denen die – nach wie vor strafbewehrte – Sterbe- und Suizidhilfe ausnahmsweise straffrei gestellt sind. Hiernach ist ein Arzt oder ein Krankenpfleger weder wegen Totschlags noch wegen Suizidhilfe zu bestrafen, wenn er „medizinische Assistenz beim Sterben“ (medical assistance in dying) leistet, wobei unter den Begriff der „medizinischen Assistenz beim Sterben“ sowohl die aktive Sterbehilfe als auch die Beihilfe zum Suizid fällt (vgl. Art. 227 (1) Criminal Code und Art. 241 Criminal Code). (BVerfGE 153, 182–310 2. Senat – 26.02.2020 Rn. 31)

Auch wenn die Dominanz rechtswissenschaftlicher Bezugnahmen für alle analysierten Entscheidungsjahre gilt, lassen sich aus diachroner Perspektive einige Entwicklungen verzeichnen. Ungeachtet der Quellenkategorie betrifft dies zunächst einen signifikanten Anstieg der Anzahl zitierter Quellen. Während das BVerfG im Jahr 1980 wenige Quellen, d. h. im Durchschnitt 6,84 Quellen pro Entscheidung verwendet, liegt die Anzahl im Jahre 2020 bei 37,33 Quellen pro Entscheidungen; die Anzahl der Quellen hat sich mehr als verfünffacht. Im Hinblick auf die diachrone Entwicklung der durchschnittlichen Quellenanzahl pro Text fällt vor allem das Jahr 2005 ins Auge; mit M = 37,36 Quellen pro Entscheidung liegt der Mittelwert auffällig hoch über den Werten der älteren Entscheidungen (Tab. 6.2).

Bemerkenswert ist auch die diachrone Entwicklung der Zusammensetzung der Quellenkategorien. Dies betrifft insbesondere die Frequenz der Kategorie ‚ausländische Rechtsprechung', die über die Jahre zugenommen hat.

Der *Supreme Court of Canada* verwendet in den 225 analysierten Entscheidungen insgesamt 3198 Quellen; im Durchschnitt also M = 14,21 Quellen pro Entscheidung (SD = 24,71). Wie beim BVerfG dominieren in der Zusammensetzung der Quellenkategorien auch beim SCC Bezugnahmen auf rechtswissenschaftliche Literatur; allerdings fallen die Unterschiede zwischen den jeweiligen Quellenkategorien deutlich geringer aus. Ohne diachrone Differenzierung verwendet der SCC 1814 rechtswissenschaftliche Quellen, 1096 Quellen ausländischer Rechtsprechung und 288 nicht-juristische Quellen. Für die Gesamtwerte aller analysierten Jahre ergibt sich die in Tab. 6.2 und Abb. 6.2 dargestellte Zusammensetzung.

In der Kategorie der ausländischen Quellen fällt vor allem die häufige Anführung des U.S. Supreme Courts auf, auf den 256-mal Bezug genommen wird. Eine Rezeption deutschen Rechts und deutscher Rechtsprechung kann mit

Tab. 6.2 Absolute und anteilige Quellen-Frequenzen beim BVerfG diachron

BVerfG	1985	1990	1995	2000	2005	2010	2015	2019	2020
Anzahl Entscheidungen	67	40	33	20	11	26	26	16	30
ReWi	206 / 3,07	142 / 3,55	146 / 4,42	134 / 6,7	346 / 31,45	653 / 25,12	255 / 9,81	463 / 28,94	937 / 31,23
Ausländ. Rechtsprechung	1 / 0,01	2 / 0,05	1 / 0,03	0 / 0	5 / 0,45	27 / 1,04	46 / 1,77	72 / 4,5	45 / 1,5
Nicht-juristische Texte	13 / 0,19	28 / 0,7	17 / 0,52	6 / 0,3	60 / 5,45	51 / 1,96	30 / 1,15	75 / 4,69	138 / 4,6
Supranat. Recht	3 / 0,04	8 / 0,2	0 / 0	0 / 0	0 / 0	22 / 0,85	51 / 1,96	89 / 5,56	20 / 0,67
Gesamt	220	172	164	140	411	731	331	610	1120
Quellenanzahl pro Entscheidung Ø	4,28	4,3	4,97	7	37,36	28,12	12,73	38,125	37,33

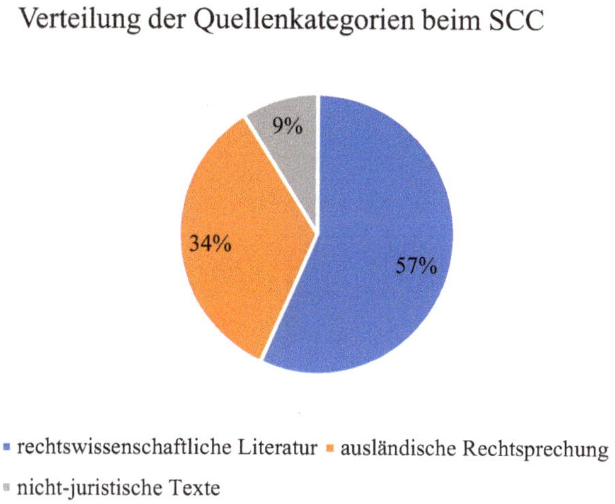

Abb. 6.2 Verteilung der Quellen-Kategorien beim SCC

vier Vorkommnissen als rar gelten. Einen dieser Fälle stellt die Zitierung einer BVerfG-Richterin dar, einen weiteren der Bezug auf das StGB:

(29) An offence of this type has been in force for many years in s. 323(a) (i) of **the German Criminal Code (Strafgesetzbuch)**: […]. (R. v. Penno 1990 2 SCR 865–04.10.1990, Rn. k.A.)

(30) **Justice Susanne Baer of the German Constitutional Court** has also urged against a narrow focus on constitutional text: […] ("Dignity, liberty, equality: A fundamental rights triangle of constitutionalism" (2009), 59 U.T.L.J. 417, at p. 441). (Quebec (Attorney General) v. 9147–0732 Québec inc. 2020 SCC, Rn. 77)

In der am niedrigsten frequentierten Kategorie der nicht-juristischen Texte finden sich, wie beim BVerfG, ebenfalls mehrere Bezugnahmen auf Wörterbücher. Ferner sind in dieser Kategorie auch literarische Texte enthalten. Dies zeigt die folgende Entscheidung in der Kafka und Shakespeare zitiert werden:

(31) **Franz Kafka** was not being entirely whimsical when he wrote, "If you have the right eye for these things, you can see that accused men are often attractive" (The Trial (1976), at p. 203). […] Nove-lists may steer clear of controversial characterizations of ethnic characteristics, such as **Shakespeare's** portrayal of Shylock in The Merchant of Venice. (R. v. Keegstra 1990 3 SCR 697–13.12.1990, Rn. k.A.)

Eine insgesamt niedrige Frequentierung nicht-juristischer Quellen zeigt sich zwar in den vorgestellten Mittelwerten, lässt sich jedoch nicht durchgängig für alle Entscheidungsjahre bescheinigen. Im Jahre 2020 etwa werden pro Entscheidung im Durchschnitt 3,5 nicht-juristische Quellen pro Entscheidung berücksichtigt. Differenzen in der Frequentierung der Quellen-Kategorien lassen sich aus diachroner

Tab. 6.3 Absolute und anteilige Quellen-Frequenzen beim SCC diachron

SCC	1985	1990	1995	2000	2005	2010	2015	2019	2020
Anzahl der Entscheidungen	24	68	30	11	22	26	25	10	9
Rechtswissenschaftl. Texte	70 / 2,92	402 / 5,91	301 / 10,03	91 / 8,27	107 / 4,86	127 / 4,88	185 / 7,4	230 / 23,0	301 / 33,44
Ausländische Rechtsprechung	166 / 6,92	334 / 4,91	169 / 5,63	37 / 3,36	74 / 3,36	99 / 3,81	55 / 2,2	55 / 5,5	107 / 11,89
Nicht-juristische Texte	9 / 0,38	42 / 0,62	67 / 2,23	31 / 2,82	38 / 1,73	15 / 0,58	39 / 1,56	15 / 0,58	32 / 3,56
Gesamt	245	778	537	159	219	241	279	300	440
Quellenanzahl pro Entscheidung Ø	10,23	11,44	17,9	14,45	9,95	9,26	11,16	30	48,89

Perspektive nicht nur für die nicht-juristischen Texte verzeichnen. Besonders sticht hervor ist, dass die im Mittelwert der Quellenzusammensetzung ermittelte Dominanz rechtswissenschaftlicher Texte nicht in jedem Jahr gilt. Wie die Tab. 6.3 zeigt, werden im Jahr 185 mehr als doppelt so viele ausländische Rechtsquellen rezipiert.

Die Quantität der Verwendung ausländischer Rechtsquellen zeigt aus dieser Perspektive einige Schwankungen. Während im Jahr 1985 im Mittelwert 6,9 Texte ausländischer Rechtsprechung pro Entscheidungen herangezogen wurden, sinkt der Mittelwert zwischen den Jahren 1990 und 2014 auf gerundet 2 bis 4 ausländische Quellen pro Entscheidung. Erst ab dem Jahr 2019 steigt dieser wieder auf 5,5 an; den Höchstwert erreicht das Entscheidungsjahr 2020 mit durchschnittlich 11,89 ausländischen Rechtsquellen pro Entscheidung. Das Entscheidungsjahr 2020 sticht insgesamt insofern hervor, als es den Höchstwert aller herangezogenen Quellen erreicht; durchschnittlich kommen in diesem Jahr 48,89 Quellen auf eine Entscheidung. Der Wert im Jahre 1985 liegt zum Vergleich bei sehr viel geringeren 10,2 Quellen pro Entscheidung. Die Anzahl der herangezogenen Quellen hat sich in der Zeitspanne von 1985 bis zum Jahr 2020 also beinahe verfünffacht. Zu betonen ist dabei allerdings, dass es sich um einen plötzlichen Anstieg der Frequenz ab dem Jahr 2019 und nicht um einen kontinuierlichen Anstieg handelt.[1]

Aus *komparativer Perspektive* auf die Quellenverwendungsfrequenz des BVerfG und des SCC sind die folgenden Werte festzuhalten: Die beiden Gerichte unterscheiden sich nicht signifikant hinsichtlich der Nutzungsfrequenz rechtswissenschaftlicher und nicht juristischer Texte (rechtswissenschaftliche Texte:

[1] In diesem Zusammenhang sei allerdings daran erinnert, dass die Erhebung mit Ausnahme der Jahre 2019 und 2020 in Fünfjahres-Schritten vorgenommen wurde.

t(447,75) = 1,66, p = 0,098, 95 % Konfidenzintervall [0,64, 7,32], nicht-juristische Texte: t(491) = 0,26, p = 0,798, 95 % Konfidenzintervall [0,75, 0,97]). Ein signifikanter Unterschied liegt mit t(288,46) = 5,68, p = <0,001, 95 % Konfidenzintervall [5,58, 2,69] hingegen für die Zitationsfrequenz ausländischer Rechtsprechung vor.

6.5.2 Frequenz und Verteilung der Zitattypen

Die folgende Darstellung behandelt zunächst die prätextbasierten Zitattypen und im Anschluss daran die nicht-prätextbasierten Zitattypen. Insgesamt wurden in den Entscheidungen beider Gerichte 4647 prätextbasierte Zitate kodiert; 1093 Zitate in den Entscheidungen des Bundesverfassungsgerichts und 2734 Zitate in den Entscheidungen des SCC. Ein zentrales Ergebnis der Frequenzanalyse materieller Zitattypen und immaterieller Zitattypen beim Bundesverfassungsgericht besteht darin, dass das BVerfG eindeutig immaterielle Zitattypen präferiert. Insgesamt wurden – unter Berücksichtigung der in Abschn. 6.3 vorgestellten Bedingungen zur Aufnahme ins Korpus – 1717 immaterielle intertextuelle Inhalte und 196 materielle Zitattypen identifiziert. Es ergibt sich die in Abb. 6.3 illustrierte Verteilung.

Durchschnittlich enthält eine zwischen den Jahren 1985 und 2020 ergangene Entscheidung lediglich 0,73 *materielle Zitattypen*. Mit diesem geringen Wert geht einher, dass zahlreiche Entscheidungen, genauer 210, kein einziges direktes oder gemischtes Zitat enthalten. Die 196 identifizierten materiellen Zitate sind entsprechend in 60 der Entscheidungen enthalten. Ein vergleichsweise hoher Wert liegt im Jahr 2019 vor, in dem pro Entscheidung im Durchschnitt gerundet drei materielle Elemente verwendet wurden. Augenscheinlich höhere Mittelwerte ergeben sich für die immateriellen Zitattypen, deren Präferenz bereits das

Abb. 6.3 Verteilung der prätextbasierten Zitattypen beim BVerfG

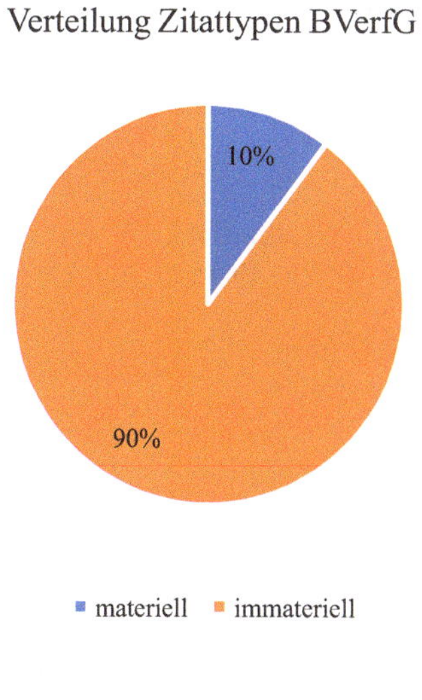

Tab. 6.4 Absolute und anteilige Frequenz prätextbasierter Zitattypen beim BVerfG

Entscheidungsjahr	Anzahl der Entscheidungen	Absolute und anteilige Anzahl der materiellen Zitattypen	Absolute und anteilige Anzahl der immateriellen Zitattypen
1985	67	14 / 0,21	116 / 1,73
1990	40	23 / 1,74	108 / 2,7
1995	33	11 / 0,33	76 / 2,3
2000	20	16 / 0,8	74 / 3,7
2005	11	3 / 0,27	107 / 9,73
2010	26	40 / 0,65	347 / 13,37
2015	26	20 / 0,77	189 / 7,27
2019	16	45 / 2,81	254 / 15,88
2020	30	35 / 1,17	446 / 14,86
Gesamt	270	196 / 0,73	1717 / 6,36

Kreisdiagramm gezeigt hat. Die durchschnittliche Anzahl beläuft sich hierbei auf 6,36 immaterielle Zitattypen pro Entscheidung. Auch für den Typus der immateriellen Zitate ist es das Jahr 2019, für das sich der höchste Mittelwert errechnen lässt. Die eindeutige Präferenz immaterieller Zitattypen vor materiellen Zitattypen gilt für jedes analysierte Entscheidungsjahr. Alle absoluten sowie anteilige Frequenzen beider Zitattypen sind in Tab. 6.4 verzeichnet.

Wie einige Beispiele illustrieren, beschränkt das Bundesverfassungsgericht die materielle Übernahme eines Prätextes meist auf einzelne Worte oder kurze Phrasen; die Übernahme ganzer Sätze stellt eine Ausnahme dar:

(32) Dies befördere Investitionen und Konsum, sodass sich die Inflation einem **„Niveau von 2 % annähern“** könne (vgl. 2. Erwägungsgrund Beschluss <EU> 2015/774 der Europäischen Zentralbank vom 4. März 2015 über ein Programm zum Ankauf von Wertpapieren des öffentlichen Sektors an den Sekundärmärkten <EZB/2015/10>, ABl EU Nr. L 121 vom 14. Mai 2015, S. 20; vgl. auch Deutsche Bundesbank, Monatsbericht Juni 2016, S. 39). (BVerfGE 154, 17–152, 2.Senat – 05.05.2020, Rn. 3)

(33) An den Begriff des allgemeinen Abgabenrechts knüpft der Steuerbegriff des Grundgesetzes an, wenngleich er über das **„Konzentrat einfachgesetzlicher Normen“** (vgl. Lerche, Werbung und Verfassung, 1967, S. 33 f.) hinausreicht. (BVerfGE 55, 274, 2. Senat – 10.12.1980, Rn. 80)

Wie in der Interpretation zu problematisieren sein wird, kann der Umfang immaterieller Zitate aufgrund der fehlenden graphematischen Kennzeichnung nicht exakt bestimmt werden. Ferner ist beim immateriellen Zitieren intransparent, welche Inhalte in welcher Art welchem Prätext entnommen wurden:

(34) Der Kernbereich des Hoheitsrechts ist jedenfalls dann verletzt, wenn es beseitigt wird oder kein hinreichender Spielraum für seine Ausübung mehr übrig bleibt (vgl. BVerfGE 103, 332<366>; Pieroth, in: Jarass/Pieroth, GG, 10. Aufl. 2009, Art. 28 Rn. 22; Vogelgesang/Lübking/Ulbrich, Kommunale Selbstverwaltung, 3. Aufl. 2005, Rn. 32; Mückl, Finanzverfassungsrechtlicher Schutz der kommunalen Selbstverwaltung, 1998, S. 59; vgl. auch Stern, Staatsrecht Bd. I, 2. Aufl. 1984, § 12 II 4, S. 416). Den absoluten Schutz der Kernbereichsgarantie genießt aber nicht jede einzelne Ausformung dieser Rechte (vgl. BVerfGE 103, 332<366>; Henneke, in: Schmidt-Bleibtreu/Hofmann/Hopfauf, GG, 11. Aufl. 2008, Art. 28 Rn. 78). (BVerfGE 125, 141–174 2. Senat – 27.10.2010, Rn. 93)

Aus diachroner Perspektive zeigt sich für das BVerfG, wie mit dem Ergebnis einer ansteigenden Quellenfrequenz zu erwarten war (Abschn. 6.5.2), grundsätzlich eine Zunahme der Frequenz beider Zitattypen. Diese muss für die materiellen Zitate jedoch insofern als geringfügig bezeichnet werden, als eine geringe Standardabweichung von SD = 2,11 die Nähe der Werte zueinander belegt; es gibt bei den materiellen Zitaten keine großen Differenzen zwischen den analysierten Entscheidungsjahren.

Anders als beim BVerfG ist die Verteilung der materiellen und immateriellen Zitattypen beim Supreme Court of Canada beinahe ausgewogen (Abb. 6.4).

In den 225 analysierten Entscheidungen des SCC wurden insgesamt 1398 materielle und 1332 immaterielle Zitattypen kodiert. Die durchschnittliche Anzahl materieller Bezugnahmen pro Entscheidung liegt bei 6,21 und ist damit leicht höher als der Mittelwert von 5,92 in der Kategorie der immateriellen Zitate. Auffällig hoch ist für beide Kategorien, wie die nachstehende Tabelle zeigt, das Jahr 2020 (Tab. 6.5).

Besonders im Vergleich zu den nur wenige Wörter enthaltenden Anführungen des BVerfG fällt der hohe Umfang der materiellen Zitate beim SCC ins Auge. Es übernimmt ganze Sätze und Textpassagen, wie etwa das folgende Beispiel zeigt, materiell:

(35) John Milton recognized the universal value of literature in his Areopagitica; A Speech for the Liberty of Unlicenced Printing, to the Parliament of England (1644): **[A]s good almost kill a Man as kill a good Book; who kills a Man kills a reasonable creature, God's Image; but he who destroys a good Book, kills reason itself, kills the Image of God, as it were in the eye. Many a man lives a burden to the Earth; but a good Book is the precious life-blood of a master spirit, embalmed and treasured upon purpose to a life beyond life.** (Little Sisters Book and Art Emporium v. Canada Minister of, Rn. 273)

Mit einem diachronen Blick auf die ermittelten Werte ist für den SCC festzuhalten, dass nicht in allen Jahren eine (geringfügig) höhere Frequentierung materieller Zitattypen vorliegt. Zwar lassen sich für einen Großteil der Entscheidungsjahre ähnlich hohe Mittelwerte der beiden Zitattypen-Kategorien errechnen, im

Abb. 6.4 Verteilung der prätextbasierten Zitattypen beim SCC

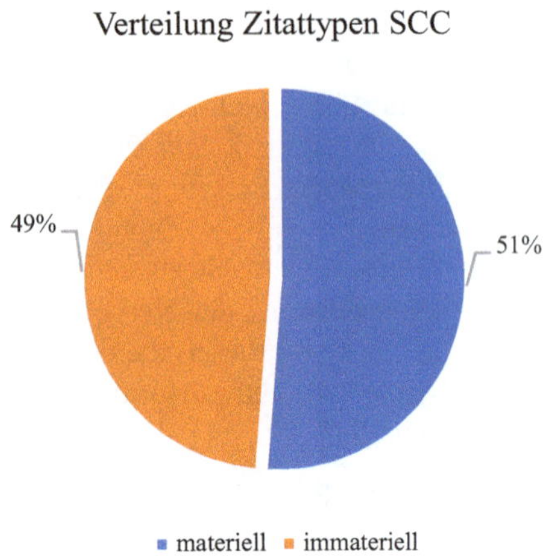

Tab. 6.5 Absolute und anteilige Frequenz prätextbasierter Zitattypen beim SCC

Entscheidungsjahr	Anzahl der Entscheidungen	Absolute und anteilige Anzahl der materiellen Zitattypen	Absolute Anzahl der immateriellen Zitattypen
1985	24	95 / 3,96	109 / 4,54
1990	68	351 / 5,16	314 / 4,62
1995	30	216 / 7,2	216 / 7,2
2000	11	64 / 5,81	64 / 5,82
2005	22	88 / 4	90 / 4,09
2010	26	77 / 2,96	105 / 4,04
2015	25	139 / 5,56	168 / 6,72
2019	10	134 / 13,4	126 / 12,6
2020	9	234 / 26,00	140 / 15,55
Gesamt	225	1402 / 6,32	1332 / 5,92

Jahre 2015 liegt allerdings eine Präferenz immaterieller Zitattypen vor. Hervorzuheben ist das Jahr 2020, in dem es zu einer Entfernung der Mittelwerte für die beiden Kategorien kommt (63 % materielle Zitate, 37 % immaterielle Zitate).

Der zur komparativen Analyse durchgeführte t-Test zeigt, dass sich die beiden Gerichte hinsichtlich der Zitattypen-Verwendung durchaus unterscheiden. Hinsichtlich der Verwendungsfrequenz immaterieller Zitate liegt kein signifikanter Unterschied vor. Ein zweiseitiger t-Test für unabhängige Stichproben (gleiche Varianzen angenommen) zeigt, dass der Unterschied zwischen der Frequenz immaterieller Zitate beim BVerfG und die Frequenz immaterieller Zitate beim SCC statistisch nicht signifikant ist, $t(525)=0{,}14$, $p=0{,}892$, 95 % Konfidenzintervall [1,81, 2,07]. Demgegenüber sind die Unterschiede in der Verwendungsfrequenz materieller Zitattypen mit $p < 0{,}001$ signifikant: Ein zweiseitiger t-Test für unabhängige Stichproben (gleiche Varianzen nicht angenommen) zeigt, dass der Unterschied zwischen der Frequenz materieller Zitate beim BVerfG und der Frequenz materieller Zitate beim SCC statistisch signifikant ist, $t(233{,}8) = 6{,}89$, $p = <0{,}001$, 95 % Konfidenzintervall [7,12, 3,94].

Deutlich seltener als die prätextbasierten Zitattypen finden sich reine und modalisierende Zitate.[2] Im Korpus finden sich insgesamt 64 reine Zitate, 33 davon beim SCC und 31 davon beim BVerfG. Die reinen Zitate werden verwendet, um Wortbedeutungen zu diskutieren und treten demgemäß häufig in Kombination mit intertextuellen Bezugnahmen auf Wörterbücher auf:

(36) In der juristischen Fachsprache wird **„besonders“** regelmäßig als Gegenbegriff zu **„allgemein“** gebraucht. In diesem Sinne wird im Grimm´schen Wörterbuch der Begriff „besondere(r,s)“ in seiner adverbialen Verwendung mit den lateinischen Synonyma „singulatim“, „separatim“, „specialiter“ und „particulariter“ umschrieben oder in seiner adjektivischen Verwendung mit den lateinischen Begriffen „peculiaris“ und „singularis“ übersetzt, was im Deutschen mit „eigen, als einzelnes dem allgemeinen entgegengesetzt, oft selten und hervorragend, aber auch befremdend, seltsam, eigensinnig“ erklärt werden kann (vgl. Jacob und Wilhelm Grimm, Deutsches Wörterbuch, Eintrag „BESONDER“, Bd. 1, Nachdruck 1984, Sp. 1630 ff.). (BVerfGE 151, 202–374 2. Senat – 30.07.2019, Rn. 162)

Per definitionem handelt es sich nur bei den ersten beiden, fett markierten, Begriffen um reine Zitate, denn sie sind – anders als die darauffolgenden Zitate – nicht materiell dem Prätext entnommen. Wie in der Interpretation zu problematisieren sein wird, werden allerdings auch die materiellen Zitate z. T. mit der Funktion eingesetzt, die die Theorie eigentlich dem reinen Zitat zuschreibt: Dies zeigt die dritte Anführung in Beispiel 15 „besondere(r,s)“. Dieser Begriff wird direkt zitiert, jedoch in der Funktion eines reinen Zitates verwendet, um seine Bedeutung zu bestimmen. Ein Beispiel des SCC illustriert ferner, dass reine Zitate auch dazu verwendet werden können, um Formulierungen in einem zitierten Text zu thematisieren und, konkreter, wie in der folgenden Passage, abzulehnen:

(37) While the WHO, in the medical context, uses the word “disability” to refer to functional limitation (the second aspect), I prefer to use the expression **“functional limitation”** to emphasize that in legal terms it is all three aspects considered together that constitute the disability. (Granovsky v. Canada (Minister of Employment and Immigration) 2000 SCC 28–18.05.2000, Rn. 34)

[2] Es sei an dieser Stelle noch einmal darauf hingewiesen, dass nur diejenigen reinen und modalisierten Zitate kodiert wurden, die in Kombination mit einer Quellenangabe auftraten. Ferner können die ermittelten Werte insofern nur unter Vorbehalt angegeben werden, als nicht für jedes kodierte Zitat ein Abgleich mit dem Prätext vorgenommen werden konnte. Es wurde lediglich ein Sample an Prätext-Texten überprüft (siehe dazu auch Abschn. 6.4 zur Analysemethodik).

In dem Zitat positioniert sich der Zitierende zur Terminologie des Prätextes und gibt an, anstelle des im Prätext verwendeten Begriffs der „disability“ den Begriff der „functional limitation“ zu bevorzugen.

Modalisierende Zitate finden sich im Korpus 59-mal, darunter 47 modalisierende Zitate beim BVerfG und 12 modalisierende Zitate beim SCC. Darunter befinden sich ‚eindeutige‘ Fälle, d. h. Fälle, bei denen das angeführte Lexem nicht vorkommt und uneindeutige Fälle, bei denen ein dem angeführten Lexem verwandtes Wort im Prätext steht. Ein Beispiel für ersteres ist das folgende:

(38) Dieser **„Flickenteppich“** von auf das jeweilige Territorium beschränkten Systemen nationaler Schutzrechte unterliegt zwar infolge internationaler Abkommen dem Zwang zur Harmonisierung (vgl. v. Gamm, Urheberrechtsgesetz, 1968, § 121 Rdnr 4). (BVerfGE 81, 208–228 1. Senat – 23.01.1990, Rn. 54)

Der Begriff „Flickenteppich“ wird in der Quelle an der angegebenen Stelle nicht verwendet. Bezüglich der Einordnung in die Zitattypologie komplexer ist das folgende Beispiel, bei dem die Wortart des Lexems im Akt des Zitierens verändert wird (Beispiel 41 zeigt die Passage des SCC, Beispiel 42 den Text von Hogg):

(39) Courts must be careful not to endorse a **“colourable”** statute, that is, one that in form appears to relate to a matter within the legislative competence of the enacting order of government, but in substance addresses a matter falling outside its competence: see Hogg Constitutional Law of Canada (5th ed. Supp.), at p. 15–19). (Quebec (Attorney General) v. Canada (Attorney General) 2015, Rn. 31)

(40) The courts are, of course, concerned with the substance of the legislation to be characterized and not merely its form. the **“colourability”** doctrine is invoked when a statute bears the formal trappings of a matter within jurisdiction, but in reality is addressed to a matter outside jurisdiction. In the Alberta Bank taxation Reference, for example, the Privy Council held that the legislation, although ostensibly designed as a taxation measure, was in reality directed at banking.

Auch wenn das Wort „colourable“ sehr nah an der Wortwahl des Prätextes ist, handelt es gemäß einschlägigen Definitionen nicht um ein materielles Zitat, bei dem in der Regel wortgetreue Übernahmen vorausgesetzt werden. Beispiele wie dieses zeigen, dass das materielle und das modalisierende Zitat – anders als es sich der Theorie entnehmen lässt –, eng miteinander verbunden sein können und dass die theoretisch erstellten Typologien nur sehr begrenzt der realen Zitierpraxis gerecht werden.

6.5.3 *Textlokale Einbindung der Zitatspender*

In der Analysekategorie ‚textlokale Einbindung des Zitatspenders' wurden insgesamt 4316 Kodierungen vorgenommen, 1782 für das Bundesverfassungsgericht und 2534 für den Supreme Court of Canada. Für das Bundesverfassungsgericht hat sich mit einem absoluten Wert von 1640 eine eindeutige Präferenz für die obligatorische Nennung der Quellenangaben in Klammern gezeigt. Demgegenüber gering ist der Anteil im Fließtext eingebundener Quellen mit einem absoluten Wert von 142 Einbettungen (Abb. 6.5).

In einem Großteil, genauer, in 222 der Entscheidungen des Bundesverfassungsgerichts werden Zitatspender kein einziges Mal im Fließtext genannt; nur 45 Entscheidungen verwenden die Platzierung im Text mindestens ein Mal. Der Mittelwert der Subkategorie ‚Einbettung im Fließtext' fällt demgemäß gering aus und liegt bei lediglich 0,53 (Md = 0, SD = 1,74). Den Höchstwert bezüglich der im Fließtext genannten Zitatspender erreicht die Entscheidung BVerfGE 141, 317–376 2. Senat – 15.12.2015. Mit 14 Vorkommnissen liegt der Wert mit großem Abstand über dem errechneten Mittelwert. In dieser Entscheidung nimmt das BVerfG u. a. mehrfach Bezug auf den Europäischen Gerichtshof. Die Einbettung des EuGHs im Fließtext kann insofern als häufig in dieser Kategorie gelten, als der EuGH etwas mehr als 16,9 % der 142 Fließtext-Platzierungen ausmacht (24 von 142 Vorkommnissen). Ein Beispiel für die prominente Platzierung des EuGHs findet sich in der folgenden Passage:

(41) So hat auch der **Europäische Gerichtshof** anerkannt, dass die Zusammenfassung von Notfallrettung und Krankentransport es dem öffentlichen Rettungsdienst wegen der verbesserten Einnahmensituation ermöglicht, seine im Allgemeininteresse liegenden Aufgaben insgesamt unter wirtschaftlich ausgewogenen Bedingungen und damit in der

Abb. 6.5 Textlokale Einbindung des Zitatspenders beim BVerfG

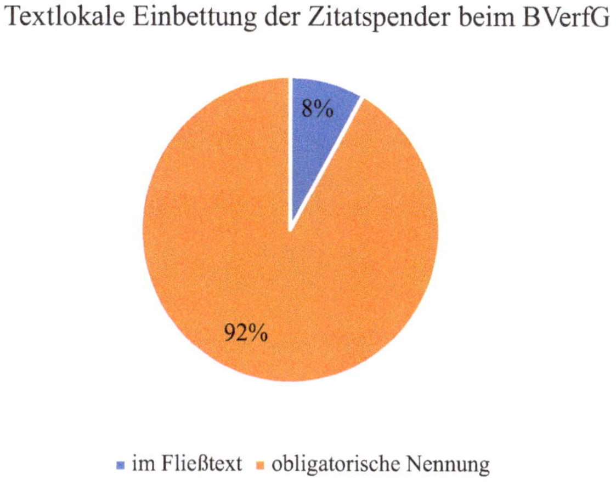

gebotenen Qualität und zuverlässig zu erfüllen (EuGH, Rs. C-475/99, Ambulanz Glöckner, Slg. 2001, I-8089 Rn. 61). (BVerfGE 126, 112–158 1. Senat – 08.06.2010, Rn. 114)

Auffällig in der Bezugnahme auf den EuGH ist auch die mehrfache Verwendung der verkürzten Form ‚der Gerichtshof' wie etwa in dem folgenden Ausschnitt:

(42) Der **Gerichtshof** kam in der Mangold-Entscheidung zu dem Ergebnis, eine nationale Regelung wie § 14 Abs. 3 Satz 4 TzBfG verstoße gegen Gemeinschaftsrecht und müsse unangewendet bleiben (EuGH, Urteil vom 22. November 2005, Rs. C-144/04, Slg. 2005, S. I-9981 Rn. 77 f.). Diese Aussage wurde mit zwei Argumenten begründet, deren Beziehung zueinander unklar bleibt (vgl. Thüsing, Europarechtlicher Gleichbehandlungsgrundsatz als Bindung des Arbeitgebers?, ZIP 2005, S. 2149<2150 f.>). (BVerfGE 126, 286–331 2. Senat – 06.07.2010, Rn. 69)

Die Information, dass es sich um den *Europäischen* Gerichtshof – und nicht für den juristischen Laien denkbarerweise um den BGH o.Ä. handelt – erfolgt erst in der Klammernennung. Ebenfalls verhältnismäßig frequent im Text platziert ist die Nennungen von Untersuchungen mit empirischen Ergebnissen. Gerundet 20 % aller im Fließtext eingebetteten Zitatspender (29 von 152) sind Zitatspender, die quantitative Daten bereitstellen. Mit 9 Platzierungen im Fließtext ist das Statistische Bundesamt in dieser Kategorie auffällig oft vertreten:

(43) Nach **Angaben des Statistischen Bundesamts** lebten im Jahre 2008 maximal 76,8 % und damit der größte Teil aller Kinder mit ihren verheirateten Eltern zusammen, während mindestens 7,1 % der Kinder mit ihren Eltern zusammenlebten, die eine nichteheliche Lebensgemeinschaft führen. [...] (vgl. Statistisches Jahrbuch 2009, Tab. 2.17). (BVerfGE 127, 263–292 1. Senat – 12.10.2010, Rn. 42)

Seltener ist die Einbettung von Personennamen (bspw. von Rechtswissenschaftlern und Rechtswissenschaftlerinnen). Insgesamt finden sich lediglich 11 im Fließtext eingebettete Personen:

(44) Zwar meinen **Wilms und Jäger** (JuS 1988, S. 268<273>), das Gericht habe allenfalls seine Funktionsunfähigkeit feststellen dürfen, weil kein gesetzlicher Verhinderungsgrund vorgelegen habe; es habe nicht anstelle des Wahlorgans die Nachfolge regeln dürfen. **Doehring** steht auf dem Standpunkt, daß eine Lückenfüllung nicht zulässig sei, weil dadurch das Gericht eine Zusammensetzung bekomme, die nicht mehr dem Willen des Parlaments entspreche (NJW 1987, S. 3234). Dem kann nicht gefolgt werden. (BVerfGE 82, 286–305 1. Senat – 10.07.1990, Rn. 87)

Aus diachroner Perspektive zeigt sich in den Entscheidungen des BVerfG keine quantitative Auffälligkeit bezüglich der Platzierung im Fließtext; in allen Jahren liegt der Mittelwert konstant niedrig zwischen 0,09 und 1,69. Die eindeutige Präferenz einer Platzierung in Klammern gilt für jedes der analysierten Jahre (Tab. 6.6).

Tab. 6.6 Entwicklung der Durchschnittswerte beim BVerfG in der Kategorie ‚textlokale Einbettung des Zitatspenders'

	1985	1990	1995	2000	2005	2010	2015	2019	2020
Fließtext	0,14	0,36	0,12	0,11	0,09	1	1,08	1,69	1,07
Klammern	1,85	2,67	2,33	3,79	6,18	12,96	6,61	15,69	14,47

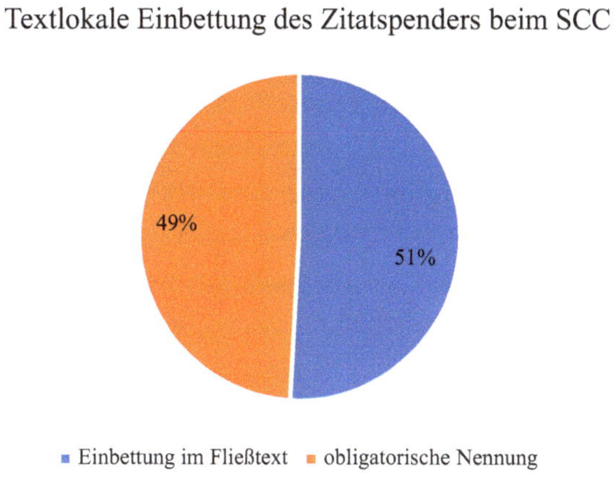

Abb. 6.6 Textlokale Einbindung des Zitatspenders beim SCC

Das Zitationsverhalten des Supreme Court of Canada unterscheidet sich bezüglich der textlokalen Einbindung des Zitatspenders grundlegend vom Bundesverfassungsgericht. Für den SCC lässt sich nicht von einer Präferenz einer Quellenplatzierung sprechen; es liegt mit 1289 Platzierungen im Fließtext und 1245 Platzierungen in Klammern o.Ä. beinahe eine 50/50-Verteilung mit einer quantitativ minimalen Präferenz im Fließtext eingebetteter Zitatspender vor (Abb. 6.6).

In qualitativer Hinsicht fällt für die Platzierung im Fließtext eine vollumfängliche Nennung der zitierten Quelle auf – bei Personen etwa inklusive (akademischen) Titels und Appositionen zur Vorstellung der Person:

(45) **Justice Susanne Baer of the German Constitutional Court** has also urged against a narrow focus on constitutional text: ...constitutional text matters, but...constitutionalism should not be reduced to mere textualism. ("Dignity, liberty, equality: A fundamental rights triangle of constitutionalism" (2009), 59 U.T.L.J. 417, at p. 441). (Quebec (Attorney General) v. 9147–0732 Québec inc. 2020 SCC, Rn. 77)

(46) **As Professor (now Mr. Justice) Tarnopolsky** has noted in a passage quoted by the Court of Appeal (at pp. 21–22), these judicial intrusions, devised to meet a problem particular to the United States, should not be imported here; see "The Equality Rights in the Canadian Charter of Rights and Freedoms" supra, at p. 256. (Mckinney v. University of Guelph 1990 3 SCR 229–06.12.199, Rn. k.A.)

Tab. 6.7 Entwicklung der Durchschnittswerte beim SCC in der Kategorie ‚textlokale Einbettung des Zitatspenders'

	1985	1990	1995	2000	2005	2010	2015	2019	2020
Fließtext	5,33	7	9,1	5,46	3,23	2,46	3,56	5,2	9,33
Klammern	2,46	2,53	4,34	5,46	4,64	4,27	9,2	16,7	24,22

(47) There can be no disputing the indispensable nature of interjurisdictional co-operation among securities regulators today. **Paul Bourque, the Executive Director of the Commission,** described this problem as follows: […]. (Global Securities Corp. v. British Columbia Securities Com, Rn. k.A.)

Die Einbettung im Fließtext beschränkt sich allerdings nicht nur auf Personen, denn beispielsweise werden auch Wörterbücher mehrfach im Fließtext genannt:

(48) **Black's Law Dictionary** defines "cruelty" as "[t]he intentional and malicious infliction of mental or physical suffering on a living creature, esp. a human; abusive treatment; outrage" (11th ed. 2019), at p. 475). (Quebec (Attorney General) v. 9147–0732 Québec inc. 2020 SCC, Rn. 82)

Anders als beim BVerfG lässt sich beim SCC aus diachroner Perspektive eine Veränderung verzeichnen. Während in den Jahren 1985, 1990 und 1995 der Einbettungstypus im Fließtext dominiert, gibt es nach einem Gleichstand im Jahr 2000 einen Umschwung; das Gericht platziert die angeführten Zitatspender zunehmend in Klammern (Tab. 6.7).

Die Werte in der Tabelle belegen eine Etablierung des Trends und einen Rückgang der im Fließtext eingebetteten Zitatspender (im Jahr 2005 ist der Wert der Klammereinbettung 43,65 % höher als der Wert der Fließtexteinbindung; im Jahr 2020 sind es bereits 159,59 %).

Aus komparativer Perspektive mag nach der vorangegangenen Darstellung der einzelnen Werte bereits auf der Hand liegen, welche Differenzen verzeichnet werden können: Das BVerfG und der SCC unterscheiden sich nicht signifikant hinsichtlich der Frequenz der nicht über die obligatorische Nennung hinausgehenden Zitatspendereinbettung. Die Ergebnisse der deskriptiven Statistik zeigen, dass das Bundesverfassungsgericht geringfügig höhere Werte in der Kategorie ‚Einbindung außerhalb des Fließtextes' aufweist ($M=6{,}14$, $SD=12{,}44$) als der Supreme Court of Canada ($M=5{,}56$, $SD=10{,}51$). Ein zweiseitiger t-Test für unabhängige Stichproben (gleiche Varianzen angenommen) zeigt, dass der Unterschied zwischen dem BVerfG und dem SCC in Bezug auf diese Kategorie statistisch nicht signifikant ist, $t(489)=0{,}56$, $p=0{,}58$, 95 % Konfidenzintervall [1,49, 2,66]. Ein signifikanter Unterschied liegt indessen hinsichtlich der Frequenz der im Fließtext platzierten Zitatspender vor. Dazu zeigen die Ergebnisse der deskriptiven Statistik, dass das BVerfG auffallend niedrigere Werte für die Frequenz der im Fließtext eingebundenen Zitatspender aufweist ($M=0{,}53$, $SD=1{,}74$) als der SCC ($M=5{,}75$, $SD=11{,}07$). Ein zweiseitiger t-Test für unabhängige Stichproben (gleiche Varianzen nicht angenommen) zeigt, dass der Unterschied zwischen BVerfG und SCC in Bezug auf die Variable ‚Einbettung im Fließtext' statistisch signifikant ist, t(232,29) = 6,99, p = <0,001, 95 % Konfidenzintervall [3,74, 6,7].

6.5.4 Modalisierungsprozeduren: Booster und Hedges

In der Kategorie der Modalisierungsprozeduren wurden insgesamt 257 Booster und Hedges kodiert, 185 davon in den Entscheidungen des SCC und 72 davon in den Entscheidungen des BVerfG.

Das Bundesverfassungsgericht verwendet mehr Booster als Hedges (48 Booster und 24 Hedges). Verstärkt werden Propositionen u. a. durch eine Betonung der Einhelligkeit oder durch den Zusatz „zu Recht":

(49) Der Halbsatz „und dadurch dem, dessen Vermögensinteressen er zu betreuen hat, Nachteil zufügt", ist **nach einhelliger Auffassung in Rechtsprechung und Schrifttum** auf beide Tatbestandsvarianten zu beziehen (so schon RGSt 69, 58<59>; vgl. Dunkel, GA 1977, S. 328<331>; Mayer, in: Materialien zur Strafrechtsreform, Bd. 1, 1954, S. 333<353>; Wegenast, Missbrauch und Treubruch, 1994, S. 11). (BVerfGE 126, 170–233 2. Senat – 23.06.2010, Rn. 19)

(50) Das Schrifttum spricht sich allerdings **zu Recht** überwiegend für eine eingeschränkte Änderungskompetenz des Bundes auf der Grundlage von Art. 125a Abs. 1 Satz 1 GG aus (vgl. F. Kirchhof, in: Festschrift für Rupert Scholz, 2007, S. 637<648>; Schoch, DVBl 2007, S. 261<264>). (BVerfGE 155, 310–357, 2. Senat – 07.07.2020, Rn. 80)

Ein Beispiel für eine Geltungsabschwächung durch einen Hedge findet sich in der folgenden Passage:

(51) Eine entscheidende Ursache liegt **wohl** im Kassenwahlrecht und der Art seiner Ausübung. Das Wahlrecht wird, vereinfacht und überspitzt ausgedrückt, von Kranken weniger oft ausgeübt als von Gesunden; Kranke wechseln nicht ihre Kasse (vgl. Nopper, Der Risikostrukturausgleich aus Sicht einer Allgemeinen Ortskrankenkasse, in: Jabornegg/Resch/Seewald <Hrsg.>, a.a.O., S. 137<148>). (BVerfGE 113, 167–273, 2. Senat – 18.07.2005, Rn. 187)

Wie in der Interpretation zu problematisieren sein wird, kann ohne Kenntnis des Prätextes nicht für jede Modalisierungsprozedur entschieden werden, ob das BVerfG die Modalisierung vornimmt oder, ob diese aus dem Prätext selbst übernommen wurde.

Im Durchschnitt verwendet das BVerfG 0,27 Modalisierungsprozeduren pro Entscheidung (SD = 0,8). Dieser Durchschnittswert fällt für alle analysierten Jahre ähnlich gering aus (Tab. 6.8).

Tab. 6.8 Durchschnittliche Anzahl an Modalisierungsprozeduren beim BVerfG diachron

	1985	1990	1995	2000	2005	2010	2015	2019	2020
Ø MP	0,11	0,23	0,15	0,58	1,09	0,27	0,04	0,5	0,4

Beim SCC werden ebenfalls mehr Booster als Hedges verwendet; es finden sich in den Entscheidungen 109 Booster und 76 Hedges. Boosting-Prozeduren wurden in 58 Entscheidungen verwendet; Hedges demgegenüber lediglich in 38 Entscheidungen. Unter den Boostern können Konstruktionen mit „clear" oder „clearly" mit 24 Vorkommnissen als besonders häufig gelten:

(52) These submissions were **clearly** supported in the findings of the Report of the Royal Commission on Aboriginal Peoples, vol. 3, supra, at p. 204: […]. (Lovelace v. Ontario 2000 SCC 37–20.07.2000, Rn. 70)

Beispiele für ebenfalls mehrfach verwendete Hedges sind das Adverb „perhaps" sowie Abschwächungen auf verbaler Ebene mit „seem":

(53) Recent research **seems to suggest** that the vast majority of forensic psychiatrists and psychologists, including those who have given evidence with respect to legal insanity in a large number of cases, have no effective understanding of the legal test about which they are expressing an opinion: R. Rogers and R. E. Turner, „Understanding of Insanity: A National Survey of Forensic Psychiatrists and Psychologists" (1987), 7 Health L. Can. 71. See also J. Ziskin and D. Faust, Coping with Psychiatric and Psychological Testimony (4th ed. 1988), vol. I, at pp. 389–408. (R. v. Chaulk 1990 3 SCR 1303–20.12.1990, Rn. k.A.)

Es kommt daneben auch zur parallelen Verwendung von Boostern und Hedges:

(54) Despite the semantic difference between the expressions "cruel and unusual treatment or punishment" (as in the Canadian Charter and the constitution of Trinidad and Tobago) and "cruel and unusual punishments" (as in the eighth amendment to the United States Constitution) and "inhuman or degrading treatment or punishment" (as in the European Convention), **it seems clear** that the essential thrust of these provisions, however expressed, is the same, and their meaning has been assimilated. (Quebec (Attorney General) v. 9147–0732 Québec inc. 2020 SCC, Rn. 106)

Im Durchschnitt finden sich in einer Entscheidung des SCC 0,83 Modalisierungsprozeduren (SD = 1,45). Anders als beim BVerfG ist dieser Wert in einigen Jahren bedeutend höher; es lässt sich eine Erhöhung der Frequenz an Modalisierungsmitteln in jüngeren Entscheidungen verzeichnen (siehe besonders 2015 und 2019) (Tab. 6.9).

Wie das nachfolgende Diagramm zeigt, verwendet der SCC insgesamt sowie im Durchschnitt weitaus mehr Modalisierungsprozeduren als das BVerfG (Abb. 6.7).

Tab. 6.9 Durchschnittliche Anzahl an Modalisierungsprozeduren beim SCC diachron

	1985	1990	1995	2000	2005	2010	2015	2019	2020
Ø MP	0,79	0,68	1	1,36	0,14	0,38	3,08	3,5	1,89

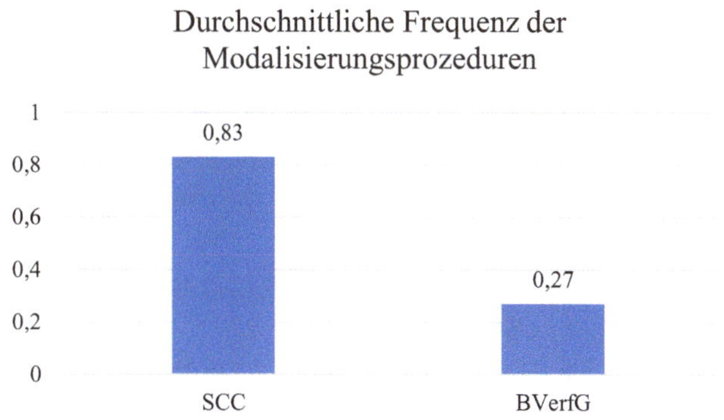

Abb. 6.7 Frequenz der Modalisierungsprozeduren komparativ

Der Unterschied in der Verwendungsfrequenz von Modalisierungsprozeduren zwischen den beiden Gerichten ist statistisch signifikant. Dies ergibt ein zweiseitiger t-Test (für ungleiche Varianzen) mit den Werten t(333,15) = 4,05, p = <0,001, 95 % Konfidenzintervall [0,23; 0,66].

6.5.5 Attribuierungen und Verweis-Etikettierungen

Insgesamt wurden in den Entscheidungen beider Gerichte 551 Attribuierungen und Etikettierungen kodiert, darunter 311 Kodierungen für das BVerfG und 240 Kodierungen für den SCC. Beim BVerfG sind explizite, evaluative Attribuierungen des Zitatinhalts oder des Zitatspenders eine Seltenheit (16 Vorkommnisse), 295 der Kodierungen stellen Verweis-Etikettierungen dar. In dieser sehr frequenten Kategorie kristallisieren sich drei unterschiedliche Typen heraus. Erstens bieten zahlreiche Quellen-Etikettierungen Hinweise darauf, wie sich eine angezeigte Quelle zu einer Proposition verhält. Im folgenden Beispiel etwa teilt die Quelle ‚Hermes', der Etikettierung zufolge, die Auslegung des Bundesverfassungsgerichts; die Quelle ‚Windhorst' scheint für eine andere Auslegung zu plädieren:

(55) Ein Zustimmungserfordernis ergibt sich auch nicht aus den in § 16 Abs. 3 Satz 2 und 3 LuftSiG getroffenen Regelungen, nach denen der Bund Aufgaben der Luftsicherheitsbehörden, die den Ländern übertragen waren, wieder an sich ziehen kann, oder aus der mit Art. 2 Nr. 10 des Gesetzes zur Neuregelung von Luftsicherheitsaufgaben bewirkten Aufhebung der Vorgängerregelung (§ 31 Abs. 2 Nr. 19 Satz 2 bis 4 LuftVG a.F.), die eine

solche Rückübertragung nur auf Antrag des betroffenen Landes ermöglichte (**so auch Hermes**, in: Dreier, GG, Bd. 3, 2. Aufl. 2008, Art. 87d Rn. 33; Hömig, in: Hömig, GG, 8. Aufl. 2007, Art. 87d Rn. 5; Pieroth, in: Jarass/Pieroth, GG, 10. Aufl. 2009, Art. 87d Rn. 2; Durner, in: Friauf/Höfling, Berliner Kommentar, Stand: November 2006, Art. 87d Rn. 27; Heitsch, Die Ausführung der Bundesgesetze durch die Länder, 2001, S. 284 f.; **a.A.: Windthorst**, in: Sachs, GG, 5. Aufl. 2009, Art. 87d Rn. 40). (BVerfGE 126, 77–112 2. Senat – 04.05.2010, Rn. 151)

Ein zweiter Typus ist der Hinweis auf weitere ‚Quellen in der angeführten Quelle'. Dazu verwendet das BVerfG häufig die Etikettierung ‚m.w.N.' (mit weiteren Nachweisen) oder vergleichbare Konstruktionen:

(56) Vielmehr sei unter Berücksichtigung der besonderen Umstände des Einzelfalls festzustellen, ob die Betroffenen mit wirtschaftlichen Nachteilen ernstlich zu rechnen hätten, der Eintritt eines Schadens also naheliegend sei, so dass der Vermögenswert aufgrund der Verlustgefahr bereits gegenwärtig gemindert werde (vgl. BGHSt 24, 386<387>; 33, 244, NJW 1971, S. 64; **weitere Nachweise bei Fischer**, Strafgesetzbuch, 57. Aufl. 2010, § 266 Rn. 150 ff.; Kindhäuser, a.a.O., § 266 Rn. 110). (BVerfGE 126, 170–233 2. Senat – 23.06.2010, Rn. 137)

Daneben finden sich, als dritter Typus, Quellen-Etikettierungen inhaltlicher Natur, die konkretisieren, zu welchem konkreten Aspekt eine Quelle (weiterführende) Informationen bietet:

(57) Im Falle des Nachteilsmerkmals muss die Auslegung den gesetzgeberischen Willen beachten, dieses Merkmal als selbständiges neben dem der Pflichtverletzung zu statuieren; sie darf daher dieses Tatbestandsmerkmal nicht mit dem Pflichtwidrigkeitsmerkmal verschleifen, das heißt, es in diesem Merkmal aufgehen lassen (**zu dieser Gefahr vgl. Saliger**, ZStW 112<2000>, S. 563<610>; ders., HRRS 2006, S. 10<14>). (BVerfGE 126, 170–233 2. Senat – 23.06.2010, Rn. 112)

Im Durchschnitt enthält eine BVerfG-Entscheidung etwas mehr als ein Merkmal (1,16, SD = 2,42) aus der Kategorie der Attribuierungen und der Etikettierungen; es wurde bereits erwähnt, dass erstere eine Ausnahme darstellen. Die Zahlen in der folgenden Tabelle beziehen sich dementsprechend hauptsächlich auf Quellen-Etikettierungen. Ab dem Jahre 2005 wird der Durchschnittswert (bis auf das Jahr 2015) überschritten und liegt höher als in den vergleichsweise älteren Entscheidungen (Tab. 6.10).

Bei den 240 Kodierungen in dieser Analysekategorie für den SCC handelt es sich – ganz im Gegenteil zum BVerfG – beinahe ausschließlich um Attribuierungen; es finden sich lediglich zwei Verweis-Etikettierungen in den kanadischen Entscheidungen. Durchschnittlich werden pro SCC-Entscheidung 1,07 Attribuierungen (SD = 1,99) (oder Etikettierungen) eingesetzt. Als besonders charakteristisch kann die Evaluation von Fremdinhalten und von Zitatspendern gelten. Es

Tab. 6.10 Durchschnittliche Anzahl an Attribuierungen und Etikettierungen beim BVerfG diachron

	1985	1990	1995	2000	2005	2010	2015	2019	2020
Ø Attr. & Ett	0,47	0,75	0,51	0,79	1,82	2,45	0,77	3,19	2,2

Tab. 6.11 Durchschnittliche Anzahl an Attribuierungen und Kommentierungen beim SCC diachron

	1985	1990	1995	2000	2005	2010	2015	2019	2020
Ø Attr. & Ett	1,33	1	1,55	1,45	0,32	0,77	0,64	1,8	2,0

finden sich zahlreiche, meist inhaltsunabhängige Kommentierungen, die die Güte einer Quelle hervorheben:

(58) As Martha Minow **elegantly** noted, the ability to be open-minded is enhanced by such knowledge and understanding: […] (Yukon Francophone School Board, Education Area #23 v. Yukon, Rn. 34)

Aus diachroner Perspektive zeichnet sich keine nennenswerte Entwicklung der Frequenzen ab (Tab. 6.11).

Vergleicht man die Mittelwerte der ermittelten Gesamtfrequenzen (M = 1,07 beim SCC und M = 1,16 beim BVerfG) zeigt sich zunächst kein auffälliger Unterschied. Ähnliches gilt für die inferenzstatistische Betrachtung: Ein zweiseitiger t-Test für unabhängige Stichproben (gleiche Varianzen angenommen) zeigt, dass der Unterschied zwischen dem SCC und dem BVerfG in Bezug auf die Frequenz von Attribuierungen und Etikettierungen statistisch nicht signifikant ist, $t(489) = 0{,}46$, $p = 0{,}645$, 95 % Konfidenzintervall [0,31, 0,49]. Aus qualitativer Perspektive ist hingegen ein großer Unterschied hervorzuheben: Während das BVerfG beinahe ausschließlich die Quelle kommentiert und keine expliziten Kommentare zum Zitatinhalt oder zum Zitatspender äußert, verhält es sich beim SCC gegenteilig. Der SCC verwendet fast keine Quellen-Etikettierungen und evaluiert Zitat und Zitatspender stattdessen explizit.

6.5.6 Evidentialitätsmarker: Konjunktiv und zitatbegleitende Wendungen

In der Kategorie der Evidentialitätsmarker wurden 1077 Kodierungen für den SCC vorgenommen und 366 für das BVerfG (insgesamt also 1443 Kodierungen). Es wurde eingangs erwähnt, dass die Kategorie insofern nur bedingt Vergleichbarkeit zulässt, als der Referatskonjunktiv im Englischen nicht existiert. Auch in den deutschen Entscheidungen kann der Einsatz des Referatskonjunktivs allerdings nicht als sonderlich frequent gelten; er findet sich nur in 44 Entscheidungen. Bemerkenswerterweise wird die Zitatkennzeichnung durch den Konjunktiv z. T. auch eingesetzt, wenn der Akt des Referierens evident ist und die Inhalte eigentlich keine epistemische Positionierung zulassen:

(59) Im Auftrag des Bundesministeriums der Justiz und für Verbraucherschutz hat das Institut für Kriminologie der Universität Tübingen unter Leitung von Prof. Kinzig die elektronische Aufenthaltsüberwachung im Rahmen der Führungsaufsicht evaluiert. Die Studie umfasst alle 74 Personen, denen zwischen dem 1. Januar 2011 und dem 31. August 2013 eine Weisung nach § 68b Abs. 1 Satz 1 Nr. 12 StGB erteilt worden war. Lediglich in 64 Fällen **sei** es auch tatsächlich zur Anlegung der „Fußfessel" gekommen. Des Weiteren **sei** eine 74 Personen umfassende Vergleichsgruppe gebildet worden (vgl. Bräuchle/Kinzig, Die elektronische Aufenthaltsüberwachung im Rahmen der Führungsaufsicht, Kurzbericht über die wesentlichen Befunde einer bundesweiten Studie mit rechtspolitischen Schlussfolgerungen, undatiert, S. 2; Bräuchle, Die elektronische Aufenthaltsüberwachung gefährlicher Straftäter im Rahmen der Führungsaufsicht, Eine Studie zur Rechtsdogmatik und Rechtswirklichkeit, 2016, S. 78, 80, 86). (BVerfGE 156, 63–182, 01.12.2020 2. Senat, Rn. 174)

Hinsichtlich der zitatbegleitenden Wendungen ist auffällig, dass ihre Nutzung meist mit unspezifischen Generalisierungen der Zitatspender einhergeht. An die Stelle einer expliziten Zitatspender-Benennung durch Einbettung eines Autornamens treten Wendungen wie „im Schrifttum":

(60) **Das Schrifttum teilt ganz überwiegend dieses Verständnis** von Verwandtenerbrecht und Erbrechtsgarantie, die ihren Niederschlag in Art. 14 Abs. 1 Satz 1 GG sowie in Art. 6 Abs. 1 GG finden und so das Erbrecht und das Erbschaftsteuerrecht anleiten (vgl. Leisner, Verfassungsrechtliche Grenzen der Erbschaftsbesteuerung, 1970, S. 111; Löhle, Verfassungsrechtliche Gestaltungsspielräume und -grenzen bei der Besteuerung von Erbschaften und Schenkungen, 2001, S. 25, 102 f.; Papier, in: Maunz/Dürig, GG, Art. 14 GG Rn. 301 ff. <März 2010>; Reinisch, Erbschaftsteuer und Verfassungsrecht, 1999, S. 69 ff.). (BVerfGE 126, 400–433 1. Senat – 21.07.2010, Rn. 98)

Der Mittelwert der Evidentialitätsmarker liegt bei M = 1,37 Merkmalen pro BVerfG-Entscheidung. Mit Ausnahme des Jahres 2015 wird dieser Mittelwert in den ab 2005 ergangenen Entscheidungen überschritten (Tab. 6.12).

Beim SCC finden sich, wie bereits die hohe Anzahl im Fließtext eingebetteter Zitatspender erwarten ließ, zahlreiche zitatbegleitende Wendungen (1077 Vorkommnisse). Darunter befinden sich beinahe ausschließlich zitateinleitende *Verba dicendi*. Beispiele dafür sind die Verben „to state" (89 Fundstellen), „to note" (80 Fundstellen), „to point out/to make a point" (74 Fundstellen), „to observe" (48 Fundstellen), „to suggest" (33 Fundstellen) „to define" (28 Fundstellen), „to ex-

Tab. 6.12 Durchschnittliche Anzahl an Evidentialitätsmarkern beim BVerfG diachron

	1985	1990	1995	2000	2005	2010	2015	2019	2020
Ø Evident	0,47	0,63	0,45	0,5	1,91	2,81	0,73	4,25	2,73

Tab. 6.13 Durchschnittliche Anzahl an Evidentialitätsmarkern beim SCC diachron

	1985	1990	1995	2000	2005	2010	2015	2019	2020
Ø Evident	3,92	5,71	8,14	2,45	2,54	2,88	3,08	5,09	7,22

press“ (27 Fundstellen). Der Akt des Zitierens durch Verben wie ‚to cite‘ und ‚to quote‘ wird auch explizit benannt (29 Vorkommnisse):

(61) To **refer** again to the passage from Professor Colvin **quoted** above, while an insane person is “formally acquitted”, “alternative coercive measures” are imposed – namely, potentially indefinite detention under a Lieutenant-Governor’s warrant. (R. v. Chaulk 1990 3 SCR 1303–20.12.1990, Rn. k.A)

Im Durchschnitt werden 4,81 zitatbegleitende Wendungen pro Entscheidungen verwendet. Dieser Wert wird in 5 Jahren unterschritten und in 4 Jahren überschritten (Tab. 6.13).

Mit der großen Differenz zwischen den Mittelwerten (M = 1,37 beim BVerfG und M = 4,81 beim SCC) zeigt sich, dass die beiden Gerichte sich hinsichtlich der Nutzungsfrequenz von Evidentialitätsmarkern unterscheiden. Die vergleichsweise geringere Frequenz beim BVerfG ist insofern besonders bemerkenswert, als beim BVerfG zwei mögliche Formen von Evidentialitätsmarkierungen erfasst wurden (Konjunktiv und zitatbegleitende Wendungen); beim SCC demgegenüber nur die zitatbegleitenden Wendungen (Abb. 6.8).

Ein zweiseitiger t-Test für unabhängige Stichproben (gleiche Varianzen nicht angenommen) bestätigt, dass der Unterschied zwischen dem SCC und dem BVerfG in Bezug auf die Variable ‚Frequenz der Evidentialitätsmarker‘ statistisch signifikant ist, t(294,44) = 5,3, p = <0,001, 95 % Konfidenzintervall [4,72, 2,15].

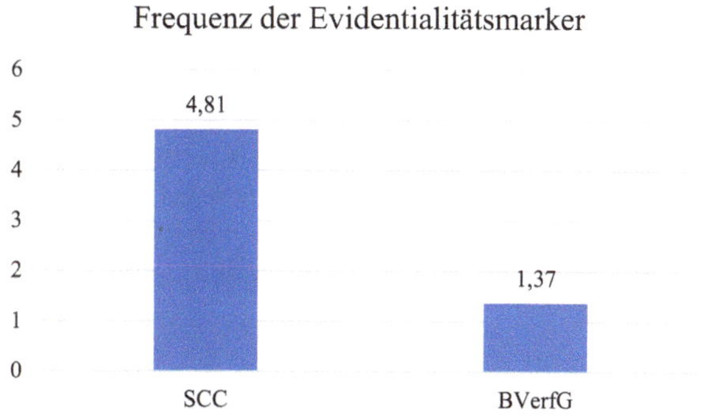

Abb. 6.8 Frequenz der Evidentialitätsmarker komparativ

6.6 Interpretation

Das erste Ziel der nachfolgenden Interpretation besteht gemäß Forschungsfrage 1 ‚Wie zitieren Gerichte?' in einer zusammenfassenden Charakterisierung der prototypischen Zitationspraktiken anhand der ermittelten Frequenzen. Das zweite Ziel gemäß Forschungsfrage 2 ‚Warum zitieren Gerichte?' besteht in einer Rekonstruktion von Zitatfunktionalisierungen auf Basis der identifizierten protypischen Zitationsweisen. Dazu zählen auch eine Ergründung der vielen signifikanten Unterschiede zwischen der Zitationspraxis des BVerfG und der Zitationspraxis des SCC, u. a. durch die Rückführung der prototypischen Zitationsmerkmale auf die jeweiligen rechtskreisspezifischen Anforderungen, die Reflexion von Möglichkeiten und Grenzen der Rekonstruktion von Zitatfunktionen sowie darüber hinaus eine Abwägung von Vor- und Nachteilen, die die unterschiedlichen Zitationspraktiken mit sich bringen.

6.6.1 Wie zitieren Gerichte? Prototypische Tendenzen in den Zitationspraktiken des BVerfG und des SCC

Anhand der in den Ergebnissen dargestellten Frequenzen können die Zitationspraxis des Bundesverfassungsgerichts und die Zitationspraxis des Supreme Court of Canada zusammenfassend wie folgt charakterisiert werden: Prototypisch für das BVerfG ist das immaterielle Zitieren rechtswissenschaftlicher Quellen mit einer obligatorischen Nennung der Zitatspender in Klammern. Für diese Analysekategorien kann das folgende Beispiel als typische intertextuelle Bezugnahme beim BVerfG gelten:

(62) Dem Neutralitätsgebot steht nicht entgegen, dass der Inhaber eines Regierungsamtes regelmäßig in seiner Doppelrolle als Bundesminister und Parteipolitiker wahrgenommen wird. Zwar mögen aus Sicht der Bürgerinnen und Bürger aufgrund der Verschränkung von staatlichem Amt und parteipolitischer Zugehörigkeit gegenüber dem einzelnen Regierungsmitglied nur begrenzte Neutralitätserwartungen bestehen (dazu Krüper, JZ 2015, S. 414<416>; Payandeh, Der Staat 55<2016>, S. 519<532 ff.>; Putzer, DÖV 2015, S. 417<422 f.>; Tanneberger/ Nemeczek, NVwZ 2015, S. 215<216>). (BVerfGE 154, 320–353, 2.Senat – 09.06.2020, Rn. 55)

Mit der Nennung der Quelle(n) in Klammern geht einher, dass das BVerfG sehr wenige zitatbegleitende Wendungen gebraucht. Charakteristisch sind die sogenannten Kettenzitate, bei denen einer intertextuellen Proposition mehrere Quellen zugeordnet werden. Im Durchschnitt wird jede intertextuelle Bezugnahme von

3,35 Quellenangaben begleitet.[3] Bemerkenswert ist auch die hohe Anzahl an Quellen-Etikettierungen, die dem Leser etwa Schlagworte zu den Inhalten eines Verweises anbieten oder die darauf hinweisen, wie sich eine weiterführende Quelle zu dem referierten Inhalt verhält (z. B. durch die Abkürzung „a.A.", andere Ansicht). Modalisierungsprozeduren und Evidentialitätsmarkierungen sind in den Entscheidungen des BVerfG in Anbetracht der ermittelten Frequenzen demgegenüber kein prototypisches Zitat-Charakteristikum.

Aus diachroner Perspektive sticht besonders die Zunahme der konsultierten Quellen heraus. Innerhalb des untersuchten Zeitraumes hat sich die Gesamtanzahl zitierter Quellen insgesamt beinahe verzehnfacht (zum Vergleich: M = 4,28 Quellen pro Entscheidung im Jahr 1985 und M = 4,3 im Jahr 1990 vs. M = 38,13 im Jahr 2019 und M = 37,33 im Jahr 2020, mit einem plötzlichen Anstieg ab dem Jahr 2005). Die Erhöhung betrifft alle Quellenkategorien, das heißt die Anzahl der Bezugnahmen auf rechtswissenschaftliche Quellen, die Anzahl der Bezugnahmen auf nicht-juristische Texte sowie die auf ausländische Rechtsprechung. Bemerkenswert ist dabei, dass sich die Zusammensetzung durchaus verändert hat. Währende Bezüge auf die ausländische Rechtsprechung etwa im Jahr 1985 gerundet nur 0,5 % aller Quellen und nicht-juristische Texte gerundet nur 6 % ausmachten, liegen die Anteile im Jahr 2020 deutlich höher (4 % aller Quellen sind in diesem Jahr ausländische Rechtsquellen und 12 % stellen andere Texte dar). Damit geht einher, dass der Anteil an Bezugnahmen auf rechtswissenschaftliche Texte von 93,64 % im Jahr 1985 auf 84 % im Jahr 2020 gesunken ist. In der Zunahme intertextueller Bezugnahmen insgesamt liegt vermutlich begründet, dass auch für die Variablen ‚Evidentialitätsmarkierungen' und ‚Quellen-Etikettierung' eine Zunahme zu verzeichnen ist. Die vergleichsweise hohe Frequenz an Quellen in den jüngeren Jahren mag das Bedürfnis an einer Etikettierung der Quellen hervorrufen; besonders in Kettenzitaten bieten sie eine Orientierung zur Einordnung der Quellen. Hinsichtlich zweier Analysekategorien erweist sich die Zitationspraxis des BVerfG demgegenüber als gleichbleibend: U.a. die geringen Standardabweichungen belegen, dass das BVerfG konstant immaterielle Zitattypen bevorzugt hat und Modalisierungsprozeduren über alle Jahre hinweg konstant selten eingesetzt werden.

Bei dem prototypischen Zitat des Supreme Court of Canada handelt es sich um eine lange materielle Bezugnahme auf rechtswissenschaftliche Literatur, häufig mit prominenter Platzierung des Zitatspenders. Eine ‚prototypische' Zitationspraxis kristallisiert sich beim SCC insofern nur sehr knapp heraus, als in beiden erwähnten Analysekategorien beinahe eine 50/50 Verteilung vorliegt. 51 % der Bezugnahmen stellen materielle Bezugnahmen dar, 49 % immaterielle; 51 % aller Zitatspender werden im Fließtext eingebettet und 49 % aller Zitatspender nicht über die obligatorische Nennung angeführt. Es handelt sich somit um sehr

[3] Dieser Wert wurde aus den insgesamt 3664 Quellenangaben und den 1093 identifizierten intertextuellen Zitattypen gewonnen. Die Zählung letzterer wird in Abschn. 6.6.2 zu problematisieren sein.

geringfügige Präferenzen. Mit der frequenten Einbettung des Zitatspenders im Fließtext geht eine hohe Anzahl an zitatbegleitenden Wendungen (besonders an Verba dicendi) einher. Als Beispiel für ein für den SCC typisches Zitat kann in diesem Sinne das folgende gelten:

(63) As Professor Mewett has rightly admonished, „[p]erhaps no phrase is bandied about with more imprecision and with more unawareness of its legal and social significance than the privilege against self-incrimination“: „Law Enforcement and the Conflict of Values“ (1970), 12 Crim. L.Q. 179, at p. 186. (R. v. S. (R.J.) 1995 1 SCR 451–02.02.1995, Rn. 488)

Zumindest im Vergleich zur Zitationspraxis des BVerfG können Positionierungselemente seitens des Zitierenden – sei es in Form von Modalisierungsprozeduren oder in Form von Attribuierungen – als charakteristisch gelten. In Entscheidungen des Jahres 2020 werden im Durchschnitt gerundet und zusammengenommen vier Modalisierungsprozeduren und Attribuierungen verwendet.

Unter diachronen Gesichtspunkten fallen zwei Entwicklungen besonders auf: Während in den älteren Entscheidungsjahren die Einbettung des Zitatspenders in den Fließtext dominiert, werden die Zitatspender in den jüngeren Entscheidungen zunehmend häufiger aus dem Fließtext ausgelagert. Wie für das BVerfG ist außerdem eine Zunahme der zitierten Quellen zu verzeichnen. Vergleicht man die Entscheidungsjahre 1985 und 2020 so hat sich die Anzahl der Quellen in etwa verfünffacht (mit einem sprunghaften Anstieg zwischen dem Jahr 2000 [M = 7,0] und dem Jahr 2005 [M = 37,36]). Interessant ist die Entwicklung der Frequenzen in den Quellen-Kategorien: Vergleicht man exemplarisch das älteste analysierte Entscheidungsjahr 1985 mit dem jüngsten analysierten Entscheidungsjahr 2020, so fällt auf, dass im Jahr 1985 mit einem Gesamtanteil von 68 % der Bezüge ausländische Rechtsprechung die häufigste Quellen-Kategorie darstellt; im Jahr 2020 ist dieser Anteil auf 24 % gesunken und es dominiert mit 69 % die Quellen-Kategorie der rechtswissenschaftlichen Texte.

Mit diachronem Blick auf die Frequenz der Quellen-Kategorien fällt die gegenläufige Entwicklung der beiden Gerichte ins Auge. Das BVerfG zeigt eine zunehmende Öffnung für die Berücksichtigung der ausländischen Rechtsprechung; beim SCC lässt sich eine anteilige Abnahme zugunsten einer Erhöhung von Bezugnahmen auf rechtswissenschaftliche Literatur verzeichnen. Durch die gegenläufige Entwicklung haben sich die Zitationspraktiken der beiden Gerichte einander angenähert; die Zitationspraktiken sind sich in dem Merkmal ‚Frequenz der Quellen-Kategorien‘ in jüngeren Entscheidungen in diesem Sinne ‚ähnlicher‘ als in den älteren Entscheidungen. Insgesamt lassen sich zwischen den Zitationspraktiken der beiden Gerichte viele Unterschiede verzeichnen, sodass die Hypothese ‚H1: Es bestehen Unterschiede zwischen der Zitationspraktik des Bundesverfassungsgerichts und der Zitationspraktik des Supreme Court of Canada‘ Bestätigung findet. Signifikante Unterschiede zeigen sich in der Frequenz materieller Zitate, in der Frequenz der Bezugnahmen auf ausländische Rechtsprechung, der Frequenz im Fließtext eingebundener Zitatspender, der Frequenz von Modalisierungsprozeduren und der Frequenz von Evidentialitätsmarkern. Darüber hinaus hat sich gezeigt, dass der SCC explizite Attribuierungen der zitierten Inhalte bevorzugt, während die vergleichsweise subtileren Quellen-Etikettierungen beim BVerfG vorherrschen. Mit möglichen Hintergründen und Implikationen dieser Ergebnisse beschäftigt sich das nachfolgende Abschn. 6.6.2.

6.6.2 Warum zitieren Gerichte? Zitatfunktionen in den Entscheidungen des BVerfG und des SCC

Zur Rekonstruktion von Zitatfunktionen gilt es im Folgenden zu prüfen, welche Intentionen hinter den Zitationsmerkmalen stehen könnten und welche Wirkungen mit den Zitationsmerkmalen einhergehen. Die Struktur des vorliegenden Kapitels folgt dabei der Reihenfolge, in der die Ergebnisse der Analysekategorien vorgestellt wurden (1. Anzahl und Kategorien der Quellen, 2. Frequenz und Verteilung der Zitattypen, 3. Textlokale Einbindung der Zitatspender, 4. Modalisierungsprozeduren, 5. Attribuierungen und Etikettierungen und 6. Evidentialitätsmarker).

6.6.2.1 Anzahl und Kategorien der Quellen

Zwei zentrale Ergebnisse der *Analysekategorie der Quellen-Frequenzen und Quellen-Kategorien* sind, dass die beiden Gerichte – trotz der insgesamt vielen Unterschiede in ihren Zitationspraktiken – im Durchschnitt etwa gleich viele Quellen pro Entscheidung zitieren und bei beiden Gerichten rechtswissenschaftliche Literatur die häufigste Quellen-Kategorie darstellt. Beim BVerfG sind es im Durchschnitt 13,57 Quellen pro Entscheidungen und beim SCC mit durchschnittlich 14,21 Quellen pro Entscheidung nur geringfügig mehr. Ebenso gilt für beide Gerichte, dass die Anzahl der konsultierten Quellen mit den Jahren zugenommen hat. Die stetige Zunahme der Quellen-Häufigkeiten kann als zunehmende Relevanz der Zitationspraxis insgesamt gewertet werden – und dies, wie der Vergleich der beiden Gerichte zeigt, unabhängig vom Rechtskreis. Die im Vergleich zu den älteren Entscheidungen gestiegene Relevanz des Zitierens mag unterschiedliche Gründe haben. Zum einen ist sie etwa Ausdruck der zunehmenden Dialogizität in der Entscheidungsproduktion der Gerichte. Auf die Entscheidungen wirken damit jüngst mehr Einflüsse ein als etwa im Jahr 1985. Zum anderen spiegelt sich in der wachsenden Anzahl der Quellen auch die Auffassung der Gerichte zu den Anforderungen an eine kohärente Rechtsprechung und an legitime Entscheidungsbegründungen wider. Während das BVerfG in seinen älteren Entscheidungen zum Beispiel äußert selten supranationale Rechtsprechung berücksichtigte, finden sich in jüngeren Entscheidungen häufiger Bezugnahmen auf den EuGH. Zum einen könnte die zunehmende Frequenz der Bezugnahmen auf den EuGH an der größeren thematischen Breite des EU-Rechts liegen. Zum anderen könnte man daraus auch ableiteten, dass das BVerfG der supranationalen Rechtsprechung früher wenig bzw. keine Relevanz zugesprochen hat, während es sie in der heutigen Rechtsprechung – sei es zustimmend oder ablehnend – als zu berücksichtigenden Einflussfaktor ansieht. Die ermittelten Frequenzen untermauern Nußbergers These (2006), dass dem Zitat eine große Rolle bei der Herausbildung gemeineuropäischen Verfassungsrechts zukommt. Dies zeichnet sich auch in der generellen Zunahme von Bezugnahmen auf ausländische Rechtsprechung ab; das BVerfG öffnet sich innerhalb der analysierten Entscheidungsjahre zunehmend für die Entscheidungen ausländischer Gerichte. In der Ergebnisvorstellung wurde bereits auf eine Entscheidung zu Sorge- und Elternrechtsverletzung verwiesen, in der das BVerfG die Gesetzeslage aller 27 EU-Länder aufführt (Bsp. 27, BVerfGE 127, 132–165 1. Senat – 21.07.2010, Rn. 23). Es kann angenommen werden, dass dadurch ferner eine Art Autorität durch Quantität generiert wird – durch die Quantität wird eine rechtliche Bestimmung ‚normalisiert' und ihre Anfechtbarkeit verringert. Auch insgesamt scheint Quantität in der Zitationspraxis des BVerfG eine wichtige Rolle zu spielen; es verwendet die sogenannten Kettenzitate, bei der einem intertextuellen Inhalt mehrere Quellen zugeordnet werden. Während beim BVerfG 3,35 Quellen pro Zitat verwendet werden, sind es beim SCC lediglich 1,17. Das Zitat wird zu einer quantitativen Legitimationsstrategie als „Verdopplung der Stimme" (Gander 2010, siehe auch Abschn.3.2.2). Einerseits entsteht dadurch der Eindruck einer hohen Informationsdichte, der beim Leser wiederum zum Eindruck von Glaubwürdigkeit und somit zu Persuasion führen kann (vgl. *uncertainty reduction theory* zum Einfluss von wahrgenommener Informationsdichte auf Glaubwürdigkeitszuschreibungen u. a. D'Angelo/Toma 2015). Andererseits tragen Kettenzitate zu einer erschwerten Rekonstruierbarkeit bei; der Leser kann nicht nachvollziehen, welcher Inhalt welcher Quelle entnommen ist. Es ist nicht rekonstruierbar, inwiefern und in welchem Umfang die Quellen in einem Kettenzitat zu einer Aussage beigetragen haben; ihr Beitrag zur Entscheidung wird nivelliert. Die mangelnde Transparenz der Auseinandersetzung mit den Quellen mag insofern verwundern, als das BVerfG selbst in einer seiner Entscheidungen Kritik an der Zitationspraxis eines Finanzgerichts übt und darauf hinweist, dass das bloße Anführen von Quellen unzulänglich sei:

> Soweit das vorlegende Gericht meint, der Solidaritätszuschlag nach dem SolZG 1995 stelle keine zulässige Ergänzungsabgabe im Sinne der Art. 105 Abs. 2, Art. 106 Abs. 1 Nr. 6 GG mehr dar, lässt der Vorlagebeschluss eine Auseinandersetzung mit Rechtsprechung und Literatur vermissen (aa). […] aa) Der Vorlagebeschluss gibt zwar verschiedene, auch abweichende Ansichten aus Rechtsprechung und Literatur wieder, setzt sich mit diesen jedoch nicht argumentativ auseinander. Die bloße Wiedergabe von Fundstellen vermag die geforderte Auseinandersetzung nicht zu ersetzen (vgl. BVerfGE 65, 308<316>). (BVerfG, 2. Senat – 07.06. 2023, Rn. 60).

Insgesamt verwenden das BVerfG und der SCC beinahe gleich viele Quellen. Ein signifikanter Unterschied besteht allerdings im Hinblick auf die Frequenz der Bezugnahmen auf ausländische Rechtsprechung.

Trotz des Anstiegs der Frequenz ausländischer Entscheidungen in den BVerfG-Entscheidungen liegen die einschlägigen Werte des Supreme Courts of Canada insgesamt statistisch signifikant höher. Die hohe Frequenz der Bezugnahmen auf ausländische Rechtsprechung beim SCC liegt nicht zuletzt vermutlich an dem Selbstverständnis des Gerichts. In einer seiner Entscheidungen charakterisiert es sich selbst als weltoffenes Gericht, dessen Berücksichtigung internationaler Quellen ihm Lob eingebracht habe:

(64) Significantly, this Court's use of international and comparative sources in the interpretation of the Charter has been lauded internationally (see, e.g., Ran Hirschl, "Going Global? Canada as Importer and Exporter of Constitutional Thought", in Richard Albert and David R. Cameron, eds., Canada in the World: Comparative Perspectives on the Canadian Constitution (2018), 305). (Quebec (Attorney General) v. 9147–0732 Québec inc. 2020 SCC, Rn. 100)

Dieses ‚Lob' gibt Aufschluss über Gütekriterien, die an die Rechtsprechung gerichtet werden und an die, die der SCC an sich selbst richtet. Eine ‚lobenswerte' Entscheidung beruht auf Quellenvergleichung und der umfassenden Berücksichtigung von Textnetzen – je größer dieses einschlägige Textnetz von den Gerichten bestimmt wird, so lässt es sich der Passage in Beispiel 64 implizit entnehmen, desto besser. Daraus folgt, dass der SCC selbst die intertextuelle Bezugnahme als geeignetes Mittel der Entscheidungsfindung sieht; die intertextuelle Bezugnahme wird in diesem Sinne zu einem Gütekriterium der Entscheidungsfindung erklärt. Durch das Zitat demonstriert das Gericht seine umfassenden Reflexionen; mit dem Akt des Vergleichens geht ein Akt der Verortung einher und dieser wiederum mit der Herstellung von Kohärenz.

Dass das Schaffen von Kohärenz durch Bezugnahmen auf andere rechtlich relevante Texte nicht die einzige Motivation hinter Zitaten in Entscheidungen ist, demonstriert das Vorkommen von nicht-juristischen Texten. Literarische Texte, darunter zum Beispiel die Bezugnahme auf Kafka im folgenden Beispiel zählen, wie bereits in der Einleitung dieser Arbeit problematisiert, nicht zum einschlägigen Textnetz und haben damit nicht das Vermögen, Kohärenz in der Rechtsprechung herzustellen oder zu demonstrieren:

(65) Not only does the criminal process confer on the accused publicity for his dubious causes – it may even bring him sympathy. The criminal process is cast as a conflict between the accused and the state, a conflict in which the accused may appear at his most sympathetic. Franz Kafka was not being entirely whimsical when he wrote, "If you have the right eye for these things, you can see that accused men are often attractive" (The Trial (1976), at p. 203). (R. v. Keegstra 1990 3 SCR 697–13.12.1990, Rn. k.A.)

Die Reflexion von öffentlich ausgetragenen Strafprozessen und die Befürchtung, sie könnten einem Angeklagten nicht nur Bekanntheit, sondern sogar Sympathien einbringen, wird mithilfe eines literarischen Zitates veranschaulicht. Das literarische Zitat wird hier zur Unterstützung einer Aussage verwendet, die sich nicht unmittelbar auf einen rechtlich relevanten Aspekt bezieht, sondern auf gesellschaftlich relevante Auswirkungen von Strafprozessen; es wird also ein nichtrechtlicher Text im Zusammenhang mit einem nicht unmittelbar rechtlichen Gesichtspunkt konsultiert. Mit DeStefano (2007) bringen literarische Zitate dem Richter *ethos* ein (siehe auch Abschn 3.2.2): Er kann die Autorität des literarischen Textes für sich sprechen lassen und sich selbst dadurch profilieren – es wird gezeigt, dass ein berühmter Literat selbiger Auffassung ist. Darüber hinaus ist hervorzuheben, dass das Zitat auf inhaltlicher Ebene im Grunde keine anderen Aspekte als die in der eigenen Proposition getätigten beinhaltet; auf inhaltlicher Ebene wäre es ohne Verlust eines inhaltlichen Aspektes entbehrlich. Die Formulierung Kafkas unterscheidet sich vor allem in der Bildlichkeit (‚to have an eye') und erfüllt so eine illustrative Funktion. Wenn man Anschaulichkeit den Status eines Redeschmucks zuweisen darf – denn immerhin agiert Anschaulichkeit auf Ebene des Stils und nicht auf Ebene des Inhalts – so kann dem Zitat auch eine ornamentale Funktion zugeschrieben werden.

Aus diachroner Perspektive fällt beim SCC besonders die Veränderung des anteiligen Verhältnisses der Quellen-Kategorien auf. Während in einigen Jahren Bezüge auf ausländische Rechtsprechung die häufigste Kategorie darstellen, dominieren in anderen Jahren Bezüge auf rechtswissenschaftliche Texte. Dies kann mit Rado (2020) als Indiz dafür gedeutet werden, dass die Zitationspraxis in Bezug auf die Offenheit für die ausländische Rechtsprechung stark von den individuellen Präferenzen der Richterschaft abhängt (siehe dazu auch Abschn. 5.3.2). Während die Anteile ausländischer Rechtsprechung sowie auch die Anteile der Kategorie ‚nicht-juristische Texte' von Jahr zu Jahr variieren, zeigt sich in der Kategorie der ‚rechtswissenschaftlichen Texte' ein Anstieg. So lag der Anteil an Bezugnahmen auf rechtswissenschaftliche Texte, zum Vergleich, im Jahr 1985 bei 57 % und im Jahr 2020 bei 69 %. Die für den Civil Law Kreis attestierte Nähe zur Wissenschaft kann mit den in dieser Studie ermittelten Werten auch dem SCC als Common Law-Gericht zugeschrieben werden. Der Bezug auf die Rechtswissenschaft ist beim SCC, genauso wie beim BVerfG, ein fester Bestandteil des als einschlägig erachteten Textnetzes.

6.6.2.2 Frequenz und Verteilung der Zitattypen

Wie aus der quantitativen Erhebung hervorging, unterscheiden sich der SCC und das BVerfG in der Präferenz spezifischer *Zitattypen*. Während der SCC häufig materielle Zitate einsetzt, finden sich wörtliche Zitate in den Entscheidungen des BVerfG äußerst selten.

Insbesondere die zum Teil große Länge der materiellen Zitate beim SCC lässt die Annahme aufkommen, dass die materiellen Zitate u. a. eine ökonomische Funktion erfüllen sollen:

(66) The prejudicial idea that those with mental illnesses are inherently and perpetually dangerous, along with other stigmatizing, prejudicial notions, has led to profound disadvantage for individuals living with mental illnesses (Winko, at paras. 3537; Swain, at p. 994; P. W. Corrigan and A. C. Watson, "Understanding the impact of stigma on people with mental illness" (2002), 1 World Psychiatry 16). This disadvantage has deep historical roots (H. Stuart, J. Arboleda Flórez and N. Sartorius, Paradigms Lost: Fighting Stigma and the Lessons Learned (2012), at pp. 103–111):Mental illnesses are not like other illnesses, because they regularly cause people to lose their rights and freedoms in ways that are unimaginable in other health conditions . . . .Historically, the care of the mentally ill has been deplorable. During the great confinement in the early part of the 1800s, hospital officials in Europe had the authority to round up and imprison people who were mentally ill (termed then madmen and idiots), along with beggars, vagabonds, criminals, the unemployed, and other undesirables. The characterization of the mentally ill as wild beasts justified their forcible confinement and social banishment. (Ontario (Attorney General) v. G 2020 SCC 38 – 20.11.2020, Rn. 62)

Es wird ein hoher Umfang an Textmaterial übernommen, sodass der SCC keine eigene Formulierungsarbeit leisten muss. Während das übermäßige materielle Zitieren in der Wissenschaft als „Abschreiben" (Bänsch/Alewell 2020: 40 f., siehe dazu auch Abschn. 3.3.2) ohne eigene Originalitätsleistung kritisiert wird, kann eine derartige Kritik nicht an das Zitieren in Gerichtsentscheidungen gerichtet werden. Gerichtsentscheidungen unterliegen keinem Originalitätsanspruch und ihre Güte zeichnet sich nicht durch ein besonders hohes Maß einer schöpferischen Eigenleistung aus; ihre Funktion besteht in der Verwertung von Vorhandenem (siehe dazu auch Vorteile des materiellen Zitierens in diesem Kapitel). Des Weiteren stellt sich bei dem Blick in das Beispiel auch die Frage, ob sich eine ornamentale bzw. stilistisch-motivierte Intention hinter seinem Einsatz verbirgt. Der Einsatz des Zitats ermöglicht dem SCC, von dem üblichen Duktus von Gerichtsentscheidungen abzuweichen; beispielsweise wird durch das Zitat eine Aufzählung integriert, die mit dem sonst tendenziell kondensierten Stil von Gerichtsentscheidungen bricht und ein Vokabular verwendet, das in den Entscheidungen ebenfalls unüblich wäre (z. B. das stark konnotierte „vagabond" anstatt der neutraleren Bezeichnung „homeless"). Die ornamentale Funktion materieller Zitate in Gerichtsentscheidungen findet sich auch beim BVerfG wieder. Das BVerfG zeigt eine starke Präferenz immaterieller Zitate. Wörtliches Zitieren kann vor diesem Hintergrund als Abweichung von seiner prototypischen Zitationspraxis bezeichnet werden. Der Status als Abweichung bzw. als Spezialfall wirft die Frage auf, welche Eigenschaften eines Prätextes dazu führen, dass ihm das BVerfG wörtliche Zitierwürdigkeit zuschreibt. Dieser Frage kann sich ausschließlich mittels eines qualitativen Blicks auf die materiell zitierten Elemente angenähert werden:

(67) In der Staatspraxis hatte sich nach 1949 ein **„wild wucherndes Zuschusswesen"** (Heun, in: Dreier, GG, Bd. 3, 2. Aufl. 2008, Art. 104b Rn. 1) in Form der Fondswirtschaft und anderer Mischfinanzierungen entwickelt. (BVerfGE 127, 165–224 2. Senat – 07.09.2010)

Beispiel 67 repräsentiert ein materielles Zitat, das durch seinen bildlichen Gehalt mit dem üblichen, nüchtern-sachlichen Duktus der BVerfG-Entscheidungen bricht. Die stilistische Differenz findet ihre Legitimation im Akt des Zitierens; die Anführungszeichen fungieren in diesem Sinne als ‚Eintrittskarte' zur Ebene eines Duktus-Wechsels. Einem solchen Zitat kann somit eine ornamentale Funktion zugeschrieben werden; als Stilmittel bereichert die Phrase „wild wucherndes Zuschusswesen" die konnotative Ebene. Die Bildlichkeit der zitierten (alliterierenden) Phrase führt dazu, dass die Position zur Ausbreitung des Zuschusswesens ohne weitere Kommentierungen evident wird. Die Ausschöpfung der konnotativen Ebene – Unkontrolliertheit und ggf. die Notwendigkeit einer Intervention – birgt insofern auch ein ökonomisches Moment, als weitere Kommentierungen und Positionierungen sich erübrigen. Ähnlich verhält es sich mit Beispiel 68, für das ebenfalls von einem Duktusbruch gesprochen werden kann:

(68) Ferner ist es nicht möglich, bei der Bestimmung der Zuständigkeiten des Bundesrechnungshofs im Sinne ihrer Effektuierung **„großzügig"** zu verfahren, weil dieser keine Entscheidungsbefugnisse habe und das Ausschließlichkeitsprinzip des Kompetenzrechts uneingeschränkt nur für staatliches Handeln mit Entscheidungscharakter gelte (vgl. Heintzen, in: von Münch/Kunig, GG, Bd. 3, 5. Auf. 2003, Art. 114 Rn.). (BVerfGE 127, 165–224 2. Senat 07.09.2010)

Besonders interessant ist dieses Beispiel insbesondere, weil es Fragen nach den Kriterien materiellen Zitierens aufwirft: Wie ein Abgleich mit dem zitierten Prätext Heintzen 2003 ergab, modifiziert das BVerfG den Wortlaut des Prätextes, in dem die Formulierung der entsprechenden Passage eigentlich wie folgt lautet:

(69) Weil der BRH keine Entscheidungsbefugnisse hat, ist bei der Bestimmung seiner Zuständigkeiten **Großzügigkeit** möglich.

Das Lexem, das im Prätext als Substantiv gebraucht wird, erscheint in dem BVerfG-Zitat in Form eines Adjektivs. Die Überführung der Wortart beim Akt des Zitierens kann einerseits als geringfügige Transformation bezeichnet werden, da das zitierte Wort immerhin derselben Wortfamilie entstammt. Andererseits demonstriert das Beispiel, dass das Charakteristikum die Pole Wörtlichkeit und Transformation, die in den theoretischen Zitattypologien als *die* dichotomen Definitionskriterien zur Beschreibung der Zitattypen herangezogen werden, sich in einer empirischen Anwendung als nicht haltbar erweisen.

Zusätzlich ist es bemerkenswert, dass das BVerfG trotz der Wortart-Transformation überhaupt die Anführungszeichen setzt; möglich wäre auch ein indirektes Zitat beim dem das Wort ‚großzügig' ohne graphematische Markierung gebraucht wird. Die Verwendung der Anführungszeichen könnte deshalb ein Indiz dafür sein, dass eine modalisierende Funktion im Vordergrund steht und gar nicht, oder zumindest nicht primär eine graphematische Kennzeichnung einer materiellen Übernahme intendiert ist. Hilfreich wäre für Fälle dieser Art eine Differenzierung zwischen doppelten und einfachen Anführungszeichen, wie sie in wissenschaftlichen Texten teilweise vorgenommen wird (einfache Anführungszeichen für das modalisierende Zitat und doppelte Anführungszeichen für das materielle Zitat). Wie auch immer man die Funktion der Anführungszeichen in dem Beispiel rekonstruiert; es steht fest, dass die empirische Analyse von Zitationspraktiken aufzeigt, dass die theoretisch definierten Grenzen zwischen Zitattypen in der Praxis des Zitierens verschwimmen. Das Zitat in dem Beispiel lässt sich streng genommen keinem Typus eindeutig zuordnen; es könnte etwa als modalisierendes Zitat mit materiellem Moment bezeichnet werden, als indirektes Zitat mit zusätzlicher Modalisierung oder aber schlichtweg auch als falsches materielles Zitat.[4]

Auch das folgende Beispiel zeigt auf, dass die bisherige strikte typologische Abgrenzung der modalisierenden Zitate von den intertextuellen Zitattypen in der Praxis nicht haltbar ist:

(70) Bei der Strafzumessung wird auf den **„echten“** Schaden abgestellt, indem schuldmindernd bewertet wird, dass **„nur“** ein Gefährdungsschaden vorgelegen hat (vgl. Nack, StraFo 2008, S. 277<280>). (BVerfGE 170–233 2. Senat 23.06.2010, Rn. 147)

Die singuläre Anführung erweckt den Verdacht, dass es sich beiden Anführungen um modalisierende Zitate handelt; ein Abgleich mit dem entsprechenden Prätext zeigt allerdings, dass die beiden Anführungen tatsächlich materielle Zitate darstellen. Dies ist insofern nicht unproblematisch, als sich beim Leser – sei es durch das BVerfG intendiert oder nicht – unweigerlich eine modalisierende Lesart einstellt, die die Interpretation der zitierten Aussage verzerren könnte. Einzig durch sein Weltwissen, dass in Gerichtsentscheidungen keine ironischen Formulierungen zu erwarten sind, weiß der Leser, dass vermutlich keine Modalisierung intendiert ist. Die durch die Anführung einer singulären Einheit ‚getriggerte‘ modalisierende Lesart wird allein durch das Textsortenwissen über Gerichtsentscheidungen neutralisiert. Fraglich muss für derartige Fälle wie das Beispiel 70 bleiben, welchen Mehrwert das BVerfG in der Verwendung der Anführungszeichen sieht.

Vergleichsweise unproblematisch verhält es sich mit der Interpretation reiner Zitate, deren Funktion von der einschlägigen Forschung eindeutig beschrieben ist. Die Funktion der reinen Zitate, die in der vorliegenden Arbeit ausschließlich bei Begleitung von einer Quellenangabe erfasst wurden, besteht u. a. gemäß der sprachphilosophischen Forschung darin, dass sie Sprache auf sich selbst richten und so eine Thematisierung des zitierten Inhaltes ermöglichen. Reine Zitate sind eine „device for talking about language" (Lepore/McKeever 2020: o.S, siehe auch Abschn. 2.1.2.6). In dieser Funktion war ihr Einsatz in Gerichtsentscheidungen

[4] Die Frage danach, wann von falschem Zitieren gesprochen werden muss, stellt sich auch für das folgende Beispiel: „Dem umgangssprachlichen Wortsinn nach ist „Nachteil“ ein „Schaden, Verlust, ungünstige Lage“ (Wahrig, Deutsches Wörterbuch, 8. Aufl. 2008, S. 1047); [...] oder „ein als Minderung, Verschlechterung erscheinendes Übel, überhaupt Schaden, Verlust, Abbruch, Beeinträchtigung“ (vgl. Jacob und Wilhelm Grimm, Deutsches Wörterbuch, Bd. 7, Nachdruck 1984, Sp. 184 f.)“. (BVerfGE 126, 170–233 2. Senat – 23.06.2010, Rn. 98) Ein Abgleich mit dem zitierten Prätext zeigt, dass das BVerfG die Schreibung ohne Hinweis auf Eingriffe angepasst hat, das Wörterbuch der Grimms schreibt auch Substantive klein.

erwartbar: Gerichtsentscheidungen beruhen ganz grundlegend auf der Ermittlung von Bedeutungen, beispielsweise von Bedeutungen der Gesetzesbegriffe. Zur Verhandlung von Wortbedeutungen müssen – insbesondere nach der Auslegungsmethode des Wortsinns – Eigenschaften des zur Interpretation stehenden Wortes zunächst expliziert werden, wozu das reine Zitat ein geeignetes Mittel ist:

(71) Bereits per definitionem setzt Sterbehilfe zudem einen Leidenszustand voraus. Der Wortbestandteil **„Hilfe“** grenzt begriffsdefinitorisch solche (Tötungs-)Handlungen aus, die gegen den ausdrücklichen oder mutmaßlichen Willen des Betroffenen erfolgen (vgl. Kämpfer, Die Selbstbestimmung Sterbewilliger, 2005, S. 35). (BVerfGE 153, 182–310 2. Senat 26.02.2020, Rn. 23)

Im nachfolgenden Beispiel dient das reine Zitat der eigenen terminologischen Auseinandersetzung gegenüber der Wortwahl in einer intertextuellen Bezugnahme:

(72) While the WHO, in the medical context, uses the word **“disability”** to refer to functional limitation […] I prefer to use the expression **“functional limitation”** to emphasize that in legal terms all three aspects considered together that constitute the disability. (Granovsky v. Canada (Minister of Employment and Immigration, Rn. k.A.)

Eine weitere gewichtige Rolle kommt dem reinen Zitat ferner in jenen Fällen zu, in denen es zu verhandeln gilt, ob ein Wort einen Rechtsbruch bzw. einen Straftatbestand darstellt: So beruht etwa der ganze Beschluss des BVerfG zum Verhältnis von Meinungsfreiheit und Ehrenschutz bei Kollektivurteilen über Soldaten (BVerfGE 93, 266–319 1. Senat 10.10.1995) auf einer Erörterung der Bedeutungsdimension des Wortes ‚Mörder‘.

Wie beim materiellen und modalisierenden Zitat verschwimmen auch beim reinen Zitat die typologischen Grenzen:

(73) In der juristischen Fachsprache wird **„besonders“** regelmäßig als Gegenbegriff zu **„allgemein“** gebraucht. In diesem Sinne wird im Grimm´schen Wörterbuch der Begriff „besondere(r,s)“ in seiner adverbialen Verwendung mit den lateinischen Synonyma „singulatim“, „separatim“, „specialiter“ und „particulariter“ umschrieben oder in seiner adjektivischen Verwendung mit den lateinischen Begriffen „peculiaris“ und „singularis“ übersetzt, was im Deutschen mit „eigen, als einzelnes dem allgemeinen entgegengesetzt, oft selten und hervorragend, aber auch befremdend, seltsam, eigensinnig“ erklärt werden kann (vgl. Jacob und Wilhelm Grimm, Deutsches Wörterbuch, Eintrag „BESONDER“, Bd. 1, Nachdruck 1984, Sp. 1630 ff.). (BVerfGE 151, 202–374 2. Senat – 30.07.2019, Rn. 162)

Beispiel 73 zeigt, dass auch materielle Zitate in der Funktion, Sprache auf sich selbst zu richten, um die Eigenschaften eines Wortes zu thematisieren, also in der Funktion eines reinen Zitats, verwendet werden.

Insgesamt stellt die Verwendung von Anführungszeichen – d. h. seien es materielle, reine oder modalisierende Anführungszeichen – allerdings eine Seltenheit in den Entscheidungen des BVerfG dar; es dominieren die immateriellen Zitattypen. Es wurde in der Vorstellung der Analysekategorien- und Methodik bereits antizipiert, dass ohne Abgleich mit dem Prätext nicht bestimmt werden kann, welcher immaterielle Zitattyp vorliegt (indirektes Zitat, Paraphrase oder Verweis). Dies stellte auch für die Analyse eine besondere Herausforderung dar: Es konnte weder bestimmt werden, wo die immaterielle Bezugnahme anfängt oder endet, noch (verstärkt von den vielen Kettenzitaten), welcher Inhalt welcher angeführten Quelle zuzuordnen ist. All dies führt insgesamt zu einer Intransparenz für den Leser, der die intertextuellen Inhalte beim BVerfG derart ‚verarbeitet' präsentiert bekommt, dass es nicht möglich ist, sich eine eigene Meinung zu den in den Prätexten vertretenen Positionen zu bilden. Es kommt zu einer Verschmelzung der Stimmen der Prätexte und der des BVerfG.

Ein Vergleich mit der Zitationspraxis des SCC zeigt, dass materielle Zitate, anders als die immateriellen Zitate, direkt im Text rezipiert werden können. Dies birgt den Vorteil, dass der Leser sich unmittelbar einen eigenen Eindruck von der Quelle verschaffen kann, um sich seine eigene Meinung zu bilden. Durch die Verwendung der graphematisch markierten materiellen Zitate herrscht eine sichtbare Trennung zwischen der Position des SCC und der Position des Prätextes; dadurch bleiben auch die Stimmen im Text voneinander getrennt. Es ist davon auszugehen, dass die Verwendung materieller Zitattypen nicht nur dem Leser, sondern auch für das Gericht selbst einen Vorteil bietet. Durch die vielen materiellen Übernahmen entledigt sich das Gericht der Formulierungsarbeit. Das Gericht greift auf bestehende Inhalte und bestehende Formulierungen zurück und kann damit von der ökonomischen Funktion von Zitaten profitieren.

6.6.2.3 Textlokale Platzierung der Zitatspender

Die über die obligatorische Nennung hinausgehende Einbindung der Zitatspender im Fließtext ist ein prototypisches Merkmal der Zitationspraxis des SCC; das BVerfG integriert die Zitatspender, wie die Frequenzanalyse ergeben hat, nur selten im Fließtext. Das Ergebnis einer wenig prominenten Platzierung von zitierten Autoren beim BVerfG überrascht im Hinblick auf die rechtskreisbedingten Ideale der Entscheidungsfindung wenig. Dem kontinentaleuropäischen Rechtskreis des Civil Law angehörig, ist das BVerfG den Idealen einer entpersonalisierten, ‚automatischen' Subsumtion verhaftet. Rechtsfindung vollzieht sich diesem Ideal entsprechend vornehmlich durch den Rückgriff auf kodifiziertes Recht – im Falle des Bundesverfassungsgerichts theoretisch „sola constitutione" (Jestaedt 2010) und möglichst ohne den Anschein eines subjektiven Moments. Es sei an dieser Stelle noch einmal an das von Montesquieu postulierte rechtsphilosophische Ideal des Richters als „bouche qui prononce les paroles de la loi" erinnert (1834: 296; zu Idealen des kontinentaleuropäischen Rechtskreises siehe auch Abschn. 5.1.1). Durch die lediglich obligatorische Nennung ist der Zitatspender im Lesefluss wenig präsent. Wird ein Zitatspender demgegenüber prominent platziert, stehen nicht mehr nur die „paroles" im Vordergrund und es wird die Bindung der referierten Position an eine Person evident; das daraus resultierende personenbezogene Moment würde mit dem Ideal der Abwesenheit subjektiver Momente des Rechtskreises konfligieren. Zu gewichten ist diesem Ideal zufolge, *was* gesagt wird und nicht, *wer* etwas sagt. Eine derartige Auslagerung des Zitatspenders kann als konsequenter Fokus auf den Inhalt einer referierten Quelle bei geringer Gewichtung des Autors interpretiert werden. Die geringe Gewichtung des Zitatspenders geht mit einer ‚Einverleibung' der Fremdinhalte einher – durch die wenig prominente Platzierung des Zitatspenders sowie durch den Usus des immateriellen Zitierens ist häufig nicht rekonstruierbar, ob es sich etwa um eine paraphrasierende oder indirekte Wiedergabe eines Prätextes mit anschließendem Quellenbeleg oder um eigene Inhalte mit einem weiterführenden Verweis handelt. Verstärkt wird dieser Eindruck durch den Einsatz von Kettenzitaten – durch die Menge der Quellenangaben in den Klammern gehen die einzelnen Autoren regelrecht unter.

Die Praxis der Depersonalisierungen ist nicht nur für die Zitationspraxis des BVerfG, sondern darüber hinaus, wie rechtslinguistischen Studien feststellen, auch insgesamt ein Charakteristikum der deutschen Rechtssprache. Sämtliche Depersonalisierungsmittel, wie beispielsweise auch Deagentivierungen durch das in für die Rechtssprache als typische geltende Passiv, verlagern den Fokus vom Subjekt (z. B. vom Autor) auf das Objekt (z. B. auf einen zu diskutierenden Aspekt). Die Verwendung des Passivs dient dabei dem Ziel einer (Pseudo-)Objektivität der Texte und verschleiert nicht zuletzt, dass bei rechtlichen Entscheidungsfindungen immer Personen dahinterstehen und es sich letztlich um eine „Fiktion der automatischen Subsumtion" handelt (Busse 1992: 18).

Eine Rückkopplung des Umgangs mit den Zitatspendern an die Ideale des Rechtskreises legt auch eine diachrone Analyse der Ergebnisse nah: Es gibt kaum Schwankungen und es handelt sich bei der Platzierung der Zitatspender in Klammern um eine konstante Eigenschaft der BVerfG-Entscheidungen. Dass die Zitatspender konsequent selten in den Fließtext integriert werden, kann als Beleg dafür gedeutet werden, dass die Wahl der Textlokalität zur Nennung des Zitatspenders nicht von einer individuellen Schreibsozialisation abhängt, sondern vielmehr ein schreiber- bzw. individuenübergreifendes Zitationscharakteristikum für Entscheidungen des BVerfG darstellt.

Es ist in diesem Zusammenhang ferner hervorzuheben, dass es sich unter den im Fließtext eingebetteten Zitatspendern besonders selten um namentlich eingebettete Autorinnen oder Autoren handelt. In der Kategorie weitaus häufiger vertreten sind etwa das Statistische Bundesamt und der Europäische Gerichtshof. Dies verstärkt den Eindruck von Entpersonalisierungsbestrebungen in den Entscheidungen des BVerfG. Der Verweis auf Statistiken und ermittelte Zahlen des Statistischen Bundesamtes kann insofern als überaus geeignetes und ebenso (vermeintlich) objektives Begründungs- und Legitimationsargument gelten, als Zahlen, anders als autorengebundene Positionen wie sie etwa in rechtswissenschaftlichen Texten diskutiert werden, in der Regel kaum anfechtbar sind. Das BVerfG projiziert die Geltung der Zahlen auf sich und reduziert so die Angreifbarkeit seiner Argumentation. Die Einbettung des Europäischen Gerichtshofes im Fließtext deutet wiederum auf ein ambivalentes Verhältnis zwischen den beiden Gerichten hin. Der EuGH macht einen Großteil aller im Fließtext platzierten Zitatspender aus. Bisweilen wird auch verkürzt mit „der Gerichtshof“ auf ihn verwiesen. Mit Richter (2015) können derart verkürzt Quellen-Nennungen ein Hinweis auf das Anerkennen herausragender Prominenz sein. Ein Zitatspender ist derart bekannt, dass keine Notwendigkeit einer vollständigen Benennung besteht bzw. gesehen wird. Es könnte dabei der Verdacht aufkommen, dass BVerfG platziere den EuGH mit dem Ziel der Autoritätsprojektion. Dem ist wiederum entgegenzuhalten, dass das BVerfG der Rechtsprechung des EuGHs nicht konsequent folgt. Das folgende Beispiel demonstriert, dass das BVerfG (nicht selten) offen eine andere Position als der EuGH vertritt:

(74) Das ist anzunehmen, wenn das Integrationsgesetz und/oder der völkerrechtliche Vertrag eine Vertragsänderung funktional ersetzen oder den Vertrag ergänzen. Um solches „Ersatzunionsrecht“ (vgl. Lorz/Sauer, DÖV 2012, S. 573<573 ff.>) handelt es sich etwa beim ESM-Vertrag und dem Gesetz zum ESM-Vertrag, mit dem zwar keine Hoheitsrechte übertragen worden sind, jedoch eine grundlegende Umgestaltung der ursprünglichen Wirtschafts- und Währungsunion ins Werk gesetzt wurde (vgl. BVerfGE 135, 317<407 Rn. 180> unter Hinweis auf BVerfGE 129, 124<181 f.>; 132, 195<248 Rn. 128>; **a.A. EuGH, Urteil vom 27. November 2012, Pringle, C-370/12, EU:C:2012:756, Rn. 73 ff.**), so dass sie der Senat als Angelegenheit der Europäischen Union im Sinne von Art. 23 Abs. 2 GG eingestuft hat (vgl. BVerfGE 131, 152<219>). (BVerfGE 153, 74–182 2.Senat 13.02.2020, Rn. 123)

Aufgrund der Demonstration von Ablehnung – bei gleichzeitigem Herausstellen eigener Geltung durch den Bezug auf eine eigene vorherige Entscheidung – kann weitestgehend ausgeschlossen werden, dass das BVerfG zu Zwecken der Autoritätsprojektion auf den EuGH referiert. Auch insgesamt ist es fraglich, ob die textlokale Platzierung für die Zitationspraxis des BVerfG als Mittel der Autoritätsprojektion interpretiert werden kann. Eine prominente Platzierung von Zitatspendern geht, wie das folgende Beispiel illustriert, nicht zwingend mit einer Affirmation den zitierten Quellen gegenüber einher:

(75) Zwar meinen **Wilms und Jäger** (JuS 1988, S. 268<273>), das Gericht habe allenfalls seine Funktionsunfähigkeit feststellen dürfen, weil kein gesetzlicher Verhinderungsgrund vorgelegen habe; es habe nicht anstelle des Wahlorgans die Nachfolge regeln dürfen. **Doehring** steht auf dem Standpunkt, daß eine Lückenfüllung nicht zulässig sei, weil dadurch das Gericht eine Zusammensetzung bekomme, die nicht mehr dem Willen des Parlaments entspreche (NJW 1987, S. 3234). **Dem kann nicht gefolgt werden**. (BVerfGE 82, 286–305 1. Senat 10.07.1990, Rn. 87)

Durch die prominente Subjekt-Position der Zitatspender ist die Ablehnung ihrer Inhalte besonders präsent. Denkbar wäre in diesem Zusammenhang etwa, dass das BVerfG durch die Explizierung der Dekonstruktion der zitierten Inhalte seine eigene Autorität demonstriert – das Gericht ist in der Position, seine eigene

Ansicht über diejenige der zitierten Autoren zu stellen. Derartige Passagen, in denen die Abkehr des BVerfG von zitierten Inhalten durch die prominente Platzierung der Zitatspender derart salient ist, stellen allerdings eine Ausnahme dar.

Für den SCC zeichnet sich mit einer Platzierung von rund der Hälfte der Zitatspender ein gänzlich gegenteiliges Bild ab. Die Zitatspender stellen in den Entscheidungen des SCC, begleitet von einem redeeinleitenden Verb, meist das Subjekt einer zitateinleitenden Phrase dar. Der Zitatspender ist somit nicht nur textlokal prominent platziert, sondern ist darüber hinaus auch ein essentieller Bestandteil des Satzes. Anders als bei der obligatorischen Nennung von Zitatspendern in Klammern *muss* der Zitatspender durch die syntaktische Integration im Lesefluss rezipiert werden. Wie auch in dem entsprechenden Ergebniskapitel beschrieben, bekommen die Zitatspender durch die vollumfängliche Nennung in den Entscheidungstexten viel Raum zugesprochen – es werden in der Regel nicht nur die Namen, sondern auch akademische Titel und/oder Berufsbezeichnungen genannt. In der Rezeption ist damit sowohl der Zitatspender selbst als darüber hinaus auch die Kopplung des Zitatinhaltes an eine zitierte Person sehr präsent. Es lässt sich daraus ableiten, dass in den Entscheidungen des SCC nicht nur gewichtet wird, *was* in einem Prätext ausgesagt wird, sondern auch *wer* diese Aussage getroffen hat. Zurückführen lässt sich dieses Merkmal der kanadischen Zitationspraxis möglicherweise auf das subjektive, personenbezogene Moment, das den SCC-Entscheidungen im Hinblick auf das Richterrecht und die Praxis der *seriatim*-Entscheidungen anhaftet. In der Praxis der *seriatim*-Entscheidungen, von der das Gericht sich mit den Jahren zugunsten der *per curiam*-Struktur immer mehr abgekehrt hat (siehe auch Abschn. 5.2.2), ist/war es sehr präsent, welcher Richter oder welche Richterin zu welcher Entscheidung kommt – und nicht nur, welche Entscheidung aus welchen Gründen getroffen wird. Die Gewichtung der Gebundenheit eines Inhalts an eine Person bzw. der Person als Quelle spiegelt sich auch im Umgang mit Fremdinhalten wider. Dieser Zusammenhang kann als Beleg dafür interpretiert werden, dass sich Charakteristika des Entscheidungsstils auch in der Zitationspraktik niederschlagen und zeigt die enge Verflechtung von Urteilsstil und der Art und Weise, zu zitieren. Ein besonders starkes Indiz dafür sind auch die diachronen Veränderungen, die für die Variable ‚Einbettung des Zitatspenders' ermittelt werden konnten: Seit 2005 dominiert eine Präferenz für eine Auslagerung des Zitatspenders. Auch eine verhältnismäßig hohe Standardabweichung ($SD = 11{,}07$) der Frequenz im Fließtext platzierter Zitatspender repräsentiert die Variabilität zwischen den SCC-Entscheidungen hinsichtlich der Analysekategorie. Dieses Ergebnis ist im Einklang mit den Depersonalisierungstendenzen, die rechtswissenschaftliche Studien für die generelle Entscheidungspraxis des Gerichts festgestellt haben. Waren Entscheidungsinhalte durch die erwähnte *seriatim*-Struktur noch an die Person der Richterinnen und Richter gebunden, so tritt der SCC in jüngeren Entscheidungen als Kollektiv auf. Kurzum repräsentiert der Zusammenhang zwischen Depersonalisierungstendenzen in den Entscheidungen und Depersonalisierungstendenzen in den Zitateinbettungen wie stark der Urteilsstil und die Zitationspraxis miteinander verwoben sind. In funktionaler Hinsicht kann damit schon einmal festgestellt werden, dass die Zitatspender-Einbettung (sei es intentional oder nicht) eine personale Bindung der zitierten Inhalte herstellt. Welche Funktion der personalen Kopplung wiederum zukommt, verstanden als intentionales Merkmal, kann nicht eindeutig entschieden werden. Einerseits gibt es Hinweise, die annehmen lassen, dass SCC betreibe *name dropping* (siehe auch Abschn.3.4.2) und sei um die Projektion der Zitatspender-Autorität bemüht, andererseits könnte es sich bei der prominenten Platzierung auch um eine Würdigung des Zitatspenders handeln. Dafür, dass es sich um den Versuch von Autoritätsprojektionen im Sinne des sogenannten *name droppings* als Persuasionsbestrebungen handelt, sprechen die gewählten Informationen, die über eine obligatorische Anführung üblicher bibliographischer Angaben hinausgehen. Auffällig sind die vielen akademischen Titel wie Doktorgrade:

(76) As **Professor** Beaulac and **Dr.** Bérard explain: [...] (S. Beaulac and F. Bérard, Précis d'interprétation législative (2nd ed. 2014), Chapter 5, at paras. 5 and 36). (Quebec (Attorney General) v. 9147–0732 Québec inc. 2020 SCC, Rn. 22)

Verstärkt wird dieser Eindruck der Autoritätsprojektion von den vielen Attributionen, die nicht den Inhalt der Quelle thematisieren, sondern aus objektiver Sicht eigentlich irrelevante Attribute des Zitats und des Zitatspenders hervorheben (siehe dazu auch Funktion von Attribuierungen in Abschn. 6.6.2.5). Unter anderem wird etwa die Eloquenz der Zitatspender hervorgehoben – eine für die in Gerichtsentscheidungen vordergründig relevante Inhaltsebene eigentlich völlig irrelevante Eigenschaft. Gegen die Deutung der prominenten Zitatspenderplatzierung als Autoritätsprojektion spricht demgegenüber die Möglichkeit, dass die prominente Platzierung der Zitatspender einer speziellen Würdigung dienen soll. Für diese These spricht auch das folgende Beispiel:

(77) Geatros J. first noted the alternative remedies sought in Primeau's motion, namely, relief under s. 24(1) of the Charter, and relief by way of a writ of prohibition. **Geatros J.** then followed Re Praisoody (1990), 1 O.R. (3d) 606 (Gen. Div.), 61 C.C.C. (3d) 404 (sub nom. R. v. Devasagayam), and stated that the rights protected by s. 7 of the Charter go beyond the rights protected in ss. 11(c) and 13. **He quoted a passage from E. Ratushny**, „The Role of the Accused in the Criminal Process", in G.-A. Beaudoin and E. Ratushny, eds., The Canadian Charter of Rights and Freedoms (2nd ed. 1989), 451, at pp. 483–84, in which it is suggested that „many of the protections provided by the criminal process may be subverted by calling the suspect or accused as a witness at some other proceeding prior to his criminal trial". He indicated that Primeau did not seek relief prematurely, and concluded (at p. 198):

> By compelling Primeau to testify at the preliminary inquiry of Lefort, his right to silence has been effectively denied. It is not an answer for the Crown to say that Primeau's testimony at the preliminary inquiry could not be used against him at his trial. He is entitled to say nothing until his trial, and then only if he chooses to testify. If Primeau were required to testify at this time the Crown would acquire an advantage indirectly that it could not obtain directly.

Wie die explizierte ‚Rezeptionskette' in dem Beispiel zeigt, gewichtet der SCC sehr stark, auf wen welche Inhalte zurückzuführen sind und wo bzw. von wem die zitierten Inhalte ebenfalls rezipiert wurden: Denkbar wäre es schließlich auch, entweder auf Geatros J. Argumentation oder auf Ratushnys Argumentation zu verweisen; der SCC führt beide Quellen an. Die prominente Platzierung des Zitatspenders (und ferner auch die Wahl materieller Zitate) fungiert als Abgrenzung von Eigenem und Fremden. Sie verhindert eine Aneignung des zitierten Inhaltes, und der Leser kann – anders als beim BVerfG – rekonstruieren, auf welchen Zitatspender welcher Gedanke zurückgeht.

6.6.2.4 Modalisierungsprozeduren: Booster und Hedges

Im Gesamtkorpus $n_{Gesamt} = 495$ wurden insgesamt 257 zitatbezogene *Booster und Hedges* identifiziert, d. h. etwa jede zweite Gerichtsentscheidung enthält im Durchschnitt mindestens eine der beiden Modalisierungsprozeduren. Beide Gerichte verwenden auffällig mehr Booster als Hedges. Daraus lässt sich ableiten, dass Fremdinhalte in Gerichtsentscheidungen häufiger zu Zwecken der Affirmation als zu Zwecken der Dekonstruktion eingesetzt werden – vor allem, wenn man berücksichtigt, dass nicht modalisiert eingebettete, d. h. in dieser Analysekategorie nicht erfasste Zitate grundlegend mit einer Identifikation zwischen Zitatspender und Zitierendem einhergehen. Die Präferenz von Boostern vor Hedges bei beiden Gerichten ist als Indiz dafür zu deuten, dass Gerichte tendenziell eher (nicht aber ausschließlich, siehe dazu Abschn. 6.6.2.5) jene Inhalte zitieren, die mit ihrer eigenen Position übereinstimmen. Vor diesem Hintergrund kann darauf geschlossen werden, dass das Zitat in Gerichtsentscheidungen primär einer Argumentationsstützung dient und weniger einer abschwächenden, Gegenpositionen miteinbeziehenden Argumentationsreflexion. Zusätzlich lässt sich daraus ableiten, dass für die intertextuellen Bezugnahmen in den Entscheidungen eher Funktionen dominieren, die eine Affirmation voraussetzen (z. B. Ökonomie) als Funktionen, die demgegenüber auf Dekonstruktionen aufbauen (z. B. Demonstration eigener Autorität durch Geltung der eigenen Proposition bei Ablehnung von Fremdinhalten).

In den Entscheidungen des BVerfG folgt der Einsatz von Boostern hauptsächlich zwei Schemata. Erstens ‚boostet' das BVerfG oft durch die Betonung der Rechtmäßigkeit einer in zitierten Texten geäußerten Proposition; eine affirmative Einbettung der intertextuellen Bezugnahme ist damit evident. Beispiele dafür finden sich in den folgenden zwei Passagen:

(78) Für diesen Fall **wird in der Literatur zutreffend** gefordert, daß sich behördliche Maßnahmen primär gegen die Störer richten müssen und daß nur unter den besonderen Voraussetzungen des polizeilichen Notstandes gegen die Versammlung als ganze eingeschritten werden dürfe (Hoffmann-Riem, aaO, RdNr 23 und 53 zu Art 8 GG; Dietel/Gintzel, aaO, RdNr 14 zu § 15 VersG; vgl v. Münch, aaO, RdNr 39 zu Art 8 GG; Drosdzol,

Grundprobleme des Demonstrationsrechts, JuS 1983, S. 409 (414); Frowein, aaO (1084)). (BVerfGE 69, 315–372 1. Senat 14.05.1985, Rn. 91)

(79) **Das Schrifttum spricht sich allerdings zu Recht überwiegend** für eine eingeschränkte Änderungskompetenz des Bundes auf der Grundlage von Art. 125a Abs. 1 Satz 1 GG aus (vgl. F. Kirchhof, in: Festschrift für Rupert Scholz, 2007, S. 637<648>; Schoch, DVBl 2007, S. 261<264>). (BVerfGE 155, 310–357 2. Senat 07.07.2020, Rn. 80)

Als zweites Boosting-Schema erweist sich die Verstärkung einer Proposition im Kontext von Boosting-Prozeduren durch eine Kopplung mit einer quantitativen Ebene. Das BVerfG weist auffällig häufig auf ‚Einhelligkeit' und ‚überwiegende' Positionen hin; als rechtmäßig scheint eine Position dann gelten zu können, wenn sie frequent vertreten wird:

(80) **Das Schrifttum teilt ganz überwiegend dieses Verständnis** von Verwandtenerbrecht und Erbrechtsgarantie, die ihren Niederschlag in Art. 14 Abs. 1 Satz 1 GG sowie in Art. 6 Abs. 1 GG finden und so das Erbrecht und das Erbschaftsteuerrecht anleiten (vgl. Leisner, Verfassungsrechtliche Grenzen der Erbschaftsbesteuerung, 1970, S. 111; Löhle, Verfassungsrechtliche Gestaltungsspielräume und -grenzen bei der Besteuerung von Erbschaften und Schenkungen, 2001, S. 25, 102 f.; Papier, in: Maunz/Dürig, GG, Art. 14 GG Rn. 301 ff. <März 2010>; Reinisch, Erbschaftsteuer und Verfassungsrecht, 1999, S. 69 ff.). (BVerfGE 126, 400–433 1. Senat 21.07.2010, Rn. 98)

Wie bereits in der Interpretation der Quellen-Frequenzen (und insbesondere der Kettenzitate) festgestellt, setzt das BVerfG auch an dieser Stelle erneut auf Quantität – es wird als relevant erachtet, ob es sich bei einer Position um eine mehrheitlich vertretene oder um eine abweichende Position handelt. Der im juristischen Diskurs verbreitete Hinweis auf die sogenannte „herrschende Meinung" wird mit Argumentationen wie in Beispiel 80 zu einer legitimen Argumentationsstrategie erklärt. Dies geht auch mit einer ökonomischen Funktion einher, denn das Abweichen und Hinterfragen von der Mehrheitsposition kann nicht ohne weiteren Lektüre- und Begründungsaufwand vorgenommen werden.

Während für die Boosting-Prozeduren (zumindest in den beiden beispielhaft angeführten Fällen) transparent ist, welche Auffassung die Literatur vertritt und dass das BVerfG eben diese Ansicht teilt, verhält es sich mit den Hedging-Prozeduren in einer Vielzahl der Fälle problematischer. Wie das folgende Beispiel zeigt, ist bisweilen nicht rekonstruierbar, wer die ‚hedgende' Instanz ist:

(81) Eine entscheidende Ursache liegt **wohl** im Kassenwahlrecht und der Art seiner Ausübung. Das Wahlrecht wird, vereinfacht und überspitzt ausgedrückt, von Kranken weniger oft ausgeübt als von Gesunden; Kranke wechseln nicht ihre Kasse (vgl. Nopper, Der Risikostrukturausgleich aus Sicht einer Allgemeinen Ortskrankenkasse, in: Jabornegg/Resch/Seewald <Hrsg.>, a.a.O., S. 137<148>). (BVerfGE 113, 167–273, 2. Senat 18.06.2005, Rn. 187)

Ohne Konsultation des Prätextes von Nopper kann nicht rekonstruiert werden, ob Nopper die Proposition mit dem Hedge „wohl" versehen hat, oder ob das BVerfG den Hedge hinzufügt, um Noppers Aussage abzuschwächen. Derartige Fälle erschweren die Interpretation potentieller Funktionalisierungen der intertextuellen Bezugnahme. Es kann nicht bestimmt werden, ob die intertextuelle Bezugnahme grundlegend affirmativ oder eingeschränkt affirmativ verwendet wird; die Stimme des BVerfG und die Stimme Noppers verschmelzen durch die Darstellungsweise. Für Fälle dieser Art können keine Aussagen über die Funktion des Hedges getroffen werden.

In der Vorstellung der Ergebnisse wurde bereits darauf hingewiesen, dass auch die Verweis-Etikettierungen z. T. Hedges darstellen. Die Analyse der im Kontext von Verweis-Etikettierungen vorkommenden Hedges bietet den Vorteil, dass eindeutig rekonstruiert werden kann, dass es sich nicht um zitierte Hedges handelt und, dass das BVerfG selbst den Verweis mit dem Hedge versehen hat. Mit dem Einsatz von Hedges in der Verweis-Etikettierung scheint das BVerfG u. a. Unsicherheiten über das Verständnis der in einer zitierten Quelle getätigten Aussagen signalisieren zu wollen:

(82) Dagegen hat die Frage der zweckgemäßen Verausgabung von Mitteln für konkrete Einzelprojekte insoweit eine untergeordnete Bedeutung, die eine Informationsbeschaffung durch Bundesbehörden wie die hier zu beurteilende nicht rechtfertigen kann (vgl. Meyer/Freese, NVwZ 2009, S. 609<613>; **wohl auch von Arnim,** in: Isensee/Kirchhof, HStR VI, 3. Aufl. 2008, § 138 Rn. 57). (BVerfGE 127, 165–224 2. Senat 07.09.2010, Rn. 87)

(83) Dabei bedarf es keiner Entscheidung, ob der in Wahlrechtsangelegenheiten anerkannte Satz, daß Entscheidungen und Maßnahmen, die sich unmittelbar auf das Wahlverfahren beziehen, nur mit den in den Wahlvorschriften vorgesehenen Rechtsbehelfen und im Wahlprüfungsverfahren angefochten werden können (vgl. BVerfGE 3, 39 ff.; 329 f.; st.Rspr.; vgl zuletzt BVerfGE 74, 96<101>), auch für Organklagen gilt (**so anscheinend Schreiber,**Handbuch des Wahlrechts zum Deutschen Bundestag, 4. Aufl., 1990, § 49 BWahlG, Rdnr. 4). (BVerfGE 83, 156–158 2. Senat – 29.11.1990, Rn. 2)

Fälle dieser Art sind besonders im Hinblick auf Funktionszuweisungen interessant: Für den Einsatz von Hedges identifiziert die einschlägige Forschung erstens die Funktion der „Risikominimierung" für den Schreiber (Niemann 2018: 49). Durch die Einschränkungen absoluter Aussagen demonstriert ein Schreiber potentielle Verhandelbarkeit, etwa im Falle antizipierter Kritik (siehe Abschn. 3.2.1). Von dieser Funktion kann sowohl in Bezug auf eigene Aussagen, als auch in Bezug auf Fremdaussagen Gebrauch gemacht werden. Zweitens können Hedges mit Bezug auf Fremdinhalte auch zur Wahrung von Höflichkeit eingesetzt werden. Hedges schwächen potentielle *face threatening acts* ab (Fraser 2010, siehe ebenfalls Abschn. 3.2.1). Eine derartige Funktion kann vor allem relevant sein, wenn man sich im Akt des Zitierens von dem Prätext distanziert und diesem nur eingeschränkt Geltung zuweist. Für den Einsatz der Hedges in den Beispielen liegt eine solche Funktion der Vermeidung von direkter Kritik insofern nicht nah, als der Hedge parallel mit einem Hinweis auf eine Ähnlichkeit der Äußerung des BVerfG und der Quelle einhergeht; es steht keine Kritik im Raum. Ob das BVerfG sich gemäß der ‚Risikominimierungs-Funktion' mit dem Einsatz der Hedges in den Beispielen selbst schützen möchte, indem es absolute Aussagen über die Auslegung des angeführten Textes vermeidet, ist nicht näher nachweisbar. Denkbar wäre für die beiden Beispiele schließlich – ganz entgegen der von der einschlägigen Forschung identifizierten gängigen Hedging-Funktionen – auch, dass das BVerfG den angeführten Quellen Uneindeutigkeit oder mangelnde Nachvollziehbarkeit der getätigten Aussagen unterstellt. Letztlich könnte sich in diesem Fall dahinter tatsächlich eine Art ‚Risiko-Minimierung' verbergen; das BVerfG signalisiert, dass Untersicherheiten in der Deutung der Quelle bestehen, und schützt sich im Falle einer falschen Auslegung durch die Abschwächung der eigenen Aussage.

In den Entscheidungen des SCC finden sich insgesamt mehr Hedges und Booster als beim BVerfG. Für die Boosting-Prozeduren findet sich in den SCC-Entscheidungen ein vergleichbarer Mechanismus wieder; die Geltung von Zitaten wird durch die Zuschreibung von Rechtmäßigkeit verstärkt:

(84) As Professor Mewett has **rightly** admonished, "[p]erhaps no phrase is bandied about with more imprecision and with more unawareness of its legal and social significance than the privilege against self-incrimination": "Law Enforcement and the Conflict of Values" (1970), 12 Crim. L.Q. 179, at p. 186. (R. v. S. (R.J.) 1995 1 SCR 451–02.02.1995, Rn. 488)

Stellenweise tritt bei dem Einsatz von Boostern beim SCC ein ähnliches Problem für den Leser auf wie bei den Hedges des BVerfG und es ist nicht nachvollziehbar, welche Instanz den epistemischen Zusatz integriert:

(85) Under the common law, courts have gradually developed the power to monitor the processes of administrative bodies and their legality. There is today **no doubt** that "[t]he superior courts have the inherent power to review the legality of administrative actions" (D. P. Jones and A. S. de Villars, Principles of Administrative Law (3rd ed. 1999), at p. 6). (Blencoe v. British Columbia (Human Rights Commission) 2000, Rn. 147)

Eine Möglichkeit besteht darin, dass der SCC die Aussagen von Jones und de Villars ‚boostet', indem es darauf hinweist, dass kein Zweifel an der Geltung ihrer Proposition besteht. Eine andere Interpretation könnte indes allerdings auch darin bestehen, dass es sich um ein gemischtes Zitat handelt und die Zitatspender bereits auf die Abwesenheit aller Zweifel hinwiesen. Ungeachtet der Frage, welche Instanz den Booster verwendet, steht fest, dass der SCC der zitierten Aussage uneingeschränkte Geltung beimisst; durch die (eigene oder auch zitierte) Affirmation sind keine eigenen Begründungshandlungen mehr nötig. Interessant sind ferner Fälle, die illustrieren, dass der Einsatz von Hedging nicht grundlegend mit einer Distanzierung zum Zitatinhalt und seiner Dekonstruktion gleichgesetzt werden kann. Die folgende intertextuelle Bezugnahme etwa wird durch die explizite Attribuierung „best“ affirmativ eingesetzt; die Attribuierung wird allerdings durch ein „perhaps“ eingeschränkt:

(86) Its inherent complexity is **perhaps best** exposed by the opinions in Branzburg v. Hayes, 408 U.S. 665 (1972). In this landmark decision, the Supreme Court of the United States dealt with journalist-source privilege for the first time, refusing to recognize any constitutional or common law privilege that would allow a reporter to refuse to reveal confidential information to a grand jury. (R. v. National Post 2010 SCC 16–07.05.2010, Rn. 108)

Für die angeführte Passage ist aufgrund der Attribuierung „best“ davon auszugehen, dass es sich bei dem epistemischen Zusatz „perhaps“ um einen Hedge zu Zwecken des Selbstschutzes handelt. Der SCC zeigt an, dass es sich nicht die Kenntnis aller Quellen anmaßen kann. Außerdem zeigt das Beispiel, dass für jeden Hedge sowie auch für jeden Booster im Einzelfall zu prüfen ist, ob dieser mit einer Affirmation oder einer Dekonstruktion des Zitats einhergeht und quantitative Erhebungen daher nur eingeschränkt interpretiert werden können – nicht jeder Hedge geht automatisch mit einer Ablehnung der zitierten Quelle einher.

Die signifikante höhere Frequenz epistemischer Modalisierungsprozeduren beim SCC im Vergleich zum BVerfG kann auf zwei Gründe zurückgeführt werden. Einerseits spielen sprachkulturelle Gepflogenheiten eine große Rolle bei der Verwendungsfrequenz von Stancetaking-Prozeduren; dazu wurde in Abschn. 4.4. mit Kranichs sprachkontrastiver Studie (2011) bereits problematisiert, dass im Englischen generell mehr Hedges verwendet werden als im Deutschen. Andererseits war der frequente Einsatz von Modalisierungsprozeduren auch mit Blick auf die rechtskreisspezifischen Charakteristika zu erwarten: In dem Einsatz von Zitaten manifestiert sich das Andere, in dem Einsatz von Modalisierungsprozeduren das „self“ des Textes (Fløttums 2005: 32, siehe auch Abschn. 4.2.1). Es wurde bereits dargestellt, dass das „self“ – d. h. im Falle von Gerichtsentscheidungen die Richterinnen und Richter – an der Textoberfläche der Common Law-Entscheidungen weitaus präsenter sind als in den objektiv anmutenden, depersonalisierten Civil Law-Entscheidungen. Durch die vergleichsweise häufigere Verwendung von Modalisierungsprozeduren in Bezug auf Fremdinhalte werden die Zitate beim SCC als Positionen bzw. als Meinungen repräsentiert. Die Zitate werden als Gegenstand einer Evaluation und ihre Faktizität als verhandelbar dargestellt. Beim BVerfG werden epistemische Prozeduren demgegenüber seltener verwendet – es wird kein Raum für epistemische Prozesse gelassen und das Zitat wird als Fakt präsentiert.

6.6.2.5 Attribuierungen und Verweis-Etikettierungen

In der Analysekategorie der *Attribuierungen und Etikettierung* hat sich herausgestellt, dass der SCC ausschließlich ersteres verwendet und der BVerfG hingegen beinahe ausschließlich die Verweis-Etikettierungen. Die Etikettierungen sind zunächst einmal ein Indiz dafür, dass ein Verweis und nicht etwa ein indirektes Zitat vorliegt. Jede Verweis-Etikettierung zeigt an, dass die Referenz außerhalb des Textes liegt und nicht in ihm präsent ist, (was andersherum nicht bedeutet, dass jeder Verweis zwingend mit einer Etikettierung versehen ist). Darüber hinaus zeigen sie an, dass die Textproduzenten sich mit den Texten, auf die sie verweisen, auseinandergesetzt haben und in der Auseinandersetzung einen Mehrwert zum Verständnis des jeweiligen Themas sehen. In welcher Hinsicht der Mehrwert besteht, variiert; die Etikettierungen können selbst Hinweise darauf darstellen, zu welchem Zweck auf eine bestimmte Quelle verwiesen wird. Es wurde in der Ergebnisdarstellung bereits an einigen Beispielen aufgezeigt, dass die unterschiedlichen Erscheinungsformen subkategorisiert werden können. Einige Etikettierungen geben dem Leser einen Hinweis darauf, wie sich die angeführte Quelle zur eigenen Proposition verhält (z. B. „a.A.“), andere wiederum geben dem Leser schlagwortartig einen Hinweis dazu, über welchen Aspekt er sich in der Quelle informieren könnte. Die zwei Beispiele demonstrieren, dass für Verweis-Etikettierungen von einem großen funktionalen Spektrum auszugehen ist. Dieses funktionale Spektrum ist nicht eingrenzbar, denn auch eine Etikettierung wie etwa „a.A.“ kann wiederum unterschiedliche Funktionen erfüllen: Einerseits dokumentiert der Zusatz „a.A.“, dass die Textproduzenten der Gerichtsentscheidungen sich auch mit Positionen auseinandergesetzt haben, die der eigenen nicht entsprechen. Dies wiederum signalisiert einen Akt der Abwägung. Es wird, wenn durch die Positionierung auch nur sehr subtil, demonstriert, dass nicht nur jene Positionen berücksichtigt werden, die der eigenen Argumentation des Gerichts zugutekommen (vgl. auch Abschn. 6.6.2.4 zur Dominanz affirmativen Zitierens). Andererseits handelt es sich bei dem Zusatz auch um eine Art Komplexitätsreduktion bzw. um eine Entledigung von Arbeit. Es wird zwar erwähnt, dass andere Ansichten zu einem Thema bestehen, die es dann wiederum allerdings nicht ‚wert sind‘, dass man sich in der Entscheidung näher mit ihnen auseinandersetzte. Der Zusatz „a.A.“ erscheint vor diesem Hintergrund als ein Kompromiss bzw. als eine Abkürzung, eine umfassende Berücksichtigung von Textnetzen zu Kohäsionszwecken zu demonstrieren, ohne weitere Begründungsarbeit vorzunehmen. In dieser Hinsicht ist die Verweis-Etikettierung nicht nur ein Angebot an den Leser, sich weiterführende Information einzuholen, sondern erfüllt auch eine ökonomische Funktion. Das ökonomische Moment von (etikettierten) Verweisen offenbart sich insbesondere auch in der häufig verwendeten Abkürzung „m.w.N.“ (mit weiteren Nachweisen). Das Gericht kommt so seiner Nachweispflicht nach, ohne den ohnehin in der Regel hohen Umfang an bibliographischen Angaben überzustrapazieren. Ungeachtet der konkreten Form der Etikettierung – sei es der Hinweis auf andere Ansichten oder der Hinweis auf weitere Nachweise – stellen sie für den Leser einen großen Mehrwert dar. Verweis-Etikettierungen bieten dem Leser eine erste Orientierung, die ihn dabei unterstützen kann, zu entscheiden, ob eine Quelle für ihn lesenswert sein könnte.

In der Zitationspraxis des SCC finden sich keine Verweis-Etikettierungen. Anders als das BVerfG kommentiert der SCC seine Quellen meist explizit. Besonders interessant sind dabei die evaluativen Dimensionen, auf die sich die vielen unterschiedlichen Attribute beziehen, unter anderem auf die Eloquenz, den Einfluss oder auch auf die Anschaulichkeit eines Zitats (bzw. Zitatspenders):

(87) […], as Professor Ran Hirschl **eloquently** explains: […]. (Quebec (Attorney General) v. 9147–0732 Québec inc. 2020 SCC, Rn. 106)

(88) Most significant of all, however, Lamer J. drew upon (at p. 282) Professor Yves-Marie Morissette's **influential article** „The Exclusion of Evidence under the Canadian Charter of Rights and Freedoms: What to Do and What Not to Do" (1984), 29 McGill L.J. 521, to characterize the determination that lies at the heart of s. 24(2): […]. (R. v. Burlingham 1995 2 SCR 206–18.05.1995, Rn. 71)

Wie die beiden Beispiele illustrieren, beziehen die Attribuierungen sich häufig auf nicht-inhaltliche Attribute. Es werden Charakteristika des zitierten Textes hervorgehoben, die für seinen inhaltlichen Gehalt eigentlich keine Rolle spielen. Die Güte einer Quelle wird hier durch prestigereiche Eigenschaften begründet. Während der Hinweis auf den großen Einfluss eines Artikels wie in Beispiel 88 zumindest mittelbar von inhaltlicher Güte zeugen kann – immerhin kann davon ausgegangen werden, dass einflussreiche, viel zitierte Texte viele Leser mit einschlägiger Expertise überzeugt haben müssen – hat das Herausstellen der Eloquenz nichts mit inhaltlichen Aspekten zu tun. Das Verlassen der in Gerichtsentscheidungen eigentlich im Vordergrund stehenden, idealerweise objektiven Inhaltsebene und die Unterstützung der Argumentation durch ‚Prestige-Kriterien' erwecken so den Anschein von – nach rationalistischen Rechtsmodellen – illegitimen Persuasionsversuchen.

Des Weiteren benennen einige der Attribuierungen auch den ornamentalen Wert des zitierten Prätextes:

(89) The United States Court of Appeals for the Fifth Circuit, in Dunagin v. City of Oxford, Mississippi, 718 F.2d 738 (1983) (en banc), cert. denied, 467 U.S. 1259 (1984), a case involving the constitutionality of a ban on liquor advertising, made the same point, at pp. 748–49, n. 8, **in slightly more colourful terms:** There are limits to which important constitutional questions should hinge on the views of social scientists who testify as experts at trial. Suppose one trial judge sitting in one state believes a sociologist who has found no link between alcohol abuse and advertising, while another trial judge sitting in another state believes a psychiatrist who has reached the opposite conclusion. A similar situation actually occurred here. Should identical conduct be constitutionally protected in one jurisdiction and illegal in another? (RJR-MacDonald Inc. v. Canada (Attorney General) 1995 3 SCR, Rn. 80)

Die Passage demonstriert, dass die Gerichte selbst um die schmückende Funktion des Zitats wissen und in der ornamentalen Eigenschaft des Zitats eine Bereicherung für ihre Entscheidung sehen. Positive Attribuierungen werden, wie in den Beispielen, vornehmlich mithilfe von Adverbien realisiert. Die Ablehnung eines Fremdinhalts wird wiederum vergleichsweise aufwändiger auf verbaler Ebene realisiert:

(90) Our colleague's appeal to stare decisis, **we say with respect, therefore misses the point**. (Fraser v. Canada (Attorney General 2020 SCC 28–16.10.2020, Rn. 221)

Im Hinblick auf Funktionalisierungsrekonstruktionen ist festzuhalten – und dies ist nicht nur für die Interpretation von Attribuierungen wichtig –, dass jede offene Dekonstruktion und Infragestellung durch ablehnende Positionierungen mit Arbeit einhergeht. Während ein affirmativ eingesetztes Zitat für sich sprechen kann, kann eine offene Dekonstruktion eines Fremdinhaltes nicht ohne weitere Auseinandersetzung und Begründungen seitens der zitierenden Instanz stehen bleiben. Letztlich ist es damit unwahrscheinlich, dass explizit ablehnend eingebettete Zitate eine ökonomische Funktion erfüllen können/sollen. Gegenteilig verhält es sich wiederum bei subtileren Ablehnungsmarkierungen wie bei dem Zusatz „a.A.". Durch die ausgelagerte Positionierung des Zusatzes scheint das BVerfG keine Notwendigkeit zu sehen, die andere Ansicht näher zu kommentieren.

Wie auch in der Interpretation der Modalisierungsprozeduren kann die Häufigkeit expliziter Attribuierungen beim SCC und ihre Seltenheit beim BVerfG auf die rechtskreisbedingten Ideale zurückgeführt werden: Durch den Akt des Kommentierens und des Evaluierens gibt sich eine Instanz der Meinungsbildung zu erkennen.

6.6.2.6 Evidentialitätsmarker: Konjunktiv und zitatbegleitende Wendungen

In der Analysekategorie der *Evidentialitätsmarker* wurden der Konjunktiv und zitatbegleitende Wendungen kodiert. Insgesamt verwendet der SCC, wie durch die hohe Frequenz im Fließtext platzierter Zitatspender zu erwarten war, signifikant mehr Evidentialitätsmarker als das BVerfG.

Der Konjunktiv kann im Deutschen als Referatssignal eingesetzt werden; der Einsatz zu Kennzeichnungszwecken ist jedoch nicht obligatorisch. Besonders aus pragmatischer Perspektive stellt sich aufgrund dessen die Frage nach Einflussfaktoren, die sich auf die Wahl zwischen Konjunktiv und Indikativ auswirken. Steinseifer (2019) schlägt dazu das Kriterium der epistemischen Distanzierung vor – der Konjunktiv diene nicht nur der Kennzeichnung des Referenzaktes, sondern beinhalte auch eine epistemische Modalisierung. In den analysierten Entscheidungen finden sich sowohl Beispiele, die für einen epistemisch-modalisierenden Charakter des Konjunktivs sprechen, als auch Passagen, die das Gegenteil und einen wertungs- und positionierungsneutralen Einsatz des Konjunktivs naheliegen. Ein Beispiel für letzteres ist die folgende Entscheidung, die die Vor- und Nachteile der elektronischen Aufenthaltsüberwachungen mithilfe von Fußfesseln diskutiert:

(91) Im Auftrag des Bundesministeriums der Justiz und für Verbraucherschutz hat das Institut für Kriminologie der Universität Tübingen unter Leitung von Prof. Kinzig die elektronische Aufenthaltsüberwachung im Rahmen der Führungsaufsicht evaluiert. Die Studie umfasst alle 74 Personen, denen zwischen dem 1. Januar 2011 und dem 31. August 2013 eine Weisung nach § 68b Abs. 1 Satz 1 Nr. 12 StGB erteilt worden war. Lediglich in 64 Fällen **sei** es auch tatsächlich zur Anlegung der „Fußfessel" gekommen. Des Weiteren **sei** eine 74 Personen umfassende Vergleichsgruppe gebildet worden (vgl. Bräuchle/Kinzig, Die elektronische Aufenthaltsüberwachung im Rahmen der Führungsaufsicht, Kurzbericht über die wesentlichen Befunde einer bundesweiten Studie mit rechtspolitischen Schlussfolgerungen, undatiert, S. 2; Bräuchle, Die elektronische Aufenthaltsüberwachung gefährlicher Straftäter im Rahmen der Führungsaufsicht, Eine Studie zur Rechtsdogmatik und Rechtswirklichkeit, 2016, S. 78, 80, 86). (BVerfGE 156, 63–182, 2. Senat 01.12.2020, Rn. 174)

Geht man davon aus, dass der Konjunktiv stets mit einer epistemischen Distanzierung einhergeht, so würde dies bedeuten, dass das BVerfG in Frage stellt, ob in der referierten Studie tatsächlich eine Vergleichsgruppe mit 74 Personen gebildet wurde; d. h. das BVerfG distanziert sich entweder von dem Fakt, dass es eine Vergleichsgruppe überhaupt gegeben hat oder das BVerfG stellt die Anzahl der Personen in der besagten Gruppe in Frage. Diese Interpretation erscheint allerdings wenig plausibel, denn die referierten Merkmale der Studie sind stark deskriptiv, sodass sie im Grunde keinen Raum für epistemische Modalisierungen bieten. Dies spricht dafür, dass der Konjunktiv in dieser Passage nicht epistemisch-distanzierend, sondern nur referatssignalisierend eingesetzt wird. Ein Beispiel, bei dem der Konjunktiv demgegenüber durchaus eine Distanzierung beinhaltet, ist die folgende Passage:

(92) Ferner ist es **nicht möglich,** bei der Bestimmung der Zuständigkeiten des Bundesrechnungshofs im Sinne ihrer Effektuierung „großzügig" zu verfahren, weil dieser keine Entscheidungsbefugnisse **habe** und das Ausschließlichkeitsprinzip des Kompetenzrechtsuneingeschränkt nur für staatliches Handeln mit Entscheidungscharakter gelte. (vgl. Heintzen, in: von Münch/Kunig, GG, Bd. 3, 5. Aufl. 2003, Art. 114 Rn. 9). Dieser Ansatz verfehlt bereits Sinn und Zweck der Trennung der Verwaltungsräume von Bund und Ländern und die in Art. 109 Abs. 1 GG verankerte Selbständigkeit und Unabhängigkeit ihrer Haushaltswirtschaft. (BVerfGE 127, 165–224 2. Senat 07.09.2010, Rn. 146).

Die Lesart der Passage ist zunächst nicht zwingend epistemisch-modalisierend; es finden sich im referierenden Teil der Passage keine greifbaren Hinweise auf eine Ablehnung von Heintzens Position. In einer Lesart könnte der Leser deshalb zunächst davon ausgehen, dass ein Ansatz besprochen wird, dessen Fehlerhaftigkeit bereits von Heintzen moniert wurde. In einer anderen Lesart könnte man die Passage so verstehen, dass Heintzen einen Ansatz vertritt, den das BVerfG für falsch hält. Diese Lesart wird von der kommentierenden Zusatz zur Fehlbarkeit des Ansatzes unterstützt. Zieht man den entsprechenden Text heran, zeigt sich, dass letzteres zutrifft und Heintzen einen exakt gegenteiligen Standpunkt zur Bestimmung der BRH-Zuständigkeiten vertritt als das BVerfG:

(93) **Weil der BRH keine Entscheidungsbefugnisse hat, ist bei der Bestimmung seiner Zuständigkeiten Großzügigkeit möglich** und muss im Verhältnis zu anderen Prüfungsorganisationen, etwa im Verhältnis des BRH zu den Landesrechnungshöfen, aber auch im Innenbereich des BRH, nicht strikt auf die Vermeidung von Zuständigkeitsüberlappungen und Doppelzuständigkeiten geachtet werden; bei der Definition von Prüfungsaufgaben ist dies gar nicht möglich, schon weil das Ergebnis einer Prüfung nicht genau vorhersehbar ist; das Ausschließlichkeitsprinzip des Kompetenzrechts gilt uneingeschränkt nur für staatliches Handeln mit Entscheidungscharakter.

Der Vergleich von zitierendem Text und zitiertem Text zeigt die Ablehnung von letzterem. Diese Negation ist für den Leser allerdings nicht eindeutig; er muss interpretieren ob die Zitateinleitung „nicht möglich" zu Heintzens Aussagen gehört, sprich ob Heintzen etwa indirekt zitiert wird, oder ob die Zitateinleitung „nicht möglich" eine eigene Proposition des BVerfG ist. Aus der Analyse des Fallbeispiels geht hervor, dass allein auf Basis der Konjunktive keine Rückschlüsse auf intendierte Funktionen gezogen werden können und sich das Analysekriterium ohne Vergleich mit dem referierten Prätext als wenig brauchbar erweist. Ohne Vergleich mit dem Prätext ist eine affirmative Lesart möglich, bei der der Leser davon ausgeht, das BVerfG schließe sich Heintzen an und projiziere die Geltung des Textes auf seine eigene Argumentation. Auf Grundlage dessen könnte dem Zitat etwa eine ökonomische Funktion zugeschrieben werden, bei der eigene Begründungsarbeit durch ein Zitat ersetzt wird. Bei Vergleich mit dem Prätext zeigt sich allerdings, dass eine distanzierende Lesart korrekt ist, sodass keine Zitatfunktionen angenommen werden können, die eine Affirmation voraussetzen (z. B. Ökonomie, Autoritätsprojektion).

Beim SCC werden Evidentialitätsmarkierungen durch den sehr häufigen Gebrauch zitatbegleitender Wendungen vorgenommen. Ein prototypisches Merkmal stellen die vielen *Verba Dicendi* in der Einleitung von Zitaten dar. Auffällig ist, dass der SCC das Zitieren durch Verben wie „to quote" selbst explizit benennt. Dadurch, wie auch durch die anderen analysierten Zitationsmerkmale, ist der Akt des Zitierens in den Entscheidungen des SCC weitaus präsenter als an der Textoberfläche der BVerfG-Entscheidungen.

Des Weiteren fällt auf, dass dafür in Regel objektive Verben gewählt werden (z. B. „to state"), denen nicht unmittelbar entnommen werden kann, wie sich das eingeleitete Zitat zu den eigenen Inhalten verhält. Auch wenn die zitatbegleitenden Wendungen in der Regel damit keine epistemische Modalisierung herbeiführen, geben sie z. T. Aufschluss über die vorgenommene Texthandlung. Verba Dicendi wie zum Beispiel „to define" kündigen an, dass das Zitat zu Zwecken einer Definition verwendet wird. Verba Dicendi dieser Art können insofern als leserfreundlich bezeichnet werden, als die Benennung dem Leser explizit anzeigt, welche Textfunktion das Zitat erfüllen soll, z. B. eine Definition, eine Erklärung oder eine Diskussion. Ob und wenn ja, welche darüberhinausgehende Intention sich dahinter wiederum verbirgt, lässt sich den zitatbegleitenden Wendungen nicht entnehmen (zum Unterschied zwischen Textfunktionen und Intentionen siehe Abschn. 3.1). Zitatbegleitende Wendungen finden sich beim BVerfG zwar seltener, aber auch in den deutschen Entscheidungen bieten sie dem Leser eine hilfreiche Orientierung zu Textfunktionen:

(94) **Es wird insbesondere beanstandet, daß** die Auffassung des Bundesgerichtshofs selbst dann zu einer Zurückweisung des Vorbringens führe, wenn sich das Versäumnis der Partei überhaupt nicht auf den normalen Prozeßverlauf ausgewirkt hätte, der die Durchführung eines Haupttermins einschließe (vgl. Leipold, a.a.O.). (BVerfGE 69, 126–140 1. Senat 30.01.1985, Rn. 37)

Durch den Hinweis auf die Beanstandung weiß der Leser, dass Leipold einen kritischen Standpunkt vertritt (zumindest erscheint es plausibel davon auszugehen, der Prätext wurde für dieses Beispiel nicht geprüft). Besonders interessant ist, dass die Verwendung zitatbegleitender Wendungen – wie auch sämtliche andere Zitationsmerkmale beim BVerfG – von Depersonalisierungsbestrebungen geprägt sind. An die Stelle der beim SCC häufigen aktivischen Konstruktionen (z. B. Leipold beanstandet, dass…) tritt beim BVerfG eine passivische Konstruktion. Durch die Entkopplung von der Person wird erneut die subjektive Bindung der Position eliminiert; die referierte Beanstandung wird universalisiert. Denkbar wäre, dass durch derartige Strategien das Gewicht einer Position erhöht werden soll.

6.7 Fazit der empirischen Untersuchung

Die vorangegangene Untersuchung hat zwei Perspektiven auf Zitate in Gerichtsentscheidungen eingenommen; eine quantitative Perspektive, die geprüft hat, inwiefern sich prototypische Zitationseigenschaften abzeichnen, und eine qualitative Perspektive, aus der an ausgewählten Fallbeispielen mögliche Zitatfunktionen erörtert wurden.

Das prototypische Zitat des BVerfG stellt eine immaterielle Bezugnahme auf eine rechtswissenschaftliche Quelle dar, die sich durch die Ausklammerung des Zitatspenders und den seltenen Positionierungselementen als depersonalisiert charakterisieren lässt. Diachron betrachtet verhält sich die Zitierweise des BVerfG hinsichtlich der Analysekriterien weitestgehend konstant. Lediglich das Analysekriterium ‚Quellen-Kategorie' sticht aus diachroner Perspektive hervor, denn das BVerfG berücksichtigt in seinen jüngeren Entscheidungen zunehmend mehr supranationale und ausländische Rechtsprechung als in seinen vergleichsweise älteren Entscheidungen.

Das *prototypische Zitat des SCC* ist ein ebenfalls auf eine rechtswissenschaftliche Quelle bezogenes, allerdings materielles Zitat, häufig mit Positionierungselement. Durch die Einbettung des Zitatspenders sowie durch die vielen zitatbegleitenden Wendungen ist der Akt des Zitierens an der Textoberfläche der kanadischen Entscheidungen weitaus präsenter als beim BVerfG. Unter diachronen Gesichtspunkten variiert die Zitationspraxis des SCC stärker als beim BVerfG. So hat sich beim SCC im Laufe der analysierten Entscheidungsjahre nicht nur die Zusammensetzung der Quellen-Kategorien geändert, sondern es finden sich darüber hinaus Hinweise einer zunehmenden Depersonalisierung des Zitier- und damit auch des Entscheidungsstils (z. B. Auslagerung des Zitatspenders). Wie aufgrund ihrer rechtskreisbedingten Unterschiede hypothetisch angenommen, unterscheiden sich die beiden Gerichte hinsichtlich mehrerer Zitationsmerkmale. Sie präferieren unterschiedliche Zitattypen, unterschiedliche Positionierungen des Zitatspenders und beim SCC finden sich signifikant häufiger Modalisierungs- und Evidentialitätsmarker als beim BVerfG.

Auf Basis der Charakteristika der Zitate in den Entscheidungen konnten weiterführende Überlegungen zu Zitatfunktionen an einzelnen Fallbeispielen vorgenommen werden. Diese Überlegungen haben ergeben, dass die untersuchten Zitationsmerkmale ein funktionales Spektrum ermöglichen und ein anderes funktionales Spektrum wiederum ausschließen. Am Beispiel des SCC wurde etwa gezeigt, dass eine Platzierung des Zitatspenders im Fließtext mit einer Autoritätsprojektion oder auch mit einer Würdigung des Zitatspenders einhergehen könnte. Gleiches gilt für das materielle Zitieren, das einerseits produzentenseitig eine ökonomische Funktion erfüllen kann, andererseits rezipientenseitig aber auch einen transparenten Umgang mit Fremdinhalten sicherstellt. Offenkundig ablehnendes Zitieren, beispielsweise bei der Einschränkung des Faktizitätsgrads durch Hedges, geht mit Begründungsarbeit einher, sodass hierfür wiederum die ökonomische Funktion ausgeschlossen werden kann. Insgesamt ist eine eindeutige Funktionszuweisung nicht möglich. Aus diesem Grund sei Forschungsfrage 2 ‚Warum zitieren Gerichte?‘ am Beispiel des BVerfG und des SCC zusammenfassend wie folgt beantwortet: Zitate können in Gerichtsentscheidungen unterschiedliche Funktionen erfüllen, die von der Ausgestaltung des Zitationsaktes abhängen. Generell wurden für alle theoretisch erarbeiteten Funktion – d. h. für das ornamentale Zitieren, für das autoritative Zitieren, für das ökonomische Zitieren und für das Zitieren zu Kohärenzzwecken – Beispiele in den Entscheidungen gefunden.

Mit den identifizierten, prototypischen Zitationsmerkmalen erscheint es unwahrscheinlich, dass das BVerfG durch den Einsatz von Zitaten im Sinne der ökonomischen Funktion Arbeit auf Ebene der Formulierungen einsparen will. Wenig naheliegend ist ebenfalls ein Bestreben von Autoritätsprojektionen – es wurde gezeigt, dass der Akt des intertextuellen Bezugnehmens in den deutschen Entscheidungen an der Textoberfläche bis auf die obligatorische Quellenanführung wenig präsent ist. Durch die Ausgestaltung der Zitierweise, bei der alle Spuren der intertextuellen Arbeit weitestgehend verwischt werden, steht stets die Stimme des BVerfG im Vordergrund. Autoritatives Zitieren spielt aber trotzdem eine Rolle in den Entscheidungen des BVerfG – zum einen scheint das Gericht durch Quantität Autorität zu generieren, zum anderen demonstriert es bei der Ablehnung von Fremdinhalten seine eigene Autorität, über Geltung und Dekonstruktion zu entscheiden. Der Einsatz von Anführungszeichen – sei es zur graphematischen Kennzeichnung eines materiellen Zitates oder zu Zwecken der Modalisierung – scheint beim BVerfG vornehmlich zu ornamental-stilistischen Zwecken eingesetzt zu werden.

Die ornamentale Funktion von Zitaten konnte ebenso für einige Fallbeispiele beim SCC identifiziert werden. Als Hinweise auf die ornamentale Funktion wurden u. a. stilistische Differenzen zwischen der Entscheidung und dem zitierten Tex und der Einsatz von Zitaten zu illustrativen Zwecken gedeutet. Anders als beim BVerfG bestehen durchaus Gründe zur Annahme, dass die Entscheidungen des SCC auf Ebene der Formulierungsarbeit von der ökonomischen Dimension des Zitats profitieren. Ferner kann angenommen werden, dass der SCC die Autorität der Zitatspender auf sich projizieren möchte. Ein Indiz dafür ist beispielsweise, dass viele Attribuierungen die inhaltliche Ebene verlassen und Attribute eines Zitatspenders kommentiert werden (z. B. die Berühmtheit), die ggf. die Persuasion des Lesers herbeiführen könnten. Durch die Attribuierungen, durch zahlreiche Evidentialitätsmarker sowie auch durch die vielen materiellen Zitate ist das intertextuelle Moment an der Textoberfläche der kanadischen Entscheidungen stetig präsent. Gleichzeitig sorgen die erwähnten Zitationseigenschaften für eine Trennung der Stimmen. Anders als beim BVerfG kann bei Zitaten des SCC in der Regel rekonstruiert werden, wann eigene und wann intertextuelle Inhalte vorgestellt werden. Ohne Abgleich mit den zitierten Prätexten erwies es sich für das BVerfG als schwierig, intertextuelle Inhalte von eigenen zu trennen, weshalb in zukünftigen empirischen Studien zum Zitat eine stärkere Berücksichtigung von Prätexten wünschenswert wäre.

Mit weiteren Forschungsdesiderata, offenen Fragen, sowie einer abschließenden Diskussion beschäftigt sich das nachfolgende Gesamtfazit.

Kapitel 7
Gesamtfazit, Rückblick, Ausblick

Die vorliegende Studie hat sich am Beispiel des Bundesverfassungsgerichts und des Supreme Court of Canada mit der Frage beschäftigt, wie und warum Gerichte zitieren. In diesem Zusammenhang wurden auch komparative und diachrone Perspektiven eingenommen und danach gefragt, inwiefern gerichtliche Zitationspraktiken sich voneinander unterscheiden können und, wie sie sich entwickeln. Zur Beantwortung dieser Leitfragen wurde in einer theoretischen Annäherung zunächst aufgezeigt, wie weit die Referenz des Zitatbegriffes zu verstehen ist, welche Probleme und Kriterien bei der Funktionsinterpretation zu berücksichtigen sind, und inwiefern die Anforderungen unterschiedlicher Rechtskreise Einfluss auf Zitationspraktiken haben können. In der empirischen Analyse der Studie wurde eine Frequenzanalyse von Zitationsmerkmalen durchgeführt. Der quantitative Ansatz erlaubte es, prototypische Tendenzen der Zitationspraktiken der beiden Gerichte zu identifizieren, Unterschiede zwischen den beiden Gerichten statistisch zu testen und diachrone Entwicklungen nachzuvollziehen.

Unter komparativen Gesichtspunkten unterscheiden sich die beiden Gerichte in der Gesamtauswertung für jede Analysekategorie in mindestens einer Merkmalsausprägung signifikant. Ob diese signifikanten Differenzen in Zukunft bestehen bleiben, ist fraglich. Wie gezeigt wurde, nähern sich die Zitationspraktiken – etwa hinsichtlich der entpersonalisierten Zitierweisen und in der Berücksichtigung ausländischer Rechtsprechung – einander an. In der Zitationspraxis offenbaren sich in dieser Hinsicht also Momente einer zunehmend globalisierten Rechtsprechung. Die diachronen Unterschiede in den Zitationspraktiken innerhalb eines Gerichts sind ein Hinweis darauf, dass die Entscheidungsproduktion sich ändernden Anforderungen unterliegt, denen mit einer Anpassung der Zitationsweisen nachgekommen wird – dies äußert sich beispielsweise durch die zunehmende Öffnung des BVerfG für ausländische und supranationale Rechtsprechung und die zunehmenden Entpersonalisierungstendenzen in der Zitationspraxis des SCC. Für beide Gerichte gilt, dass die Frequenz der in den Entscheidungen herangezogenen

J. Steigler-Herms, *Wie und warum zitieren Gerichte?*, Literatur und Recht 12,
https://doi.org/10.1007/978-3-662-68577-8_7

Quellen zwischen den untersuchten Jahren 1985 und 2020 insgesamt stark zugenommen hat, was als Beleg einer steigenden Relevanz intertextueller Arbeiten vor Gericht gedeutet werden kann.

Des Weiteren wurde an einigen Beispielen aufgezeigt, dass Zitationsweisen mit unterschiedlichen Vor- und Nachteilen, einhergehen können. Die Identifikation von Vor- und Nachteilen von Zitationspraktiken kann zugleich als eine praktische Implikation der Ergebnisse gelten. Während etwa die Paraphrase begleitet von einem Kettenzitat einen ökonomisch-kondensierten Transport von Prätext-Inhalten ermöglicht, ist sie für den Rezipienten wiederum sehr intransparent – das immaterielle Zitieren entzieht sich der eigenen Leseart des Rezipienten, der die paraphrasierten Inhalte bereits durch die zitierende Instanz gefiltert präsentiert bekommt. Mit Blick auf Transparenz erweist sich daher eine umfassende materielle Übernahme, wie sie beim SCC prototypisch ist, als geeigneter. Durch die klare graphematische Abgrenzung zwischen Fremdem und Eigenem kommt es anders als bei der Paraphrase nicht zu einer Verschmelzung der unterschiedlichen Stimmen im Text und es ist transparent, wem welche Position zuzuordnen ist.

Im Vergleich zur Frage ‚Wie zitieren Gerichte?' konnte die Frage nach dem Warum, wie auch theoretisch antizipiert, nicht eindeutig beantwortet werden. In der Natur der Sache liegt es, dass sämtliche Funktionszuweisung stets auf interpretatorischer Ebene bleiben mussten. Die in der Frequenzanalyse identifizierten Zitationsmerkmale waren eine einträgliche Grundlage, um potenzielle Funktionalisierungen mithilfe qualitativer Analysen an Einzelfallbeispielen einzugrenzen. Es konnte aufgezeigt werden, dass Zitate in Gerichtsentscheidungen den Anspruch an eine Berücksichtigung des Textnetzes im Sinne einer Kohärenzherstellung und -demonstration erfüllen; zu Zwecken der Autoritätsdemonstration durch die Dekonstruktion der Geltung von Fremdinhalten eingesetzt werden können, oder aber auch zu Zwecken der Ornamentalität und zu Zwecken der Ökonomie. Es konnten Beispiele für alle von der theoretischen Forschung benannten Zitatfunktionen gefunden werden.

Grenzen der Fallbeispiel-Analyse bestehen darin, dass keine Aussagen darüber getroffen werden können, welche der Zitatfunktionen in Gerichtsentscheidungen dominieren. Zur Bestimmung frequenter bzw. protypischer Zitatfunktionen in den Gerichtsentscheidungen müsste jedes einzelne Zitat interpretiert und müssten die Ergebnisse der Interpretation anschließend wiederum quantifiziert werden. Ob eine derartiges Vorgehen sinnvoll wäre, ist fraglich, da aufgezeigt wurde, dass in der Regel mehrere Funktionen in Frage kommen.

Sowohl bei der Analyse der Frage ‚Wie zitieren Gerichte?' als auch bei der Frage ‚Warum zitieren Gerichte?' ist der vornehmlich quantitative Ansatz dieser Studie stellenweise an seine Grenzen gestoßen. Ein zentrales Problem bestand darin, dass ohne einen Abgleich mit den zitierten Prätexten unter anderem nicht ermittelt werden konnte, welcher Zitattypus vorliegt oder etwa, ob es sich um eigenes oder im Rahmen eines indirekten Zitates übernommenes Positionierungselement handelt. Ohne eine eindeutige Identifikation von Zitationseigenschaften können wiederum keine Rückschlüsse auf potentielle Funktionen gezogen werden. Wünschenswert wären deshalb qualitative Studien, die sich explizit mit dem

Abgleich von Prätext-Material und Zitat auseinandersetzen, um auf Basis der insbesondere beim BVerfG intransparenten Transformationsprozesse weiterführende Überlegungen zur Implikation von intentionalen Transformationsmaßnahmen im Hinblick auf funktionale Dimensionen anzustellen. Der im Rahmen der vorliegenden Studie durchgeführte Vergleich mit einem kleinen Prätext-Sample zeigte darüber hinaus, dass bestehende Definitionen zu Zitattypen der Praxis des Zitierens nicht gerecht werden und regt zu einer Modifikation bestehender Zitattypologien an. Es wurden Mischformen gefunden, die in der bisherigen Forschung noch nicht berücksichtigt wurden. Dies betrifft zum Beispiel die Modalisierung von Fremdinhalten, denn modalisierende Zitate galten bislang – was mit der vorliegenden Studie als widerlegt gelten kann – nicht als intertextuelle Zitattypen. Modalisierend kann sowohl Eigenes als auch Fremdes zitiert werden.

Als weiteres Forschungsdesiderat muss die Analyse der Korrelation von Zitationseigenschaften gelten. Die vorliegende Studie hat Zitationseigenschaften, wie etwa ihre Materialität und die Kategorie der herangezogenen Quellen separat voneinander analysiert. Denkbar, und insbesondere im Hinblick auf Zitatfunktionen besonders aufschlussreich, wären allerdings auch Fragen danach, ob materielles Zitieren tendenziell eher beim Zitieren nicht-rechtlicher Texte auftritt oder etwa auch, welche Art von Quellen mit einem besonders hohen Einsatz von Positionierungselementen korreliert.

Unabhängig davon, wie Gerichte zitieren und welche konkreten Funktionen das Zitat in konkreten Fällen erfüllt, steht jedenfalls fest, dass das Zitat ein unabdingbares Instrument der Rechtsprechung ist. Die Analyse von Zitaten in Gerichtsentscheidungen hilft – und darin besteht die relevanteste praktische Implikation dieser Arbeit – dabei, Einflüsse auf die Rechtsprechung zu erfassen, die Begründungskultur von Gerichten zu verstehen und ihre Legitimationsstrategien sichtbar zu machen.

Anhang: Liste der analysierten Entscheidungen

Bundesverfassungsgericht
BVerfGE 68, 360–361 1. Senat – 08.01.1985
BVerfGE 68, 361–375 1. Senat – 08.01.1985
BVerfGE 68, 376–384 1. Senat – 08.01.1985
BVerfGE 68, 384–391 1. Senat – 08.01.1985
BVerfGE 69, 1–92 2. Senat – 24.04.1985
BVerfGE 69, 92–112 2. Senat – 15.01.1985
BVerfGE 69, 112–122 2. Senat – 15.01.1985
BVerfGE 69, 122–126 1. Senat – 30.01.1985
BVerfGE 69, 126–140 1. Senat – 30.01.1985
BVerfGE 69, 141–145 1. Senat – 30.01.1985
BVerfGE 69, 161–174 2. Senat – 26.02.1985
BVerfGE 69, 174–184 2. Senat – 26.02.1985
BVerfGE 69, 185–188 2. Senat – 26.02.1985
BVerfGE 69, 188–209 1. Senat – 12.03.1985
BVerfGE 69, 209–220 1. Senat – 12.03.1985
BVerfGE 69, 220–232 2. Senat – 21.03.1985
BVerfGE 69, 233–248 1. Senat – 28.03.1985
BVerfGE 69, 248–257 2. Senat – 24.04.1985
BVerfGE 69, 257–272 2. Senat – 25. 04.1985
BVerfGE 69, 272–315 1. Senat – 16.07.1985
BVerfGE 69, 315–372 1. Senat – 14.05.1985
BVerfGE 69, 373–381 1. Senat – 14.05.1985
BVerfGE 69, 381–387 1. Senat – 14.05.1985
BVerfGE 70, 1–35 1. Senat – 14.05.1985
BVerfGE 70, 35–69 1. Senat – 14.05.1985
BVerfGE 70, 69–93 2. Senat – 15.05.1985
BVerfGE 70, 93–101 1. Senat – 04.06.1985

J. Steigler-Herms, *Wie und warum zitieren Gerichte?*, Literatur und Recht 12,
https://doi.org/10.1007/978-3-662-68577-8

BVerfGE 70, 101–115 1. Senat – 04.06.1985
BVerfGE 70, 115–125 1. Senat – 04.06.1985
BVerfGE 70, 126–134 1. Senat – 04.06.1985
BVerfGE 70, 134–138 1. Senat – 04.06.1985
BVerfGE 70, 138–173 2. Senat – 04.06.1985
BVerfGE 70, 173–180 2. Senat – 05.06.1985
BVerfGE 70, 180–190 2. Senat – 18.06.1985
BVerfGE 70, 191–214 1. Senat – 19.06.1985
BVerfGE 70, 215–219 1. Senat – 19.06.1985
BVerfGE 70, 219–230 1. Senat – 03.07.1985
BVerfGE 70, 230–242 1. Senat – 03.07.1985
BVerfGE 70, 242–251 1. Senat – 03.07.1985
BVerfGE 70, 251–270 1. Senat – 03.07.1985
BVerfGE 70, 271–277 1. Senat – 03.07.1985
BVerfGE 70, 278–288 1. Senat – 08.10.1985
BVerfGE 70, 288–296 1. Senat – 08.10.1985
BVerfGE 70, 297–323 2. Senat – 08.10.1985
BVerfGE 71, 1–23 1. Senat – 09.10.1985
BVerfGE 71, 23–25 1. Senat – 09.10.1985
BVerfGE 71, 25–38 2. Senat – 15.10.1985
BVerfGE 71, 39–64 2. Senat – 15.10.1985
BVerfGE 71, 64–66 2. Senat – 15.10.1985
BVerfGE 71, 66–80 1. Senat – 22.10.1985
BVerfGE 71, 81–108 1. Senat – 22.10.1985
BVerfGE 71, 108–122 1. Senat – 23.10.1985
BVerfGE 71, 122–137 2. Senat – 05.11.1985
BVerfGE 71, 137–146 1. Senat – 06.11.1985
BVerfGE 71, 146–158 1. Senat – 06.11.1985
BVerfGE 71, 162–183 1. Senat – 19.11.1985
BVerfGE 71, 183–202 1. Senat – 19.11.1985
BVerfGE 71, 202–205 2. Senat – 26.11.1985
BVerfGE 71, 206–223 1. Senat – 03.12.1985
BVerfGE 71, 224–229 1. Senat – 03.12.1985
BVerfGE 71, 230–255 1. Senat – 04.12.1985
BVerfGE 71, 255–275 2. Senat – 10.12.1985
BVerfGE 71, 276–299 2. Senat – 11. 12.1985
BVerfGE 71, 299–305 2. Senat – 17.12.1985
BVerfGE 71, 305–349 2. Senat- 18.12.1985
BVerfGE 69, 145–150 1. Senat – 30.01.1985
BVerfGE 81, 156–207 1. Senat – 23.01.1990
BVerfGE 81, 208–228 1. Senat – 23.01.1990
BVerfGE 81, 228–242 1. Senat – 23.01.1990
BVerfGE 81, 242–263 1. Senat – 07.02.1990
BVerfGE 81, 264–274 1. Senat – 21–02.1990
BVerfGE 81, 275–278 2. Senat – 06.03.1990

BVerfGE 81, 278–298 1. Senat – 07.03.1990
BVerfGE 81, 298–309 1. Senat – 07.03.1990
BVerfGE 81, 310–347 2. Senat – 22.05.1990
BVerfGE 81, 347–362 2. Senat – 13.03.1990
BVerfGE 81, 363–387 2. Senat – 22.03.1990
BVerfGE 81, 387–391 1. Senat – 03.04.1990
BVerfGE 82, 1–6 1. Senat – 03.04.1990
BVerfGE 82, 6–18 1. Senat – 03.04.1990
BVerfGE 82, 18–29 1. Senat – 04.04.1990
BVerfGE 82, 30–42 2. Senat – 05.04.1990
BVerfGE 82, 43–54 1. Senat – 19.04.1990
BVerfGE 82, 60–105 1. Senat – 29.05.1990
BVerfGE 82, 106–126 2. Senat – 29.05.1990
BVerfGE 82, 126–156 1. Senat – 30.05.1990
BVerfGE 82, 156–158 1. Senat – 30.05.1990
BVerfGE 82, 159–198 2. Senat – 31.05.1990
BVerfGE 82, 198–208 1. Senat – 12. 06.1990
BVerfGE 82, 209–236 1. Senat – 12.06.1990
BVerfGE 82, 236–271 1. Senat – 26.06.1990
BVerfGE 82, 272–285 1. Senat – 26.06.1990
BVerfGE 82, 286–305 1. Senat – 10.07.1990
BVerfGE 82, 316–321 2. Senat – 18.09.1990
BVerfGE 82, 322–352 2. Senat – 29.09.1990
BVerfGE 83, 1–24 1. Senat – 17.10.1990
BVerfGE 83, 24–36 2. Senat – 30.10.1990
BVerfGE 83, 37–59 2. Senat – 31.10.1990
BVerfGE 83, 60–81 2. Senat – 31.10.1990
BVerfGE 83, 82–88 1. Senat – 13.11.1990
BVerfGE 83, 89–111 2. Senat – 13.11.1990
BVerfGE 83, 111–118 1. Senat – 14.11.1990
BVerfGE 83, 119–129 2. Senat – 14.11.1990
BVerfGE 83, 130–155 1. Senat- 27.11.1990
BVerfGE 83, 156–158 2. Senat – 29.11.1990
BVerfGE 83, 175–181 2. Senat – 12.12.1990
BVerfGE 93, 181–195 1. Senat – 05. 07.1995
BVerfGE 93, 362–372 1. Senat – 05.12.1995
BVerfGE 92, 126–130 1. Senat – 07.02.1995
BVerfGE 92, 158–190 1. Senat – 07.03.1995
BVerfGE 92, 191–203 1. Senat – 07.03.1995
BVerfGE 93, 319–352 2. Senat – 07.11.1995
BVerfGE 92, 130–137 2. Senat – 09.02.1995
BVerfGE 93, 213–248 1. Senat – 09.08.1995
BVerfGE 92, 1–20 1. Senat – 10.01.1995
BVerfGE 92, 26–53 1. Senat – 10.01.1995
BVerfGE 92, 53–74 1. Senat – 10.01.1995

BVerfGE 92, 74–80 2. Senat – 10.01.1995
BVerfGE 93, 266–313 1. Senat – 10.10.1995
BVerfGE 93, 248–258 2. Senat – 12.05.1995
BVerfGE 93, 352–361 1. Senat – 14.11.1995
BVerfGE 92, 277–365 2. Senat – 15.05.1995
BVerfGE 92, 138–139 2. Senat – 16.02.1995
BVerfGE 93, 1–25 1. Senat – 16.05.1995
BVerfGE 93, 195–208 2. Senat – 17.07.1995
BVerfGE 93, 208–213 2. Senat – 18.07.1995
BVerfGE 93, 99–117 1. Senat – 20.06.1995
BVerfGE 92, 140–157 1. Senat – 21.02.1995
BVerfGE 92, 203–245 2. Senat – 22.03.1995
BVerfGE 93, 121–149 2. Senat – 22.06.1995
BVerfGE 93, 165–179 2. Senat – 22.06.1995
BVerfGE 92, 80–91 2. Senat – 23.01.1995
BVerfGE 92, 245–261 2. Senat – 23.03.1995
BVerfGE 92, 91–122 1. Senat – 24.01.1995
BVerfGE 92, 122–126 1. Senat – 24.01.1995
BVerfGE 93, 37–85 2. Senat – 24.05.1995
BVerfGE 92, 262–277 1. Senat – 26.04.1995
BVerfGE 93, 179–181 2. Senat – 29.06.1995
BVerfGE 93, 85–99 1. Senat – 31.05.1995
BVerfGE 100, 195–208 1. Senat – 02.02.1999
BVerfGE 100, 209–214 2. Senat – 02.02.1999
BVerfGE 99, 367–401 1. Senat – 02.03.1999
BVerfGE 100, 226–248 1. Senat – 02.03.1999
BVerfGE 100, 249–263 2. Senat – 02.03.1999
BVerfGE 101, 1–45 2. Senat – 06.07.1999
BVerfGE 101, 46–53 2. Senat – 06.07.1999
BVerfGE 101, 275–297 2. Senat – 07.12.1999
BVerfGE 101, 297–312 2. Senat – 07.12.1999
BVerfGE 101, 141–151 2. Senat – 09.11.1999
BVerfGE 101, 151–158 2. Senat – 10.11.1999
BVerfGE 100, 263–265 2. Senat – 11.03.1999
BVerfGE 101, 158–238 2. Senat – 11.11. 1999
BVerfGE 100, 313–403 1. Senat – 14.07.1999
BVerfGE 101, 54–105 1. Senat – 14.07.1999
BVerfGE 101, 312–331 1. Senat – 14.12.1999
BVerfGE 101, 331–360 1. Senat – 15.12.1999
BVerfGE 101, 361–396 1. Senat – 15.12.1999
BVerfGE 99, 341–360 1. Senat – 19.01.1999
BVerfGE 99, 361–366 2. Senat – 20.01.1999
BVerfGE 101, 239–274 1. Senat – 23.11.1999
BVerfGE 100, 214–225 1. Senat – 24.02.1999.
BVerfGE 100, 266–270 2. Senat – 25.03.1999.

BVerfGE 100, 289–313 1. Senat – 27.04.1999
BVerfGE 100, 271–288 1. Senat – 27.04.1999
BVerfGE 101, 106–132 1. Senat – 27.10.1999
BVerfGE 100, 59–104 1. Senat – 28.04.1999
BVerfGE 100, 104–137 1. Senat – 28.04.1999
BVerfGE 100, 138–195 1. Senat – 28.04.1999
BVerfGE 100, 1–59 1. Senat – 28.04.1999
BVerfGE 101, 132–141 2. Senat – 29.10.1999
BVerfGE 102, 167–175 2. Senat – 03.07.2000
BVerfGE 102, 176–192 2. Senat – 03.07.2000
BVerfGE 102, 147–166 2. Senat – 07.06.2000
BVerfGE 102, 122–126 1. Senat – 10.05.2000
BVerfGE 102, 192–197 2. Senat – 12. 07.2000
BVerfGE 102, 347–369 1. Senat – 12.12.2000
BVerfGE 103, 1–20 1. Senat – 13.12.2000
BVerfGE 102, 41–63 1. Senat – 14.03.2000
BVerfGE 103, 21–41 2. Senat – 14.12.2000
BVerfGE 102, 68–99 1. Senat – 15.03.2000
BVerfGE 102, 1–25 1. Senat – 16.02.2000
BVerfGE 102, 26–40 1. Senat – 16.02.2000
BVerfGE 101, 397–410 1. Senat – 18.01.2000
BVerfGE 102, 197–224 1. Senat – 19.07.2000
BVerfGE 102, 370–400 2. Senat – 19.12.2000
BVerfGE 102, 224–245 2. Senat – 21.07.2000
BVerfGE 102, 245–253 2. Senat – 21.07.2000
BVerfGE 102, 254–346 1. Senat – 22.11.2000
BVerfGE 102, 127–146 1. Senat – 24.05.2000
BVerfGE 102, 99–122 2. Senat – 29.03.2000
BVerfGE 114, 396–397 2. Senat – 09.11.2005
BVerfGE 112, 368–407 1.Senat – 11.05.2005
BVerfGE 114, 316–338 1. Senat – 11.11.2005
BVerfGE 112, 304–321 2. Senat – 12.04.2005
BVerfGE 114, 196–250 2. Senat – 13.09.2005
BVerfGE 113, 113–128 2. Senat – 15.06.2005
BVerfGE 113, 167–273 2. Senat – 18.06.2005
BVerfGE 114, 107–121 2. Senat – 23.08.2005
BVerfGE 113, 63–88 1. Senat – 24.05.2005
BVerfGE 114, 339–356 1. Senat – 25.10.2005
BVerfGE 114, 73–104 1. Senat – 26.07.2005
BVerfGE 125, 141–174 2. Senat – 27.10.2010
BVerfGE 125, 175–260 1. Senat – 09.02.2010
BVerfGE 125, 260–364 1. Senat – 02.03.2010
BVerfGE 126, 1–29 1. Senat – 13.04.2010
BVerfGE 126, 29–55 1. Senat – 14.04.2010
BVerfGE 126, 55–77 2. Senat – 04.05.2010

BVerfGE 126, 77–112 2. Senat – 04.05.2010
BVerfGE 126, 112–158 1. Senat – 08.06.2010
BVerfGE 126, 170–233 2. Senat – 23.06.2010
BVerfGE 126, 233–268 1. Senat – 06.07.2010
BVerfGE 126, 268–286 2. Senat – 06.07.2010
BVerfGE 126, 286–331 2. Senat – 06.07.2010
BVerfGE 126, 331–369 1. Senat – 21.07.2010
BVerfGE 126, 369–400 1. Senat – 21.07.2010
BVerfGE 126, 400–433 1. Senat – 21.07.2010
BVerfGE 127, 1–31 2. Senat – 07.07.2010
BVerfGE 127, 31–60 2. Senat – 07.07.2010
BVerfGE 127, 61–87 2. Senat – 07.07.2010
BVerfGE 127, 87–132 1. Senat – 20.07.2010
BVerfGE 127, 132–165 1. Senat – 21.07.2010
BVerfGE 127, 165–224 2. Senat – 07.09.2010
BVerfGE 127, 224–263 1. Senat – 12.10.2010
BVerfGE 127, 263–292 1. Senat – 12.10.2010
BVerfGE 127, 293–335 2. Senat – 12.10.2010
BVerfGE 128, 1–90 1. Senat – 12.10.2010
BVerfGE 128, 90–108 1. Senat – 07.12.2010
BVerfGE 138, 256–261 2. Senat – 13.01.2015
BVerfGE 138, 261–296 1. Senat – 14.01.2015
BVerfGE 138, 296–376 1. Senat – 27.01.2015
BVerfGE 138, 377–397 1. Senat – 24.02.2015
BVerfGE 138, 397–400 2. Senat – 19.03.2015
BVerfGE 139, 1–19 1. Senat – 24.03.2015
BVerfGE 139, 19–64 2. Senat – 21.04.2015
BVerfGE 139, 64–148 2. Senat – 05.05.2015
BVerfGE 139, 148–194 1. Senat – 12.05.2015
BVerfGE 139, 194–239 2. Senat – 02.06.2015
BVerfGE 139, 239–245 2. Senat – 02.06.2015
BVerfGE 139, 245–285 2. Senat – 16.06.2015
BVerfGE 139, 285–321 1. Senat – 23.06.2015
BVerfGE 139, 321–378 2. Senat – 30.06.2015
BVerfGE 139, 378–380 1. Senat – 20.07.2015
BVerfGE 140, 1–42 2. Senat – 15.07.2015
BVerfGE 140, 42–65 2. Senat – 15.07.2015
BVerfGE 140, 65–99 1. Senat – 21.07.2015
BVerfGE 140, 115–160 2. Senat – 22.09.2015.
BVerfGE 140, 160–211 2. Senat – 23.09.2015
BVerfGE 140, 229–240 1. Senat – 10.11.2015
BVerfGE 140, 240–316 2. Senat- 17.11.2015
BVerfGE 140, 316–317 2. Senat – 02.12.2015
BVerfGE 140, 317–376 2. Senat – 15.12.2015
BVerfGE 141, 1–56 2. Senat – 15.12.2015

BVerfGE 141, 56–81 2. Senat – 16.12.2015
BVerfGE 150, 345–378 2. Senat – 15.01.2019
BVerfGE 151, 67–97 2. Senat – 12.03.2019
Senat BVerfGE 152, 345–401
BVerfGE 151, 98–100 2. Senat – 13.03.2019
BVerfGE 151, 101–151 1. Senat – 26.03.2019
BVerfGE 151, 173–191 1. Senat – 18.06.2019
BVerfGE 151, 191–202 2. Senat – 02.07.2019
BVerfGE 151, 202–374 2. Senat – 30.07.2019
BVerfGE 152, 1–8 2. Senat- 17.09.2019
BVerfGE 152, 8–35 2. Senat – 17.09.2019
BVerfGE 152, 35–53 2. Senat – 17.09.2019
BVerfGE 152, 53–55 2. Senat – 17.09.2019
BVerfGE 152, 68–151 1. Senat – 05.11.2019
BVerfGE 152, 152–215 1. Senat – 06.11.2019
BVerfGE 152, 216–274 1. Senat – 06.11.2019
BVerfGE 152, 274–331 2. Senat – 19.11.2019
BVerfGE 152, 332–345 1. Senat – 05.12.2019
BVerfGE 156, 63–182 2. Senat – 01.12.2020
BVerfGE 156, 182–2212. Senat – 01.12.2020
BVerfGE 156, 1–10 2. Senat – 03.11.2020
BVerfGE 154, 1–17 2. Senat – 04.05.2020
BVerfGE 155, 1–76 2. Senat – 04.05.2020
BVerfGE 155, 77–118 2. Senat – 04.05.2020
BVerfGE 154, 17–152 2. Senat – 05.05.2020
BVerfGE 155, 310–357 2. Senat – 07.07.2020
BVerfGE 156, 221–224 2. Senat – 08.12.2020
BVerfGE 154, 320–353 2. Senat – 09.06.2020
BVerfGE 154, 354–372 2. Senat – 09.06.2020
BVerfGE 154, 372–384 2. Senat – 09.06.2020
BVerfGE 153, 72–74 2. Senat – 10.02.2020
BVerfGE 156, 11–63 1. Senat – 10.11.2020
BVerfGE 153, 310–358 2. Senat – 11.03.2020
BVerfGE 153, 74–182 2. Senat – 13.02.2020
BVerfGE 152, 345–401 2. Senat – 14.01.2020
BVerfGE 153, 1–72 2. Senat – 14.01.2020
BVerfGE 156, 224–269 2. Senat – 15.12.2020
BVerfGE 156, 270–316 2. Senat – 16.12.2020
BVerfGE 154, 152–312 1. Senat – 19.05.2020
BVerfGE 154, 312–320 2. Senat – 19.05.2020
BVerfGE 155, 357–378 2. Senat – 22.07.2020
BVerfGE 156, 335–340 1. Senat – 22.12.2020
BVerfGE 153, 182–310 2. Senat – 26.02.2020
BVerfGE 153, 358–403 1. Senat – 26.05.2020
BVerfGE 155, 119–238 1. Senat – 27.05.2020

BVerfGE 155, 378–417 1. Senat – 29.09.2020
BVerfGE 155, 418–419 1. Senat – 29.09.2020
BVerfGE 155, 238–310 1. Senat – 30.06.2020

Supreme Court of Canada
Valente v. The Queen [1985] 2 SCR 673–19.12.1985
Bhinder v. CN [1985] 2 SCR 561–17.12.1985
Ont. Human Rights Comm. v. Simpsons-Sears [1985] 2 SCR 536–17.12.1985
Re B.C. Motor Vehicle Act [1985] 2 SCR 486–17.12.1985
Dubois v. The Queen [1985] 2 SCR 350–21.11.1985
Order- Manitoba Language Rights [1985] 2 SCR 347–04.11.1985
Dick v. La Reine [1985] 2 SCR 309–31.10.1985
Jack and Charlie v. The Queen [1985] 2 SCR 332–31.10.1985
Krug v. The Queen [1985] 2 SCR 255–10.10.1985
Spencer v. The Queen [1985] 2 SCR 278–10.10.1985
Winnipeg School Division No. 1 v. Craton [1985] 2 SCR 150–19.09.1985
Lamb v. Lamb [1985] 1 SCR 851–27.06.1985
Deloitte Haskins & Sells v. Workers' Comp. Board [1985] 1 SCR 785–13.06.1985
Re Manitoba Language Rights [1985] 1 SCR 721–13.06.1985
R. v. Therens [1985] 1 SCR 613–23.05.1985
Trask v. The Queen [1985] 1 SCR 655–23.05.1985
Rahn v. The Queen [1985] 1 SCR 659–23.05.1985
Operation Dismantle v. The Queen [1985] 1 SCR 441–09.05.1985
Staranchuk v. The Queen [1985] 1 SCR 439–03.05.1985
R. v. Big M Drug Mart Ltd. [1985] 1 SCR 295–24.04.1985
Plantation Indoor Plants Ltd. v. A.G. (Alta.) [1985] 1 SCR 366–24.04.1985
Montréal v. Arcade Amusements Inc. [1985] 1 SCR 368–24.04.1985
Singh v. Minister of Employment and Immigration [1985] 1 SCR 177–04.04.1985
Skoke-Graham v. The Queen [1985] 1 SCR 106–14.03.1985
R. v. Chaulk 1990 3 SCR 1303–20.12.1990
United Transportation Union v. Central Western Railway Corp. 1990 3 SCR 1112–20.12.1990
Whitbread v. Walley 1990 3 SCR 1273–20.12.1990
Canada (human Rights Commission) v. Taylor 1990 3 SCR 892–13.12.1990
R. v. Andrews 1990 3 SCR 870–13.12.1990
R. v. Keegstra 1990 3 SCR 697–13.12.1990
R. v. Scott 1990 3 SCR 979–13.12.1990
R. v. Kuldip – 1990 3 SCR 618–07.12.1990
Re Manitoba Language Rights Order 1990 3 SCR 1417–07.12.1990
Douglas/kwantlen Faculty Assn. v. Douglas College 1990 3 SCR 570–06.12.1990
Harrison v. University of British Columbia 1990 3 SCR 451–06.12.1990
Mckinney v. University of Guelph 1990 3 SCR 229–06.12.1990
Stoffman v. Vancouver General Hospital 1990 3 SCR 483-06.12.1990
R. v. Lippé 1991 2 SCR 114–05.12.1990
R. v. Garofoli 1990 2 SCR 1421–22.11.1990

R. v. Kokesch 1990 3 SCR 3–22.11.1990
R. v. Lachance 1990 2 SCR 1490–22.11.1990
R. v. Wong 1990 3 SCR 36–22.11.1990
Steele v. Mountain Institution 1990 2 SCR 1385–08.11.1990
R. v. Askov 1990 2 SCR 1199–18.10.1990
R. v. Thompson 1990 2 SCR 1111-18.10.1990
Commission de Transport de la Communauté Urbaine de Québec v. Canada (National Battlefields Commission) 1990 2 SCR 838–04.10.1990
Danson v. Ontario (Attorney General) 1990 2 SCR 1086–04.10.1990
R. v. Hess; R. v. Nguyen 1990 2 SCR 906–10.04.1990
R. v. Penno 1990 2 SCR 865–04.10.1990
R. v. Paquette 1990 2 SCR 1103–02.10.1990
Central Alberta Dairy Pool v. Alberta (Human Rights Commission) 1990 2 SCR 489–13.09.199
R. v. Arkell 1990 2 SCR 695–13.09.1990
R. v. J.(J.T.) 1990 2 SCR 755–13.09.1990
R. v. Logan 1990 2 SCR 731-13.09.1990
R. v. Luxton 1990 2 SCR 711–13.09.1990
R. v. Martineau 1990 2 SCR 633–13.09.1990
Knox Contracting Ltd. v. Canada 1990 2 SCR 338–16.08.1990
Professional Institute of the Public Service of Canada v. Northwest Territories (Commissioner) 1990 2 SCR 367–16.08.1990
R. v. B. (J.) 1990 2 SCR 307–28.06.1990
R. v. P. (J.) 1990 2 SCR 300–28.06.1990
R. v. S. (G.) 1990 2 SCR 294–28.06.1990
R. v. S. (S.) 1990 2 SCR 254–28.06.1990
R. v. T. (A.) 1990 2 SCR 304–28.06.1990
R. v. Hebert 1990 2 SCR 151–21.06.1990
Rocket v. Royal College of Dental Surgeons of Ontario 1990 2 SCR 232–21.06.1990
R. v. F. (J.T.) 1991 1 SCR 285–31.05.1990
R. v. Ladouceur 1990 1 SCR 1257–31.05.1990
R. v. Skinner 1990 1 SCR 1235–31.05.1990
R. v. Sparrow 1990 1 SCR 1075–31.05.1990
R. v. Stagnitta 1990 1 SCR 1226–31.05.1990
R. v. W. (D.A.) 1991 1 SCR 291–31.05.1990
R. v. Wilson 1990 1 SCR 1291–31.05.1990
Reference re ss. 193 and 195.1(1)(C) of the criminal code (Man.) 1990 1 SCR 1123–31.05.1990
R. v. Greffe 1990 1 SCR 755–12.04.1990
Starr v. Houlden 1990 1 SCR 1366–05.04.1990
Dywidag Systems International, Canada Ltd. v. Zutphen Brothers Construction Ltd. 1990 1 SCR 705–29.03.1990
R. v. McKinlay Transport Ltd. 1990 1 SCR 627–29.03.1990
Rudolph Wolff & Co. v. Canada 1990 1 SCR 695–29.03.1990

Stelco Inc. v. Canada (Attorney General) 1990 1 SCR 617–29.03.1990
Thomson Newspapers Ltd. v. Canada (Director of Investigation and Research, Restrictive Trade Practices Commission) 1990 1 SCR 425–29.03.1990
Mahe v. Alberta 1990 1 SCR 342–15.03.1990
R. v. Schmautz 1990 1 SCR 398–15.03.1990
Quebec (Attorney General) v. Brunet; Quebec (Attorney General) v. Albert; Quebec (Attorney General) v. Collier 1990 1 SCR 260–28.02.1990
R. v. A 1990 1 SCR 995–15.02.1990
R. v. Storrey 1990 1 SCR 241–15.02.1990
R. v. Van Rassel 1990 1 SCR 225–15.02.1990
Bank of Montreal v. Hall 1990 1 SCR 121–01.02.1990
R. v. Brydges 1990 1 SCR 190–01.02.1990
R. v. Hicks 1990 1 SCR 120–31.01.1990
R. v. Duarte 1990 1 SCR 30–25.01.1990
R. v. Wiggins 1990 1 SCR 62–25.01.1990
R. v. Shubley 1990 1 SCR 3–18.01.1990
MacMillan Bloedel Ltd. v. Simpson 1995 4 SCR 725–14.12.1995
Ruffo v. Conseil de la magistrature 1995 4 SCR 267–14.12.1995
R. v. Fitzpatrick 1995 4 SCR 154–16.11.1995
R. v. Rogalsky 1995 4 SCR 48–07.11.1995
R. v. Patriquen 1995 4 SCR 42–30.10.1995
Husky Oil Operations Ltd. v. Minister of National Revenue 1995 3 SCR 453–19.10.1995
Large v. Stratford (City) 1995 3 SCR 733–19.10.1995
R. v. Harrer 1995 3 SCR 562–19.10.1995
R. v. Pontes 1995 3 SCR 44–21.09.1995
R. v. Wijesinha 1995 3 SCR 422–21.09.1995
RJR-MacDonald Inc. v. Canada (Attorney General) 1995 3 SCR 199–21.09.1995
Hill v. Church of Scientology of Toronto 1995 2 SCR 1130–20.07.1995
Ontario v. Canadian Pacific Ltd. 1995 2 SCR 1031–20.07.1995
R. v. Collins; R. v. Pelfrey 1995 2 SCR 1104–20.07.1995
R. v. Montour 1995 2 SCR 416–30.05.1995
Egan v. Canada 1995 2 SCR 513–25.05.1995
Miron v. Trudel 1995 2 SCR 418–25.05.1995
Thibaudeau v. Canada 1995 2 SCR 627–25.05.1995
Walker v. Prince Edward Island 1995 2 SCR 407–23.05.1995
R. v. Burlingham 1995 2 SCR 206–18.05.1995
R. v. Silveira 1995 2 SCR 297–18.05.1995
Phillips v. Nova Scotia (Commission of Inquiry into the Westray Mine Tragedy) 1995 2 SCR 97–04.05.1995
British Columbia Securities Commission v. Branch 1995 2 SCR 3–13.04.1995
R. v. Jobin 1995 2 SCR 78–13.04.1995
R. v. Primeau 1995 2 SCR 60–13.04.1995
R. v. Crawford 1995 1 SCR 858–30.03.1995
R. v. Simpson 1995 1 SCR 449–03.02.1995

R. v. S. (R.J.) 1995 1 SCR 451–02.02.1995
B. (R.) v. Children's Aid Society of Metropolitan Toronto 1995 1 SCR 315–27.01.1995
Ontario v. Canadian Pacific Ltd. 1995 2 SCR 1028–24.01.1995
British Columbia (Superintendent of Motor Vehicles) v. British Columbia (Council of Human Rights) 1999 3 SCR 868–6.12.1999
R. v. Mills 1999 3 SCR 668–25.11.1999
R. v. Timm 1999 3 SCR 666–12.11.1999
R. v. Liew 1999 3 SCR 227–16.09.1999
New Brunswick (Minister of Health and Community Services) v. G. (J.) 1999 3 SCR 46–10.09.1999
Westbank First Nation v. British Columbia Hydro and Power Authority 1999 3 SCR 134–10.09.1999
British Columbia (Public Service Employee Relations Commission) v. BCGSEU 1999 3 SCR 3–09.09.1999
U.F.C.W., Local 1518, v. KMart Canada Ltd. 1999 2 SCR 1083–09.09.1999
Delisle v. Canada (Deputy Attorney General) 1999 2 SCR 989–02.09.1999
M & D Farm Ltd. v. Manitoba Agricultural Credit Corp. 1999 2 SCR 961–02.09.1999
Bese v. British Columbia (Forensic Psychiatric Institute) 1999 2 SCR 722–17.06.1999
Orlowski v. British Columbia (Forensic Psychiatric Institute) 1999 2 SCR 733–17.06.1999
R. v. LePage 1999 2 SCR 744–17.06.1999
Winko v. British Columbia (Forensic Psychiatric Institute) 1999 2 SCR 625–17.06.1999
R. v. White 1999 2 SCR 417–10.06.1999
Corbiere v. Canada (Minister of Indian and Northern Affairs) 1999 2 SCR 203–20.05.1999
M. v. H. 1999 2 SCR 3–20.05.1999
R. v. Monney 1999 1 SCR 652–23.04.1999
Law v. Canada (Minister of Employment and Immigration) 1999 1 SCR 497–25.03.1999
Vancouver Society of Immigrant and Visible Minority Women v. M.N.R. 1999 1 SCR 10–28.01.1999
Del Zotto v. Canada 1999 1 SCR 3–21.01.1999
Little Sisters Book and Art Emporium v. Canada (Minister of Justice) 2000 SCC 69–15.12.2000
Winnipeg Child and Family Services v. K.L.W. 2000 SCC 48–13.10.2000
R. v. Darrach 2000 SCC 46–12.10.2000
Public School Boards' Assn. of Alberta v. Alberta (Attorney General) 2000 SCC 45–10.06.2000
Blencoe v. British Columbia (Human Rights Commission) 2000 SCC 44–05.10.2000
R. v. Morrisey 2000 SCC 39–29.09.2000

Lovelace v. Ontario 2000 SCC 37–20.07.2000
Reference re Firearms Act (Can.) 15.06.2000–2000 SCC 31
Granovsky v. Canada (Minister of Employment and Immigration) 2000 SCC 28–18.05.2000
Global Securities Corp. v. British Columbia (Securities Commission) 2000 SCC 21–13.04.2000
Arsenault-Cameron v. Prince Edward Island 2000 SCC 1–13.01.2000
R. v. Wiles 2005 SCC 84–22.12.2005
Castillo v. Castillo 2005 SCC 83–22.12.2005
R. v. Henry 2005 SCC 76–15.12.2005
R. v. Pires; R. v. Lising 2005 SCC 66–17.11.2005
Kirkbi AG v. Ritvik Holdings Inc. 2005 SCC 65–17.11.2005
Montréal (City) v. 2952–1366 Québec Inc. 2005 SCC 62–03.11.2005
Reference re Employment Insurance Act (Can.), ss. 22 and 23 2005 SCC 56–20.10.2005
D.I.M.S. Construction inc. (Trustee of) v. Quebec (Attorney General) 2005 SCC 52–06.10.2005
Medovarski v. Canada (Minister of Citizenship and Immigration); Esteban v. Canada (Minister of Citizenship and Immigration) 2005 SCC 51–30.09.2005
British Columbia v. Imperial Tobacco Canada Ltd. 2005 SCC 49–29.09.2005
Minc v. Quebec (Attorney General) 2005 SCC 44–22.07.2005
Toronto Star Newspapers Ltd. v. Ontario 2005 SCC 41–29.06.2005
R. v. Orbanski; R. v. Elias 2005 SCC 37–16.06.2005
Chaoulli v. Quebec (Attorney General) 2005 SCC 35–09.06.2005
Canada (House of Commons) v. Vaid 2005 SCC 30–20.05.2005
R. v. Chow 2005 SCC 24–27.04.2005
Fédération des producteurs de volailles du Québec v. Pelland 2005 SCC 20–21.04.2005
Gosselin (Tutor of) v. Quebec (Attorney General) 2005 SCC 15–31.03.2005
Solski (Tutor of) v. Quebec (Attorney General) 2005 SCC 14–31.03.2005
Rothmans, Benson & Hedges Inc. v. Saskatchewan 2005 SCC 13–18.03.2005
UL Canada Inc. v. Quebec (Attorney General) 2005 SCC 10–17.03.2005
R. v. Decorte 2005 SCC 9–25.02.2005
Reference re Assisted Human Reproduction Act 2010 SCC 61–22.12.2010
R. v. Gomboc 2010 SCC 55–24.11.2010
Beckman v. Little Salmon_Carmacks First Nation 2010 SCC 53–19.11.2010
de Montigny v. Brossard (Succession) 2010 SCC 51–10.11.2010
Communications, Energy and Paperworkers Union of Canada v. Native Child and Family Services of Toronto 2010 SCC 46–04.11.2010
NIL TU, O Child and Family Services Society v. B.C. Government and Service Employees' Union – 2010 SCC 45–04.11.2010
Rio Tinto Alcan Inc. v. Carrier Sekani Tribal Council 2010 SCC 43–28.10.2010
Globe and Mail v. Canada (Attorney General) 2010 SCC 41–22.10.2010
Quebec (Attorney General) v. Canadian Owners and Pilots Association 2010 SCC 39–15.10.2010

Quebec (Attorney General) v. Lacombe 2010 SCC 38–15.10.2010
R. v. McCrimmon 2010 SCC 36–08.10.2010
R. v. Sinclair 2010 SCC 35–08.10.2010
R. v. Willier 2010 SCC 37–08.10.2010
R. v. Cornell 2010 SCC 31–30.07.2010
Vancouver (City) v. Ward 2010 SCC 27–23.07.2010
R. v. Nolet 2010 SCC 24–25.06.2010
Ontario (Public Safety and Security) v. Criminal Lawyers' Association 2010 SCC 23–17.06.2010
R. v. Conway 2010 SCC 22–11.06.2010
Toronto Star Newspapers Ltd. v. Canada 2010 SCC 21–10.06.2010
Quebec (Attorney General) v. Moses 2010 SCC 17–14.05.2010
R. v. National Post 2010 SCC 16–07.05.2010
R. v. Morelli 2010 SCC 8–19.03.2010
R. v. Beaulieu 2010 SCC 7–25.02.2010
R. v. Nasogaluak 2010 SCC 6–19.02.2010
Canada (Prime Minister) v. Khadr 2010 SCC 3–29.01.2010
R. v. J.Z.S. 2010 SCC 1–19.01.2010
R. v. Appulonappa 2015 SCC 59–27.11.2015
Caron v. Alberta 2015 SCC 56–20.11.2015
R. v. Moriarity 2015 SCC 55–19.11.2015
Saskatchewan (Attorney General) v. Lemare Lake Logging Ltd. 2015 SCC 53–13.11.2015
407 ETR Concession Co. v. Canada (Superintendent of Bankruptcy) 2015 SCC 52–13.11.2015
Alberta (Attorney General) v. Moloney 2015 SCC 51–13.11.2015
Goodwin v. British Columbia (Superintendent of Motor Vehicles) 2015 SCC 46–16.10.2015
Guindon v. Canada 2015 SCC 41–31.07.2015
Quebec (Commission des droits de la personne et des droits de la jeunesse) v. Bombardier Inc. (Bombardier Aerospace Training Center) 2015 SCC 39–23.07.2015
R. v. Smith 2015 SCC 34–11.06.2015
Kahkewistahaw First Nation v. Taypotat 2015 SCC 30–28.05.2015
R. v. Kokopenace 2015 SCC 28–21.05.2015
Yukon Francophone School Board, Education Area #23 v. Yukon (Attorney General) 2015 SCC 25–14.05.2015
Henry v. British Columbia (Attorney General) 2015 SCC 24–01.05.2015
Quebec (Attorney General) v. Canada (Attorney General) 2015 SCC 22–24.04.2020
Association des parents de l'école Rose-des-vents v. British Columbia (Education) 2015 SCC 21–24.04.2020
R. v. Nur 2015 SCC 15–14.04.2015
Quebec (Attorney General) v. Canada (Attorney General) 2015 SCC 14–27.03.2015

R. v. Sanghera 2015 SCC 13–23.03.2015
Loyola High School v. Quebec (Attorney General) 2015 SCC 12–19.03.2015
Canada (Attorney General) v. Federation of Law Societies of Canada 2015 SCC 7–13.02.2015
Carter v. Canada (Attorney General) 2015 SCC 5–06.02.2015#
Saskatchewan Federation of Labour v. Saskatchewan 2015 SCC 4–30.01.2015
Meredith v. Canada (Attorney General) 2015 SCC 2–16.01.2015
Mounted Police Association of Ontario v. Canada (Attorney General) 2015 SCC 1–16.01.2015
Canada (Attorney General) v. British Columbia Investment Management Corp. 2019 SCC 63–13.12.2019
Desgagnés Transport Inc. v. Wärtsilä Canada Inc. 2019 SCC 58–28.11.2019
R. v. K.J.M. 2019 SCC 55–15.11.2019
R. v. Poulin 2019 SCC 47–11.10.2019
R. v. Stillman 2019 SCC 40–26.07.2019
R. v. Le 2019 SCC 34–31.05.2019
R. v. Mills 2019 SCC 22–18.04.2019
R. v. Morrison 2019 SCC 15–15.03.2019
Orphan Well Association v. Grant Thornton Ltd. 2019 SCC 5–31.01.2019
Frank v. Canada (Attorney General) 2019 SCC 1–11.01.2019
Ontario (Attorney General) v. G 2020 SCC 38–20.11.2020
Quebec (Attorney General) v. 9147–0732 Québec inc. 2020 SCC 32–05.11.2020
Fraser v. Canada (Attorney General) 2020 SCC 28–16.10.2020
British Columbia (Attorney General) v. Provincial Court Judges' Association of British Columbia 2020 SCC 20–31.07.2020
Nova Scotia (Attorney General) v. Judges of the Provincial Court and Family Court of Nova Scotia 2020 SCC 21–31.07.2020
R. v. Thanabalasingham 2020 SCC 18–17.07.2020
Reference re Genetic Non Discrimination Act 2020 SCC 17–10.07.2020
Conseil scolaire francophone de la Colombie Britannique v. British Columbia 2020 SCC 13–12.06.2020
R. v. K.G.K. 2020 SCC 7–20.03.2020

Literatur

Abbott, Barbara (2004): Some Notes on Quotation. Belgian Journal of Linguistics (17), 13–26.

Abraham, Werner (2013): Modalitätsformen und -funktionen: Eine Zusammenschau. Zur grammatischen Grundlegung von Modalität – semantisch-syntaktische Affinitäten zu nominaler Referenz, Aspekt und Quantifikation. In: Abraham, Werner/ Leiss, Elisabeth (Hrsg.): Funktionen von Modalität. Berlin/ Boston: De Gruyter, 25–76.

Aikhenvald, Alexandra (2004): Evidentiality. Oxford: Oxford University Press.

Angenot, Marc (1983): L'Intertextualité. Enquête sur l'Émergence et la Diffusion d'un Champ Nationnel. Revue des Sciences Humaines 60(189), 121–135.

Ayres, Ian/ Vars, Frederick (2000): Determinants of Citations to Articles in Elite Reviews Interpreting Legal Citation. Legal Stud. 427(29), 427–451.

Bachtin, Michail (1934/ 1981): The Dialogic Imagination. Four Essays by M.M. Bakhtin. Austin: University of Texas Press.

Bachtin, Michail (1979): Die Ästhetik des Wortes. Hrsg. und übersetzt. von Grübel, Rainer/ Reese, Sabine. Berlin: Suhrkamp.

Bär, Jochen/ Vollmann, Konrad/ Kraus, Manfred (2003): Pathos. In: Ueding, Gert (Hrsg.): Historisches Wörterbuch der Rhetorik Online: Must–Pop, Berlin, Boston: De Gruyter, https://www.degruyter.com/database/HWRO/entry/hwro.6.pathos/html, letzter Zugriff: 31.12.2021.

Bänsch, Axel/ Alewell, Dorothea (2020): Wissenschaftliches Arbeiten. Oldenbourg: De Gruyter.

Bashir, Ibrahim/ Yunus, Kamariah/ Al-Jarrah, Tamer (2018): Modal Verbs Hedging. The Uses and Functions of "Will" and "Shall" in Nigerian Legal discourse. International Journal of English Linguistics 8(7), 59–72.

Baumann, Carolin (2017): Bedeutung und Gebrauch der Modalverben. Lexikalische Einheiten als Basis kontextueller Vielfalt. Berlin/ Boston: De Gruyter.

Bazzoni, André (2016): Pure Quotation, Metalanguage and Metasemantics. Linguist and Philos (39), 119–149.

Beck, Susanne (2021): Rechtsvergleich. In: Hilgendorf, Eric/ Joerden, Jan (Hrsg.): Handbuch Rechtsphilosophie 2. überarbeite und erweitere Auflage. Stuttgart: J.B. Metzler, 76–78.

Bell, Allan (1991): The Language of News and Media. Oxford: Blackwell.

Benninghoff-Lühl, Sybille (2009): Zitat. In: Ueding, Gert (Hrsg.): Historisches Wörterbuch der Rhetorik Online, Bd. 9: St–Z, Berlin, Boston: De Gruyter, https://db.degruyter.com/view/HWRO/zitat, letzter Zugriff: 31.12.2021.

Berkenkotter, Carol/ Huckin, Thomas (1995): Genre Knowledge in Disciplinary Communication. Hillsdale, NJ: Lawrence Erlbaum.

J. Steigler-Herms, *Wie und warum zitieren Gerichte?*, Literatur und Recht 12,
https://doi.org/10.1007/978-3-662-68577-8

Bernhart, Toni (2018): Quantitative Literaturwissenschaft. Ein Fach mit langer Tradition? In: Bernhart, Toni/ Willand, Marcus/ Richter, Sandra/ Albrecht, Andrea (Hrsg.): Quantitative Ansätze in den Literatur- und Geisteswissenschaften. Systematische und historische Perspektiven. Berlin/ Boston: De Gruyter, 207–220.

Bhagat, Rahul/ Hovy, Eduard (2013): What Is a Paraphrase? Computational Linguistics 39, 463–472.

Bhatia, Vijay Kumar (2004): Worlds of Written Discourse. A Genre-Based View. London: Bloomsbury.

Biber, Douglas/ Johansson, Stig/ Leech, Geoffrey/ Conrad, Susan/ Finegan, Edward (1999): Longman Grammar of Spoken and Written English. London: Pearson Education Limited.

Bloch, Joel (2012): Plagiarism, Intellectual Property and the Teaching of L2 Writing. Bristol: Multilingual Matters.

Brendel, Elke/ Meibauer, Jörg/ Steinbach, Markus (2007): Aspekte einer Theorie des Zitierens. In: Brendel, Elke/ Meibauer, Jörg/ Steinbach, Markus (Hrsg.): Zitat und Bedeutung. Hamburg: Helmut Buske-Verlag, 5–26.

Brinker, Klaus (1983): Textfunktionen. Ansätze zu ihrer Beschreibung. Zeitschrift für Germanistische Linguistik 11(2), 127–148.

Broich, Ulrich (1985): Bezugsfelder der Intertextualität. Zur Einzeltextreferenz. In: Broich, Ulrich/ Pfister, Manfred (Hrsg.): Intertextualität. Formen, Funktionen, anglistische Fallstudien. Tübingen: Max Niemeyer Verlag, 48–51.

Bucalic, Tomislav (2007): Ein typologischer Beitrag zu Formen der Redewiedergabe. In: Brendel, Elke/ Meibauer, Jörg/ Steinbach, Markus (Hrsg.): Zitat und Bedeutung. Hamburg: Helmut Buske-Verlag, 45–66.

Bunia, Remigius/ Dembeck, Till (2010): Freunde zitieren. Das Problem wissenschaftlicher Verbindlichkeit. In: Binczek, Natalie/ Stanitzek, Georg (Hrsg.): Strong Ties/ Weak Ties. Freundschaftssemantiken und Netzwerktheorien. Heidelberg: Winter, 161–195.

Busse, Dietrich (1992): Recht als Text. Linguistische Untersuchungen zur Arbeit mit Sprache in einer gesellschaftlichen Institution. Tübingen: Niemeyer.

Busse, Dietrich (2000): Textsorten des Bereichs Rechtswesen und Justiz. In: Antos, Gerd/ Brinker, Klaus/ Heinemann, Wolfgang/ Sager, Sven (Hrsg.): Text- und Gesprächslinguistik. Ein internationales Handbuch zeitgenössischer Forschung. (Handbücher zur Sprach- und Kommunikationswissenschaft) Berlin, New York: De Gruyter, 658–675.

Bußmann, Hadumod (1990): Heckenausdruck. In: Bußmann, Hadumod (Hrsg.): Lexikon der Sprachwissenschaft. Stuttgart: Kröner 304–305.

Bühler, Karl (1965): Sprachtheorie. Die Darstellungsfunktion der Sprache. Stuttgart: Gustav Fischer Verlag.

Bybee, Joan/ Perkins, Revere/ Pagliuca, William (1994): The Evolution of Grammar. Tense, Aspect, and Modality in the Languages of the World. Chicago/ London: University of Chicago Press.

Byrd, Sharon/ Laby, Arthur/ Lehmann, Matthias (2021): Einführung in die angloamerikanische Rechtssprache. Introduction to Anglo-American Law and Language. München: C.H. Beck.

Canaris, Claus-Wilhelm/ Larenz, Karl (1995): Methodenlehre der Rechtswissenschaft. Berlin/ Heidelberg: Springer.

Cappelen, Herman/ Lepore, Ernest/ McKeever, Matthew (2020): Quotation. In: Zalta, Edward (Hrsg.): The Stanford Encyclopedia of Philosophy, https://plato.stanford.edu/archives/sum2020/entries/quotation/, letzter Zugriff: 21.09.2021.

Celle, Agnès (2018): Epistemic Evaluation in Factual Contexts in English. In: Guentchéva, Zlatka (Hrsg.): Epistemic Modalities and Evidentiality in Cross-Linguistic Perspective, 22–51.

Cheng, Le/ Sin, King Sui (2011): A Sociosemiotic Interpretation of Linguistic Modality in Legal Settings. Semiotica 185 1(4), 123–146.

Cheng, Le/ Wang, Xin (2017): Modals and Modality in Legal Discourse. A Corpus-Based Sociosemiotic Interpretation. International Journal of Semiotics and Visual Rhetoric 1, 19–29.

Christensen, Ralph/ Jeand'Heur, Bernd (1989): Themen einer problembezogenen Zusammenarbeit zwischen Rechtstheorie und Linguistik. In: Müller, Friedrich (Hrsg.): Untersuchungen zur Rechtslinguistik. Interdisziplinäre Studien zu praktischer Semantik und Strukturierender Rechtslehre in Grundfragen der juristischen Methodik. Berlin: Duncker & Humblot, 9–12.

Chubin, Dary/ Moitra, Soumyo (1975): Content Analysis of References. Adjunct or Alternative to Citation Counting? Social Studies of Science 5(4), 423–441.

Cornillie, Bert (2009): Evidentiality and Epistemic Modality. Functions of Language 16(1), 44–62.

Coulthard, Malcom (2004): Author Identification, Idiolect, and Linguistic Uniqueness. Applied Linguistics 24(4), 431–447.

Cronin, Blaise (1984): The Citation Process. The Role and Significance of Citations in Scientific Communication. London: Taylor Graham.

Cumming, Samuel (2003): Two Accounts of Indexicals in Mixed Quotation. Belgian Journal of Linguistics (17), 77–88.

Czermak, Gerhard (2021): Siebzig Jahre Bundesverfassungsgericht in weltanschaulicher Schieflage. Fälle, Strukturen, Korrekturmöglichkeiten. Baden-Baden: Nomos.

Dainow, Joseph (1966): The Civil Law and the Common Law. Some Points of Comparison. The American Journal of Comparative Law 15(3), 419–435.

D'Angelo, Jonathan/ Toma, Catalina (2015): Tell-tale Words. Cues Used to Infer the Expertise of Online Medical Advice. Journal of Language and Social Psychology 32(1), 25–45.

Dalbergenova, Ljasat/ Zharkynbekova, Sholpan (2020): Evidentialität als argumentative Funktion am Beispiel des Deutschen, Russischen und Kasachischen. Zeitschrift für Slawistik 65(1), 134–144.

David, René/ Jauffret-Spinosi, Camille (1992): Les Grands Systems de Droit Contemporains. Paris: Dalloz.

Davidson, Donald (1979): Quotations. Theory and Decision. In: Davidson, Donald (Hrsg.): Essays on truth and interpretation. Oxford: Clarendon, 79–92.

De Beaugrand, Robert-Alain/ Dressler, Wolfgang Ulrich: Introduction to Text Linguistics. New York: Longman Verlag.

De Brabanter, Philippe (2019): The Interpretation of Indexicals in Hybrid Quotation: A Pragmatic Account. Anglophonia. 28, https://journals.openedition.org/anglophonia/2646, letzter Zugriff: 02.06.2022.

Dern, Christa (2003): Sprachwissenschaft und Kriminalistik. Zur Praxis der Autorenerkennung. Sprachwissenschaft und Kriminalistik 31(1), 44–77.

DeStefano, John M. (2007): On Literature as Legal Authority. Arizona Law Review (49), 521–552.

Diewald, Gabriele (1999): Die Modalverben im Deutschen. Grammatikalisierung und Polyfunktionalität. Tübingen: Max Niemeyer Verlag.

Diewald, Gabriele (2013): Modus und Modalverben – Kategorisierungsoptionen im grammatischen Kernbereich der Modalität. In: Abraham, Werner/ Leiss, Elisabeth (Hrsg.): Funktionen von Modalität. Berlin: De Gruyter, 77–112.

Diewald, Gabriele/ Smirnova, Elena (2010): Evidentiality in German. Linguistic Realization and Regularities in Grammaticalization. Berlin: De Gruyter.

Discherl, Fabian/ Pafel, Jürgen (2015): Die vier Arten der Rede- und Gedankendarstellung. Zwischen Zitieren und Referieren. In: Grewendorf, Günther/ von Stechow, Arnim/ Steinbach, Markus (Hrsg.): Linguistische Berichte 241. Hamburg: Helmut Buske Verlag, 3–47.

Du Bois, John (2007): The Stance Triangle. In: Englrebretson, R. (Hrsg.): Stancetaking in Discourse: Subjectivity, Evaluation, Interaction. Amsterdam, Philadelphia: 139–182.

Dudenredaktion (Hrsg.) (2005): Duden. Die Grammatik, Band 4. 7. Auflage. Mannheim u.a.: Dudenverlag.

Ehrlich, Eugene/ Murphy, Daniel (1991): The Harper Collins Concise Dictionary of English Usage. New York: Harper Collins Publishers.

Eichenberger, Kurt (1983): Die Verfassungsgerichtsbarkeit in den Gliedstaaten der Schweiz. In: Starck, Christina/ Stern, Klaus (Hrsg.): Landesverfassungsgerichtsbarkeit. Teilband 1: Geschichte, Organisation, Rechtsvergleichung. Baden-Baden: Nomos 435–460.

Eisenberg, Peter (1999): Grundriß der deutschen Grammatik. Bd. 2. Der Satz. Stuttgart: Metzler.

Fabricius-Hansen, Cathrine (2001): Wessen Redehintergrund? Reportive Modalität aus textorientierter kontrastiver Sicht (Deutsch – Norwegisch – Englisch). Reports of the Project Languages in Contrast (Språk in kontrast), 14, 1–27.

Fabricius-Hansen, Cathrine (2002): Nicht-direktes Referat im Deutschen – Typologie und Abgrenzungsprobleme. In: Fabricius-Hansen, Cathrine/ Leirbukt, Oddleif/Letnes, Ole (Hrsg.): Modus, Modalverben, Modalpartikeln, Linguistisch-philologische Studien Bd. 25, Trier: Wissenschaftlicher Verlag, 6–29.

Fabricus-Hansen, Cathrine (2019): Redewiedergabe reloaded? Zeitschrift für Germanistische Linguistik (47), 1–27.

Fabricus-Hansen, Cathrine/ Solfjeld, Kare/ Pitz, Anneliese (2019): Der Konjunktiv. Formen und Spielräume. Tübingen: Stauffenburg.

Fløttum, Kjersti (2005): The Self and the Others. Polyphonic Visibility in Research Articles. International Journal of Applied Linguistics 15(1), 29–44.

Fløttum, Kjersti/ Dahl, Trine/ Kinn, Torodd (2006): Academic Voices. Across Languages and Disciplines. Amsterdam: John Benjamins Publishing Company.

Forkel, Hans (1994): Das Bundesverfassungsgericht, das Zitieren und die Meinungsfreiheit. Überlegungen aus Anlaß des Maastricht-Urteils. Juristenzeitung JZ 49(13), 637–688.

Furmaniak, Grégory/ Pic, Elsa (2012): A Study of Epistemic Modality in Academic and Popularised Discourse: The Case of Possibility Adverbs Perhaps, Maybe and Possibly. Revista de Lenguas para Fines Específicos 18.

Gander, Hans-Helmuth (2010): Verdoppelung der Stimme. Zur Funktion des Zitats als Autoritätsgewinn. In: Jacob, Joachim/ Mayer, Matthias (Hrsg.): Im Namen des anderen. Berlin, Boston: De Gruyter, 19–31.

Gansel, Christina (2002): Verba Dicendi. In: Cruse, Alan/ Hundsnurscher, Franz/ Job, Michael/ Lutzeier, Peter (Hrsg.): Lexikologie. 2. Halbband. Berlin/ New York: De Gruyter, 1562–1569.

Garzone, Giuliana (2013): Variation in the Use of Modality in Legislative Texts. Focus on Shall. Journal of Pragmatics 57, 68–81.

Gather, Andreas (1994): Formen referierter Rede. Eine Beschreibung kognitiver, grammatischer, pragmatischer und äußerungslinguistischer Aspekte. Frankfurt a.M.: Peter Lang.

Genette, Gérard (1982): Palimpsestes. La Littérature au Seconde Degré. Paris: Seuil.

Genette, Gérard (1993) : Palimpseste. Die Literatur auf zweiter Stufe (übersetzt von Wolfram Bayer und Dieter Hornig). Berlin: Suhrkamp.

Gippert, Jost (1993): Heckenausdrücke. In: Glück, Helmut (Hrsg.): Lexikon Sprache. Stuttgart/ Weimar: Metzler.

Glendon, Mary Ann (1991): Rights Talk. The Impoverishment of Political Discourse. New York: The Free Press.

Glenn, Partrick (1987): Persuasive Authority. Revue de droit de McGill 32(2), 261–298.

Glenn, Patrick (2006): Aims of Comparative Law. In: Smits, Jan (Hrsg.): Elgar Encyclopedia of Comparative Law. Massachusetts: Edward Elgar Publishing, 57–65.

Goga–Vigaru, Roxana (2012): A Corpus-Based Analysis of Deontic and Epistemic Values of the Modal Shall in Legal Texts. Contemporary Readings in Law and Social Justice 4, 752–763.

Gribanova, Tatiana/ Gaidukova, Tamara (2019): Hedging in Different Types of Discourse. Training, Language and Culture 3(2), 85–99.

Grice, Paul (1975): Logic and Conversation. In: Cole, Peter/ Morgan, Jerry (Hrsg.): Speech acts (= Syntax and Semantics. Bd. 3). New York: Academic Press, 41–58.

Griffig, Thomas (2006): Intertextualität in linguistischen Fachaufsätzen des Englischen und Deutschen. Frankfurt a.M: Peter Lang.

Grimm, Jacob/ Grimm, Wilhelm: Deutsches Wörterbuch Bd. 1. Leipzig: Samuel Hirzel Verlag.

Grimm, Jacob/ Grimm, Wilhelm (1956): Deutsches Wörterbuch Bd. 31. (Nachdr., bearbeitet von Moritz Heyne, Henry Seedorf, Hermann Teuchert). München: Deutscher Taschenbuch Verlag.

Große, Ernst Ulrich (1976): Text und Kommunikation. Eine linguistische Einführung in die Funktion der Texte. Stuttgart: Kohlhammer.

Gröschner, Rolf (2014): Subsumtion – Technik oder Theorie? Baden-Baden: Nomos.
Günthner, Susanne (2000): Zwischen direkter und indirekter Rede. Zeitschrift für germanistische Linguistik 28(1), 1–22.
Hamann, Hanjo (2014): Die Fußnote, das unbekannte Wesen. Potential und Grenzen juristischer Zitationsanalyse. Rechtswissenschaft 5(4), 501–534.
Hart, Christopher (2011): Legitimizing Assertation and the Logico-Rhetorical Module. Evidence and Epistemic Vigilance in Media Discourse on Immigration. Discourse Studies 13(6), 751–769.
Häberle, Peter (1989): Grundrechtsgeltung und Grundrechtsinterpretation im Verfassungsstaat. Zugleich zur Rechtsvergleichung als „fünfter" Auslegungsmethode. Juristenzeitung 44(20), 913–919.
Handschug, Stephan (2003): Eine Einführung in das kanadische Recht. München: C.H. Beck.
Haßler, Gerda (2015): Evidentiality and the Expression of Speaker's Stance in Romance Languages and German. Discourse Studies 17(2), 182–209.
Helbig, Gerhard/ Buscha, Joachim (1986): Deutsche Grammatik. Ein Handbuch für den Ausländerunterricht. Leipzig: Enzyklopädie.
Helbig, Jörg (1996): Intertextualität und Markierung. Untersuchungen zur Systematik und Funktion der Signalisierung von Intertextualität. Heidelberg: Winter.
Helmstetter, Rudolf (2002): Zitat. In: Weimar, Klaus (Hrsg.): Reallexikon der deutschen Literaturwissenschaft: Neubearbeitung des Reallexikons der deutschen Literaturgeschichte, Bd. 3: P–Z, Berlin/ Boston: De Gruyter, 896–899.
Hilgendorf, Eric (2017): Kontinental-europäisches Recht (Civil Law). In: Hilgendorf, Eric/ Joerden, Jan (Hrsg.): Handbuch Rechtsphilosophie. Stuttgart: J.B. Metzler, 30–32.
Holthuis, Susanne (1993): Intertextualität. Aspekte einer rezeptionsorientierten Konzeption. Tübingen: Stauffenburg Verlag.
Holzleithner, Elisabeth/ Mayer-Schönberger, Viktor (2000): Das Zitat als grundloser Grund rechtlicher Legitimität. In: Feldner, Birgit/ Forgó, Nikolaus (Hrsg.): Norm und Entscheidung. Wien, New York: Springer, 318–351.
Hovárth, Katalin (2013): Sind reportative Modalverben epistemisch? In: Abraham, Werner/ Leiss, Elisabeth (Hrsg.): Funktionen von Modalität. Berlin/ Boston: De Gruyter, 131–156.
Höfler, Stefan (2015): Die Redaktion von Verweisen unter dem Aspekt der Verständlichkeit. LeGes Gesetzgebung Evaluation 26(2), 325–349.
Huddleston, Rodney/ Pullum, Geoffrey (2002): The Cambridge Grammar of the English Language. Cambridge: Cambridge University Press.
Hyland, Ken (1998): Boosting, hedging and the negotiation of academic knowledge'. Text-Interdisciplinary Journal for the Study of Discourse 18(3), 349–82.
Hyland, Ken (1999): Academic attribution: Citation and the construction of disciplinary knowledge. Applied Linguistics 20, 341–367.
Hyland, Ken (2002): Activity and Evaluation: Reporting Practices in Academic Writing. In: Flowerdew, J. (Hrsg.): Academic Discourse. London: Longman, 115–130.
Hyland, Ken (2005): Metadiscourse. Exploring Interaction in Wiriting. London: Continuum.
Hyland, Ken/ Jiang, Feng (2015): ‚The Fact that': Stance Nouns in Disciplinary Writing. Discourse Studies 17(5), 529–550.
Hyland, Ken/ Jiang, Feng (2016): Change of Attitude? A Diachronic Study of Stance. Written Communication 33(3), 251–274.
IDS-Grammatik = Zifonun, Gisela/ Strecker, Bruno/ Hoffmann, Ludger (1997): Grammatik der deutschen Sprache. 3 Bd. Berlin, New York: De Gruyter (Schriften des Instituts für Deutsche Sprache 7).
Jakobs, Eva-Maria (1997): Plagiate im Kontext elektronischer Medien. In: Antos, Gerd/ Tietz, Heike (Hrsg.): Die Zukunft der Textlinguistik. Traditionen, Transformationen, Trends. Berlin/ New York: Niemeyer Verlag, 147–172.
Jakobs, Eva-Maria (1999): Textvernetzung in den Wissenschaften. Zitat und Verweis als Ergebnis rezeptiver, reproduktiver und produktiver Prozesse. Tübingen: Niemeyer.

Jaskot, Maciej/ Wiltos, Agnieszka (2017): An Approach to the Translation of Deontic Modality in Legal Texts. The Case of the Polish and English Versions of the Charter of Fundamental Rights of the European Union. Cognitive Studies/ Études cognitives 17, 1–13.

Jestaedt, Matthias (2010): Autorität und Zitat. Anmerkungen zur Zitierpraxis des Bundesverfassungsgerichts, in: Jacob, Joachim/ Mayer, Matthias (Hrsg.): Im Namen des anderen. Die Ethik des Zitierens. Leiden, Niederlande: Wilhelm Fink, 141–160.

Kalivoda, Gregor/ Montefusco, Lucia (2013): Auctoritas (übers. von Stephan Zimmermann). In: Ueding, Gert (Hrsg.): Historisches Wörterbuch der Rhetorik Online: Berlin, Boston: De Gruyter, abrufbar unter: https://doi.org/10.1515/hwro.1.auctoritas, letzter Zugriff: 30.10.2023.

Kästner, Jürgen (1985): Die Titelangabe zwischen Titelaufnahme und Minimalangabe. Bibliothek Forschung und Praxis 9(2), 188–193.

Kaufmann, Gerhard (1976): Die indirekte Rede und mit ihr konkurrierende Formen der Redeerwähnung. Heutiges Deutsch, Reihe 3, Bd. 1, München: Max Hueber.

Katelhön, Peggy/ Moroni, Manuela (2018): Inszenierung direkter Rede in mündlichen Interaktionen. In: Catalano, Gabriella/ La Manna, Federica (Hrsg.): Verità e menzogna. Quaderni dell'AiG 1. Studi germanici, 179–208.

Kischel, Uwe (2019): Rechtsvergleichung. München: C.H. Beck.

Klatt, Matthias (2020): Autoritative und diskursive Instrumente des Bundesverfassungsgerichts. Jahrbuch des öffentlichen Rechts der Gegenwart (JöR) 68(1), 63–87.

Klatt, Matthias (2023): Das Sondervotum beim Bundesverfassungsgericht. Tübingen: Mohr Siebeck.

Klockow, Reinhard (1980): Linguistik der Gänsefüßchen. Untersuchungen zum Gebrauch der Anführungszeichen im gegenwärtigen Deutsch. Frankfurt a.M.: Haag und Herchen.

Knape, Joachim (2013) Persuasion. In: Ueding, Gert (Hrsg.): Historisches Wörterbuch der Rhetorik Online: Must–Pop. Berlin, Boston: De Gruyter. https://www.degruyter.com/database/HWRO/entry/hwro.6.persuasion/html, letzter Zugriff: 31.12.2021.

Kötz, Hein (2009): Rechtskreislehre. In: Basedow, Jürgen/ Hopt, Klaus/ Zimmermann, Reinhard (Hrsg.): Handwörterbuch des Europäischen Privatrechts. Tübingen: Mohr Siebeck, 1253–1255.

Kranich, Svenja (2011): To Hedge or not to Hedge. The Use of Epistemic Modal Expressions in Popular Science in English Texts, English–German translations, and German Original Texts. Text & Talk 31(1), 77–99.

Krifka, Manfred (2020): Zur Negierbarkeit von epistemischen Modalen. In: Neuhaus, Laura (Hrsg.): Grammatik und Pragmatik der Negation im Deutschen. Berlin: De Gruyter, 1–26.

Kristeva, Julia (1969): Narration et Transformation. Semeiotica 1(4), 422–448.

Kristeva, Julia (1970): Le texte du roman. Approche sémiologuque d'une structure discursive transformationnelle Den Haag.

Kroppenberg, Inge (2004): Kodifikation. In: Cordes, Albrecht et. al (Hrsg.): Handbuch zur deutschen Rechtsgeschichte, abrufbar unter: https://www.hrgdigital.de/HRG.kodifikation, letzter Zugriff: 04.12.2022.

Kutschera, Franz (1975): Sprachphilosophie. München: Fink.

Lakoff, George (1972): Hedges. A Study of Meaning Criteria and the Logic of Fuzzy Concepts. In: Binnick, Robert (Hrsg.): Papers from the Eight Regional Meeting of Chicago Linguistic Society. Chicago: Chicago University Press, 183–228.

Landert, Daniela (2015): Reportable Facts and a Personal Touch. The Functions of Direct Quotes in Online News. In: Arendholz, Jenny/ Bublitz, Wolfram/ Kirner-Ludwig, Monika (Hrsg.): The Pragmatics of Quoting now and then. Berlin/ Boston: Walter de Gruyter, 29–52.

Law, David/ Chang, Wen-Chen (2011): The Limits of Global Judicial Dialogue. Wash. L. Rev 86, 523–577.

Lefèvre, Michel (2002): Redewiedergabe und Modalverben. In: Baudot, Daniel (Hrsg.): Redewiedergabe, Redeerwähnung. Formen und Funktionen des Zitierens und Reformulierens im Text. Tübingen: Stauffenburg 111–122.

Lepsius, Oliver (2006): Entscheiden durch Maßstabsbildung. In: van Ooyen, Robert/ Möllers, Martin (Hrsg.): Handbuch Bundesverfassungsgericht im politischen System. Wiesbaden: Springer VS.

Lepsius, Oliver (2011): Die maßstabsetzende Gewalt. In: Jestaedt, Matthias/ Lepsius, Oliver/ Möllers, Christoph/ Schönberger, Chrstoph (Hrsg.): Das entgrenzte Gericht. Eine kritische Bilanz nach sechzig Jahren Bundesverfassungsgericht. Berlin: Suhrkamp. 161–267.

Leistner, Annika (2014): Syntaktische Integration der Redewiedergabe. Eine Untersuchung der direkten und nicht-direkten Redewiedergabeformen in literarischen Texten. Kassel: University Press.

Lenk, Hartmut (2008): „…moniert die Neue Presse". Verben und Wendungen der Zitateinbettung in Presseschauen. Beiträge zur Fremdsprachenvermittlung 47, 93–114.

Levin, Benjamin (2019): Verbally Identical and Infinitely Richer. Quotation in US Supreme Court Opinions. Law, Culture and the Humanities 15(3), 764–784.

Lipetz, Ben-Ami (1965): Improvement of the Selectivity of Citation Indexes to Scientific Literature through the Inclusion of Citation Relationship Indicators. American Documentation 16(2), 81–90.

Lübbe-Wolff, Gertrud (2022): Beratungskulturen. Wie Verfassungsgerichte arbeiten, und wovon es abhängt, ob sie integrieren oder polarisieren. Berlin: Konrad-Adenauer-Stiftung.

MacCormick, Neil/ Summers, Robert (1997) (Hrsg.): Interpreting Precedents. A Comparative Study. Farnham: Ashgate Publishing.

Maier, Emar (2014): Mixed Quotation. The Grammar of Apparently Transparent Opacity. Semantics & Pragmatics 7, Article 7, 1–67.

Maxwell, Peter Benson (1946): The Interpretation of Statutes. London: Sweet & Maxwell.

McCormick, Peter (1995): Supreme Court Cites the Supreme Court. Follow-Up Citation on the Supreme Court of Canada, 1989–993. Osgoode Law Journal 33(3), 453–486.

McCormick, Peter (1996): What Supreme Court Cases Does the Supreme Court Cite? Follow-Up Citations on the Supreme Court of Canada. Supreme Court Law Review 7, 451–476.

McCormick, Peter/ Zanoni, Marc (2019): By the Court. Anonymous Judgments at the Supreme Court of Canada. Vancouver/ Toronto: UBC Press.

McCormick, Peter (2009): Structures of Judgments. How the Modern Supreme Court of Canada Organizes its reasons. Dalhousie Law Journal 32(1), 35–67.

McCormick, Peter (2016): ‚By the Court': The Untold Story of a Canadian Judicial Innovation. Osgoode Hall Law Journal 53(3), 1048–1082.

Meibauer, Jörg (2007): Syngrapheme als pragmatische Indikatoren: Anführung und Auslassung. In: Döring, Sandra/ Geilfuß, Wolfgang (Hrsg.): Von der Pragmatik zur Grammatik. Leipzig: Universitätsverlag, 21–37.

Meyer, Herman (1967): Das Zitat in der Erzählkunst. Zur Geschichte und Poetik des europäischen Romans. Stuttgart: Metzler.

Michel, Georg (1966): Sprachliche Bedingungen der Wortwahl. Eine Untersuchung an Verben der Redeeinführung. STUF – Language Typology and Universals 19, 339–364.

Montaigne, Michel de [1992]: Essais, nebst des Verfassers Leben (nach der Ausgabe von Pierre Coste, ins Deutsche übersetzt von Johann Daniel Tietz). Zürich: Diogenes.

Montesquieu, Charles-Louis (1834): De l'Ésprit des Lois. Paris: Didot.

Moravcsik, Michael / Murugesan, Poovanalingam (1975): Some Results on the Function and Quality of Citations. Social Studies of Science 5(1), 86–92.

Morawski, Stefan (1970): The Basic Functions of Quotation. In: Algirdas, Julien Greimas (Hrsg.): Sign, Language, Culture. Den Haag: Mouton, 690–705.

Mori, Yoshiki/ Okano, Shinya (2013): Evidentialität als Inferentialität. In: Abraham, Werner/ Leiss, Elisabeth (Hrsg.): Funktionen von Modalität. Berlin/ Boston: De Gruyter, 189–218.

Morlok, Martin (2015): Intertextualität und Hypertextualität im Recht. In: Vogel, Friedemann (Hrsg.): Zugänge zur Rechtssemantik. Interdisziplinäre Ansätze im Zeitalter der Mediatisierung. Berlin/ Boston: De Gruyter, 69–90.

Mortelsmans, Tanja/ Vanderbiesen, Jeroen (2013): Komparative Modalkonstruktionen im Deutschen und Englischen oder deontische Modalität revisited. Abraham, Werner/ Leiss, Elisabeth (Hrsg.): Funktionen von Modalität. Berlin/ Boston: De Gruyter, 279–302.

Mouchel, Christian/ Fortenbaugh, William/ Robling, Franz-Hubert (2013): Ethos. In: Ueding, Gert (Hrsg.): Historisches Wörterbuch der Rhetorik Online: Bie–Eul. Berlin, Boston: De Gruyter. https://www.degruyter.com/database/HWRO/entry/hwro.2.ethos/html, letzter Zugriff 31.12.2021

Narrog, Heiko (2005): Modality, Mood, and Change of Modal Meanings: A New Perspective. Cognitive Linguistics 16(4), 677–731.

Neumeyer, Margarethe (2018): Zum Problem der intertextuellen Auslegung von Menschenrechtsverträgen. MenschenRechtsMagazin 23(2), 103–119.

Niemann, Robert (2018): Wissenschaftssprache praxistheoretisch. Handlungstheoretische Überlegungen zu wissenschaftlicher Textproduktion. Berlin/ Boston: De Gruyter.

Nußberger, Angelika (2006): Wer zitiert wen? Zur Funktion von Zitaten bei der Herausbildung gemeineuropäischen Verfassungsrechts. Juristenzeitung 61, 763–770.

Olsson, John (2009): Word crime. Solving Crime through Forensic Lingustics. London: continuum.

Ostberg, Cynthia/ Wetstein, Matthew (2007): Attitudinal Decision Making in the Supreme Court of Canada. Vancouver/ British Columbia: UBC Press.

Pafel, Jürgen (2011): Two Dogmas on Quotation. In: Brendel, Elke/ Meibauer, Jörg/ Steinbach, Jörg (Hrsg.): Understanding Quotation. Berlin: De Gruyter, 249–276.

Palmer, Frank (1986): Mood and Modality. Cambridge: Cambridge University Press.

Palmer, Henrik/ Christensen, Martin Lolle (2021): The Weight of Precedents. From Abstract Theorizing to Concrete Application. The Case of the ECtHR. In: Frese, Amalie/ Schumann, Julius (Hrsg.): Precendents as Rules of Practice. New Approaches and Methodologies in Studies of Legal Precedents. Baden-Baden: Nomos, 17–40.

Pfister, Manfred (1985): Konzepte der Intertextualität. In: Broich, Ulrich/ Pfister, Manfred (Hrsg.): Intertextualität. Formen, Funktionen, anglistische Fallstudien. Tübingen: Max Niemeyer Verlag, 1–30.

Pic, Elsa/ Furmaniak, Grégory (2012): A Study of Epistemic Modality in Academic and Popularised Discourse. The Case of Possibility Adverbs Perhaps, Maybe and Possibly. Reviste de Lenguas Para Fines Especificos 18, 13–44.

Plank, Frans (1986): Über den Personenwechsel und den anderer deiktischer Kategorien in der wiedergegebenen Rede. In: Zeitschrift für germanistische Linguistik 14(3), 284–308.

Plett, Heinrich (1991): Intertextualities. In: Plett, Heinrich (Hrsg.): Intertextuality. Berlin, New York: Walter de Gruyter, 3–29.

Predelli, Stefano (2003): Scare Quotes and their Relation to other Semantic Issues. Linguistics and Philosophy (26), 1–28.

Rado, Klodian (2020): The Use of Non-Domestic Legal Sources in Supreme Court of Canada Judgments. Is this the Judicial Slowbalization of the Court? Utrecht Law Review 16(1), 57–85.

Rehbinder, Manfred/ Peukert, Alexander (2018): Urheberrecht. München: C.H. Beck.

Reichmann, Gerhard (2013): Textplagiate in der Wissenschaft und deren Verhinderung/ Text plagiarism in science and its prevention. Theoretical considerations and empirical findings / Le plagiat de texte dans le domaine des sciences et saprévention: Considérations théoriques et résultats, Information. Wissenschaft & Praxis 64(4), 175–184.

Rémillard, Gil/ Gall, Gerald/ Makin, Kirk (2017): Supreme Court of Canada. In: Wilson-Smith, Anthony: The Canadian Encyclopedia, abrufbar unter: https://www.thecanadianencyclopedia.ca/en/article/supreme-court-of-canada, letzter Zugriff: 05.08.2022.

Richter, Julia (2015): Die Konstruktion von Reputation. Verweise auf Ferdinand de Saussure in der romanischen Sprachwissenschaft. Bielefeld: Transcript-Verlag.

Rolek, Boguslawa (2019): Hedging in wissenschaftlichen Artikeln polnischer und deutscher Studierender. In: Cirko, L./ Pittner, K. (Hrsg.): Wissenschaftliches Schreiben interkulturell: Kontrastive Perspektiven. Bern/ Schweiz: Peter Lang, 225–247.

Roncador, Manfred von (1988): Zwischen direkter und indirekter Rede. Nichtwörtliche direkte Rede, erlebte Rede, logophorische Konstruktionen und Verwandtes. Reihe Linguistische Arbeiten 192. Tübingen: Max Niemeyer Verlag.

Rozumko, Agata (2017): Adverbial Markers of Epistemic Modality Across Disciplinary Discourses: A Contrastive Study of Research Articles in Six Academic Disciplines. Studia Anglica Posnaniensia 52(1), 73–101.

Röhl, Klaus Friedrich/ Röhl, Hans Christian (2001): Allgemeine Rechtslehre. Ein Lehrbuch. Köln: Carl Heymanns Verlag.

Sabban, Annette (1978): Verben der Redeeinleitung im Französischen und Deutschen. Ein Beitrag zum Problem der Redeerwähnung. Zeitschrift für französische Sprache und Literatur 88 (1), 28–63.

Salager-Meyer, Francoise (1994): Hedges and Textual Communicative Function in Medical English Written Discourse. English for Special Purposes 13/2, 149–170.

Schack, Haimo (2013): Wissenschaftsplagiat und Urheberrecht. In: Dreier, Thomas/ Ohly, Ansgar (Hrsg.): Plagiate. Wissenschaftsethik und Recht. Tübingen: Mohr Siebeck, 81–98.

Schecker, Michael (2002): Über den Konjunktiv in der indirekten Rede. In: Baudot, Daniel (Hrsg.): Redewiedergabe, Redeerwähnung. Formen und Funktionen des Zitierens und Reformulierens im Text. Tübingen, 1–14.

Scherr, Elisabeth (2019): Die Opazität epistemischer Modalverben im Deutschen. Funktion, Form und empirische Fassbarkeit. Reihe Sprache und Wissen 39. Berlin/Boston: De Gruyter.

Schlaich, Klaus/ Korioth, Stefan (2018): Das Bundesverfassungsgericht. Stellung, Verfahren, Entscheidungen. München: C.H. Beck.

Schmid, Wolfgang/ Stempel, Wolf-Dieter (1983) (Hrsg.): Dialog der Texte. Wien: Wiener Slawistischer Almanach.

Schröder, Hartmut (1998): „Ich sage das einmal ganz ungeschützt“ – Hedging und wissenschaftlicher Diskurs. In: Danneberg, Lutz/ Niederhauser, Jürg (Hrsg.): Darstellungsformen der Wissenschaft im Kontrast. Aspekte der Methodik, Theorie und Empirie. Tübingen: Narr, 263–276.

Schubert, Charlotte (2013): Zitate und Fragmente. Die kulturelle Praxis des Zitierens im Zeitalter der Digitalisierung. In: Schubert, Charlotte/ Klank, Markus: Das Portal eAQUA – Neue Methoden in der geisteswissenschaftlichen Forschung III. Leipzig: Universität Leipzig, 3–30, https://doi.org/10.11588/ea.2012.2.11409.

Schulte-Middelich, Bernd (1985): Funktionen intertextueller Textkonstitution. In: Broich, Ulrich/ Pfister, Manfred: Intertextualität. Formen, Funktionen, anglistische Fallstudien. Niemeyer: Tübingen, 197–242.

Schulz, Lorenz (2018): Zur Funktion des obiter dictum. Zeitschrift für Internationale Strafrechtsdogmatik 10, 403–407.

Schulz von Thun, Friedemann (2010): Miteinander Reden, Bd. 1: Störungen und Klärungen. Allgemeine Psychologie der Kommunikation. Hamburg: Rowohlt Verlag.

Segal, Jeffrey/ Spaeth, Harold (2002): The Supreme Court and the Attitudinal Model Revisited. Cambridge: University Press.

Seibert, Thomas (1992): Vom Verfassungsrecht auf richtiges Zitieren. Zeitschrift für Semiotik 14(3), 263–270.

Shan, Chung-chieh (2010): The Character of Quotation. Linguist and Philos (33), 417–433.

Shapiro, Fred (1992): Origins of Bibliometrics, Citation Indexing, and Citation Analysis. The Neglected Legal Literature, Journal of the Association for Information Science and Technology 43(5), 337–339.

Slaughter, Anne-Marie (1994): A Typology of Transjudical Communication. 29 U. Rich. L. Rev. 99, 98–137.

Sobota, Katharina (1996): Argumente und stilistische Überzeugungsmittel in Entscheidungen des Bundesverfassungsgerichts. Eine Rhetorik-Analyse auf empirischer Grundlage. In: Dyck, Joachim/ Jens, Walter/ Ueding, Gert (Hrsg.): Rhetorik. Ein internationales Jahrbuch 15 (Juristische Rhetorik). Tübingen: Niemeyer, 115–136.

Songer, Donald (2008): The Transformation of the Supreme Court of Canada. An Empirical Examination. Toronto/ London: University of Toronto Press.

Spoerhase, Carlos/ van den Berg, Christopher (2013): Zweck, Zweckmäßigkeit. In: Ueding, Gert (Hrsg.): Historisches Wörterbuch der Rhetorik Online: St–Z. Berlin, Boston: De Gruyter, https://www.degruyter.com/database/HWRO/entry/hwro.9.zweck_zweckmaessigkeit/html, letzter Zugriff: 31.12.2021.

Stei, Erik (2007): Über Gebrauch und „Bedeutung“ von Anführungszeichen. In: Brendel, Elke/ Meibauer, Jörg/ Steinbach, Markus (Hrsg.): Zitat und Bedeutung. Hamburg: Helmut Buske Verlag, 201–214.

Steigler-Herms, Joy/ Wittmann, Laura (2022): Zitat. In: Gutmann, Thomas/ Ortland, Eberhard/ Stierstorfer, Klaus (Hrsg.): Enzyklopädie Recht und Literatur, https://lawandliterature.eu/index.php/de/inhalt?view=article&id=32&catid=11, letzter Zugriff: 06.07.2023.

Steinbrink, Bernd/ Ueding, Gert (2011): Grundriss der Rhetorik. Geschichte, Technik, Methode. Stuttgart/ Weimar: J.B. Metzler.

Steinseifer, Martin (2019): Funktionen, Konstellation und Mittel der Wiedergabe – Ein dreidimensionales textpragmatisches Modell. Zeitschrift für germanistische Linguistik, 47(1), 147–215.

Steinseifer, Martin/ Feilke, Helmuth/ Lehnen, Katrin (2019): Eristische Literalität. Wissenschaftlich streiten – wissenschaftlich schreiben. Heidelberg: Synchron (=Wissenschaftskommunikation).

Stubbs, Michael (1996): Text and Corpus Analysis. Computer-assisted Studies of Language and Culture. Oxford: Cambridge.

Swales, John (1986): Citation Analysis and Discourse Analysis. Applied Linguistics 7, 39–56.

Swales, John (1990): Genre Analysis. English in Academic and Research Settings. Cambridge: Cambridge.

Szczyrbak, Magdalena (2014): Stancetaking Strategies in Judicial Discourse. Evidence from US Supreme Court Opinions. Studia Linguistica Universitatis Iagellonicae Cracoviensis 131, 91–120.

Tesnière, Lucien (1988): Élements de Syntax Structurale. Paris: Klincksieck.

Thompson, Geoff/ Ye, Yiyun (1991). Evaluation in the Reporting Verbs Used in Academic Papers. Applied Linguistics 4, 365–382.

Toska, Bledar (2012): Epistemic Hedges and Boosters as Stance Markers in Legal Argumentative Discourse. Topics in Linguistics: Approaches to Text and Discourse Analysis 10, 57–62.

Ulrich, Anna (2015): Gebaute Zitate. Formen und Funktionen des Zitierens in Musik, Bild und Architektur. Bielefeld: Transcript-Verlag.

Van den Berg, Willem (2000): Autorität und Schmuck: Über die Funktion des Zitates von der Antike bis zur Romantik, in: Beekman, Klaus/ Grüttemeier, Ralf (Hrsg.): Instrument Zitat: Über den literarhistorischen und institutionellen Nutzen von Zitaten und Zitieren. Amsterdam: Rodopi, 11–35.

Vass, Holly (2015 a): A Comparative Analysis of Hedging in a Corpus of Two Written Legal Discourse Genres. Dissertation Madrid, abrufbar unter: # https://core.ac.uk/download/pdf/148678663.pdf, letzter Zugriff: 08.09.2022.

Vass, Holly (2015 b): Analysing Hedging in Legal Discourse Using Small-Scale and Large-Scale Corpora. Research in Corpus Linguistics 3, 27–35.

Vázquez, Ignacio/ Giner, Diana (2008): Beyond Mood and Modality. Epistemic Modality Markers as Hedges in Research Articles. A Cross-Disciplinary Study. Revista Alicante de Estudios Ingleses 21, 171–190.

Vogenauer, Stefam (2009): Rule of Precedents. In: Basedow, Jürgen/ Hopt, Klaus/ Zimmermann, Reinhard (Hrsg.): Handwörterbuch des Europäischen Privatrechts. Tübingen: Mohr Siebeck, 1304–1306.

Voigt, Manfred (1981): Das Zitat vors Gericht!, Akzente 28, 357–366.

Volosinov, Valentin (1930): Marksizm i filosofija jazyka. Marxism and the Philosophy of Language. Aus dem Russ., übersetzt von: Ladislav Mateijka/ I.R. Titunik. New York: Seminar.

Washington, Corey (1998): Use/Mention Distinction and Quotation. In: Craig, Edward (Hrsg.): The Routledge Encyclopedia of Philosophy. London/ New York: Routledge, abrufbar unter: https://www.rep.routledge.com/articles/thematic/use-mention-distinction-and-quotation/v-1/bibliography/use-mention-distinction-and-quotation-bib, letzter Zugriff: 03.01.2022.

Weinstock, Melvin (1971): Citation Indexes. Encyclopaedia of Library & Information Science 5, 16–40.

White, Howard (2004): Citation Analysis and Discourse Analysis Revisited. Applied Linguistics 25(1), 89–116.

Wirth, Dieter (1996): Paraphrase und Übersetzung in einem Inhalt-Text-Modell. Tübingen: Niemeyer.

Wuttke, Eveline/ Seifried, Jürgen (2016): Formen, Funktionen und Effekte sprachlicher Instruktion und Interaktion am Beispiel von Fragen und Feedback. In: Kilian, Jörg/ Brouer, Birgit/ Lüttenberg, Dina (Hrsg.): Handbuch Sprache in der Bildung. Berlin/ Boston: De Gruyter, 346–361.

Xu, Zhongyi (2015): Modality and Evidentiality in Political Discourse: A Cognitive-Functional Account. Lancaster University, abrufbar unter https://eprints.lancs.ac.uk/id/eprint/74785

Yang, Linxiu (2013): Evaluative Functions of Reporting Evidentials in English Research Articles of Applied Linguistics. Open Journal of Modern Linguistics 3(2), 119–126.

Yu, Wei (2021): Reporting Verbs in Court Judgments of the Common Law. A Corpus-Based Study. International Journal for the Semiotics of Law 34, 525–560.

Zima, Peter (2000): Zitat – Intertextualität – Subjektivität. Zum Funktionswandel des literarischen Zitats zwischen Moderne und Postmoderne. In: Beekmann, Klaus/ Grüttmeier, Ralf (Hrsg.): Instrument Zitat. Über den literaturhistorischen und institutionellen Nutzen von Zitaten und Zitieren. Amsterdam: Avantgarde, 297–322.

Zweigert, Konrad (1961): Zur Lehre von den Rechtskreisen. In: Nadelmann, Kurt/ von Mehren, Arthur/ Hazard, John (Hrsg.): Twentieth Century Comparative and Conflicts Law. Legal Essays in Honor of Hessel E. Yntema, Leiden: A.W. Sijthoff, 42–55.

Rechtsquellen

Bundesverfassungsgerichtsgesetz (Gesetz über das Bundesverfassungsgericht, BVerfGG) In der Fassung der Bekanntmachung vom 11.08.1993 (BGBl. I S. 1473), zuletzt geändert durch Gesetz vom 20.11.2019 (BGBl. I S. 1724) m.W.v. 26.11.2019

Grundgesetz für die Bundesrepublik Deutschland (GG) vom 23. Mai 1949, zuletzt geändert durch Gesetz vom 29. September 2020

Strafgesetzbuch (StGB) in der Fassung der Bekanntmachung vom 13. November 1998 (BGBl. I S. 3322), das zuletzt durch Artikel 4 des Gesetzes vom 4. Dezember 2022 (BGBl. I S. 2146) geändert worden ist

Supreme Court Act, R.S.C. 1985, c.S-26/ Loi sur la Cour supreme L.R.C. 1985, ch. S-26 current to May 17 2023, last amended on December 18 2019

Urheberrechtsgesetz (UrhG) vom 9. September 1965 (BGBl. I S. 1273), das zuletzt durch Artikel 25 des Gesetzes vom 23. Juni 2021 (BGBl. I S. 1858) geändert worden ist

Tools

DATAtab Team (2023): DATAtab. Online Statistics Calculator. DATAtab e.U. Graz, Austria. https://www.datatab.de

Duden-Online: https://www.duden.de/sprachwissen/sprachratgeber/konjunktiv-1-oder-2, letzter Zugriff: 29.11.2020

R Core Team (2022): R. A language and environment for statistical computing. R Foundation for Statistical Computing, Vienna, Austria. https://www.R-project.org

Verbi Software (2022): MAXQDA, Software für qualitative Datenanalyse, 1989 – 2021, VERBI Software. Consult. Sozialforschung GmbH, Berlin, Deutschland.

FSC
www.fsc.org
MIX
Papier | Fördert gute Waldnutzung
FSC® C083411

Kolibri 360 GmbH
Ferdinand-Jühlke-Straße 7
99095 Erfurt, Deutschland
produktsicherheit@kolibri360.de